Roland Barthes, Roman

大师传记馆
学术即人生

罗兰·巴尔特传
一个传奇

[法] 菲利普·罗歇（Philippe Roger） | 著
张祖建 | 译

中国人民大学出版社
· 北京 ·

中文版前言：与罗兰·巴尔特同行

　　这本书是1986年在法国出版的，当时罗兰·巴尔特刚去世不久，我正在纽约大学教书。自从他在巴黎街头遭遇不测——被一辆小卡车撞倒——的消息传来以后，我就十分担心，然而朋友们寄来的健康简报却让我安了心。一天清晨，我接到法国大使馆文化处的一个电话，是我的一个在那儿工作的学生打来的。她说巴尔特去世了。我发了火，说了"准是弄错了，不是说有起色吗"之类的话。震惊之余，我决定马上去学校，因为系里对法国发生的一切都一清二楚。邮件里有个从法国经水路寄来的邮包，正是《明室》一书。书是巴尔特吩咐出版商寄给我的。我刚看完这本书的友情题献，一位同事就跟我确认了巴尔特亡故的消息，同时谈到一些车祸后的情形。巴尔特的最后一本书于我竟然成了天人永隔的辞别之作。

　　跟我当年的好几位朋友不同，严格地说，我不是"巴尔特的学生"。我同巴尔特的关系属于朋辈之谊。友谊是从我的《萨德：压榨机里的哲学》一书[①]开始的。巴尔特慷慨地嘉许这本书，甚至为它写了一篇专文[②]，今见于《罗兰·巴尔特全集》。对于一个年方26岁的青年作者来说，蒙自己最仰慕的批评家亲撰书

[①] 原书名为 Sade, la philosophie dans le pressoir, Paris, Gresset, collection〈Figures〉, 1976。
[②] 这篇文章是巴尔特致作者的一封信，收入《罗兰·巴尔特全集》(Oeuvres complètes, IV, Editions du Seuil, 2002, pp. 942–943)。

评，世间还有什么比这更美好的礼物呢？始于此时的友谊，中断于他的亡故。《罗兰·巴尔特传：一个传奇》一书跟他的溘然长逝和我的遥祭密切相关。或许，这本书早晚是要面世的，可是，如果没有如此令人痛心的"封笔"，它肯定不会是现在这个样子。

书名也许应该稍加解释。很明显，此书不是一个传奇故事，也不是一部传统意义上的传记，尽管为了撰写最后一章，我特意访问了巴尔特生命中的几个重要地点，特别是坐落在雄伟的阿尔卑斯山法国一侧的圣伊莱疗养院土圩分院。第二次世界大战期间，巴尔特在此地治疗肺结核。名之为"传奇"，一方面暗指阿拉贡的《亨利·马蒂斯：一个传奇》——那本文笔优美的书也不是传记，而是向挚爱的画家及其画作致以热情洋溢的敬意；另一方面，这个书名昭示着一种解读巴尔特的方式，强调他对小说的热爱，同时尝试描述他对文学的始终未变的炽热和痴迷。

《罗兰·巴尔特传》是巴尔特去世后第一本全面回顾其著述的书。它今天仍然能够引起读者对一些文本的关注；把它们之间的连贯性弄清了，我们才能全面把握它们的意义所及。这本书特意采取散文而非学术论文的形式，间杂几个跟个人回忆有关的片段；甚至有一篇短文是我仿照巴尔特的文风写的，应读作向他的写作风格发出的心领神会的敬礼。

巴尔特曾经是文学结构主义的翘楚、最知名的法国符号学者，恰如翁贝尔托·艾科之于意大利。他于20世纪70年代初期转向"文本理论"，结果却强化了他作为当年以《原样》杂志为代表的文学和政治先锋派理论家的形象。整个70年代，他徒然地脱离了"科学性之梦"，徒然地跟马克思主义、心理分析学乃至一切"主义"拉开了距离，因为他依旧被公认为是文学研究的"科学的"和激进的革新者。而且，他去世后的一个时期，在往往把他的著作大大简化的课堂用法里，这个形象照旧出现。实际上，跟巴尔特本人最不相干的恰恰是阅读的"万能钥匙"、批评的"工具箱"之类的说法。

中文版前言：与罗兰·巴尔特同行

到了1975年，在这个广为流行的"科学的"理论家巴尔特的形象之外，出现了第二个极为不同的形象，令他的某些忠实追随者十分困惑：热衷于自我剖析和自我嘲弄的思想家，擅长讽刺挖苦甚至多疑的美文家。

第二个形象是他本人通过1975年出版的《罗兰·巴尔特自述》一书促成的。这是一幅狡黠的思想自画像。《恋人絮语》（1977）及其在读者和媒体方面的巨大成功，使得这个形象更加鲜明。一度宣称"作家已死"的作家[①]难道不是胜利重返了吗？甚至有传言说，他有意成为小说家……对于这种假定的改弦更张的说法，记者们趋之若鹜，批评界也为之噪动不已。美国散文作家苏珊·桑塔格一直十分关注法国先锋派，她认为"晚期巴尔特"体现了很有19世纪味道的法国式时髦，把自我剖析和精致文雅合为一体。另外一些人，例如茨维坦·托多罗夫，在这个认同主观性的巴尔特身上已经看不到他们从前的老师的影子：在法兰西公学文学符号学的讲座里，他竟然不去赞扬他本当讲授的符号学，反而颂扬文学。他还说，假如人类不得不放弃所有的学科，只保留一门，那么这门绝无仅有的学科就是文学——学科之王。因此，围绕着罗兰·巴尔特的"思想形象"，在他遭遇车祸的时期正逢极度混乱之时。

但是，在我看来——这个看法至今未变——巴尔特作品的整体性从来就不是问题，他献身于文学的一贯性也毫无疑问。从喜爱阅读"古典"文本到探索当代写作的新路子，他始终在践行这种献身精神。早在20世纪之初，保罗·瓦莱里就认为"文学为求生而摆脱文学的命运"；巴尔特同瓦莱里有很多同样的担忧，却不屈从于人们宣告的衰落。在他称作对于文学的"撕心裂肺的爱情"里，我看到了他的思想整体性和批评作品的勃勃生机，而且至今仍然这样认为。为了证明这个信念，也为了通过将巴尔特的每一个"阶段"置于同一行为的起落

[①] 本书加下划线的字词为原书斜体字词。——译者注

变化之下，从而给予其公正的评价，我一篇不落地重读了巴尔特的全部作品——当时《罗兰·巴尔特全集》尚未问世。这是一项繁重的任务，可是我在写作本书的过程中从未感到难以担负，而且从中获得的发现令人欣喜。例如，我幸运地找到了巴尔特发表的第一篇文章（关于尼采和悲剧的）。这篇文章他本人早已丢失，也不记得是否发表过。其实，它确曾被发表在一个不起眼的学生刊物上，如今位列《罗兰·巴尔特全集》之首。

以上是这本现在以中文呈献给读者的书的由来；也可以说，这仅仅是它的史前史，因为它的历史将由读者您在阅读中延续下去。它是否已经成了常言所说的陈年老酒，这得由您来评判。我只知道我如今会为它增添什么，那就是，增写一章，专谈青年巴尔特对戏剧的热爱。当然，也加上了一些有关他在法兰西公学所授课程的思考。那些课我几乎一堂未落地都上过，它们在我这本书出版以后很久才形成文字。实际上，当今的批评研究很多都集中在这些曾经长期难以觅得的课程上。

我不认为当今有一种"主导的"解读巴尔特的方式，不过，还是可以看出几个主要的方向，尽管国家不同，变化也很大。无论从现实的还是潜在的写作着眼，大量针对"作家"巴尔特的研究多少取代了针对理论家巴尔特的研究。巴尔特有关影像的著述同样引人注意；《明室》有卓越的深思熟虑，然而对摄影图像并不友善，有趣的是，如今在许多国家，特别是美国，它却成了研习摄影和电影必备的参考书。我们还可以提出人们对"道德学家"巴尔特的明显兴趣，这既是从法国道德学家的意义上而言（例如他评论过的拉罗什富科和拉布吕埃尔），也是从伦理学思想家的意义上而言的，有时两义兼有。再者，不可忘记，在最后的著作里，深受萨特影响的巴尔特呼吁他所说的"私用现象学"。这一点也很引人注意，特别是在现象学（重新）频现于文学研究领域的法国。

2015年将逢巴尔特百年诞辰。其人我们已经失去日久，其著却令人惊讶地依然年轻。当年,无论是文坛还是人文科学领域,他身处几乎一切论争的中心。跟那个时代(笔者那个时代)相比,如今阅读他的大学生诚然没有那么多了。但是,只要翻开他的书,任何一个年轻人都会感受到跟我当年一样的震撼,受到同一魅力的吸引,因为这些充满智慧和宽容的作品超乎寻常地开放,远未关闭。

菲利普·罗歇

2013 年 3 月

致 谢

谨向本人有幸襄助教务多年的纽约大学法语系和意大利语系，向体现其活力和宽容精神的托马斯·比绍普，表达我最诚挚的谢意。

衷心感谢奥蒂尔·邦巴尔德、皮埃尔·佛朗兹、丹尼尔·科日诺夫斯基、弗朗索瓦·瓦尔，以及我在圣伊莱疗养院土圩分院调研期间，接待和协助我的菲利普·玛里奇先生、贝尔纳·利波莱尔医生和疗养院主治医师鲍歇先生。

谨以此书表达对罗兰·巴尔特的怀念

作品简称及引用的著作

一、书籍

巴尔特的几乎所有著作均由瑟伊出版社刊行，只有两本书例外：《符号帝国》，由斯基拉出版社刊行；《明室》，由加里马尔和瑟伊两家出版社合作刊行。本书引述的或是初版著作，或是不难找到的再版袖珍本。缩写书名后面的数字为该书页码。本书尽量沿用巴尔特本人使用的缩写书名。

BL：*le Bruissement de la langue*　《语言的窸窣声》，1984

CC：*la Chambre claire. Note sur la photographie*　《明室：摄影札记》，1980

CV：*Critique et Vérité*　《批评与真实》，1966

DZ：*le Degré zéro de l'écriture*　《写作的零度》，1953，1972（再版）

EC：*Essais critiques*　《批评论文集》，1964

EpS：*l'Empire des signes*　《符号帝国》，1971

FDA：*Fragments d'un discours amoureux*　《恋人絮语》，1977

GV：*le Grain de la voix*　《声音的微粒》，1981

L：*Leçon*　《就职演讲》，1978

Mi：*Michelet par lui-même*　《米什莱自述》，1954

My：*Mythologies* 《神话集》，1957；重版，1970

NEC：*Nouveaux Essais critiques* 《新批评论文集》，1972

OO：*l'Obvie et l'obtus* 《显义与晦义》，1982

PlT：*le Plaisir du Texte* 《文本的快乐》，1973

RB：*Roland Barthes par Roland Barthes* 《罗兰·巴尔特自述》，1975

SE：*Sollers écrivain* 《作家索莱尔斯》，1979

SFL：*Sade，Fourier，Loyola* 《萨德、傅立叶、罗犹拉》，1971

SM：*Système de la Mode* 《时尚体系》，1967

SR：*Sur Racine* 《论拉辛》，1963

S/Z：S/Z，1970

为方便起见，我想在这份书单最后加上本书频繁引用的1977年塞里榭研讨会论文集《托辞：罗兰·巴尔特》（*Prétexte：Roland Barthes*，1978），书名缩写为C。

二、文章，序言，访谈

一般情况下，第一次引用巴尔特的文章时，我必定交代其初次发表的时间和地点，必要时扼要注明所引卷次，以及在巴尔特著作以外的发表情况。例如：

例1：《符号的想象力》，载《论点》，1963，第27~28期；《批评论文集》，206页。

例2：《关于纪德及其〈日记〉的笔记》，载《生存》，1942，第27期。（部分）重载《文学杂志》，1975，第97期；《纪德之友简报》，1985，第67期。

此外，除非另有说明，本书引用的外文著述均由作者本人译成法语。

题　词

不错，金羊毛也许没有您所说的全部价值，可是您瞧，世上没有比它更好的东西了。人总得有个目标，对吧？

——纳萨尼尔·霍桑：《金羊毛》，亨利·博沙尼译，松鼠古尔泰出版社，1939

这本书就是这个样子，我无能为力了。也许是因为人已闭口，再也听不到他的声音。他已经不复存在，变成了问题。问题倒不算什么。这既不是故事，也不是言论。请原谅，我把它叫做<u>传奇</u>，也许是为了得到原谅。

——阿拉贡：《亨利·马蒂斯：一个传奇》，巴黎，加里马尔出版社，1971

目　录

序幕：往事溟濛　1

第一部分　假巴尔特　23
　　1　串通撒谎的批评　23
　　2　其人其著　27

第二部分　罗兰·巴尔特：以退为进　40
　　1　螺旋式的"大词儿"　40
　　2　神话　62
　　3　文本　98
　　4　双重骗术　125

第三部分　《罗兰·巴尔特自述》或故事三则　152
　　1　《罗兰·巴尔特自述》或一本自我说明书　152
　　2　关于一个相当浪漫的文本　174
　　3　《明室》，或失而复得的影像　191

第四部分　艾尔蓓　219

1　"这是个既简单又复杂的故事"　219
2　现代性的意识和悲剧　229
3　介入的零度　236
4　"我是马克思主义者吗？"——答复加缪　252
5　注视的权利　269
6　时尚和前卫　282
7　《如是》阵营：是团结一致还是"虚情假意"？　292
8　山中，此地，彼处　308

幕落　333

参考文献　341

译后记　344

序幕：往事溟濛

> 友人殁于旅途，我们会因未能在他上路时道一声"就此别过"而深感遗憾。
>
> ——梅里美，《H. B.》

一位作家故去，我们的阅读方式也会随之改变，再说，正是这一变故打断了写作活动：把若干本书变成了<u>全部作品</u>。死亡封存了一个文学生涯。但是，封存不仅仅是清点遗物的标记，它同样标志着一个起点：文本的新的生命。罗兰·巴尔特的<u>新生</u>（vita nova）已经开始，因为已经完成的全部作品任由人们去想象那些尚未写出的书页。

这并不是说，从此就没有办法谈论这些作品了。正相反，办法在一个时期内（不妨说悼念期间）多得数不清。可是，这种丰富多样的自由虽然吸引着诠释者，它却跟《荷马史诗》里那种使鬼魂的日子变得枯燥、凄凉的自由是一回事。

在这里，招魂术①是为活人准备的，一个肉体的突然消失既使得文本大减，也使今日的阅读失去了血肉。

惋惜之余，追思的欲望仍在，"为了使对她的怀念能够跟我的名声同样长久"——这是巴尔特在缅怀母亲时写下的一句古雅的话。当然，提到这个心愿是因为它并没有高估什么，我意在把悼念变成一项任务，从心愿里汲取祭文的材料。这是一笔修辞学遗产，一份往昔的遗赠，巴尔特是把它传递给我们的人之一。

因此，这本书写给"路经此地者"，"正如一切写作活动都必然像过客……"

※　※　※

围绕着巴尔特的名字，一时间一切都归于沉寂，仅仅偶尔为他称之为"喧嚣"的回响（类似于石块落井后的回声）所扰动；但是，沉寂不仅没有被打破，反而因身后（post mortem）论战的嘈杂声而更加浓重。除此之外，巴尔特可以说在法国已经销声匿迹；我们应当从字面意义去理解讣告使用的婉辞。"国外"（法国之外）反倒是另一番景象：书籍出版了，安葬方式也不一样。教材辟出的专章，扼要的介绍，仓促而就的铺张场面：巴尔特的语料库搭乘防弹汽车开始四处旅行。巴尔特作为代表20世纪下半叶的四五个法国作家之一于是登场了，站在缄默的巴黎群众和喋喋不休的学术巴别塔之间。

我们没有理由对此义愤填膺，反而应该有点惊讶。因为，多年来，巴尔特本人在评论界铺设了地雷，给淘宝者布置了陷阱。他的作品表面上变化无常，实际却如同大金字塔一般有很好的保护：遍布数不清的陷阱、虚设的花样和死胡同。巴尔特之工于心计不输埃及法老。不过，这一切很有舞蹈感，不是有些米诺斯文明史专家认为，牛头人身怪物的迷宫只是一种舞步的设计而已吗？

---

① 原文 nekuia（招魂术）应指《奥德赛》第11卷中奥德修斯下到冥府，求问先知并与众魂灵交谈的故事。——译者注

序幕：往事溟濛

对巴尔特的人生旅程做出阐释的人不算多，他们争先恐后地一再重复，那是一场"历险"。可是，他们自己如何"历险"呢？往往有始无终，因为没有阿丽亚娜的引线。巴尔特的作品自我保护得十分妥善，它提供的引线是用来刁难人的。批评家们的动机无比纯正，可是往往情绪恶劣，原因就在这里。

这种恶劣的情绪恣意地表现在两个永远说不完的主题上：一个是巴尔特作品的"学术"或者"理论"地位，另一个是它们折射出来的"意识形态"立场。这两点的联系虽然很少有人澄清，实际上却不可分割。鉴于此，有必要从一开始就说明本书的出发点，尽管对于二者在分析中会产生的错综复杂的变化，我们不预设立场。

我们将从一个既定的事实出发，坚信"元语言"（métalangage）必然会消亡。这个信念不是"修正主义者"巴尔特后来才有的，它是贯穿巴尔特全部作品的一句最强烈、最执着的明确断言，它的大方向是一种取消主义的乌托邦，即一种写作活动的启示录（l'apocalypse，本义是"揭示"）；在这种写作当中，"言语行为的区隔"终将消失。巴尔特的"学术"计划的核心不是一个分类体系，不是分门别类和排列次序〔虽然他在《时尚体系》里给自己增加了这样一份**苦差事**（pensum）〕，而是他的一个为时已久的雄心，包含两股相反而互补的冲动：一个是**目标**——打破语言的级次体系（及其干扰）；另一个是对待一种话语的**洞察力**，这种话语与对象"并行不悖"，而且能够调和一切科学和一切快乐（也就是**写作**）。

有的人忍受不了凌乱，不断挪移家具。跟他们一样，巴尔特素喜打破无序状态。这是一种既没有什么了不起，又足具颠覆性的举动，它能够解释对巴尔特的指控的两层含义：（1）不颠覆任何东西（"什么都没有打破"之说）；（2）把一切搞得乱七八糟〔来源于一个想象域（imaginaire），即把意义当成一张不停翻动的煎饼，把作品当成所指的**圣蜡节**①〕。

---

① 天主教习俗，每年2月2日为圣蜡节，此处鸡蛋煎饼是传统食品，故民间也称"煎饼节"。（黑体字为原书大写字，全书相同，不再一一注明。——译者注）

这个目标和这种眼光并非在巴尔特的晚期文本里才出现，既不在《罗兰·巴尔特自述》里，也不在《文本的快乐》里；要确定它们完整而无须粉饰的形成时间，至少要追溯到1967年——正值结构主义初兴，人们陶醉于科学万能论，甚至应当追溯到第8期《沟通》杂志的出版。在这一期上，巴尔特以一篇有关叙事分析的学术"宪章"树立了权威。还是这一年，在《时代杂志·文学副刊》上，巴尔特发表了一份格调十分不同的计划。[①] 他说，如果"结构主义话语把跟自己的对象一致当成自己的任务"，那么，这个任务"只有遵循两条同样彻底的途径才能完成"。一条是发掘和穷尽结构，即发表于《沟通》杂志的叙事分析方案所指出的途径，这样一部普遍语法需运用普洛普的功能分析法。不过，这种"彻底的形式化"恰恰不是巴尔特的主张。第二条途径才是他"视如己出"和打算"捍卫"的，即"完整的写作方式"。对此，他这样评说："按照（本人为之辩护的）第二条假想，科学将成为文学，因为不断遭到颠覆的传统的文学（诗歌、叙事文、评论散文）已经而且曾经就是科学。"（BL, 20）

所以，根本无须求助文本，也无须从字里行间寻找言外之意，仅从享有"科学性"盛名的巴尔特身上就能看到表述得最清楚不过的**文学计划**：这个计划涉及既致力于**文学**也致力于自身的"文学嬗变"的写作活动。而且，在"新批评"大行其道的时代，这个严肃的声明并非毫无意义，巴尔特也不是在结构主义高奏凯歌时才如此发愿苦修的。

※　※　※

"纪德的作品犹如一张网，一个网眼都不可遗漏。我认为，把它切割成时间的或者方法论的碎片纯属徒劳无益。"这个看法同样适用于巴尔特自己的作品，

[①] 参见《科学之于文学》，载《时代杂志·文学副刊》，1967-09-28；《从科学到文学》，见《语言的窸窣声》，13～20页。

而且能够概括本书所采取的立场之一。这是一种正确的重返,因为这是写作方式尚未成熟的青年巴尔特在1942年的看法,他是在一篇投给疗养院的刊物《大学生》的有关《纪德日记》的文章里这样说的。① 时隔20年以后,《批评论文集》的"序言"里的一段话恰为其回声,同时似乎披露了这个内心的信念。现抄录如下:"因为作家的时间不是历时的,而是史诗式的;……因此,这是一段积极写作的时间,它的推进跟我们通常所说的旅程很不一样。"(EC,11)因此,基于相同的理由,也出于对一套写作计划的尊重,我们将既摒弃旅程说的简单图景,也摒弃方法论分期的教学之便。

实际上,声称能够分离出三个巴尔特显然是不恰当的:一个运用整套术语,一个从事解构活动,一个从事现象学。这场巴尔特充当了同样"没有'旅程'",却"一直在寻求同一个东西"(EC,11)的堂吉诃德式的寻觅过程,试图从中找出所谓认识论罅隙的迹象的努力也是徒劳的。而且,对于那些"对巴尔特主义深感失望"的人们,我们只能惊讶于他们奇怪的视若无睹。他们指责巴尔特自1975年起放弃了"学术"计划,实际上,巴尔特始终不无讽刺地强调,语言既可以让我们谈论这个计划的充足性,也可以谈论其不足性。他以写作的名义所呼唤的东西,恰恰与这种傲慢态度截然对立。写作是获得另一种知识的途径,既是完全谦卑的,又谦卑地兼容并蓄。在《时代杂志·文学副刊》上,巴尔特写道:"唯有写作能够与学问家的自信——只要他是在'表达'他的科学——对峙,这就是娄特雷阿蒙②所说的作家的'谦谦之风'。"(BL,19)

巴尔特的全部作品是一封有关盲人的信,专门针对闭目塞听、不打算正视文学的人。关于造成这种盲目性的原因,他从1967年起提出了几个。他的解释

---

① 参见《关于安德烈·纪德及其〈日记〉的笔记》,载《生存》,1942,第27期。(部分)重载于《文学杂志》,1975,第97期;《纪德之友会简报》,1985,第67期。

② 娄特雷阿蒙(Lautréamont,本名 Isidore Lucien Ducasse,1846—1870),诗人,作品数量不多却复杂,对后世超现实主义作家影响很大。——译者注

很独特，不是在原则方面（他解释说，摘掉护眼罩对科学毫无益处），而是在提法上，人们可以从一种固执的社会学至上论里隐约看到，在他的写作的想象域里，尚有另外一层未曾被发掘的底蕴。他谈到"学术话语"如何无力"评价"——尼采的影子已经可见——"言语行为的快乐"，还说："因为，如果它接受这个理念，就必须放弃社会建制使它安享的一切特权，愿意重返波德莱尔所说的'社会生活'，即波德莱尔在谈起爱伦·坡时所说的'被贬黜者得以呼吸的唯一元素'。"（BL, 19）

在不断"迁移"和"偏转"的当初，巴尔特是否缺少一套研究的策略（被故意夸大为研究活动的末世论），而只是一个劲儿地寻觅（且不深究这个概念的神话特点或其神秘的方面）而已？无论如何，我们应当首先描述的正是这种沿着自己的道路从事的寻觅活动，然后再对目标进行评价。因为，按照巴尔特本人的说法，这个目标很像一个为他提供了最中意的寓意的演员：边走边手指自己的面具。在很长一个时期内，巴尔特的写作正是这样一边前行一边巧妙地标示与他的方法有关的专门知识。作家巴尔特就是这样一步步向我们走来的：他时而祭出纪德这个法宝，时而亮出普鲁斯特这张王牌。可是，他也引述波德莱尔，省思"大都市"诗人的孤独和遭受排斥，他一直在拔高这种深刻的失落感，把它小说化，他一直在想象一位"新鲁滨孙"，孤岛便是"一千二百万人口的城市，他既听不懂人家说的话，也不识字"[①]。

作品是孤寂的。数年之后，在《罗兰·巴尔特自述》的一个片段里，回声仍在持续。走近作品吗？那是"丧失同情心"。钻进作品里吗？"一片荒漠出现了……"（RB, 140）坦言发现为作品的荒凉世界所吸引，是一道奇特的证词，看起来很不像"巴尔特风格"。

不过，这种战栗正是巴尔特的写作活动的内核，正是这种吸引激起他不断

[①] 《闲言碎语》，载《诺言》，1971，第 29 期；《语言的窸窣声》（非《声音的微粒》），89 页。

抗拒任何削减文学的做法。尽管如此，我们万万不可匆忙认可近年来通过的一道针对巴尔特的判决，认定他只是狡黠地重提浪漫主义的旧话，或者最终不过是在经营一种新的"颓废风格"。毫无疑问，向出自写作了《巴黎图景》的诗人①口中的波士顿独行者表达敬意（其在《就职演讲》中宣讲文学信念是后来的事）与竭力摆脱霸道的**学术（理论）**和重整**文学事业**，二者悄然相通。同样，为了回归泰纳的"理论"，于斯芒斯本人亦曾引证爱伦·坡，他在《某些人》里写道："泰纳应用于艺术的环境理论很正确，用在大艺术家身上却是逆向地正确，因为环境在他们身上产生的作用是叛逆……在庞然大物的波士顿，环境造就了埃德加·爱伦·坡这样的孤独者。"②

可是，巴尔特的举动的含义并不在这里，在他看来，"'为艺术而艺术'只是一个旋转装置的另一端，'令人疲惫的往返'的折返点，文学必须避开它才能挽救自己"③。此时正是揭露一个迷惑人的假象的好时机。

诗学的假象为其一。爱伦·坡为法国人提供了文学神话的一个适当的象征，巴尔特之所以采纳这个文学神话，是为了动摇形形色色的实证主义（和各种现实主义），可是并不是为了颁布一套计划。在巴尔特的写作里，这个神话所包含的梦想跟历史上的**现代派**和**颓废派**有完全不同的表现形态；它的重返是在十分不同的（本身是矛盾的）设定的名义下完成的：它涉及"杰出小说"的营造方法，以及一套诗学的神秘言语的直接性——这种言语的不可否认的突现被用来为搁置意义服务。

其二是伦理的假象。批评话语经常把"晚期巴尔特"跟颓废派的概念拉在

---

① 《巴黎图景》是法国诗人波德莱尔的组诗。——译者注
② 乔里-卡尔·于斯芒斯：《某些人》，见《于斯芒斯全集》，第10卷，20页，巴黎，格莱斯书局，1929。
③ 巴尔特在《卡夫卡的回答》里评价现代性的可能性时，认为这种可能性在于他毅然摆脱"在政治现实主义和为艺术而艺术之间令人精疲力竭的往返"。参见巴尔特：《卡夫卡的回答》，载《法兰西观察家》，1960-03-24；《批评论文集》，138页。

一起，从而导致胡乱指责："反道德"，"赶时髦"，"用'历史中心主义'平衡一切"，等等。所以我们不得不立即提醒读者，巴尔特作品的核心（暂且管它叫<u>献身文学</u>吧），一个永不懈怠的响亮的声音使之具备一个维度：<u>道德观</u>。这是个也许最不为人知的，总之处理得最糟糕的维度。

巴尔特的道德观是<u>工巧性</u>的姐妹，它无疑恳求每一次阅读都加以评价。面对令批评界忙得气喘吁吁的道德教训的刺耳大合唱，至少此处应该一劳永逸地点明它。浅薄的道德中心论的缓慢抬头并不是这个时代唯一令人郁闷的事情，它曾经使萨特（其道德观还没有从最近的小报上彻底消失）和加缪（小说《堕落》的令人担忧的霉味是对风格圣洁的"诺贝尔文学奖致辞"的极好补偿[①]）感到遗憾。呼吁习俗、铁腕和风纪监察官的儒勒·雅南[②]以人们所熟知的坦率放言，至少明白他在以什么名义放言：以**秩序**的名义。今天，无论批评界还是其他领域，在道德规范的名义下，<u>假道德</u>（moraline）在泛滥。路易·纪尧的小说《黑血》的主人公——那个被一帮讨厌书本康德主义的中学生送了一个"纯理批"[③]外号的哲学教员梅尔兰，私下就用这个词称呼他负责的德育课。

在《罗兰·巴尔特自述》里，我们看到一段有关什么是过分的可爱的描述："索邦大学的 R. P. 教授管我叫骗子，T. D. 则把我当成索邦大学的教授……这就令人大呼：太过分了！"（RB，66）在这个道德的问题上，巴尔特大概看到了一场新的"地道的结构主义的享乐"。多年中，一大批高等学府和报刊的批评者曾经指责巴尔特"教条主义"，现在又责怪他是"自由派"、"非政治主

[①] 《堕落》是阿尔贝·加缪出版于1956年的小说。加缪接受诺贝尔文学奖时的致辞被简称为"瑞典演讲"，时间在1957年12月10日。——译者注

[②] 儒勒·雅南（Jules Gabriel Janin，1804—1874），法国小说家和戏剧评论家。——译者注

[③] 路易·纪尧（Louis Guilloux，1899—1980）是法国布列塔尼省作家，在他的小说《黑血》里，中学生给哲学老师梅尔兰起了个外号 Cripure（姑且译为"纯理批"）。这个生造词来自学生们对康德的 "Critique de la raison pure"（《纯粹理性批判》）的戏称 "Cripure de la Raisontique"。——译者注

义"——这可从调查邻里关系得到印证——他好像熟读萨德、尼采和布朗肖，那就可想而知了！如果像在《屏风》①里那样，死者以一种得意的宽厚态度紧跟我们的尘世命运，我们就能够肯定，巴尔特也许不再恐惧<u>社会形象</u>（Imago），他一定会觉得这是一场恶作剧，因为他说过，"恶作剧更低下，是一个颓倾的、萎靡的和滑落（松弛）的隐喻"（*RB*, 92）。

既有在体制中前途未卜的"新兴学科"的僵化的本位主义，又有引起"反人文主义的讥讽的厌恶"②的善良情绪的黑潮；一边是教廷的各道谕旨，另一边是新兴的"虔诚的乌合之众"（正如萨德在另一个世纪之交所说），误会巴尔特的现象大量出现，终至变为一种错误的理解，甚至有时是鄙视。

巴尔特如今身处交叉火力当中，游弋于不同学科之间，"盗用"概念，在理论领域肆意围猎，这种独往独来的做法惊醒了理论领域的掌管者的监护意识，他要求作家有独立性，这使其他执法者（往往是同一批人）在此守株待兔。于是，人们忽然又竭力强调"后期巴尔特"——"倾诉心曲的"和"主观主义的"巴尔特，只为万无一失地逮住他。那些居高临下的"美文家品质"的奉承话是刺入这头倒行逆施的动物老朽之身的投枪，目的是把他变成一个"墨客"，一个"二流的"作家。不消说，这不是德勒兹赞扬卡夫卡的用意，而是借用了精巧的等级制度的名义，这种制度一直在索邦大学<u>主次分明</u>地延续着。他连"理论家"也不是，尚未成为小说家，只剩下一个原地徘徊的杂文写手，尚未形成自己的风格。他顶多可以被认可为作家，一位在思想的天空下不知何去何从的迷路作家。在某种意义上，巴尔特成了写作的斯旺，在并不内行的文本里虚度光阴。③

---

① 《屏风》是法国戏剧作家让·热奈（1910—1986）的荒诞派话剧，以贫穷和死亡为主题，1966年在巴黎首演时曾激起很大的社会反响。——译者注

② 米歇尔·贡塔（Michel Contat）为表达对当时思想界这种状况的不满，有"死不改悔的萨特派"的说法，我此处借用；参见1984年11月23日的《世界报》。

③ "巴尔特的文本都出自这样一位作家之手：命途多舛使之在思想和知识的世界里谋取生涯。"T. 托多罗夫：《批评之批评》，78页，巴黎，瑟伊出版社，1984。

实际上，这些针对巴尔特的不满是互为表里的：一方面，巴尔特被社会科学决策机构传唤出庭，龃龉于是变成庭审，罪名是侵吞概念，对濒临险境的学科见死不救，最后又临敌（"非科学"）脱逃；另一方面，把他的作品削去四分之三，旋即赏赐一把折叠椅，以示安慰，使之在美文学的盛筵上敬陪末座。如今在巴尔特的敌对阵营里，古文派和今文派混杂：饱受结构主义糟蹋的文学史的倡导者，正确的意义和时而是良知的捍卫者，"行话隐语"的攻评者都不无惊奇地看到，由于那些动辄对"巴尔特主义"表示失望的各路反叛者的加盟，他们的阵营随之壮大了。

这是一个不和谐的大杂烩。正如皮埃尔·布尔迪厄通过《拉辛之争》① 一文所分析的那样，1965 年的主要问题只能是一场闹剧。可是，我们从背后不难看到更大的蓄谋：否定巴尔特对划分言语行为的拒绝。看守民族遗产的和蔼的牧人与结构主义的仓库保管员合谋，两人共享一条格言：各自恪守职责，方能管好牛群（神圣的和还俗的都算数）。

（乡村草场的围栏上有一块胡乱拼成的木牌，上面写着几个七扭八歪的字："牲口疯了"。对于巴尔特的文本让我们漫步的绿茵茵的牧场，这几个字同样适用：乌托邦，亚当主义者，回荡着遥远的新教雅歌的世外桃源。可是，在草场的一个角落里，一颗纯朴的心里伸出一只总是干蠢事的鼻子，面对着公牛……）

别人围着文学忙碌，却总是令巴尔特感到多少有点惶恐：他感叹真正属于自己的知识的力量（专学②的丰富性），可是也被写作的无权势的力量吸引，以为它证明批评家（作家）有权"追求……对于形式的一种责任"（L, 17）。因此，对于元话语（有关某某的话语升格为大包大揽的话语）的把持者来说，与

---

① 参见皮埃尔·布尔迪厄：《学界中人》，151～155 页，巴黎，子夜出版社，1984。
② "专学"或"有关个体的学问"（mathesis singularis）是巴尔特针对"普遍科学"（mathesis universalis）提出来的概念。《明室》有多处解释，例如这是"一门有关每个对象的新科学"（第三章开头），"一门有关每一个独特的存在的不可能的科学"（第 70 页）。——译者注

一个顽固鼓吹"文学当中的自由的力量"的巴尔特相比,一个寻找前所未有的形式,追求至爱之书的巴尔特也是不可容忍的。这种自由的力量"不依赖法人和作家的政治取向",而且,"根据这个观点,塞利尼的重要性不亚于雨果,夏多布里昂的重要性不亚于左拉"(*L*,17)。这种对于**文学**的不确定性的越来越明显的发掘和实践(写作),这种永远以失败告终的偏执和最终会丧失的享乐,我们必须看到,各方面都为使这种肯定落空而竞相采取行动。在他们眼中,巴尔特是不忠诚的,可是,他应当忏悔的不是背信、倒退和放弃,而是遭到禁止的乱伦的爱情。在《关于小说的想法》里,萨德要求小说作家把自己变成"生母的情人",变为**自然**(然而是萨德的**自然**……),除非作家对这种乱伦"永远不写任何东西,我们也永远不去阅读"①。头一个应当反复阅读的巴尔特的主题就有些乱伦的意味,而且一直引得人们对其作品多少心生疑窦。他毕生都是文学的情人,既清醒,又无理智,甚至到了歇斯底里的程度。如果他的作品需要一份题词,那么不妨这样写:"我大力实践一种迂腐的写作风格,这不正说明我热爱文学吗?这难道不恰恰表明,在文学凋谢时代,我爱她爱得肝肠欲断吗?"②如果进一步尝试为他找一段结束语,那就应当选取他在法兰西公学《就职演讲》里发出的呼唤,其雄辩的文风透露出一丝悲情(在感性诉求的意义上,结合了想象域和他谈到米什莱时所说的观念形态):"如果说,出于某种无以命名的极端社会主义或野蛮行为,我们必须从教学体系剔除一门以外的所有学科,那么这门应该幸免的唯一学科就是文学,因为一切科学都出现在文学的丰碑上。"(*L*,18)

我们可以认为,罗兰·巴尔特的"生涯"之所以从未从多舛的命运里获取什么,这完全归功于这种肝肠欲断的爱情。下面,我们将寻找这场爱情的痕迹,

---

① 萨德:《关于小说的想法》,见《萨德全集》,"珍本文丛",第10卷,17页,1966。
② 《斟酌》,载《如是》,1979,第82期;《语言的窸窣声》,412页。

既要从多少是"科学性"的、在不同程度上被人遗忘的文章的丛林里，也要从世人皆知的作品里，直至边缘地带，即巴尔特度过了交往、阅读和写作的岁月的那个高处的世界：他的魔山。

因为，这种肝肠欲断的爱情既显露了作品的螺旋形发展，又照亮了理论和评论的曲折变化。死亡迫使巴尔特停止了追求爱情的形式，此时仍然是这种爱情最终成就了作品的道德。这场追求从未使"正式的"研究脱离伦理的再发现，即巴尔特勇敢地顶着潮流宣布的个人价值和享有隐私的权利。在他那里，政治的和伦理的"温和的"追求与他所憧憬的文学复兴是不可分割的。巴尔特的道德观是一个微妙的衡量尺度，一种"语境的道德"①，它挑战无所不包的严苛的道德规范，蔑视"假道德"的膨胀，它因此有希望找到同盟军——不仅在昔日的维托·贡布罗维奇、阿诺·施密特的小说世界里②，也在当今的米兰·昆德拉、吉奥乔·阿冈本和托马斯·伯恩哈德的小说世界里③，也就是凡是对于权势下的个体的思考都借助"表象的力量"之处，借助《就职演讲》认为文学所具备的"乌托邦的功能"之处。

有些个人和心灵专注于孤独的想象域：蛮横霸道的现实、失落感，以及如何摆脱与盲目崇拜社会因素有关的一切联系。假如一定要用"我们这个时代的道德"去评判它们，我们至少应当看到巴尔特在这方面的追求和寻觅，冒着最终一无所获和说傻话的风险（这是彻底的智力作品的主要风险）。我倒宁愿相信巴尔特的证言，他认为自己只具备一部分这样的眼光："他常常觉得自己很愚蠢：因为他只有一种道德的智力（即一种非科学、非政治、非实用、非哲学等

---

① 吉里蓬：《现象及其余》，载《沟通》，1982，第36期，16页。
② 维托·贡布罗维奇（Witold Marian Gombrowicz，1904—1969）是旅居巴黎的波兰作家。阿诺·施密特（Arno Schmidt，1914—1979）是德国作家。——译者注
③ 吉奥乔·阿冈本（Giorgio Agamben，1942—   ），意大利当代政治哲学家，知名著作包括《遭谴者》（1998）和《例外状态》（2005）。托马斯·伯恩哈德（Thomas Bernhard，1931—1989），奥地利作家，创作领域包括小说、戏剧和诗歌，因对现实的严厉批判而颇受争议。——译者注

等的智力）。"（*RB*，114）另外一种智力不在其列，只因它跟"道德的智力"是一回事：小说艺术的智力，即文学事业的智力。

巴尔特的作品经常受到指责，先是被贬为带有一种所谓学术（符号学，结构主义）的道德冷漠，后又被说成是一种无所用心的利己主义，一场浅薄的搜奇猎异。其实这些作品充满了价值思考。多年当中，这种"道德本能"一直在延续，它穿越纪德、萨特、布莱希特、尼采、索莱尔斯和"东方"，与其说它在选择作家，不如说它在寻找自身的表现形式。

在这个意义上，最欠公正的做法就是给巴尔特的作品冠以世纪末的光环（绝非别无影射），把它们变成我们时代的颓废风气的代名词。因为，有关巴尔特的说法到处都把他描绘成在思想界赶时髦、表演旋跳的马术师。靠这种写作方式传世的作品最终只会落得毫无价值，成为惟妙惟肖的仿作、徘徊不定的堆砌和虚情假意的修辞术，只能跟德泽善特爵士阅读的马克罗比乌斯和古尔蒙为伍[①]，尽管那些现代书籍用猪皮作封面。

的确，巴尔特的作品对某种颓废思想有简略的描写，可是完全是批判性的。在这个方面，巴尔特的立场直接延续了一个以尼采和巴塔耶为明确的里程碑的传统，它拒绝庸俗地接受和迎合颓废主义的价值观。巴尔特把他们的诠释变成了自己的，这种诠释决不认为颓废主义迟来地体现了什么精深微妙的东西，而只是一种彻头彻尾、突兀的和不可接受的"价值观的屈从"。在塞里榭—拉萨尔[②]1972年的巴塔耶研讨会上，巴尔特的发言是一篇反颓废主义的小型宣言，

[①] 德泽善特爵士是于斯曼的小说《倒行逆施》里的主人公，他是乡间独居的颓废派隐士，潜心阅读拉丁文学史。马克罗比乌斯（Macrobius, Ambrosius Theodosius，公元4—5世纪在世），东罗马帝国时期的修辞学家和哲学家，著作《农神节》在中世纪的欧洲流传很广。古尔蒙（Remy de Gourmont, 1858—1915），法国象征派诗人和文学批评家。——译者注

[②] 塞里榭—拉萨尔是法国诺曼底省西北部的一个古镇，1952年创立"塞里榭—拉萨尔国际文化中心"（CCIC），至今已经举办了近500场专题研讨会，出版了300多部论文集，塞里榭研讨已经成为法国当代思想文化界的一个重要符号。——译者注

它既参照了尼采所说的"龟缩",也参照了巴塔耶的异构论:"跟<u>颓废</u>的通常含义不同,这个词被不能解读为某种极为讲究的富于文化蕴涵的状态;相反,它是一种<u>价值观的屈从</u>。"① 巴尔特拒绝把颓废视为传说中的死亡之吻——伴随着垂死的文明的全部诱惑。而且,为了不使颓废的概念形成神话,他针锋相对地提出"<u>革新派的遗憾</u>"的主题(*BL*,171)。

这样一来,贬低"当今的某种形式"就不再是疲惫的症状或者虚无主义的标志,而是成为"一个兼顾历史和伦理的主题"。遗憾本身促成了<u>肯定</u>。

因此,我们有理由建议批评界先别忙着做出世纪末的比附:把巴尔特说成当年的随便哪个<u>小人物</u>(minores),而应当首先重读巴尔特的作品,然后再读读保罗·布尔日②的著作。何乐而不为呢?众所周知——也许知道得还不充分——尼采有多少思想得之于此人:从《论爱情》③ 到《恋人絮语》,中间的缺失环节便是布尔日的《爱情心理学》,它会让喜欢追溯源头和影响的人大喜过望。被人用滥了的"颓废主义"可惜正是布尔日创造的字眼,在这个问题<u>上</u>,他堪称一锤定音之人,因为他说过:"颓废是颓废,可是强劲有力……"④

※　※　※

如果借用一个布朗肖的形象,巴尔特的这个<u>文学之声</u>⑤时而使他的言语有"尤利西斯的倔强、谨慎和狡黠",时而使他的咏唱如美人鱼的歌喉般"纯真和

---

① 《文本的出路》,塞里榭研讨会,1972,载《战斗报》,1973,第10期;《语言的窸窣声》,271~272页,1984。
② 保罗·布尔日 (Paul-Charles-Joseph Bourget,1852—1935),法国心理小说作家和文学批评家,深受泰纳理论的影响,发表过一系列论文,研究司汤达和波德莱尔等同代作家的悲观主义的来源。——译者注
③ 《论爱情》是法国著名作家司汤达1822年的著作。——译者注
④ 保罗·布尔日:《关于几位现代诗人的笔记》,载《文学世纪》,1876,第1期。
⑤ 本书加下划线的黑体字为原书斜体黑字,以下不再一一注明。——译者注

深刻"①，可是，怎样才能让人听到这个声音呢？

　　早在《萨德、傅立叶、罗犹拉》里，巴尔特就借着抒发情怀而令批评界气馁。他津津乐道于傅立叶对市井童谣的兴趣："巴黎的小香肉糕"；或者，惊喜于得知傅立叶搜集"生平行迹"并将之化为一个意味隽永的字眼的趣味。可是，这种偏爱的背后却是一个陷阱，一根张挂起来的"绞索"，巴特里克·莫利埃斯曾经注意到这种极完美的手法及其"紧绷绷的纠缠"②，上过当的诠释者已经不是少数。假意的劝诱，美人鱼的另类歌唱，巴尔特那时装出一副盼望获得这种机会的样子，期待着享有这样的福气：死去之后，<u>而且</u>是作为作家，依靠某个隐秘的、难以察觉的和荒诞的特征继续生存下去。他有一句名言："如果我是作家，而且已经死去，我真希望某位善意的和无所顾忌的传记作者，把我的生平细心归纳为几件琐事，几个趣味，若干变动。"（SFL，14）

　　这种做法并非没有先例，不过不像巴尔特那样，只限于在一本书的末尾几页列出寥寥几条"生平行迹"。其实，很久以前，梅里美在一本怪诞而感人的小册子里就是这么做的，《H.B.》这个书名仿佛在向我们嘲弄地挤眼睛。H.B.者，亨利·贝尔③是也。这本小书正是司汤达的一份生平行迹。梅里美说，此书用来"代替我们在贝尔的葬礼上没有做的事"，于是他印了25本，"为的是跟几个朋友分享我的印象和回忆"④。

　　我们从书中看到了什么？什么都看到了，也什么都没有看到。几条有关纵情声色的格言，一份决斗要领（在对方瞄准你的当口，眼睛要盯住一棵树，使劲数清有多少片叶子），情场失意的轶事，政治迫害癖的轻微症状，以及贝尔用来"结束全部讨论的"一句话，连巴尔特本人也不会反对这句话："您是猫，我是

---

① 莫里斯·布朗肖：《未来之书》，11页，巴黎，加里马尔书局，1959。
② 巴特里克·莫利埃斯：《生命的碎片》，载《批评》，1982，第423~424期，753页。
③ 司汤达真名亨利·贝尔（Henri Beyle）。——译者注
④ 普罗斯贝·梅里美：《H.B》，13页，巴黎，德里维/索兰书局，1983。

耗子……"这就是梅里美的遗产，献给回忆的祭品。没有什么了不起之处。一座显示里程的石碑，一个伏笔，静等"有朝一日，20世纪的批评界在19世纪的文学大杂烩里翻捡出贝尔的著作"①。正如后来巴尔特所做的那样，梅里美拒绝了骨灰罐和墓碑这些"强有力的、封闭的命运构件"，代之以"零碎的记忆"（*SFL*, 14）。**文本**中没有其他东西，只有不那么荣耀却无比亲切的贝尔的身躯，他的放荡和失意，历险和不幸，他的充满情趣和个性的话语。梅里美的做法正是巴尔特所主张的，虽然老旧，可是友善多于肃穆，文本里的那个"可爱的主体"于是"飘散开来，有点像死后人们撒向风中的骨灰"（*SFL*, 14）。"我们这些异教徒，"梅里美写道，"对死者也有应当履行的义务，不止于遵守养护公路的规章制度。"而且，这些追思的义务开始于厄耳裴诺的魂灵向尤利西斯要求得到的殡葬礼数②："恳求你，别让我未及领受哀悼的眼泪，未及安葬就被抛弃……也未及获得'不仅是一小块地皮'的东西：怀念。"③

不过，对于这种异教文明的虔诚，我们先别忙着照单全收，即连同萨德的"白手笼"，傅立叶去世时身旁的花丛，忙着把对于某某尺寸的哈瓦那雪茄的偏好也作为回忆收藏起来。如果这个温情脉脉的强调令人感兴趣，那至少是因为它悄然透露的敬意恪守另一种写作的要求。

眼前这本书有一切理由避开这个陷阱：对于应虚情延请送来的不受欢迎的礼物——恋人的礼物——我们不做回应，因为它已经受到冷遇："你的礼物，我该拿它怎么办呢？"（*FDA*, 90）。既不重复《H. B.》，也不重复《R. B.》。说实话，理由是不容置辩的：前者不是一本书，后者已经完成。

梅里美纪念贝尔的"赠书"好像一份付给未完成的殡宴的分摊账单，延后

---

① 普罗斯贝·梅里美：《H. B.》，39页，巴黎，德里维/索兰书局，1983。
② 厄耳裴诺（Elpénor）是尤利西斯的年轻旅伴，出现并死于《奥德赛》第10卷卷末。《奥德赛》第11卷说，他在地狱要求来访的尤利西斯为他举行葬礼，不然他的灵魂不得安息。——译者注
③ 普罗斯贝·梅里美：《H. B.》，13页。

偿清。出版商现在告诉我们，25 本当中有 17 本分别写上了送达者的缩写姓名，他自留了一本，然后把剩下的一把火烧掉了。《H. B.》（和一切率性不拘的生平传记）不可能有别的命运，书的内容也与这种祭奠的举动不可分割，这跟巴尔特的做法极为不同，因为它揭示出<u>预先决定了</u>的文本的命运。巴尔特的著作是倒过来的，它寻找、"勾引"和制造读者，借用瓦莱里的说法，后者明确区别于<u>"似乎由读者造就的"</u>作品和<u>"倾向于造就读者"</u>① 的作品。即使按照一种巴尔特认为原创权属于萨德的虚构，巴尔特的著作也经常自命为一个综合了"文本之友合作社"的欲望的<u>结合体</u>。梅里美则完全不同。《H. B.》是一首温情浮艳的挽歌，一份简讯，它不无幽默地预示了一个不可避免的学术团体的形态。1905 年，加尔各答市的梅里美之友会的第一个《H. B.》评注版仅<u>自费刊印了 50本</u>，这个做法本身既十分有趣，也不失公正……

《H. B.》不是一本书，《R. B.》也不必重写，因为巴尔特已经把它<u>完成了</u>，"出自本人之手"，它比硬说（重复）作者如何拥有"多种魅力"（*SFL*, 13）的善意的批评界先行一步，拿走了它的特权。是<u>已经完成</u>，不是<u>正在完成</u>。因为这个语法时态的区别十分要紧——"剩下的"②，巴尔特称之为"总之是一些回响"（*RB*, 185），可以不一笔勾销，然而并没有因此就不是直接的靶子。因为巴尔特还说，这"剩下的"都"在文本里"，那才是批评家有机会遇到它的地方，而不是在传记作家的可疑的正面记述里。

因此，从《萨德、傅立叶、罗犹拉》序言所阐述的计划里，我们不保留巴尔特为那<u>些</u>零星的"回响"（萨德的手笼、傅立叶的鲜花）做出的辩护，而只留取一个声明，它表明了另一个意向，另一种更可信的要求："我希望能够把萨

---

① 《瓦莱里全集》，"七星丛书"，第 1 卷，1442 页。
② "一条生命：学习，病患，认命。剩下什么？会见，友情，爱情，旅行，阅读，快乐，惧怕，信仰，享乐，幸运，气愤，忧伤。总之一句话，一些回响。"《罗兰·巴尔特自述》，185 页，1975。

德、傅立叶和罗犹拉从他们的樊笼（宗教、乌托邦、性虐待狂）里解脱出来。"（SFL，15）

本书也希望能够让巴尔特摆脱一个接一个的樊笼，尽管那也许是他自己制造的——为的是让我们持有债权。我们希望能够让符号学家巴尔特摆脱符号学，让**文本**的倡导者巴尔特摆脱**文本性**，等等。我们尤其希望，也许能够使巴尔特摆脱"巴尔特主义"，不管它令人迷恋还是失望。这样做不是为了物归其主——归还给谁？归还什么？肯定不是归还给他本人，"正如永恒最终……"① 而是为了<u>释放</u>他，其中的乐趣类似于他提到过的逮人游戏："释放俘虏，让各方重启游戏。"阅读的快乐不正是应当永远如此，"一切从头开始"吗？

因此，作为第一步，本书将自行响应巴尔特提出的办法：尝试"分散或者躲闪"当今针对巴尔特文本的话语，即一套道德观的、观念形态的乃至"学术的"话语（后一个形容词专指一种"虚构"，其目的是确保生产某种社会职业所特有的观念，即狄德罗所说的"行话隐语"）。

躲闪不是避开，而是使之当众亮相。"夸大其词"，即"戏剧化"，巴尔特认为它是正确和可取的说明<u>理论</u>的形式。那么是为了嘲弄这套话语吗？也不是，是为了打破危险的随声附和和自负的描写（烦恼）。这既是"假巴尔特"一章的存在理由，也是在进入正文之前，眼下这个分两段开启的序幕的存在理由。我们将"像文学史那样"说明巴尔特的旅程，既庄重严肃，又有谐谑的戏说。不过，我们先得绕另一个圈子：<u>仿写</u>。巫术乎？致敬乎？总之，我们不想利用冷嘲热讽（satura）这种亲热的嬉戏来重新摆正"有关某某的学术论文"② 的地位。我们也将顺带指出巴尔特文本的一个实质性的特点：<u>古典主义</u>。这至少是因为，古典

---

① 取自马拉美（Stéphane Mallarmé，1842—1898）的题为《爱伦·坡之墓》的悼念诗："正如永恒最终将他改变。"（Tel qu'en Lui-même enfin l'éternité le change）——译者注

② 不可避免地被这类话搞得尴尬："学术论文（<u>有关</u>……的文章）就像无边无际的垃圾。"《罗兰·巴尔特自述》，77 页。

序幕：往事溟濛

主义是一个能够被模仿的东西，正像巴尔特所做的那样。题为"串通撒谎的批评"一章是一个打趣的引子，仿佛一副拢住一种人们喜爱的写作的"非常柔软的手套"，我们于是有机会再次表明，评论巴尔特并不是一件不言而喻的事。

再就是分散。此处对巴尔特作品的连续性作出论证之后，根据其中的重要线索，本书第二部分将着手重新安排一些理念和假概念，巴尔特的每个"时期"都是围绕着它们被锁定和滥加"归档"的。根据批评界的判决，这个被钉在他们所说的"大词儿"(**神话，文本**……)这样的一根根彩色界桩上的巴尔特，其实只是"罗兰·巴尔特"而已(不过，事情并非这么简单，因为正如他在说明自己的一本书时所说，"他自己的名字"，"他的专有名词"也完全可以成为"感受最深的一个笔名"①)。一个个摊开他的螺旋式的"大词儿"，把它们放归于《罗兰·巴尔特自述》的题词所说的那场运动："走向写作"。最诱惑我们的东西，还是阿耳戈的神话。这艘船的"英雄们把部件逐一换下，最终造成一艘簇新的大船，但无须改变名字和形状"(*RB*, 50)。

这就是巴尔特的作品，无疑是它的前行方式，它靠《罗兰·巴尔特自述》绕过海角，渡过海峡：博斯普鲁斯海峡，凯尔索涅索斯②——《恋人絮语》。它不停地前行，义无反顾。这样一部未完成的作品(武断地规定的)的终点便是《明室》的极度贫乏。这在唐人街的赌馆里叫"Go for Broke"，"豁出去了"。正如继布朗肖之后，巴尔特不厌其烦地重申的那样，文学也是如此，只能不计损失地往前走。据说，1945年，日裔美国志愿兵的敢死队就把"Go for Broke"作为阵前口号。法语则说"连衬衫都押上去了"，过分精明，可是豁出去的是性命啊……巴尔特早在1965年就说过："文学进入了一种艰难的、逼仄的和生死攸关

---

① 《巴尔特的三次方》，载《文学半月刊》，1975；重载于《文本性》，1984，第15期，117~118页。

② 希腊南部伯罗奔尼撒半岛上的地名，希罗多德的《历史》有载。——译者注

的境地。它需要捍卫的不是门面，而是身家性命。"①

然后，在本书的核心部分，是巴尔特的最后三本著作，三个故事，谜似的三部曲，它们被置于同一个符号——同一个署名——之下：R.B.，从而为这三部作品的反刍提供了题目，而且非它不可。

在走向写作的路途上就此止步当然很容易，也许还是比较稳妥的办法：让人隐约远眺金羊毛、魔幻物体、**文学**，然而却不够光明磊落。既然走到了这一步，为什么不冒点险呢（假如尚无人尝试过）？**小说**的问题怎么能逃避呢？那是巴尔特一再宣示的，在1978年的法兰西公学的"小说艺术"课上，也在普鲁斯特研讨会上，巴尔特严肃地表明心迹："我必须选择此生的最后一段，我的新生。"②

法国小说作家巴尔特是那个"智取金羊毛的小伙子"③吗？不难想见，提出这个问题不是为了给事后的思辨提供资料，也不是为了给回忆时"写还是不写"的犹豫摇响骰子筒，而是要<u>评估</u>写小说的欲望对于巴尔特意味着什么，从他为这种欲望付出的努力和"辛劳"（巴塔耶用语，巴尔特喜欢它唤起的亢奋感）当中，我们能够了解什么，以及当年这种"形式"在想象域里的位置。同样，提出这个问题近乎（不无）歇斯底里，好像独臂人诉说失去的胳臂如何疼痛。本书第四部分指涉一个若隐若现的巴尔特，所以也应该用一个若隐若现的落款，一个<u>虚拟的笔名</u>。不过，这个未来的笔名实在没有发明的必要——根据哪门子的亚当之权？关于这个笔名R.B.，巴尔特本人在1975年塞里榭研讨会上交待过渊源，他说这个署名既非"私有"，亦非"密授"，它来自菲利普·索莱尔斯在《如是》杂志第47期上的一道"文学的"命名。巴尔特顺手牵羊："我大可把它

---

① 《既非此又非彼的批评》，载《新文学》，1965；《神话集》，146页。
② 《在很长一段时间里，我一直很早就寝》，法兰西公学讲座，1978；《语言的窸窣声》，322页。
③ 语出法国19世纪诗人杜伯莱的一首十四行诗《如尤利西斯一般幸运》。希腊神话中智取金羊毛的小伙子是英雄伊阿宋。——译者注

序幕：往事溟濛

当作笔名，就像伟大的时尚设计师埃尔黛（Erté）[①]那样……不过，我会添加一个字母 h"（C，146）。因此，本书第四部分用"艾尔蓓"（Herbé）来称呼这种<u>被遏制</u>的试写小说的<u>冲动</u>，因为主体自视为小说家——好像他说的"在吕戴斯[②]酒馆边啃梨子边看书"的纪德。当然，这个<u>最后</u>的巴尔特是迫于表述的限制和任何思想史都有铺叙的压力才有的，艾尔蓓其实无处不在，既在 R. B. 里，在罗兰·巴尔特里，也在每一页写下的试图"摧毁话语的话语"里（BL，325）。如果说，巴尔特确实有一种延续性，那恰恰是一种<u>小说艺术</u>的智力，极为犀利和引人入胜，以至于它不断地利用另一种写作的梦想掩盖更加隐秘的"乌托邦"，从练习写作的年代起，这个梦想就常见于他的每一页文字，仿佛梦中之梦。而且，由于他属于那些"只需写下寥寥几个字就能逼近一切话语的奥妙的人"，他的一本接一本的著作已经"让我们变得更聪明，更自由"[③]。

罗兰·巴尔特不止一次表达过一个心愿：减去小说的<u>小说艺术</u>。我们这里则要交出一部减去传记要素的"思想传记"。

※ ※ ※

因此，本书的主题是一个<u>声音</u>和对它的赞许。这是他发出的**文学**之声，这种文学不仅使他的作品生机盎然，也"让世界生机盎然"[④]。从一个文本到另一个文本，这个声音总是低声细语地许诺一本谜似的却从不露面的书——也许它本来就是虚构——某种<u>想象的批评</u>或许能够把它的全息摄影图描述出来。不过，

[①] 罗曼·德·提托夫（Romain de Tirtoff，1892—1990），著名俄裔法国时尚设计师，笔名埃尔黛（Erté）。——译者注

[②] 吕戴斯（Lutétia）是巴黎塞纳河左岸的一家老字号酒店。——译者注

[③] 这种褒奖来自贝尔纳·布瓦侯-戴拜克（Bernard Poirot-Delpech）的文章《一种医治智能的方法》，载《世界报》，1984-09-28（谈巴尔特的遗作《语言的窸窣声》）。

[④] 这是吉拉尔·热奈特（Gérard Genette）的出色说法。他的文章是迄今最深刻的巴尔特专论之一，题目是《符号的背面》，见《辞格》，204 页，巴黎，瑟伊出版社，1966。

更加明显的是，这个声音敦促我们忘掉一切拟象（imageries），重读他已经撰写完毕的全部作品：出于对微微麻木的、迷茫的或模糊的记忆的悚惧（他说过害怕非得解释自己的往昔不可），巴尔特曾在有关他的塞里榭研讨会上运用了一个寓意手法，他说："甫抵此地，我心想，刚才跨过了一条诺曼底的河流，名叫<u>记忆之河</u>，那么此地也不叫塞里榭—拉萨尔，而叫往事溟濛"（C，249-250）。

巴尔特去世不久，纽约大学举办过一场纪念会，首先播放的是一部几年前的一次研讨会的影片，保留下来的这段录像开始于这几个字"往事溟濛……""放大"到银幕上的影像却是一张奇怪的面孔，很清晰，笼罩在河面上凝滞的白色晨雾里，而且，一个后期录音的小疏忽导致声音不易察觉地有点滞后于嘴唇的动作。这正是布列松追求的效果：声音与之<u>相伴</u>，"好像铃铛伴随着马儿前行，嗡嗡声伴随着蜜蜂"[①]。要打破文献的平淡无味，必须有几台机器造成的这些小闪失，这种愚蠢，才能造成一种幻觉，一种意义和效果的纠结：与一切技术上忠实无误的形象相比，<u>文本</u>才能更好地还给我们一个巴尔特。

也许，今日解读一种摆脱了各种形象的巴尔特更需要这样一团雾霭，而不是一些不确定的澄清；巴尔特说过，<u>价值</u>是个素描和绘画的术语。那么，除了小心地<u>渲染</u>它的轮廓以外，还有什么办法能够给如此<u>绚丽夺目</u>的作品增值呢？

[①] 罗伯特·布列松（Robert Bresson）的原话，引自塞毛吕埃（J. Sémolué）著《布列松》一书，59页，巴黎，高等院校出版社，1959。

第一部分　假巴尔特[①]

串通撒谎的批评　1

为什么要仿写？回答可以是出于艳羡，但保留这个词的歧义[②]；或许可以更正确地说：当作一种巫术。此处仿写，为了别处不再重复。1975年，巴尔特谈到仿写时说，虽然他"常常心生这种欲望"（RB，145），可是从未实践过，除了还是中学生的时候，仿写过《克里托》[③]。他这样解释："这么做可以有一条理论根据，如果要瓦解主体，戏写就是一种虚幻的方法……在一场游戏里，主体比其他任何时候都更为实在。"不过，《罗兰·巴尔特自述》的问世填补了这个空白。填补者不是 M. A. 布尔涅和 P. 朗伯的《罗兰·巴尔特易读》。怪，也不怪，

[①] 《假巴尔特》（Pseudo-Barthes）原为雅克-阿兰·米勒（Jacques-Alain Miller）在1977年塞里榭研讨会上的专题发言，巴尔特本人参加了与会者的讨论。——译者注
[②] 法语 envie 一词有"欲望"和"羡慕"两个基本意思。——译者注
[③] 柏拉图在早期对话录《克里托》里，在狱中向友人克里托阐述公民理应服从国法。——译者注

那本书只有"相册"的部分有相仿的文体，其余部分只关注口诛笔伐的技巧。是巴尔特本人填补了这个空白。在《文学半月刊》上，他以《巴尔特的三次方》为题，发表了一篇对自己的书的评论，口气完全是巴尔特式的，而且是夸张的："按照我的设想，如果有人要求巴尔特给他自己的书写一篇书评，他只会拒绝……"①

菲利普·勒日尼最近写的一篇模仿巴尔特的文章（大概是迄今为止唯一一篇）巧妙地揭露了这种手法。文章结束于对"捉弄人的仿写，既非出于恶意，亦非由于愚蠢"的憧憬，因为这种仿写——这是他的最后一句话——"除了我，还有谁能写呢？"②

不是居心巨测，就是模仿走了样，这便是仿写的宿命吗？③ 然而，在《米什莱》一书里，巴尔特抄录了普鲁斯特的出名的仿写文章《勒莫瓦事件》④的全文，从而悄悄地提示了另一种命运，而且完全符合"至爱之书"所要求的"再写作"的欲望。放在何处？不是像《永恒的作家》丛书的其他著作那样，放在结束《米什莱》一书的文献"资料"里，而是放在最后一章末尾的"阅读米什莱"里，似乎仿写才是他评论心爱的文本的最佳结尾，可是通过另外一个文本完成。这是向另一种敬意表达的敬意，更是对延续写作的寿命的肯定。

---

　　① 《巴尔特的三次方》，载《文学半月刊》，1975，第 5 期；重载《文本性》，1984，第 15 期。

　　② 菲利普·勒日尼（Phillippe Lejeune）：《罗兰·巴尔特易读》，载《文本性》，1984，第 15 期，19 页。

　　③ 加缪（Renaud Camus）的《罗曼王》（巴黎，1983）里有一篇有关仿写的优雅的小说版。这部加罗尼亚的编年史有一章用了一句话作为题铭，引自《问号》的作者，也是罗曼王的朋友兰道尔·戴斯巴尔："什么是举动？一个行动的某种辅助……"

　　④ 可参见拙译《米什莱》里"普鲁斯特模仿米什莱笔法：勒莫瓦事件"一段。参见［法］罗兰·巴尔特著，张祖建译：《米什莱》，193～195 页，北京，中国人民大学出版社，2008。——译者注

在某种意义上……

他很难想象，有人会（希望）评论他：他不是已经把话说尽了吗？除了<u>剩余的</u>。可是剩余的都在文本里，不在作品里。然而，为评论承担后果的永远是<u>付出更多的作品</u>。文本却是<u>无价的</u>：它无论在哪儿都不分摊费用，不招惹报刊的流言蜚语——那些专栏待他也不错。

不过，他记得自己写过这样的话："一个文本一旦'制造了效果'，在某种意义上，就再没有什么可说的了。"（SE, 69）他于是怀疑自己，对于被人评论（虚情假意地？）感到惊讶，惊讶于暴露了自己担心未能制造<u>足够的效果</u>。

［可是，他当时（1973年）说的"某种意义"究竟是什么意义呢？］

刻意雕琢

当我阅读的时候，我是在<u>适应</u>：不仅瞳孔在适应，智能也在适应。可是面对<u>自我</u>的评论，我适应得<u>很差</u>，因为我把文字看得很大；评注跃入眼帘，好像立体电影里的炮弹，使又惊又喜的观众觉得是在自己身上炸响似的，眼镜特殊之故。

（巴尧纳市，"首选"电影院，立体眼镜是用灰色硬纸板做的，用完必须还给守在出口的女服务员——自从母亲的朋友说她有<u>刻意雕琢</u>的发式以后，我就害怕她的发髻。童年故事，A婶不容置辩地用牛奶咖啡泡面包干，二者在这颗塔拉斯克龙的脑袋上不期而遇，我感到很恐怖。）

伪君子

对于有关他的文字，他最终都能将就着适应：收到评论，他摆出和颜悦色的样子。他用自我宽慰克服这个顺应一切的缺点，正合伪君子答尔丢夫的原话：

"他跟天空在一起。"（那么，**他者**不就成了我的天空了？他随即根据蒙田所说，想象出一个评论的**乌托邦**，人们在那儿除了互相解说以外不干别的，彼此没完没了地以"我的天空"相称……）既然不能揭穿评论的谎言——那得用哪一种更真实的谎言的名义呢——他只好确认（confirme）它；可是，还必须联署〔确认有签署（firma）的意思〕，共同担保，（就像人们说："你被罚课后禁闭！"）①他看见这盆大杂烩上漂浮着自己的残迹，就装出一副合作烹制的样子。既然批评变成了共同扯谎，他就不觉得是被人评论，而是串通撒谎，这使他感到宽慰。

〔他想起在佛罗伦萨吃过的夹心小肉糕，味道鲜美，可是据说那完全是用残羹剩菜烩制的，名叫伪君子（tartufe）。他身旁有两位太太咂咂作响地狼吞虎咽，没付钱就走了。他不得不打手势表明，自己是符号学家，并不认识她们。〕

一本正经

他常常假扮圣乔治②，杀死定见之龙；有时也假扮圣塞巴斯蒂安③，向人炫耀射向他的"夺命的利箭"（CV，II）。可是，他私下却服膺另一位主保圣本笃④，在卡西诺山修道院的小幅画像上，此君永远在跟他的孪生姐妹圣思嘉交谈。（所有那些斗争，他本来都是一本正经进行的。）

---

① 原文戏用了 consigné 的"寄押"和"共同签署"的两个意思。——译者注

② 圣乔治（Saint Georges，约公元 260 年出生），罗马帝国骑兵军官，因阻止罗马皇帝戴克里先迫害基督徒于 303 年被杀，494 年封圣。西方绘画和文学中通常用马上戎装屠龙的形象表现之。——译者注

③ 圣塞巴斯蒂安（Saint Sébastien，死于公元 288 年前后），亦为罗马皇帝戴克里先时期的基督教圣徒和殉道者。圣塞巴斯蒂安在西方文艺中通常表现为裸体，浑身被利箭洞穿。——译者注

④ 圣本笃（Saint Benoit，公元 480—547），意大利天主教圣徒，本笃会的创立者。公元 529 年，本笃在卡西诺山（Mont Cassin）修建本笃修道院。他撰写的教规于公元 9 世纪初被加罗林王朝规定为所有修道院均须遵守的教规。教皇保罗六世 1964 年宣布他为欧洲的主保（patron），赞扬他对天主教和欧洲文化的贡献。——译者注

电梯

W 君转给（心理分析学一直在跟卖淫活动争夺这个词①）我一篇文章，文中责怪我"遵照第二度"写作，这可令我平步高升了，或者说，踩空了好几级梯子。那么，《写作的零度》（1953 年）呢？第三度（R. B. 君 1975 年写过《巴尔特的三次方》一文）呢？剩下的那些无尽无休（文本无尽头）的憧憬帕纳塞斯山②的文字呢？（我写过："我行文有古意。"）毫无疑问，为了使意义的电梯停下来，评论者见我没有把电梯给他发送回去，就竭力把它锁定在<u>他的那一层</u>。

（于是他得出一个<u>两种</u>批评的比喻：一种是他自己的，在<u>电梯</u>里——就像巴贝克大酒店的叙述者③，可是也令别人一头雾水；另一种批评好像公寓管理员，永远在楼梯上，总是事后聪明④。）

其人其著 2

（以下文字应视为完全出自课本或百科辞典之类。不读也无妨，只需参阅以下文献：

——A. 孔帕尼翁：《巴尔特》，载《通用大百科全书》补卷，1981

---

① 原文 passe 一词在拉康学说里指一种培训心理分析师的实验，民俗法语也用来称呼妓院（maison de passe），故有"争夺"之说。——译者注

② 在希腊神话里，帕纳塞斯山（Parnassum）是艺术之神聚集处，是诗歌的圣地。法国 19 世纪的纯文学运动便因之得名。——译者注

③ 在普鲁斯特的小说《追忆逝水年华》里，小说"叙述者"细述各路店客的形形色色的怪癖行为。巴贝克大酒店位于法国诺曼底省卡堡市。普鲁斯特本人曾在此居留。——译者注

④ "事后聪明"在原文里是法语熟语 avoir l'esprit de l'escalier，直译是"有楼梯精神"。此处呼应前一句话。——译者注

——S. 杜布罗夫斯基：《为什么需要新批评？》，巴黎，法兰西信使出版社，1966

——J. 克里斯蒂娃："符号学"词条，《通用大百科全书》卷 XIV

——Ph. 罗歇：《罗兰·巴尔特——文本：科学与快乐》，见 J.‐J. 布洛歇编：《厨房里的上帝：法国哲学 20 年》，巴黎，欧比耶书局，1978）

罗兰·巴尔特 1915 年生于谢尔堡，1980 年殁于巴黎。除了父亲很早死于海战（1916）以外，巴尔特一生没有什么引人注目的事件。父亲路易·巴尔特当时是海军中尉，最初在巴尧纳，后来在巴黎。罗兰·巴尔特的母亲把他抚养成人，所以他对母亲怀有深深的眷恋。在最后一部著作《明室》里，他提到了这种感情，当时他刚刚丧失"这个特殊的灵魂"不久。"按照人们的期待，我饱受煎熬是由于一生跟她一起度过；我受的折磨其实来自她是怎样一个人。"（CC,117）在《罗兰·巴尔特自述》一书（1975）和记者访谈当中，这位作家多次描述过环境对他的童年和少年时期的影响——外省（"我觉得我的'家乡'在西南地区"）和不清不白的阶级出身："四分之一小资产阶级，四分之一旧日贵族，另外四分之二是资产阶级自由派，加在一起的整体又饱受家道日益窘迫之苦。"①

1934 年，巴尔特首次受到肺结核的打击，致一生饱受折磨，直到 1947 年，学习生活也深受其影响。"那个时期，那是一种真正的生活状态，一种生存方式，甚至可以说是一种抉择。"（GV, 245）退居疗养的年代，特别是在圣伊莱疗养院土圬分院的那几年，不仅有罹病之身的体验，还有邂逅、阅读，以及利用它们所带来的便利踏上写作之途，这些都有助于确定其从事文学的心愿，也是一种非典型的"生涯"的理由：在国外的职务（布加勒斯特和亚历山大里亚）和后来在外交部文化关系处的公职。所以，巴尔特是在大学之外开始发表作品

---

① 《答复》，载《如是》，1971，第 47 期。

第一部分　假巴尔特

的，从 1947 年起，先在《战斗报》上，后在许多期刊和报纸上。在国家科学研究中心的助理研究员的位置上，他先后从事过词汇学和社会学研究，但是真正执鞭授课却是从高等研究试验学院开始的（1960）。1976 年，巴尔特膺选为法兰西公学的讲座教授（文学符号学）。

1980 年 2 月，罗兰·巴尔特遭遇车祸，3 月 26 日辞世。虽然时而被视为符号学家，时而被视为散文家、哲学家和作家，巴尔特留下的著作的多样性却显示出他对文学分析的从始至终的兴趣。他以"新批评"的最显赫的倡导者知名，但是，按照他自己的提法，这个标签涵盖不了他的多种多样的"介入"。

自从出版第一本书起，他就给文学批评带来了新气象。自巴什拉和瓦莱里以后，尽管曾经有过像迪博岱、雅克·里维尔、杜博斯和菲尔南德斯这样的文人，但是文学批评的影响和生气似乎在不断减弱。总之，没有任何迹象预示"文本的文本"将大行其道，更无人能够想象，批评活动、"文本研究方法"、"文本科学"将会成为意识形态、哲学甚至政治斗争的战场，因为那时正逢各种凶险、大屠杀和法西斯主义的肆虐刚刚过去，勒内·沙尔重新提出赫尔德林的问题："灾难时期要诗人有什么用？"然而，疑问又变成了确定的信念：我们不仅需要诗歌，也需要诗歌理论家；不仅需要文学（即后来的"新小说"），也需要"新批评"。

因此，巴尔特革命使得科学、政治和哲学这些看起来远离文学事业的领域将围绕着文本问题聚拢。不过，1953 年发表的《写作的零度》不是从天上掉下来的。

第二次世界大战以后的文学思想受到一个名字的支配：萨特，而且不断受到布朗肖的深刻影响，尽管后者的著述在很长时期内仅见于零散的文章。此外，另一部偏专的著作不可不提：雷奥·施皮策的《风格研究》（Stilstudien，慕尼黑，1928）。

罗兰·巴尔特的新颖之处是他一举跨越了三个不同的大课题。这种跨越开始于《写作的零度》，运用对位法艺术完成，而且使他永远是一匹脱缰之马。形式化的风格研究总是要冒技术至上主义的风险，他却把著作者的身体还给了"风格"："风格是一种**心情**的变化活动"，是"个体神话学的自足的言语行为"。他很快就用一个叫文本的东西取代了"把人对象化"的萨特的著作，而且用"什么是写作"的问题意义深远地取代了"什么是文学"的问题。作为一种"功能"和"形式化的现实"，"写作"的位置在某一时代的作家所共有的"语言"与风格之间：它"联系着创作和社会"。它的发明者致力于把这个中间的和媒介的范畴变成一个自由的空间，同时也变成一个政治的空间，因为**历史**从中显露。超越萨特使巴尔特掌握了重申文学的"介入"问题的手段：

> 正因为没有无言语行为的思想，所以<u>形式</u>成了文学责任的最根本的和最终的体现；又因为社会未能和睦相安，所以对于作家来说，必要的和必然有所取向的言语行为是一种被撕裂的生存条件。（DZ，61）

撕裂是萨特的主题，但是它来自布朗肖。布朗肖（对马拉美和卡夫卡）的研究把一门作品的现象学当作他视文学为"检验不可能性"的思想的基础。罗兰·巴尔特紧随其后，认为"现代性"开始于"探讨一种不可能的文学"。巴尔特的另一个常见的主题也是布朗肖的，即被反复提到的俄耳甫斯的神话。莫里斯·布朗肖在《文学的空间》一书开头有一条提示：有关"俄耳甫斯的顾盼"[①]的几页将是全书的核心。写作在书中被视为不可能有起始点的一个绝对的悖论："只有达到了非得进入写作活动所开辟的空间不可的时刻，人们才会写作。为了

[①] 俄耳甫斯（Orphée），希腊神话中的诗人和歌手，弹奏竖琴时"百兽俯首，顽石点头"。俄耳甫斯是一个与神秘的美文学有关的形象。"俄耳甫斯的顾盼"指他从地狱里搭救妻子欧侣蒂克时发生的故事：冥王准许俄耳甫斯带走爱妻，条件是中途不可回首和出声。冥途将尽，挂念妻子的俄耳甫斯忍不住回头，结果使爱妻再次堕入冥界。布朗肖似乎寓意作家（俄耳甫斯）和作品（妻子）之间的关系。——译者注

写作，必须已经在写作了。"①

可是，在《写作的零度》里，俄耳甫斯不止一个，而是两个。这足以说明这本双面亚努斯之书依赖什么样的妥协。一个是布朗肖的，即提到马拉美和沉默时所说的那个俄耳甫斯。另一个更早出现，在文本第一页就提到了：一个更谨慎的、社交关系当中（少了一些形而上学）的俄耳甫斯。有关后者的神话指作家的<u>社会性</u>和面对语言的地位，因为语言是一个"几何学方位，作家在此正如回首顾盼的俄耳甫斯，无论说什么都必然会丧失行为的稳定意义和重要的社会性举动"（DZ，12）。这后一个俄耳甫斯能够说明巴尔特的探索当中无疑最新颖的东西，也是使他暂时脱离现象学的东西：既承认语言是一种视野（从而把文学直接带入言语行为的大课题），又提出（不妨称之为）作家的<u>社会生物性</u>。

除了惊讶之外，也许它还引起了其他一些时下效果，《写作的零度》令人眼花缭乱。巴尔特紧接着发表了《米什莱自述》（1954），这本书彰显了在巴什拉启发下的所谓"主题"批评。

这种批评当时面临两个竞争者：马克思主义批评和心理分析学批评。二者遇到了同样的难题：都不具备方法论地位。这一点可以从它们各自只有一位孤零零的倡导者得到证明：吕西安·高德曼和查理·莫洪②，且不说二人都小心地自称跨越其他理论领域。高德曼（见他的《隐身上帝》一书，1955）提出一种把作品和生产它们的社会群体联系起来的"社会学主义"，同时以一种想象域的"结构主义"自命。莫洪（《让·拉辛的作品和生活中的无意识》，1957）则提出一种整合弗洛伊德或巴什拉的方法的心理批评，可是，他的方法和声言拒绝无所不包的心理分析，这反倒使他最接近"主题分析派"。

---

① 布朗肖：《文学空间》，184页，巴黎，加里马尔书局，1955。
② 吕西安·高德曼（Lucien Goldmann，1913—1970），法国马克思主义哲学家和社会学家、理论家，曾任巴黎社会科学高级研究院教授。查理·莫洪（Charles Mauron，1899—1966），法国文学批评家、艺术心理学家和翻译家。——译者注

"主题分析派"都有哪些人？其实，这个名字囊括了十分不同的观念和实践。乔治·布莱认为，这是一种"从事鉴别的批评"和回忆活动。读者（作为好读者的评论家）热情地参与作品的生命，通过回忆搜集一位作家的全部作品里的"共同主题"，以便找出"彼此联系的各个部分的终极整体性"。乔治·布莱的高足让-皮埃尔·理查[①]则把寻找"作品没有明说的东西"、"灵动的想象力"的形式与研究施指（signifiants）的游戏结合起来（让-皮埃尔·理查：《文学与感觉》，1954；《诗歌与深度》，1955）。

《文学与感觉》与巴尔特的《米什莱》同一年出版。暂且不谈"学派"，这两本著作其实已经很接近，随后又有了让·斯塔罗宾斯基的《让-雅克·卢梭：透明与障碍》（1957）一书，后者的萨特式分析越来越倾向于心理分析学。这种演变也可以在此后不久的塞尔日·杜布洛夫斯基著作里看到（《高乃伊或主人公的辩证法》，1964）。

这些"第一代"批评家所处的局面里有一种明显的反常现象：其他批评方法都力求从它们所参照的"理论"当中获取支持（参照心理分析学、马克思主义），主题批评却标榜多重性、非教条主义，甚至兼收并蓄，因此很难说它是一个真正的方法论群体，毋宁说是一些相通之处，兴趣的交集，阅读的分享。这种"新批评"人们刚刚看到，第二代批评家就涌现出来了：20世纪60年代的"新新批评"更富于战斗性，更关注把文本分析跟意识形态斗争联系起来。

对于巴尔特来说，这场运动来得十分迅猛，特别是因为他的每一部著作从这时起都包含着自我超越的原则和计划。他的《米什莱》是一种亵渎，因为它把解读追溯到一个血液的源头，用一个"超性别"的雌雄同体的幻象喻指历史

[①] 乔治·布莱（Georges Poulet，1902—1991），比利时文学评论家，日内瓦学派的学者，著有四卷本《人类时间研究》。他反对形式主义的文学研究方法并阐述了评论要求读者探究作者的内在意识的理论。让-皮埃尔·理查（Jean-Pierre Richard，1922—   ），1978年起为巴黎第四大学文学教授。——译者注

学家米什莱,可是为主题批评奠定了一块裸露的基石:一个从话语的"密码"里寻找"顽念的有组织的网络"的计划。不过,巴尔特永远不会是对这种"主题主义"作出形式化表述之人。

不过,这也许是巴尔特谈论罗布-格里耶的原因。1954 年,他在《评论》杂志上发表了一篇《橡皮》的书评,题为《客观的文学》。这一篇文章似乎把这位新小说作家的"白色对象"追溯到马拉美的白色的写作,把"闲闻逸事的零状态"与"写作的零度"挂上了钩。不过,巴尔特特别提到罗布-格里耶的不露声色的"物体的阵列",说"它们彻底远离心理分析",进而从这种写作里看到了一种脱离"古典主义作家的主题"的<u>反复</u>。

一场文本的往返从此在罗布-格里耶(《为了一种新小说》,1963)和后来的布托尔以及评论者之间展开。传统的"创作者"和"评论者"的分野好像不见了。

这种往返 1957 年再次出现,巴尔特围绕着"真实的法国"编织起精妙和饱含嘲讽的《神话集》。主题(《米什莱》)和当代神话(《神话集》)有一个共同的特征:重复。事物一经反复言说便有了意义。从文学符号的出笼,到社会符号的现身,符号学时代已经来临。这个时代延续了大约十年:这是一个梦见自己成为科学的时期,也是一个讲述这个梦想的时期。

从建立符号科学到建立文本科学,关键看来是要为人文科学的拼花图案补上那块缺失的嵌石。人文科学,尤其是列维-斯特劳斯的严谨文风所代表的人类学,已经拿出了模型和参照系。还有,既然文学也是"用语言创造的",那么它也应该参照语言学:索绪尔,雅各布逊,班维尼斯特。在这些学科的保障之外,还应当加上名闻遐迩的俄国形式主义者们。茨维坦·托多罗夫此时刚刚发表了一部他们的《文选》[①]。

---

① 当指《文学理论:俄国形式主义文选》(*Théorie de la littérature*, *textes des formalistes russes*),巴黎,瑟伊出版社,1965。——译者注

一个群体于是形成，指挥部设在高等研究试验学院，这里有一份由"大众沟通研究所"（CECMAS）发行的《沟通》杂志。这个机构如今叫"社会学、人类学和符号学跨学科研究所"（CETSAS），它主持刊行了数期《沟通》（第4、8、11、16期）。它还有几支同盟军：《如是》和"新小说家"索莱尔斯、法耶、普雷奈、李加杜。① 至于小小的核心本身，除了托多罗夫以外，还包括1966年出版了《修辞格》第一卷的新修辞学家吉拉尔·热奈特、逻辑学家布雷蒙②、语义学家格雷玛斯、"电影学家"克里斯特安·麦茨。

一切都为拉辛之争做好了铺垫，无论人们是否乐意，这场论战将是某种意义上的结构主义之战。

为什么是拉辛，不是布莱希特、罗布-格里耶，或者热奈特呢？孟德斯鸠笔下的波斯人曾经惊讶于巴黎围绕"一位希腊老诗人的名声"而意气风发，"两千年来，人们不知道他的祖国，甚至连他去世的时间也不清楚"。在分享他的惊讶之前，让我们先重读一下《论拉辛》（1963）的序言吧。巴尔特写道："我们对拉辛的反应远远超出我们自身，它涉及我们的世界借以跟自己说话的整个言语行为，而且也是它自身历史的一个重要部分。"（SR，12）这个断言的适切性可以从挑起论战的雷蒙·皮卡尔（巴尔特是他的主要的靶子）的小册子《新批评还是新骗术？》里得到说明。其实，对于这位巴尔特视为性幻想和诗歌形式（古典主义悲剧）合力产生的"拉辛人"，这场引起大学和公众舆论产生分裂的论战

---

① 菲利普·索莱尔斯（Philippe Sollers），法国作家和文艺评论家，20世纪60和70年代思想界的重要人物。他是先锋派杂志《如是》和文学杂志《无限》的创办人之一。让-皮埃尔·法耶（Jean-Pierre Faye），法国哲学家和作家。1964年发表小说《闸门》。他长期与德勒兹和德里达等人合作并撰写文学评论，有《叙事理论和专制语言》等知名论文，亦为《如是》的创办人之一。马尔瑟兰·普雷奈（Marcelin Pleynet），法国散文作家和诗人，长期任教于巴黎国立高等美术学院，并发表过大量有关20世纪现代艺术的论文。曾担任《如是》杂志总发行人，后与索莱尔斯共同发行《无限》杂志。让·李加杜（Jean Ricardou），法国作家和"新小说"运动的理论家。——译者注

② 布雷蒙（Claude Brémond），法国叙事符号学者，长期任教于法国社会科学高等研究院。——译者注

并无多大影响，它其实是围绕着是否有权评论和评论家的义务展开的，即一场有关一种职业伦理的意识形态纷争；在需要"严肃性"和梦想"科学性"之间，这种职业伦理无所适从。

无论如何，评论界由此获得了新的生命力，返老还童了。评论界长久以来被各种夸张的表演搞得灰头土脸，终于再次亲历一场《埃纳尼》大战[①]。"现代派"趁机表明立场，他们的"科学性"取向越来越明确。

1966年发生的两件事标志着一个高峰。在塞里榭—拉萨尔的文学批评研讨会[②]上，这回轮到"守旧派"主动向"现代派"表白自己了。巴尔特没有出席，但是时刻影响着这座古堡。在吉拉尔·热奈特和友人的惬意聚会上，巴尔特虽未现身，可是无处不在。会后出版的《沟通》第8期以"叙事的结构分析"为专题，建立此时此地的一部叙事理论的目标从未用这样的科学术语提出来过（即使理论一语应当理解为"描写活动的假设模型"），语言学的"基础模型"也从未博得如此干脆的肯定。

这股骤然上升的热度虽然带来了有关创始性和方法论的文本，可是在巴尔特身上的延续时间却相当短暂，而且他对雷蒙·皮卡尔的答复本身已经悄悄地预示了方向的变化。

《批评与真理》首先是一篇反驳文。文中巴尔特提醒我们："没有得到容忍的是，言语行为竟然能够谈论言语行为"，可是言语行为的划分"对于一个社会很重要"，而且其中"移动言语"已经是"进行一场革命"。归根结底，《批评与真理》利用一种特殊的三分法回答了早就向批评界提出来的问题：批评、阅读

---

① 雨果的《埃纳尼》一剧1830年公演时曾引起一场文坛大论战，也使作者从此扬名。——译者注

② 1966年在塞里榭—拉萨尔共举办了三个研讨会。第三个以文学批评为主题，由乔治·布莱主持，后出版了论文集《批评界的当前趋势》（*Les Tendances actuelles de la critique*，Colloque dirigé par Georges Poulet, du 2 au 12 septembre ; *Les Chemins actuels de la critique*，Editions Plon, 1967 et Editions UGE, coll. 10/18, 1968）。——译者注

和"有关文学的科学"。然而，这门科学当时不是按照一个既定的程序进展的，而是假设地提出来的（"如果有朝一日它能够存在……"）；尤其是它的可能的目标与批评行为明显脱节，也无法取代批评，因为它在任何情况下都不管"作品本身，而只管作品的可理解性"，而且，它只描写脱离一切解读的"意义据以生成的逻辑，而且依照人的象征逻辑所能接受的方式"（CV, 62 - 63）。

这门文学的科学离它"只能以神话相比拟的"文学作品十分遥远，它关注的是如何依照从语言学模型照搬的某种"可接受性"，形式化地表述文学作品的接受情形。这门"文学的科学"在巴尔特那里结果丧失了前途，最终于1967年提交的（构思于1957年和1963年）的《时尚体系》也是如此，虽然这是一本集符号学思想之大成的书，但它最终成为一纸空文。正如作者本人自娱地强调的那样，它在出版之际便"已经过时"。因此，《时尚体系》仅仅利用障眼法延续了1965年的《符号学基础》，实际上标志着永远告别了结构主义符号学。由于"只从服装的书面描写"里寻找严谨性，这种符号学过度依赖于随用随取地移植语言学的成果。

1968年5月，判断被悬置，高等学府的地图被颠覆。打乱重组的科系都在寻找自己的"合适的另一半"，并非没有发生过痉挛。一段缓慢蠕动的时期，一个月的时间龟步爬行好几个月。分裂出现了：菲利普·索莱尔斯和《如是》杂志站到法共一边，形成了另一个团体。"文森四人帮"（热奈特、托多罗夫、让-皮埃尔·理查和海琳娜·西科苏①）1970年创办了《诗学》杂志。

正当科学设想有所进展的时候，富尔改革②为"新批评"的推崇者在大学里开辟了一块天地：巴黎大学文森校区有了一个普通文学系，巴黎第七大学有了

---

① 海琳娜·西科苏（Hélène Cixous, 1937— ），法国女权主义作家和诗人，兼任美国康奈尔大学教授。——译者注

② 1968年5月风暴之后，法国议会于当年11月12日通过了时任教育部部长埃德加·富尔提出的高校改革计划，史称"富尔法案"。这次改革采取的一系列措施使法国高等教育发生了方向性的改变。——译者注

皮埃尔·阿布依①主持的文本科学系。每天的日程上都有组织工作和政治斗争。文学评论不一定排在首位……无论是否赞同阿尔都塞，马克思无处不在，对"文学生产"的分析也不例外。

在这段时间里，巴尔特在"研修班"（1968—1969）讲授巴尔扎克。《S/Z》因之问世，这本书为文本与如下定义的解读之间的"区别"进行辩护："解读文本并不是要赋予它一个（多少是持之有故的，多少是自由的）意义，而是相反，是要评估文本是由什么样的多重性造成的。"

这个"多重文本"的概念，即"施指的星系与所指的非结构性"的概念，促使一切结构化活动突然醒悟到不足之处。随后要做的就是把文本化整为零，成为词位（任意的阅读单位），从每一个词位当中清理出"所指的转换和重复"，从而建立起文本自身的多重性，而不是文本的某种真理。阅读摒弃一切巨细靡遗的奢望，不再为文本服务，而是"虐待"它，"打断它的表达"，让它发出绚丽的光彩，让义素四散，而不是"把它们组织起来，形成同一个主题的领域"。

巴尔特使用文本的概念与其说与"五月思想"的自由流布有关，不如说同雅克·拉康的教学活动有关（巴尔扎克的叙事《萨拉辛》里的词位就是围绕着阉割组织起来的），也跟德里达的教学活动有关（《写作和差异》，1966）；不过，或许更同朱丽娅·克里斯蒂娃在《如是》杂志和《符号分析论》（1969）里一直进行的工作有关，即质疑索绪尔的符号帝国及其"描写"——符号学家宁愿要"解释"，即一种"重复的和系统的写作"。

《文本的快乐》（1973）带有这些新的研究工作的印记。心理分析被用于区隔"快乐的文本"和"享乐的文本"；正如巴尔特在别处说过的那样，文

---

① 皮埃尔·阿布依（Pierre Albouy），当代法国作家，著有《法国文学中的神话和神话学》和《雨果作品中的神话创造》等著作。——译者注

本不正是心理分析学所说的一个"陷入欲望的辩证关系中,或者更准确地说,陷入性变态的辩证关系中"的"对象"吗?"快乐的作家接纳文字"(因为快乐可以言说),"享乐的作家启动站不住脚的、不可能实现的文本"(因为享乐"无法言说"、"被禁止")。可是,这种"解释"却不能说清楚这两个本身无制约的词项之间不稳定和毕竟很脆弱的对立。其实,谈论"享乐的文本"绝无可能,除非自己写一篇享乐的文本;至于"快乐",它的效果(功能?)是导致理论"打滑"和防止一种"意义哲学"卷土重来。<u>主体</u>是另一个难以把握的概念,即"我的历史主体",它在阅读的享乐当中,<u>或者</u>在文化的快乐当中。是心理分析的主体,还是"令人晕眩的分裂"的主体,尼采式诠释的有"多重灵魂"的主体抑或是夸张地重建的"虚构"主体?《文本的快乐》并未回答这些被推到前台的问题,精彩的回答将由《罗兰·巴尔特自述》(1975)做出。

这样,在人们称之为"后期巴尔特"的时期,结构主义曾经打算从"作者"、"创造者"和作家的"自我"等问题中撵走的批评界终于在文本问题的不确定的核心部分找到了<u>主体</u>:朱丽娅·克里斯蒂娃管它叫"过程主体",《文本的快乐》管它叫"最后的虚构:身份的杜撰性"。根据这位新上司的命令,批评话语本身只能作为从写作的织物剪裁下来的边角料才能存活下去。我们很快就看到,60年代的"诗学"计划的倡导者将在一些有不同中心的运动中渐行渐远,唯一值得提到的例外是吉拉尔·热奈特,他的研究工作,即使是历史方面的(围绕克拉提鲁主义展开的《手势语》,1976;探讨亚里士多德学说的《大文本导论》,1979),也始终从属于一个配置了各种形式的理论纲领,而且越来越含有博尔赫斯式的幽默(《新叙事话语》,1983)。

至于巴尔特本人却没有在这条路上走下去,更没有研究思想史,这跟开始于《象征理论》(1977)的茨维坦·托多罗夫不同,因为那本按照时序讲述若干"宽泛的理论"的书被认为是朝"符号学史"迈出的一步。

不过，从《罗兰·巴尔特自述》（1975）开始，这些作品的演变就很难单纯地被视为追求一个批评的计划，即使它利用了批评以外的手段，除非从这些个性鲜明的作品里看到一种贯穿始终的逻辑，一个很早就宣布的意图——"捣毁一切元语言"，更遑论《恋人絮语》（1977）和《明室》（1980）了。

第二部分
罗兰·巴尔特：以退为进

螺旋式的"大词儿" 1

> 对于思想来说，拥有体系是致命的；没有体系也是致命的。
> 正因为如此，才有必要既丧失又坚持这两方面的苛求。
> ——施莱格尔[①]

> 如果你们打算在概念方面超越我，那我求之不得……
> ——巴尔特，塞里榭，1977

批评从来就不是圣洁无瑕的；这种话语之话语不仅一点也没有继承文献注

[①] 施莱格尔（Karl Wilhelm Friedrich von Schlegel，1772—1829），德国早期浪漫派文艺理论家和语言学家。——译者注

疏的美名，而且往往显得毫无价值或者悖谬反常。斯威夫特早就幽默地指出了这一点，他这样讥讽"文学共和国"的同仁们："有一个熟语已经为作家们所普遍接受：说'这个批评的世纪'就等于说'这个荒谬的世纪'。"① 对于那种虽然着力解说巴尔特的作品，却无处不以"二流的"面目出现的批评，不妨依照<u>元语言</u>的提法，称之为"元批评"的批评，我们有什么不应该说的呢？也许，它恰恰见证了一个批评的和荒谬的世纪……

　　如果这里提出的明确肯定不会搁置赌注，人们自会作出取舍，连同其中包含的风险：因为赌注便是忘掉按照体裁进行分类，这种做法把巴尔特的著作划归"文学批评"一类，不是直截了当地，而是因为别无更好的选择。本书并不打算排除作为评论家甚至批评"理论家"的巴尔特；其实，在他身后拒绝这样事先定调——因为它与某种<u>分工</u>的前提有关——反而能够赋予他更大的自由空间。

　　应当承认，这是一种纯属策略性的迁就的办法。把作品严格按照所属体裁的规律去归类，这样做不仅往往适当，而且卓有成效。可是，一旦用于巴尔特，这种做法的后果不难想见：掣肘太多，甚至误解频生。巴尔特怎样混用不同体裁，包括如何对语体不加区隔，都是值得从作品内部发掘的重要课题。为了有机会上溯至巴尔特作品的远端，直至他所想象的各种写作方式的分布情况——它们的命运受制于后者，我们最好是首先加入他的游戏，暂时接受他的游戏规则。

　　因此，假如非有<u>元批评</u>不可，它就必须在文本<u>之间</u>，而且同文本<u>一道</u>，寻找自己的位置。了不起的前缀"méta-"的多重含义批准了这种运动。这种批评由于无法跟在文本"之后"进行（就像形而上学跟在物理学之后那样），所以不

---

① 乔纳森·斯威夫特（Jonathan Swift, 1667—1745）：《关于各种道德的和消遣的主题的想法》，见《作品集》，加里马尔书局"七星书库"，572页，巴黎，1965。

会把这种必然性变成美德。相较于保持距离的事后话语，它更喜欢相伴而行（甚至沉浸其中），读者很快就会看到这种批评的几个例子。[刚巧，这种用法里的前置词"méta-"要求后跟词素与格：do ut des（有来有往）；这倒可以成为批评活动的一条准则：与礼物或者毛斯①所说的"馈赠"言归于好……]

所以，从一项计划着眼，也为巴尔特着想，我们避免将他的作品划归在过于简单的"批评"的名目之下。这个预防性措施能够免去不少其他名目之累，因而更有必要。菲利普·道迪特别注意到其中一种的奇怪特点："很奇怪，当介绍某位通常被视为文学评论家的人的时候，必定得反复警告，此人可能未被理解。"②（不过，即使说巴尔特首先是因为是一位"语言哲学家"才使人很难理解，也未必能够解释这种怪现象……）

这个很难读懂的悖论，即素享"解说"之美誉的批评话语的不确定性，有些丑闻的意味，变成了理论家巴尔特提出的一个问题。

在生命的最后几年里，巴尔特一直不断地"迁移"他的文本的形容词，降低理论设定的价值，例如：与理论保持"稀松"的关系，理论性的**列阵前行**（根据屡次求助的辞源：希腊词 theôria 有"前行"之意），私密的科学，专学（CC，21）。事实上，理论失宠于巴尔特可以追溯得更远，而且最早是针对理论本身的不确定的地位。因为巴尔特没有认识论体系，只有一些方法论，一些跨学科的（甚至反学科的）精巧的拼凑。即使这种缺欠不是有意为之，巴尔特也是心知肚明的，因此他很早就设法弥补——通过参考个别的建模方法：列维-斯特劳斯的交换结构，索绪尔的施指与所指之间的对立，雅各布逊有关隐喻和换喻的两极的理论，弗洛伊德的人格结构说，拉康的图式，等等。因此，要解读巴尔特作品里的理论成分，看来必须要么列举前后相续的参照系，要么找出理

---

① 毛斯（Marcel Mauss，1872—1950），法国社会学家，留有《论馈赠》等著作。——译者注
② 菲利普·道迪：《罗兰·巴尔特：一个保守的评价》，138页，伦敦和巴兴斯道克书局、麦克米兰出版有限公司，1977。

论成分在不同语境中的摇摆：它有时是不言而喻的，但是必须借助隐喻法（例如在"文本理论"里，我们回头再谈），有时却是设定的，甚至被明确鼓吹，可是在巴尔特所说的"展望"里，这种主张的非真实性大于祈愿性（在这方面，屡次重申"我们尚无一部有关……的理论"可谓颇有深意）。再者，从另一个方面看，理论性内容被径直贬入了人文科学的假设的"科学性的领域"，巴尔特把梳理认识论问题留给人文科学去操心（以及花时间，他在这方面很慷慨）。把这个特点放大来看，我们不妨认为，如果说巴尔特仍然有些<u>理论性</u>的话，那么他从未从理论上认真阐述过。

不过，即使未获认识论的保证，理论性也不仅仅是文本的一件外衣而已。因为它既不断<u>充实</u>文本，又<u>改变其形态</u>。值得我们评估的是通过那些"偏移"<u>留存</u>〔或许是留存（lie）、储存（stock）或蕴藏（thesaurus）〕在作品里的理论性。众所周知，巴尔特开玩笑地说过，他希望出现一门"义层学"①（*RB*, 70），即一种有关"程度"或者"言语行为的阶次"的学问；巴尔特补充说，它将使<u>评估</u>而非<u>诠释</u>拥有合法地位。对我们来说，这是一个珍贵的形象、乌托邦，因为某种涉及全部巴尔特文本的义层学正好可以成为我们接着发掘螺旋形"大词儿"的根据（但不过分倚重）。的确，我们要保留的更重要的工具不是<u>诠释</u>，而是<u>评估</u>，用于斟酌巴尔特先后赋予核心概念的（不协调的，甚至矛盾的）意义；若用更有傅立叶味道的说法，这些中心概念也可以叫做<u>支柱</u>概念：**神话**和**文本**。这么做是否意味着这门"巴氏义层学"〔ba(r)thmologie〕真有可能行得通？（此处即使粗略的词源学也帮不了多少忙，因为那会有类比重量科学之虞。因为男中音②这个词在特指一个声部之前，仅有"荷重的士兵"之义。）当然，模拟

---

① 原文 ba(r)thmologie 是巴尔特根据希腊文杜撰的字眼。希腊文 bathmos（格度、梯次、步阶），跟动词 bainō "行走"同源。《罗兰·巴尔特自述》提到这是指从一个词的本义到各种引申义之间的变化幅度的研究，故暂译"义层学"。但是巴尔特照例点到为止，未多谈。——译者注

② 原文 baryton "男中音"来自希腊文 barys，本义"沉重"。——译者注

《神话集》末尾的做法，我们也大可预言"假如有一天会有的"义层学的学者会遇到不少难题。不过，跟许多既变化无常又有铠甲护身，然而在批评界的正面攻击下损失惨重的同伴相比，看来它的命运更令人羡慕。

巴尔特不易把握，评论者通常用词谨慎，鲜有不首先向老板巴尔特表达谨慎和怀疑的（包括眼下这一位）。然后，仿佛被磁石吸引，批评巴尔特必然会求助以下两种姿态之一：一个是"强势话语"，一个是"知己话语"。不是观念层次的谋划，就是私下的精心编排，两个手段交替使用，不可回避。强势话语有更精良的武备可供倚仗：它比描写对象更有"理论性"、"科学性"和"政治性"；知己话语则以一种主观性的言语（parole）为特点："我的巴尔特"，"巴尔特之我见"，还有回忆录式的"我所认识的巴尔特"。

如何描述强势话语？它首先是一股激情，然而跟旨趣（studium）迥异，后者在《明室》里的定义是，"领域极为宽广，其中有慵懒的欲望，多样化的兴趣，前后不一致的趣味"（CC，50）。这股激情完全相反，它把一套完整的知识（学科的、理论的、意识形态的）准确地（或梦想如此）运用于作为素材的巴尔特文本，或者其中一部分，更常见的是后一种情形。这就使人得出印象：这种批评首先要支配它的对象。这种对待巴尔特的做法从某种权威性话语取得授权（总之是来自某块理论自留地的权威）。"对待"一词也可以去掉，换成"处理"，处理巴尔特；不过，那样巴尔特就成了一根没长好的草，而不是受欢迎的客人了……

权威性话语依照不同的时间和地点有所变化，可是全都围绕着两个轴心运行：此处是科学，彼处是政治，有时候也会沆瀣一气。有几个例子可以说明用于处理巴尔特的压力表的精准程度，因为可以用它来测定 Zeitgeist（时代精神）在某个特定地点的气压。1977 年的意大利，在《罗兰·巴尔特或符号学历险记》一书的衬页上，画着一条负有守护历史之责的妖龙；巴尔特则在"最糟糕不过的命运"的威胁下变成了"一只惹不起的学界怪兽"，尽管作者承认，巴尔特

第二部分　罗兰·巴尔特：以退为进

"尚未落入那种境地"①。这本书的序言实际是警告："就巴尔特目前所处的局面而言，他无论做什么，都无法像萨德笔下的儒斯蒂娜②那样，带着有悖常理的单纯和圣洁的道德走出自己的历史，而必然深受'社会性'和'历史'的连累。"③退一步说——说实话，这不太可能——即使巴尔特自视为"可怜的儒斯蒂娜"，不难预料仍旧会有人在他的思想后果（risvolti ideologici）的路口守株待兔。此外，有必要顺便提到求助强势话语的一个特点：它不是向读者澄清什么，而是要训诫和指摘作者本人。批评的视线寓意深刻，可是投射的方向却是瓦莱里不愿看到的："批评界把作家盯得太紧"，可是"批评不应该是读者，而是读者的见证"④。

在其他地方，在英、美两国和一些较为晚近的著作里，政治父亲的声音都没有这么高调。此类话语尚未过时，所以有必要提及。还是1981年，斯蒂芬·诺达尔·伦德的一本书竭力为巴尔特开脱一种虽然"从历史角度看不失适切"的指责：人们责备巴尔特忽视了借鉴"真实的历史，毕竟那是理解意识形态如何形成的原则"⑤。作者伦德接着写道："的确，他的批评著述没有把真实的历史说成是理解任何思想的条件；然而，巴尔特搁置这个角度，只是因为那不是他要谈的话题！"一举豁免，代价不高，显示了一种令人赞赏的对于文本的关怀。这位好心的评论家看到，**历史**——此时是阿尔都塞式的——的强势话语的阴影依然笼罩着这些文本。另外，在茨维坦·托多罗夫最近发表的《批评之批评》一书里，我们看到了同一条思路，只是在另一个方向上延伸，尽管书中有关巴

54

---

① 吉奥齐奥·帕特里奇：《罗兰·巴尔特或符号学历险记》，3页，罗马，意大利百科全书出版社文献资料馆，1977。
② 儒斯蒂娜是法国作家萨德的早期小说《儒斯蒂娜或道德的不幸》（1791）中的主人公。——译者注
③ 吉奥齐奥·帕特里奇：《罗兰·巴尔特或符号学历险记》，7页。
④ 瓦莱里：《文学》，见《如是》，160页，巴黎，加里马尔书局，1941。
⑤ S. N. 伦德：《施指的历险：解读巴尔特》，33页，巴黎，法国大学出版社，1981。

尔特的专章似乎一上来就提出"知己话语"的批评路线。① 在这本书里，政治义愤**与时俱进**（aggiornamento）变成了道德训诫，而且依旧认定，巴尔特跟**历史**的关系（加倍地）很糟糕。托多罗夫写道："因此，巴尔特把一种极端的历史主义（没有普遍真理，只有局部的意识形态）和对历史兴趣缺乏两种相反立场结合起来了。"② 在前一个例子里，我们已经看到，拔高到道德说教地位的**政治**和**历史**齐声提醒巴尔特：你身上有污点，无论如何都有。这本思路与之相似的书仅仅变化了手法。我们看到，托多罗夫从认定巴尔特忽视历史的立场，转入强求一种"与真理的关系"，进而大肆挞伐常见于巴尔特著述的十恶不赦的悬置判断。仅仅承认相异性（altérité）是不够的，因为："我不是也能区分我赞同的和不赞同的人吗？"③

这是一部听命于**道德规范**的**历史**。屏弃了它提交的审查议案以后，我们将不会在**理论**发出的善意警告上花费过多笔墨。理论比我们的想象更富于母爱，而且很早就对一个脱了缰的孩子的为所欲为感到心灰意冷……上文列举的难题，理论心里都很清楚，于是，在被惹恼的学科的家庭会议上，它高声自问：怎样施加干预呢？一道难题，是刚巧以"符号学批评的干预"为标题的一章④无法真正解决的难题，尽管它被恰当地安插在上述"解读"当中。不过是观念混战中的香水，骑兵疾驰而至时的鼓乐而已，理论既然已经有拉康、朱丽娅·克里斯蒂娃和德里达等充当**法律与秩序**的保护者，这么做就有点误派角色（casting）的意味了……好意的龙骑兵似乎打算让理论凭着一张借宿证去巴尔特那里歇息一宿。可是，他的做法掩盖不了一种令人谴责的宽容。我想到《预支死亡》⑤和那

---

① 参见 T. 托多罗夫：《批评之批评》，74 页。
② 同上书，76 页。
③ 同上。
④ 参见 S. N. 伦德：《施指的历险：解读巴尔特》，53～80 页，巴黎，法国大学出版社，1981。
⑤ 《预支死亡》是法国著名作家塞利尼（Louis-Ferdinand Céline，1894—1961）于 1936 年发表的小说，费尔迪南是小说里的主人公。——译者注

位难以形容的主考官，他为费尔迪南代考，使他获得了毕业证书。按照上文已经提到的办法，伦德原谅了巴尔特未能像表述极为出色的阿尔都塞那样，"向仿佛真实存在的评论家的智能明确地提出那些先期问题"①。而且，他也没有过多地抱怨巴尔特放弃了另一位评论家出色地称之为"苦行僧般的理论工作"②。

巴尔特此处被好心好意地糟蹋了一番。能够把重要的理论话语动员起来的批评界不乏善意：说到底，难道它不是在尽力改进它觉得有点单薄的作品吗？通过接触（一个换喻的说法？晋升之途？），这些作品不是也会从更可靠的同行们的权威性那里获得一点什么吗？巴尔特提到过，理论移借是通过劫掠和假冒完成的，方式只有一种：凡我所取，即为我所有。某位评论家借同行和友人的衣帽打扮他，这绝不是一个滑稽的举动，而往往是把一块遮羞布丢给一个赤裸的身体，使之合法化。

超我的举动：不断地向**父亲**提出更高的要求？跟身体的赤裸一样，理论的赤裸性也必须受到惩罚或者遮掩。**国王**赤身裸体，**父亲**昏昏欲睡③，这些都已经不被容忍了，古代评论家的宽容精神也变得遥不可及。当年尚且容许荷马打瞌睡：Bonus Homerus saepe dormitat（伟大的荷马有时会打盹）。巴尔特不止一次地揭露和叹惜我们的时代连疲惫感都不容许。（理论和诗歌被混为一谈了？可是，荷马不仅仅是一位诗人，用保罗·维尼的调侃说法，他生活在一个诗人属于"知情人士"的时代④，是一位神话学家，神话当时也算"内情"。）

确实，巴尔特在这些评论家眼中不是一盏省油的灯。其中理由不少导论都以为找到了：一种以躲闪为主要特点的做法。然而，这也许不是理由。再者，既然这个特点不可否认，那么至少应当深挖这种难以把握的直截了当的回避作

---

① S. N. 伦德：《施指的历险：解读巴尔特》，32 页。
② 让-巴蒂斯特·法日：《读懂罗兰·巴尔特》，13 页，巴黎，皮瓦出版社，1979。
③ 此处显然暗喻《圣经·创世记》里的故事：诺亚的儿子为酒后赤裸昏睡的父亲加盖衣服。——译者注
④ 参见保罗·维尼：《希腊人相信自己的神话吗？》，34 页，巴黎，瑟伊出版社，1983。

法的含义，以便进一步光大"非占有欲"的意义。任凭古道热肠的批评界攻击自己的软肋，这说不定不是巴尔特作品的弱点，而是其高超之处；任凭踩躏而不加反抗，这也许是其文本的和伦理的真实的肌理。

总之，它们的力量在于能够把这些剑劈斧砍化为断水之刀。正因为如此，本书才经常反究主体性，退缩到特殊的体验，以及阅读时的悲戚心情，甚至是巴尔特本人的内心反响。"每个人都有自己的巴尔特"的格言成了斟酌和困惑的一个避风港。

怎么回事？难道巴尔特不是鼓吹过"有情有义的批评"吗？假定这些批评确实如此，它们仍然不能以这个说法自命，因为那是巴尔特在谈到索莱尔斯时提出来的："我们何时才有权建立和实践一种<u>有情有义的</u>，而且不抱偏见的批评呢？"①巴尔特的这种诉求——我们回头再谈——首先瞄准了审查制度，它自结构主义时期以来就沉重地压在作者个人身上，巴尔特建议取消它，只要作家像索莱尔斯那样，"属于留下这种印象的人：在同一篇文本（织物）里，写作活动和日常言语是不分彼此的"。"有情有义的批评"并非提倡主体性之间毫无理由的碰触，而是为一种<u>扩展的</u>（也可以理解为<u>解放的</u>）解读的关系作出申辩，是为那些认为"生活即文本"的"某些人"把文本的范围扩大到生活本身。因此，巴尔特的这项人情味鲜明（pro homini）的建议绝不是退缩，而是重整旗鼓。

总而言之，按照看上去相反的轴线，把针对巴尔特的批评分成科学、理论和法律的一类，重返主体性的另一类的尝试虽然能够暴露一些难点，可是解决不了任何问题。如果只专注于这两类批评的内容，撇开它们运用的修辞学路线，我们的注意力就会集中在它们的表面上的脱节之处。可是，只要放弃全盘清点的做法，就会在多种意图和说法背后看到一张隐喻的共享网络，上述分岔的印象也会随即消失。这些隐喻我们不妨称为"夸张的景观"；尽管它有若干变体

---

① 《从肩头看过去》，载《批评》，1973，第318期；《作家索莱尔斯》，78页，1979。

第二部分 罗兰·巴尔特：以退为进

（"旅程"、"历险"、"波折"，等等），它们无处不在，有时就在论文的标题里，形成了一个稳定的语义场，同时——借用巴尔特描述纪德的说法——形成了一个"运动物体的稳定形象"（SE，88）……

当然，当这个形象顽固地再次出现的时候，我们可以满足于几条临时想到的理由（这么说恰好证明这些理由并不牢靠）：发表于巴尔特生前的批评文章有这样做的必要，以显示著述仍在进行当中；向巴尔特移借某些隐喻是他本人的用法导致的。① 不过，隐喻的这种稳定性显示出一种共同的感受：巴尔特的著作不外乎一个演变过程，评论者据此完成解释（这个词的辞源意义是"展开"②）的任务。根据这个网络，我们处理隐喻时可以重新区分两种新的评估方式。这样一来，读者就会看到，注解工作将再次分岔，分为行进中的两条不同的诠释路线：行程和轨迹。

轨迹的提法蕴含一个有预定目标的形象（犹如导弹），是范围和曲线与一组参数相关的一场运动；参数又分内（负载、发射器……）与外（环境阻抗、遭遇外界物体……）。轨迹式批评根据各种观察到的冲动［写作欲、求知欲（amor sciendi）］，专门描写作品在与外物发生接触时（发现布莱希特，阅读索绪尔，遇到拉康的理论，等等），以及和某种认识论障碍造成内部摩擦时的必然走向。这种解读方式的特点是永远把作品当作一个现成的符号：一个人们预期巴尔特会用来"登记"③ 时代、历史和社会的符号。在表现某种特殊的时代精神（因批评

---

① 根据回忆所及，提出以下几篇：《施指的历险：解读巴尔特》、《欲望的伟大历险》（关于布里雅-萨瓦兰。有名的"写作的穿越"的说法本身移借自索莱尔斯，而且在《普鲁斯特和名字》（《新批评论文集》，123）里化用为《文学的穿越》。我们还可以提出《神话集》之一对"历险"一词的用法：被列为"第三党的优良品德所迷恋的"那些"飘忽的、纯粹的、非物质的、因圣洁的权利而高贵的……"（《神话集》，145）词汇之一。

② 法语 expliquer（解释）一词来源于古典拉丁语 explicare，意为"展开"或"阐述"，后者本身是用前缀 ex-（外展的）和 plicare（折叠）组成的。——译者注

③ 这是帕特里奇本人的说法："（巴尔特）把自己作为一个符号记录在这种'社会性'和这个故事当中……"《罗兰·巴尔特或符号学历险记》，7页。

者身处的时代及其本身的"登记"的情况而各异）的同时，作品的衰退期<u>必定</u>表现为与时代精神（Zeitgeist）抵牾，一场针对思想界现状和前沿理论的抗争；对于自身的社会存在，受到的刺激或者慢待，作品必定尽其所能做出决然的反应，以尽力满足批评界提出的"内在的"要求；实际上，这是要求巴尔特的"工作"将其吸纳当代问题的做法加以重新组织（这是批评本身所做的事）。恶性循环于是开始，因为针对巴尔特的"理论要求"的所谓"内在性"，往往是对他的"工作"性质的一种成见，也是它跻身"现代性"的集体运动的预设条件。轨迹式批评把方法变成了一种末世神学（迫使它向**至高无上的善**与**真**看齐），而且是机械论的（方法必须对环境的刺激、**学术**和**理论**的"进展"做出反应才会有所<u>进步</u>）。

　　为了进一步说明这种解读的变动，我们可以举出实指（dénotation）与隐指（connotation）的问题和巴尔特对这个级次体系的质疑为例。读者将看到，这个问题为他的"写作的乌托邦"揭示了一个有趣的前景。伦德虽然赋予这个问题应有的重要性，却对轨迹式批评亦步亦趋，着力强调后者的后果。因此，当他谈到"必然放弃思辨的级次体系"（即叶姆斯列夫所说的实指意义和隐指意义的体系）时，我们会对这种必然性究竟是什么产生疑问，我们也会对于决定着作品从 1957 年到 1970 年的演变的"要求"产生疑问。他是这样描写这个演变过程的："这种内在于《神话集》的要求，巴尔特已经在《符号学基础》和《时尚体系》里隐约看到了，最终在《S/Z》里才毅然面对它。"[①] 于是，一场本来是对令人喜爱和肯定的言语行为的形式的探索，却被说成了一个必须解决的（理论）问题。

　　跟<u>轨迹</u>的隐喻不同（就这个概念图景眼下的时间和需要而言），<u>行程</u>的隐喻适用于那种把巴尔特的写作视为一场漫步的解读方式，这种解读"路经此地"，

[①] S. N. 伦德，《施指的历险：解读巴尔特》，52 页。

第二部分 罗兰·巴尔特：以退为进

更多地属于随兴所至，而不是匆匆赶路。它是一次悠闲的"路过"，没有大起大落。因此，行程有点像威尼斯的摆渡船，来往于运河两岸，观景之航，不引起什么后果。这么说并不意味着行程式解读必然贬低什么，绝非如此。它的率性而为与轨迹的随机性和必然性迥异，属于那种私下的、享乐的率性，既"自我分析"又"唯美"。这种解读法（以它的名义，也对它有利）包含偏移、不断避走、躲开絮叨和迟钝。的确，因其细密工巧，巴尔特的思想实践被人比作色情实践（他自己也曾这样暗示），"勾引"，可是从另一个方向看，也堪比"蒙田开创的宏伟计划"[①]，堪比《随笔》和格言式写作的自我叩问。

这种批评之批评，我们不妨使之再前进一步。（有用吗？还是毫无意义？总之是邪念罢了。）接近巴尔特文本的两条路线无须"理论化"，可是我们不妨说明一下这类诠释活动的基本论点：一是对于巴尔特窃为己有的"脾气秉性"，批评者当然也有权拥有和论证他们自身的。二是批评者所赞同的意识形态和方法论（参考了专科学问和哲学，例如阿尔都塞主义、德里达主义，等等，据说它们更可靠）。三是重启古今之争。最后，很简单，这些解读法的出现时间：轨迹式分析大量出现于1975年以前，其他则在此之后，尤其是在巴尔特去世以后。不过，不可过高估计这最后一个标准的重要性，因为它从未决定性地影响到研究巴尔特文本的方向。菲利普·道迪在《罗兰·巴尔特：一个保守的评价》（1977）一书里，曾经对未能根据《恋人絮语》改写头几章表示遗憾。按照他本人的说法，如果充分重视那本书，他的概括原本不会那么保守（far less conservative）。这种态度属于特例，并非常规的做法。时间的制约并无决定性的作用，所以斯蒂芬·希思从1973年起才一直提倡一种巴尔特阅读法，其直觉（尤其在最后一章"写作的伦理学"中）看来没有受到任何威胁，在很大程度上，反而从迂回婉转

[①] 苏珊·桑塔格：《写作本身：关于巴尔特》，58页，巴黎，布尔乔亚书局，1982。由菲利普·布朗肖与作者合译自英语。

的最后三本书里获得了根据，尽管这几本书曾经使很多人惊讶不已（连同《就职演讲》应为四本，加上《作家索莱尔斯》共五本，如果把有关施坦伯格的遗作《除了你》①算上就是六本）。与此相反，1981年发表的《施指的历险：解读巴尔特》却延续了语言学时期的争论，固守"好的"施指（即探索性的、前景看好的）和"终极所指的灾难性束缚"②的摩尼教二元论；这种解读显然是出于保持轨迹的需要，故意忽视《罗兰·巴尔特自述》，仅用一堆引语的形式把它贬入书后的附录。

行程和轨迹，这些曲折迂回的譬喻说法也许是无法避免的。它们不仅完全符合巴尔特制造的喻像，也符合某种神话，即那种宗教末世论在思想领域的世俗化是逐步进展的思想。这一点可以从一套包括一本名为《理解罗兰·巴尔特》③的书的丛书中得到见证：丛书令人奇怪地取名为"箭人及其观念"，从而使"思想家"与《神话集》里分析过的"喷射人"一争高下；巴尔特说过，后者是"豪侠帕西法尔的残余"……

尽管如此，它们并非没有问题。因为，如果说轨迹式解读法很难把高斯曲线（一种炮兵计算方法的发明）一直维持到被视为落点、倾角或落空的目标的作品结束，行程式解读法却由于其"自由主义"（把常见于前者的教条主义颠倒过来），或者死抱着巴尔特"以往的理论"，或者视之为失败的记录，而且宣扬一个"晚期巴尔特"的形象，有着四下涉猎的闲情逸趣。于是，赞美的言辞点缀着新型颓废主义的缕缕余晖，这是另一种为作品制造神话的方式，甚至苏

---

① 萨奥·施坦伯格（Saul Steinberg，1914—1999），原籍罗马尼亚的美国画家，60余年中为《纽约客》杂志绘制了大量现代风格的封面、插图和漫画。《除了你》（*All except you*）1983年由巴黎马艾特画廊（Galerie Maeght）出版，书中有巴尔特写的长篇评论和施坦伯格的九幅插图。——译者注

② S. N. 伦德：《施指的历险：解读巴尔特》，116页。

③ 让-巴蒂斯特·法日：《理解罗兰·巴尔特》，巴黎，普利瓦出版社，1979。这套丛书的准确名字是"思想箭人及其观念"。我们这里提示一下："喷射人"就是试飞员。

第二部分 罗兰·巴尔特：以退为进

珊·桑塔格的优美文本《写作本身：关于巴尔特》也未能免俗。

在桑塔格的这本书的最初几行文字里，一种世纪末的意味已经隐约浮现（"巴尔特的作品有好几个与文化的晚期风格相关的特征"）。这个言外之意一直持续到这篇论文的末尾。巴尔特的一些体验、评价和解读这个世界的方式被说成是"迟暮"① 的。因为这些作品坚持立足于法兰西传统，即"唯美主义的态度"。桑塔格写道："巴尔特的判断和关注点大多最终归结于对唯美主义标准的肯定。"② 巴尔特对罗布-格里耶的声援是一场"唯美主义论战"，只因他在后者身上看到了"新一代的时尚作家，玩高科技的那种"。巴尔特拒绝"深刻"③ 是唯美主义，他通过肯定景观的概念"提倡游戏之作"④ 依然是唯美主义，他的那种"什么都不排斥的艺术"⑤ 更是唯美主义。桑塔格的生花妙笔把巴尔特锁定在追求时尚的"野营"⑥ 一路。这种解读很引人入胜，可是引出一些问题。巴尔特根本不相信时尚。对他来说，时尚早就死了。在美国杂志《美洲航线巴黎评论》上发表的一篇趣文里，他解释说：《时尚体系》一问世就把时尚枪毙了。⑦ 如果说，他真的相信被桑塔格说成"时髦态度的民主化过程"的野营，那正如他相信《罗兰·巴尔特自述》的一个片段里提到的"抄底重返"一样，那是针对某种"新的时尚主义"的可能性而发。巴尔特说："在悲观无奈的情绪充斥的特定的历史局面下，整个知识阶层如果不奋起抗争，就是在不公开地赶时髦"（RB，110）。此外，"时间即我在世的时间"（RB，110）的格言也许说明了他本人对于赶时髦的定义，与之恰成对照的正是无声的文本，它们把巴尔特的时间变成了

---

① 苏珊·桑塔格：《写作本身：关于巴尔特》，63页。
② 同上书，47页。
③ 同上书，48页。
④ 同上书，51页。
⑤ 同上书，54页。
⑥ 同上书，46页。
⑦ 参见《纨绔之风与时尚》，载《美洲航线巴黎评论》，1962年7月；参见本书第四部分第6节。

写作的时间。

这种解读方式引起的主要异议还不在这里,而是它企图利用不同的言词恢复起来的一对陈旧概念:"虚"与"实"。这样一来,巴尔特爱好"戏剧性"便与"贯穿尼采全部著作的严肃诚恳的理想"① 截然对立了。此时只有赶时髦的意象(说到底,总是不知足)可供使用,随后给它戴上思想的面具。例如,这种缺失必然能够从巴尔特最后的文本得到证明,尤其是《明室》;而且,它们跟"名副其实的唯美主义"② 的行程相反,不可避免地会流露出一种超越的欲望:"巴尔特有些精神追求是他的唯美主义态度无法满足的,不可避免地要超越后者;他在最后的文本和课程里所做的正是这件事。"③ 在这本书里,不可避免指某种"精神"的结局,这是传统要求确立"文学生涯"的旅程时非有不可的东西,并且再次肯定了巴尔特在法兰西公学所说:知识分子很难摆脱"按部就班和登堂入室的高雅神话"(SE,89)。

托多罗夫的说法很有意思,他笔下的巴尔特跟桑塔格的很不一样。托多罗夫把巴尔特置于一条相同的生死攸关的法则之下:面对理论,"评论家—作家"表现出的双重性最终变为"荒诞的人文主义",从而得到拯救("荒诞"一词来自巴尔特本人④),因为在这种人文主义里,我们可以看到"在取之于当时的虚无主义的滥调以外,巴尔特正在为自己寻找新的超越性,其基础不是宗教,是人的社会性和多重性"⑤。

拉康说过,萨德专家们"总是在撰写使徒行传"。可是,既然没有任何迹象

---

① 苏珊·桑塔格:《写作本身:关于巴尔特》,49 页。
② 同上。
③ 同上书,62 页。
④ "直到 1975 年,我们才从罗兰·巴尔特自己那里得知,他连自己的'话'也不相信。在《什么是批评?》一文里,没有任何迹象表明他不赞成自己的断言……"(T. 托多罗夫:《批评之批评》,77 页)
⑤ T. 托多罗夫:《批评之批评》,81 页。

第二部分　罗兰·巴尔特：以退为进

表明"巴尔特专家们"会引起我们同样的怀疑，我们便可把那些大有裨益的意图统统算作一种有关旅程的话语，巴尔特对此是这样说的："旅程，揭示，是一个可悲的概念。"（EC, 103）在别处评论"循序渐进"（cheminement）的形象时，他还说："总之，一切都在形象的层次上起作用，而不是在内容的、看法的层次上起作用。"我们不妨补充说：也在隐喻的层次上起作用。

不过，巴尔特还说，既然"我们这些文学工作者"离不开隐喻，那么到哪儿去找那种替换的隐喻，以便至少能够转移一下问题呢？而且，一上来就要把这个"巴尔特问题"当作一个主体的历史，不是有点冒险吗？较之随机地重建一场意识活动的循序渐进的过程，或者单纯地研究一篇接一篇的文本，我们不妨把一条有所变化，甚至显示着变化，然而绵延不断的线索作为出发点，即词语的线索，尤其是那些"大词儿"的线索。这些"大词儿"组成了巴尔特著作里的仪仗队，一个连续不断的队列。它们不顾作为"思想的跳跃"的认识论断裂，将多个巴尔特串联起来，或者更准确地说，维系着一个完整的巴尔特。而且，如果非得有一个多爪钩似的修辞格，才能把握始终在这些作品里起作用的那两个重要概念，那么为什么不借用一下巴尔特本人不厌其烦地提供的那一个呢？这个修辞格就是螺旋形。

我们无法肯定是否享受了这个受宠的隐喻的全部好处。也许我们把它用作一个漂亮的装饰，以掩盖一个抽身引退的主体的种种遁词；也许人们认为这是巴尔特的一条粗劣的诡计，以便于他万无一失地利用维科的说法来调和马克思和尼采。

可是，我们应当看到，巴尔特多年里坚持推崇这个修辞格，不只是为出尔反尔——无论真假——找到一个"借口"；除了含糊无效地重新确定历史的时间性之外，还有别的东西。我们且把这个修辞格当成延请我们重读他的著作。这种阅读认真对待这个隐喻之隐喻的力量。

此处，我们应当回顾一下这个巴尔特如此推崇的隐喻。《罗兰·巴尔特自述》里有一个题为"闹剧般的重返"的片段，谈到了发现它的经过："从前，我

55

受到过马克思的一个思想的震动,永远难忘的震动,悲剧有时会重返历史,可是如同闹剧一般"(RB,92)。虽然如此,螺旋形却不是马克思主义的提法,评论家虽然经常提到闹剧式的重现,那也仅指消沉阶段。这段话其实有针对马克思捍卫这个修辞格的意思。它被"维科引进我们西方的话语当中",又被《拿破仑的雾月十八日》的作者变得滑稽可笑:"这种重现闹剧本身也是对唯物主义的标记的讽刺。"(RB,92)然而,这段写于1975年的话只是一场旷日持久的平反官司的结果。

巴尔特早已读过米什莱为维科的选集写的长篇介绍①,所以他应当熟悉螺旋形的提法。1959年,他为米什莱的《女巫》②撰写的前言里,这个字眼就顺带出现过:"根据米什莱从维科那里借用的一个隐喻,历史是螺旋形发展的。"③ 不痛不痒的叙述很快就让位于一种赞许。巴尔特把再版时的《批评论文集》置于这个隐喻的"护佑"之下,他预言布莱希特必然"螺旋式"地重返,而且说:"这是维科为**历史**提出的一个美妙的形象,我愿把此书新版置于这个形象的护佑之下。"④ 又过了两年,螺旋形不再是一种保护了,而是能够为制订一项计划服务。在一本乔治·弗里德曼⑤的纪念文集的结论部分,巴尔特不仅再次肯定了这个隐喻的生命力,而且认为它具备成为一个模式的价值:"按照维科的美妙隐喻,历史不正是螺旋式发展的吗?我们难道不应该重申(不是重复)旧有的形象,同时赋予它们新的内容吗?"⑥

可见,在巴尔特那里,维科的"美妙隐喻"是沿着一条背离马克思,与米

---

① 巴尔特对于米什莱的兴趣始于20世纪40年代在圣伊莱疗养院的阅读活动,第二次世界大战过后很多年,他依然考虑过撰写一篇有关米什莱的政治观念的论文。
② 《女巫》初次出版于1862年。——译者注
③ 罗兰·巴尔特:《女巫》,序言,法国图书俱乐部出版社,1959,见《批评论文集》,113页。
④ 1971年的前言:《批评论文集》,8页。
⑤ 乔治·弗里德曼(Georges Friedmann,1902—1977),法国社会学家。——译者注
⑥ 罗兰·巴尔特:《言语行为的划分》,见《一种新文明?——乔治·弗里德曼纪念文集》,巴黎,加里马尔书局,1973;《言语的窸窣声》,126页。

什莱渐行渐远，却带有尼采意味的路线循序渐进的。它给文学和历史本身都提供了<u>重返</u>的机会，在<u>另一种样态</u>之下重返的机会，只因位置不同了："在螺旋形的行程当中，一切都会重返，但是返回另一个位置，更高的那个：差异的重返，隐喻的行进路线。"（RB，92）如果细读这段话，螺旋形的真面目就会显露出来。现在很清楚，它不是一个信手拈来的隐喻，甚至也不是众多隐喻当中最受宠爱的一个，因为螺旋形的重返就是隐喻本身的行进路线。"螺旋形化"和"隐喻化"皆指一种形变：一条"通往施指的途径"①。就这一点而言，巴尔特的螺旋形不仅（像米什莱那样）彰显<u>历史</u>"向着更光明的前景"的一种"取向"（EC，113），也不仅提供了一个模型，以显示某种变动的循环性或尼采对"优越者重返"的肯定，巴尔特那时已经再次从德勒兹的评论里读到了这种肯定。螺旋形是逶迤曲折的写作活动的正确道路，只有写作才能够打破话语遭遇科学至上论和呆滞的形而上学时发生的"停顿"。在巴尔特看来，只要"美妙的隐喻"与隐喻化过程本身相适应，它对建立研究和分析的形式就有同样重要的战略意义，这些形式之于文学，恰如"算法"之于数学。"因为我们这些文学工作者，"巴尔特在1971年说，"不像数学那样拥有至高无上的形式化手段，我们必须尽可能地多用隐喻。"（BL，84）在巴尔特的个人术语里，螺旋形和隐喻变成了新的修辞格，我们已经做不到像古典修辞学那样分清它们究竟属于"言语行为"还是属于"思想"，因为它们本身就是为了超越这种区分和"通往施指"而铺设的路径。

巴尔特始终向往把这个修辞格同他的作家计划结合起来。在开始这场探索的时候，我们面临着一种把握它、靠它来导航的诱惑。正像这几段引文所提示的，既然巴尔特认为它既能够说明作品的变动情形，也能够把"弄文学的人"应当为之献身的<u>运用隐喻的写作</u>调动起来，那么，为了深入推敲这些作品是一个连续体的设想，它们虽有起伏和节奏，但绝不是不连贯或零碎的，为什么不

---

① 罗兰·巴尔特：《闲言碎语》，载《诺言》，1971，第29期；《语言的窸窣声》，84页。

重新起用它呢？在评价这些作品的时候，为什么不把"大词儿"的重返也包括进来呢？这种尝试拥有两条多少可以公开宣称的有利论据：其一，只要赞同把螺旋形誉为隐喻的隐喻，我们就能掌握巴尔特毫无保留、毫不迟疑地交给我们的唯一的一件方法论工具，我们至少可以指望它能够让我们紧贴文本；第二条论据基于不轻信：就最坏的情形而言，在这个螺旋形的底部，仍然会由某个标记或征兆显示巴尔特对它的顽固依赖，好让他的作品如同藏身蚕茧般藏身其中。于是，按照那种永远有假罪人作伪证的侦探小说的旧思路，问题就变成：它掩护了谁？它从中保护了谁？

把螺旋形验之于神话和文本尚需最后一个前提：我们不妨叩问一下巴尔特的这两个词的性质（既然它们的功能可以从运用中看到）。这是因为，这两个支柱概念在话语中从来没有被严格界定，或者万无一失地参指某个知识领域。尽管如此，我们不可简单地认为它们完全出于随意性。此外，也应当假定，它们的意义以及巴尔特寻找的某种意指作用并非落实在某种理解当中（因为最"理论化"的词义总是昙花一现的），而是在螺旋形使之以另一种样态重返的涡形纹路或厚重性当中。巴尔特固然不会认为它们是"普通的"词语，可是它们也不是"概念"（如果它们看起来正在形成概念文本一词即为一例，我们仍会看到，巴尔特始终坚持不赞成将其概念化）。神话和文本属于一个外延模糊的"私密"的范畴，一个由巴尔特所说的"大词儿"组成的星云团。此类施指虽然有时滑稽地用大写字母书写①，却不一定很重要。乍一看，这是一些混血儿，一方面属

---

① 巴尔特常常被批评滥用大写字母和其他一些印刷符号。对于这种滥用，巴尔特本人有很有趣的分析，他在评论伊夫·维朗的小说《我……》（参阅《工人和牧师》，见《批评论文集》，134 页）的文章里提到："牧师（小说的主人公和叙述者）把一切精神对象都用大写字母书写，用符号学语言来说，这种方式就是所谓隐指（connotation），即一种添加在本义上的附加意义；可是，大写字母的常见的恶劣居心在文学上却变成了真理，因为它显露出讲话者所处的局面。"然而，维朗的小说主人公身处何种局面？在此之前，巴尔特刚刚作出了描述：类似于"某种谵妄"的局面。巴尔特所说的这种在文学上"真实的""谵妄"的大写字母，如果对比一些属于意识形态的威风凛凛的大写字母（人为设计），那将会十分有趣。

于共同语——<u>文本、神话、虚构、想象域、写作、风格</u>，等等，均属此列；另一方面又明显地分属一个或多个代码"体系"，甚至不分轩轾，例如"文本"可以跟"文本理论"意思相同。

刚巧，巴尔特写过一个片段，借讽刺之名专谈这类语义现象："柔软的大词儿"（*RB*, 129）。他提出的蹩脚而狡黠的分类显得相当可笑。这种分类表面上立足于一个简单的二项对立："有些运用得不好，既含糊又顽固，霸占了好几个所指的位置。"巴尔特举出的词例包括"决定论"、"历史"和"自然"。另外一些则"按照一套个人计划重新打造"，例如"写作"和"风格"。但是，区分刚一完成就发生磕碰，形同游戏里的一场混战。这是因为，巴尔特补充说，这两个大类虽然不具备"同等价值"，可是彼此"沟通"，都有各自的"生存"价值。第一个二项对立至此结束。可是，由于巴尔特喜欢让每一个"二元论"都掩盖另一个，于是出现了第三类"大词儿"（也可以说是第二类的一个亚类）。这些字眼是"猎艳者"，"遇到谁就追求谁"。那么，在追随其他主人时，此类"大词儿"会不会从别处获得某种观念性内容，使之有别于平生的那些炮制呢？这种追随能够逃避巴尔特的加工吗？绝无可能。巴尔特坦言，他保有<u>重新命名</u>它们的权利，而且不受时效的束缚。

于是，通过一场他乐此不疲的游戏，巴尔特在这段叠床架屋的短文里运用二项对立只是为了同一个结果："大词儿"都逃脱不了被他<u>重新命名</u>的共同命运。此处<u>重新命名</u>一语有双重含义：既有民政部门常用的意义，又有命名浸礼的含义。因为，跟我们谈论某位官员一样，巴尔特<u>任命</u>"大词儿"担当话语里的某种职务。不过，这样做从来都必须预先<u>重新命名</u>，哪怕是<u>内定</u>的。也就是说，必须通过写作活动洗刷它的理论前科。写作把它放在浸礼盆捧出，为的是充当它的教父。

虽然这个片段多少有点愚弄人，可是，正因其如此，它提供了一个珍贵的标示，让我们看到巴尔特是如何设想无论哪一类"大词儿"的。因为，这种准观念性的表述工作被他视为纯粹的创造新词的活动，从而奠定了小说艺术的基础。

这并不是说，巴尔特从未展现严格意义上的新词的创造性；其实，这是他的作品的一个方面，而且往往被视为他的一个缺陷，从而为责怪他乱用"隐晦的说法"提供弹药。这种"创造性"因其既有所发现，又过于夸张而蔚为奇观。不过，我们只把它当作一种孤立的现象，不管它是为了装饰，还是故意使描写和分析显得细腻精妙。例如，上文提到过的"义层学"，表示有无话语权势的"有法度/无法度"的对立（BL，128），《神话集》里自娱的"巴斯克风格"（My，210），玄虚的"正果"（FDA，267），莫名其妙的"附会"（BL，361），不一而足。这些新词的一般规律是，除了凑手，具煽动性，甚至十足的幽默以外，没有别的什么价值。

确实，巴尔特正是以严肃的运作为目的，在语言内部物色有希望延年益寿的语言实体［包括外语，例如 patchwork（拼缀）和 shifter（变换）——雅各布逊所说的它们的意义被巴尔特尽力淡化；也包括已经死去的语言，例如《明室》里有名的 studium（旨趣）与 punctum（刺点）的对立］。而且，他在不同场合下数次强调，在"真正的"新词、废弃词语的再生与重赋新义之间，根本无法有连续性。他还提出，只有重新定义的办法才能最好地展现"运用新词的胆量"[①]。因此，在评论布里雅-萨瓦兰的"令人惊愕的创造"时，他说此人"通过一种情爱关系与语言紧密相连"，称赞他的"彻底地（是否可说是肆无忌惮地？）运用新词的风格"，此时他是把"运用新词"和"罕僻词"[②] 等量齐观的。在这个方面，最能说明问题的文章是他在《文学半月刊》上为吉拉尔·热奈特的《修辞

[①]《诗学作家的回归》，载《文学半月刊》，1972-10-16；《语言的窸窣声》，203 页。
[②]《阅读布里雅-萨瓦兰》，见《布里雅-萨瓦兰：趣味心理学》，巴黎，埃尔曼书局，1975；《语言的窸窣声》，294 页。

格三集》撰写的书评。跟布里雅-萨瓦兰一样，热奈特也"命名他的分类法找到的东西，他创造新词，他让陈旧的名词复活，他建构起一个精妙而明晰的话语对象的网络"（BL，203）。可是，巴尔特并未止于赞赏地分析一种在这一点上与自己相似的做法，他还强调运用新词所具有的小说艺术的性质，这是一种既能把生命赋予词语，也能使词语重获新生的活动，它锻造、复兴或重写词语。他补充说："对于运用新词的关注（或者勇气）是我叫做批评的大艺术的直接基础。"

对照题为"对象进入话语时"的片段，能够充分显示这些看法的意义。这段话一开头就提到"思想的对象""跟'观念'、'概念'不同，后者纯粹是理念性的，思想的对象必须通过对施指进行某种斟酌才能创造出来：只要我认真对待一个形式（它的词源、派生过程、隐喻），就能给自己创造出一个在我的言语行为里驰骋的词—思想，犹如抓鼬鼠游戏里的指环"①（RB，138）。接下去的一段话再次提出这些词—思想与小说艺术的等价关系，它们进入散文写作的过程就像在《少年维特之烦恼》里"突然出现的黄油炒豌豆，或者一只被剥皮分瓣的柑橘"。巴尔特补充说，这个"词语—对象"属于一种"仪式"，即那种奉献"大词儿"的命名浸礼："好像在某个时刻，我用我的符号给它起了名字似的。"（RB，138）

因此，这些"大词儿"既是转瞬即逝的词语，又是放行的口令。在倾听它们的同时，应当牢记某种被反复提示的双重性，它在巴尔特的写作的构想的矛盾形态中已经有所显露。因为，跟其他任何方式一样，新词的再造活动也是为了跟词语的既有的社会身份展开竞争，这种活动不仅指出一个新型的小说艺术的维度，还表明一种对于写作的纯诗学功能的眷恋，即通过逐个"斟酌"词语而发掘和再造共同语。这种"斟酌"既作用于赐予，也提醒我们词语的物质性（chosité）。

---

① 抓鼬鼠游戏（le jeu du furet）是法国传统的儿童游戏。参加者围成一圈，边唱《抓鼬鼠歌》边悄悄传递一个指环（即所谓鼬鼠），中间站立者需在歌声停下时猜出指环在谁手里。猜中则与手拿指环者换位，重启游戏，猜不中则继续游戏。——译者注

神 话 2

> 我们的最大难题是重新体验撒谎的自由的玄虚感。古希腊的先哲们仍然完全生活在这种撒谎的权利当中。
>
> ——尼采，《哲人书》

> 神话是一种价值，真理无须核证。
>
> ——罗兰·巴尔特，《神话集》

巴尔特所说的神话有好几种化身，至少有三条理由可以让我们从中找出一个最佳的例子，作为螺旋形的"大词儿"的运行模式。

的确，神话的概念在巴尔特作品里的重要性已经多次被评论过了，它不仅仅是一个概念，其发展曲线还能够相当完整地说明"迁移"的机制。这种机制只被巴尔特本人部分地描述过。

第一个特征：它明显地主导着符号学时期，主导着《神话集》取信于读众的过程，随后才在一个时期内被可称"摄政制"（interrex）的"文本性"遮蔽（"摄政制"不是君主制：在罗马共和国时期，它指取代执政官正常行使职权）。所以，它代表着巴尔特所说的各个"阶相法则"的一条最简单的法则，即第六阶段，"除旧布新"的阶段（RB，148）。

这次暂时消失也许可以部分地归结于它遇到的敌视；可是（这是第二个特征），它之所以被罚出局，更重要的原因是它在作品里太"强"，是由于"每个阶段都有反作用：不是针对周边的话语，就是针对自己的话语，如果它们变得太强的话，作者就都得作出反应"(*RB*, 148)。

第三个特征：神话最终"迁移"到另一个地点。此种变动意味深长，不妨举两段引文，以使读者先获得一个概念。头一段写于 1971 年，提出"文学的科学只能把文学作品比拟为神话"(*CV*, 59)。第二段写于 1980 年，它进一步阐明了上述建议："也许，我们对于相信过去、相信**历史**怀有某种不可克服的抗拒，除非历史采取了神话的形式。"(*CC*, 136)

这种比拟暗示出巴尔特本人称之为"迁移"的运作的性质。诠释"螺旋化"意味着重视"变换地点"引起的两种效果：意义之效（因此，神话在那段 1971 年的引文里指人类学家所说的神话，在 1980 年的那段话里则指**叙事**）和价值变化之效。问题于是变成：神话是否只是一种"价值颠倒"的对象（巴尔特 1971 年谈写作一词时就是这样说的，然而"价值"仍然是个含糊的词，游移不定的用法把它悬吊在语言学术语和尼采的用义之间，巴尔特后来越来越倾向于后者）？或者说，使得神话趋于表示叙事的操作是不是价值的一种逆向颠倒（第二种意义上的价值，而且就一种评估而言）？神话的霸主地位（hégémonie）（用于这个词的最古的词源意义，引导作品，为它指路）从未真正停止发挥作用，有时甚至被当成巴尔特的全部活动的一枚滑稽可笑的徽章。发生在 1977 年的一件趣事可资证明：正值"知识分子事件"期间，总统吉斯卡尔·德斯坦邀请巴尔特前往爱丽舍宫，他去了。他被勒令对这个不端行为作出交代。他于是遵命在《新观察家》周刊上做出解释，然而拿职责当挡箭牌："我去是出于好奇心，那种去听听看的趣味；有点像一个搜寻神话的猎手，伺机而动。神话猎手嘛，众所周知，哪儿都得去呀。"① 打趣的表演令人想起非洲荒原狩猎，大场面报道、正话反说也暗示那是一场地点错误的探访。神话研究于是成了侦探故事。按照

---

① 雷维：《知识分子有什么用？》，载《新观察家》，1977-01-10；《声音的微粒》，254 页。

巴尔特后来在《批评与真实》里提供的唯一定义，神话首先不正是"很神秘的"吗？（CV, 59）此时，巴尔特是在拿自己的"神话学家"的漫画形象自娱：身子一半是环法自行车赛阿尔卑斯山赛程中的达达兰，一半是被匿名领进"自由搏击赛"的鲁道夫王子①……"神话猎手"是一句俏皮话。可是，在<u>定见</u>的压力下，巴尔特的俏皮话经常触及一种很难用其他说法表达的"实质"。如果我们支起一只"文本间性"的耳朵仔细倾听，就能听到它后面有一个更严肃的回声，即巴尔特多次提出的<u>作家</u>的定义："语言十字路口的窥伺者。"

再有，神话通过多个化身引人瞩目地得享长寿。巴尔特戏剧艺术的这个要角有过20年远离文本舞台的流亡时期，最终依然能够现身于<u>小说</u>问题的核心。

由于在作品中的命途如此多舛，也由于被《神话集》赋予杂糅不匀的含义，<u>神话</u>讨生活并不容易。它刚一起名就遭到批评界的猛烈攻击，招来几乎是千夫所指的敌视。首先是人类学家的敌视：因为巴尔特的<u>神话</u>不寻求与仪式、权力程序或交换过程直接挂钩，他们认为，它对列维-斯特劳斯的参照充其量是隐喻式的。继而是社会学家的敌视：他们对于放肆地提出一种无所不包的"小资产阶级行为方式"很抵触。可是"文学界"也照样敌视它，其中既有指责它缺乏保证地求助一门"深度心理学"的"传统派"，也有"现代派"——招致物议的此时是一种涂尔干所说的"集体表象"的余威，甚至还有一种狡黠的新柏拉图主义——神话于是似乎是"结构的仿制品"②。

虽然《神话集》1957年问世时引起的兴趣无可否认，但是为了充分说明包围着巴尔特所说的神话的怀疑态度，看来仍然应该重温一下知识界当时的气氛，这也许是十分重要的，因为它不仅与质疑其方法的学科严肃性的专家们——无

---

① 达达兰是阿尔封斯·都德1885年的小说《阿尔卑斯山的达达兰》里的主人公，一个虚张声势的庸人形象。鲁道夫王子（Prince Rudolf d'Autriche, 1858—1889）当指奥匈帝国皇储，一说死于为女友殉情，一说死于政治阴谋。——译者注

② 皮埃尔·马舍雷：《文学分析，结构之墓》，载《现代》，1966，第246页。还有这期专刊内的其他文章。

第二部分　罗兰·巴尔特：以退为进

论他们是否来自高等学府——发生冲突，而且有违当年如日中天的整个萨特学说的传统。实际上，萨特本人从《境遇1》开始就谴责"神话的神话"，而且通过提醒索雷尔①这个源头，有力地证明其出处值得怀疑。萨特不赞成这个提法，认为它是迎合时尚的结果，说它是"自索雷尔以来一直很时髦的时代的产物"②；萨特认为，神话在政治和哲学上一直是一种含糊其辞的设定活动的对象，让-理查·布洛克③和马尔罗也不例外。④ 为了在一种总之与之相似的怀疑当中找出它的来源，巴尔特也颇费周章地尽力使这个提法能够言之成理地得到运用：即使不能成为一个概念，至少也使之成为一个"思想的对象"，无愧于一个围绕它形成的研究领域。

不过，《神话集》和该书序言展示<u>神话</u>的方式，目的不是瓦解意识形态疑虑，更不是为了对理论模糊性作出澄清。

在1975年提出的一张图表里，巴尔特回顾了几个前后接续的"阶段"。他把《写作的零度》、有关戏剧的论述（未汇集成书⑤）和《神话集》的文本统统归入一种"体裁"，叫做"社会神话学"（*RB*, 148）。神话于是被置于萨特、马克思和布莱希特三人的托管之下。1957年，他曾经在《神话集》里写道，社会神话学"既属于作为社会科学的符号学，也属于作为历史科学的意识形态"（*My*, 197）。他在一个颇为自负的注解里说："人们尽可举出神话的成百上千的个别意

---

① 乔治·索雷尔（Georges Sorel, 1847—1922），法国哲学家，马克思主义工会理论家，重视神话在政治斗争中的作用（例如法国大革命和总罢工等豪气冲天的暴力神话）。——译者注
② 萨特：《爱情和西方》，见《境遇1》, 58页，巴黎，加里马尔书局，1947。
③ 让-理查·布洛克（Jean-Richard Bloch, 1884—1947），法国作家，法共成员，曾与阿拉贡合办《今晚报》。——译者注
④ "不久前，让-理查·布洛克不是认为20世纪是神话吗？在一篇劳伦斯的译著的序言里，安德烈·马尔罗不也大谈爱情的神话吗？如果用这些作家的口气说话，这些招牌就令人担心，当今恐怕有一种神话的神话，其本身便应当成为社会学的一个研究对象。"萨特：《爱情和西方》。
⑤ 2002年，《巴尔特论戏剧》（*Ecrits sur le théâtre de Roland Barthes*）一书由瑟伊出版社出版，共358页。——译者注

义来反对我，不过，我试图说明的东西是事物，不是字眼。"（*My*，1939①）巴尔特还有一个说法，"大词儿"神话是一块"柔软的手表"，一只《神话集》的序言未能校准的手表。

只要进入这部文集的细节，就会看到，事情其实复杂得多。读者常常被《神话集》各处的征引和使用的词汇引向马克思主义（至少是巴尔特本人使用的布莱希特式的马克思主义），从维奇奥·布隆达尔那里找来的结构语言学也有很明显的影响，索绪尔则尚需时日②；而且时而表露出对巴什拉的纪念，落笔慎重稳健。在符号学方面，这部文集继续了《写作的零度》的思考，在心理分析方面——巴什拉式的，通过查理·莫洪得以重温——它是发表于1954年的《米什莱》的继续，而且带有布莱希特的战斗精神。符号学家在书中用一种跟"未来世界"签订了协约的口气发言，他的话属于一种经由布莱希特转译（评论）的契悟（Einverständnis）："理解现实并与之合谋。"（*My*，244）这后一个特点巴尔特在文集出版以后的多次访谈中都强调过。例如，他在1959年倡议建立一个"神话学信息中心"，目的是针对戴高乐主义"充实知识界斗争的技术含量"③。从中隐约可见他对超现实主义信息中心④的怀念，以及对另一场文学的和反文学的"抗争活动"的回忆。巴尔特与后者一直保持着若即若离的关系。⑤

因此，1957年的<u>神话</u>的变异趋势是：它是一个"符号学体系"；它与"顽念

---

① 原文如此，显系误植，当为《神话集》第二部分"今日神话"的脚注1。——译者注
② 巴尔特在塞里榭回忆道："反正我不是通过索绪尔了解结构语言学的，我只是在撰写《神话集》的跋语时才读到他，那是在1956年。我那时倒是读过维奇奥·布隆达尔，他甚至是我读过的第一位结构主义语言学家，我从1946年或者1947年就开始了。'零度'的概念就是从他那儿来的。"
③ 《关于戴高乐体制的调查答卷》，载《7月14日》，1959，第3期。
④ 超现实主义信息中心是当年超现实主义作家和艺术家在巴黎进行交流和采访的机构。——译者注
⑤ 这种不确定的关系远非仅仅基于意识形态的理由。巴尔特在1975年把超现实主义计划（它"未能或很少解构语言"）与据说该团体宣扬的"对身体的规定性想法"当成一码事。参见《超现实主义者错失了身体》，载《巴黎日报》，1975；《声音的微粒》，230页。读者下文也会看到，巴尔特不仅不认为布列东的写作是一种决裂，反而将之比拟为"伟大的传统写作方式"。

的网络"相互连接;被具体化以后,它也是一个意识形态的加工产品,具有被它破译的幻觉的特性;它是《罗兰·巴尔特自述》归入"社会神话学"名下的那种变化多端的话语,尽管它在另一个片段里又被说成一种"人种学的诱惑",从而把水再次搅浑。他说《神话集》是在萨特—马克思—布莱希特的影响下写成的,可是相隔仅仅数页,当他再次提到这本书时,却把这三驾马车忘在脑后,说它是"为法国编写的人种志"(*RB*,87)。这是一个补充鉴定书式的玩笑吗?如此狡黠地、个人化地使用形容词"人种学的"证明我们这种假设并非毫无根据,且不说这个片段①本身的分析也能印证这一点。于是,障眼法似的参指变成了名副其实的眨眼睛——示意着小说艺术的方向。

虽然这种观念的混淆使得解读和批评在很长时间里关注于巴尔特所说的神话的地位,由于缺少明确的定义,人们只得在"跋语"②的那些单薄的理论主张里,以及依据一个有关神话如何运行的语言学模型(此时巴尔特已经读过索绪尔)对之作出的概括里去搜寻。

可是,这里的困难是双重的。"今日神话"所概述的体系很快就落入一种左右为难的境地:它过于"语言学",因而解释不了它刚刚为之打扮和辩护的神话学直觉力;它又过分慷慨地向语言学以外的事物,即大量非语言的对象和形象敞开了大门。这篇跋语招致语言学家的怀疑实属必然。

于是,一场毫不容情的论战围绕着紧接"个别神话研究"之后的"理论"配置展开了,精致的杂文很快被遗忘。在一篇语气尖刻的文章里,以正统的索绪尔学派自居的乔治·穆南猛烈抨击巴尔特,说后者不该把符号的概念扩大到他所说的"象征"和"标志"。③

---

① 即《罗兰·巴尔特自述》第 87 页一个题为"人种学意图"的片段。——译者注
② 指《神话集》第二部分"今日神话"。——译者注
③ 参见乔治·穆南:《符号学引论》,194 页,巴黎,子夜出版社,1970。(参阅该书的最后一章"罗兰·巴尔特的符号学")。

把神话规定为元语言被认为是最站不住脚的提法，要么就是滥用术语。我们还记得，依照索绪尔对符号的定义，《神话集》末尾的论述提出了一个概念程式，可是把它扩大为众多符号的莽莽林海，符号可以是"无限的暗喻的世界"里的任何"实质"（*My*, 194）。语言"或任何同类的表象方式"（例如可以理解为形象）都"提供"符号。它们是符号学家的素材，初级系统、神话研究的处理对象，巴尔特称之为言语行为—对象。至于神话本身，它"抓住"这个言语行为—对象，用以构筑它自己的体系，也就是次生系统。他对元语言的定义便以此为根据，"因为这是第二种语言，人们用它来谈论第一种语言"（*My*, 200）。

可是，就在此前一页里，巴尔特还把神话规定为"次生符号学系统"，他的说法有十分不同的理论内涵。他写道："神话是一个很特殊的系统，因为它建立在一个先于它存在的符号学链条的基础之上。"（*My*, 199）当符号（初级系统里的符号本身，即"一个概念和一个形象的结合体"）只能被神话"视为初级符号学链条的末端的和完整的符号"的时候，神话做出的"转译"便属于叶姆斯列夫所说的隐指系统了。

元语言或转译活动能够跟隐指链啮合吗？巴尔特似乎在摆弄两幅图景，办法是"打破隐指和元语言这两个概念"，这"跟叶姆斯列夫理论已经不是一回事了，因为叶氏认为，在名为元语言的第二系统里，第一级语言成为内容的层面，而元语言的目的恰恰是通过描写活动表达第一级语言的意义"①。

神话学模式遇到的这种理论的尴尬曾经多次被评论过，这里无须重复。除了其他问题以外，我们只需点明巴尔特很快下决心舍弃的理论的一个弱点：非语言的"素材"；如同抛弃了沉重的压舱物，这样做有利于他此后只处理纯属语言的言语行为—对象。《符号学基础》贯彻了这个做法，语言系统被置于独霸符号学舞台的地位；《时尚体系》也是如此，巴尔特从此以后不以"服装"为对

---

① 艾科、佩兹尼：《〈神话集〉的符号学》，载《沟通》，39 页，1982，第 36 期。

象，他的研究素材限于"书面的服装"（他在1971年透露，这是由于"列维-斯特劳斯私下告知的一条意见"的启发；不过，毫无疑问，"今日神话"招致的批评的压力也起了作用）。

这个插曲再清楚不过地说明，巴尔特必须直面理论；然而，理论的重要性并不在于巴尔特纾解困难的办法及其引起的其他问题。① 在上述两本书里，巴尔特消解压力的办法已经有所显露，这对于符号学论战本身固然很有意义，可是在另一个技术性较少的方面，也反映出他身上存在的另一个更大的冲突：理论写作和不妨叫做"入世写作"之间的冲突。这个插曲在这个方面的后果值得我们评说。

对于攻击者提出的各种苛求，巴尔特完全顺从，竭力遵守规矩，把时尚研究的范围缩小到话语和文字符号（反正都是语言）。同样，从1964年起，"打碎"隐指和元语言的做法便偃旗息鼓了。概念程式既然已获修正，他就把拖欠的东西——"言说被考察的系统的施指"的本属社会的角色——还给了"隐指层面的持有者：社会"。同时也发还了符号学家的那份微薄的口粮："言说"这个系统的"所指"。②

不过，看来很清楚，这次调整不只在"科学性"方面不完美。对于巴尔特本人来说，修正的最初效果是这两本他从中尽力完成修正的著作变得十分不可取。他对自己的作品的态度此时不限于闲文轶事的价值。我们知道，他很不情愿把《符号学基础》公之于世。③ 他在1971年还承认，他没有期待《时尚体系》的发表给他带来任何快乐，因为在他看来，"这个体系"是他"像鼓捣一件复杂而无用的玩意儿那样"建立起来的，似乎是一次"天真的"尝试，一种对于科学性的"向往"。④ 一种近乎摒弃和直言不讳的厌恶常见于巴尔特的这些心声吐

---

① 参见艾科、佩兹尼：《〈神话集〉的符号学》，39页。
② 参见《符号学基础》，167页，巴黎，龚提埃书局，1965。
③ 艾科和佩兹尼的文章也能够从旁证实这种保留态度。参见艾科、佩兹尼：《〈神话集〉的符号学》，9页。
④ 参见《答复》，载《如是》，99页，1971，第47期。

露，它们强调这些文本的反作用的性质：的确，它们是在语言学和符号学理论的威吓之下，作为一种（自卫的）反应而写出来的。巴尔特没有掩盖努力修改"神话学"理论过程中的内心情感：为了避免在交换中损失过大，他做出的牺牲是重大的，因为损失的不光是写作的快乐，一定还有阅世的快乐。因为这是一个概念程式的关键，有它才能谈论在写作的同一平面上被统统提升为符号的言语行为、形象和对象。在这个意义上，上述插曲在澄清巴尔特与"理论性"的关系方面有特殊的作用。巴尔特在《神话集》末尾勉为其难地搭建起来的理论只是为了保护一种写作的冲动，这是作家的做法，"大作家"的做法，后者"拥有通过语言去诠释其他意指系统的神奇能力，因为他指出它们特有的意指能力，并把这种能力摆在众人眼皮底下"①。这些赞扬的话出自符号学家翁贝尔托·艾科和伊萨贝拉·佩兹尼笔下，说得恰如其分。二人最近发表的一篇妙文刚好与巴尔特1971年在《如是》杂志上提出的见解一脉相承。这两位有资格的见证者说，巴尔特在扛起别人所说的"理论严谨性的要求"的同时，也"对自己的作家天赋横施暴力"。而且，顺理成章地，这种识时务的做法作茧自缚，令他付出了双倍的代价：既有某种不快乐的写作，又有某种"理论贫弱化"②。再者，从《神话集》的"深刻的直觉力"当中，二人还看到了导致巴尔特后来放弃"神话学家的科学"，并于1977年在法兰西公学让他的神话学摆脱了那一套令人厌倦的神话学的缘由。对于这种解读，我们只能赞同。在论文的结论部分，艾科和佩兹尼顺带掷下短短的一句话，恐怕无人比巴尔特更能够玩味其中那种正确的（虚假的）谦虚态度："至于谈论言语行为，作家永远早于符号学学位获得者，也许比他们谈得更好……"

至于神话学的理论地位，我们只想指出，上述二人的分析虽然隐约透露了

---

① 艾科、佩兹尼《〈神话集〉的符号学》，24页。
② 同上文，40页。

第二部分 罗兰·巴尔特：以退为进

符号学或文学（semiologia sive literatura）的某个秘密，其目的并不是打破笼罩着《神话集》跋语的怀疑气氛。1971年，巴尔特自己也说，这篇跋语仅是"不完整的理论，符号学版的意识形态……"①。我们完全有理由揣想，这个事后的补充说法只说明当初的做法"多价"②和多形态，并非为了把它变得清一色。

巴尔特用清一色说明有奠基意义的《时尚体系》："根据列维-斯特劳斯私下告知的一条意见，我决定采用匀质的研究素材，只谈书面的服装（时尚报刊上的描述）。"③ 在撰写《神话集》期间，巴尔特尚未决定选择这种后来在1971年被否决的"科学性"，因为他那时还没有沉湎于"科学性的（惬意）梦想"④ 当中。这个想法出现于1962年，后来反映在《符号学基础》（1964）和《时尚体系》（1967）里。神话学写作没有遵照列维-斯特劳斯提示的样子进行剪裁，"现实"也不是为了缝出假样而牺牲的一块边角料，仍旧是其自责未能"保全"的话语的宝贵对象。《神话集》没有采用"匀质"，而是选择了驳杂。深入扩展意义的代价是遗憾地牺牲众多事物，因为修辞格的背后⑤正是世间的滚滚红尘。其实在《神话集》里，巴尔特的立场跟动物志的编写者相去不远，他们的任务是把尽可能多的动物变成《旧约圣经》暗示过的象征，而且情愿被动物性本身的光彩吸引，总之甘愿被它诱惑。正因为如此，圣贝尔纳才对动物志里的波森里昂德森林感到忧心忡忡⑥，担心那些泛滥的形式，担心"差异"，因为差异带来

---

① 《答复》，99页。
② 同上。
③ 同上。
④ 同上文，97页。
⑤ 正如阿奈特·拉维尔正确地指出的，"今日的神话"列出了一些定见的"修辞格"，巴尔特"正如一篇修辞学论文所做的那样，给它们列出了一份清单"。参见阿奈特·拉维尔：《罗兰·巴尔特：结构主义及其余波》，123页，马萨诸塞州，哈佛大学出版社，1983。
⑥ 圣贝尔纳（Bernard of Clairvaux，1090—1153），中世纪法国神秘派神学家和修道院住持，主张个人灵修和简朴生活，影响遍及欧洲。作者这里似指圣贝尔纳反对用动物志的题材装饰修道院。波森里昂德森林（Brocéliande），又译魔林，欧洲中世纪亚瑟王传奇中的骑士必到之处。一说是法国不列塔尼省雷恩市西南的板桥森林（Paimpont）。——译者注

的娱乐可能取代解说《圣经》的正道:"到处都是这种变化多端的形式,人们更乐于观赏大理石雕像,而不去阅读羊皮纸;更乐于日复一日地欣赏那些美妙的佳作,而不去研读和深思神圣的法典。"① 在阅读过程中,《神话集》令人激赏的不是什么"体系",也不是"神圣的法典"——以"通过小资产阶级意识形态完成文化的归化"为核心的再编码。然而,正因为有这些"多变的形式"或五色斑杂,葛丽泰·嘉宝与炸薯条,DS-19汽车与皮埃尔道长②才能够比肩而立。令人称奇的"解释"大大强化,而不是毁灭人间舞台上的这种奇观。所以,《神话集》的最后一句话既不应视为一厢情愿,也不应视为空泛的收场衍辞:"可是,我们应当寻求的是:现实与人之间,描写与解释之间,对象与知识之间的某种和解"(*My*, 247)。在《神话集》的写作过程中,这个奇特的计划就已经启动了,它不寻求与之对应的元语言(巴尔特自 1967 年以后就不断揭露这种设想,说它只是个空架子),它指的是一种调和的和媒介的形式,在西方文化里,它的名字叫<u>文学</u>。

以上是《神话集》的符号学解读方法及其遇到的困难,这番简略的回顾使得巴尔特关于他所从事的工作没有科学性的说法更令人信服。1971 年,他告诉《如是》杂志:"方法并不科学,也不以科学自诩"③;他甚至指出,这种研究的对象是"一头怪兽似的小资产阶级本身"。只要重新把《神话集》快速浏览一遍就不难断定,这个表白并非耍滑头,也不是故作风雅。

我们可以不深究这本书是在什么条件下写成的,只提出一点:这些神话研究在理论化之前,只是一些散见于报刊的短文,往往是对某一个时下事件(新

---

① "Ad Villelmum abbatem Sancti Thodorici apologia, Divi Bernadi opera, Parisiis typographia regia", 1642; t. III, p. 346; 此处引自伊博(M. C. Hippeau)为《诺曼底教士纪尧姆的神奇的动物志》一书撰写的序言,45~46 页,卡昂,阿代尔书局,1832。

② DS-19 是法国雪铁龙汽车厂 1955 年推出的一种车型,当时在轿车界很时髦。皮埃尔道长(l'abbé Pierre,1912—2007)是天主教神父,法国著名的慈善家。——译者注

③ 《答复》,96 页。

闻、电影、展览、政治声明）的回应；从 1952 年 10 月起，这些短文先是发表在《精神》杂志上（《自由搏击的世界》一文），后来刊于《新文学》杂志。

重读一遍那篇"理论性"的跋语，便可看出上述"方法的疑问"已露端倪，而且最有意思的东西其实在幕后，也就是在括号和各页的脚注里。

我们已经看到了，<u>神话</u>虽然是全书的内容和主题，但是巴尔特根本不在乎是否给它下定义。不过，这种保留态度只是全书多处警示之一，其中最郑重其事的一处指涉"神话学者本人"，而且直到最后时刻才幽灵一般地出现：在第 244 页！

神话学者处于被彻底排除的地位：他的"政治"话语"不起任何作用，充其量只能够揭露一些东西，然而，为谁揭露呢"？而且"他只能以受人之托的方式亲历革命行动"（My, 245）。参赛角色于是<u>退场</u>。可是，这更加扩大了对其排斥范围："神话学者置身于神话的所有消费者之外"（My, 245）——既是一个拒绝精密科学的举动（怎么能够想象物理学家置身于"自由落体的世界"以外？），也使"人文科学"饱受方法论的折磨。巴尔特接着写道："甚至应当走得更远一点。在某种意义上，神话学者自认为以历史的名义行动，却被排除在历史之外。"神话学者成了无手的战士，当他研究给名叫<u>神话</u>的话语提供信息的历史时，只能凭借主观臆测，一个并非<u>支撑点</u>的<u>观察点</u>。可是，最糟糕的还在后头：彻底摒除。因为，在修辞法上，"他的"科学一语当中的返指代词此时实际上更严重地掩盖了排斥<u>对象</u>，即已经明确指定的"现实"。这种排斥正是针对神话学者"声言要保护的现实"，那个"他总是要冒使之消失的风险"的现实（My, 246）。因此，DS-19 汽车才会神话般地蒸发，因神话学者之故，它不再是"一个从技术上规定的对象"。

反过来说，如果很难做到不宣告现实已经解体，神话学者反倒有一切机会，用现实的幽灵（或替身）取而代之。更深的恐惧，躲避不开的暗礁，都藏在最后一个脚注里："有时候，我在这些神话里耍了点诡计：由于苦于不断应付现实的蒸发，我就尽量夸张地充实它，为它找出一种令人惊讶的、自觉很受用的紧凑性，我给出了几例以神话为对象的实质性的心理分析。"(*My*, 247)

总是串通一气，又总是被排除在外，为了更好地"制造神话"而抽身引退，借口"去神秘化"而与事物打成一片；既记录又"破解"神话，总是先制造偶像，再打碎它；与此同时，既保护现实，又不断将其非现实化……

这位不可思议的神话学者正是如此，尽管颠三倒四，却忠实地预示了后来在《恋人絮语》里出现的形象：一位极富反衬修辞法意味的"恋人符号学家"。因此，当他在跋语里说"不过，我们可以预言，假如有朝一日真有这么一位神话学者的话，他会遇到一些难题"(*My*, 244)，其中"假如"二字的意思已经不是"可有可无"，而是"非现实的"。这句插入语好像一只黑板擦，巴尔特用它从书里抹去了神话学者的身影。

数年以后，正当神话的说法逐渐淡出之时，巴尔特却说《符号帝国》是一本"幸运的神话集"①。这是否在暗示，《神话集》只是一些"不幸的神话研究"呢？这部文集充满灵动的智慧，欢快地哼着论战性的"二元论"，它究竟有什么不幸可言？看来，巴尔特不拒绝任何东西，包括"享受"。

不过，文集的跋语隐约可见某种窘迫，透露了一种不适感。例如，在一个脚注里，巴尔特因"反对"过米努·特鲁埃而自责②："比如说，仅为破除诗一般的童年的神话，我曾经不得不多少错失了对小姑娘米努·特鲁埃③的信任。在她头上笼罩的偌大神话之下，我不得不忽略了她身上的一种温柔的、开放的可能性。"(*My*, 245) 真是奇特动人的感性言词。巴尔特这样结束他的自责："说一个小姑娘的坏话从来就不适当。"但是，切勿匆匆把这些话当成 T. 托多罗

---

① 《答复》，102 页。
② 参见《米努·特鲁埃眼中的文学》，载《新文学》，1956 年 1 月；《神话集》，153 页。
③ 米努·特鲁埃（Minou Drouet，原名 Marie-Noëlle Drouet，1947— ），20 世纪 50—60 年代名动一时的法国儿童诗人和作曲家。——译者注

夫所说的"荒谬的人文情怀"的预兆，一个可见于晚期巴尔特的"写作里的新东西"①。心中对米努·特鲁埃略怀歉疚不是道义上的人文主义。巴尔特加之于作家的不是被加缪勒紧的那副马嚼头——在《瑞士演讲》里，加缪把作家拔高为"生命造物的永远的律师，因为造物是活生生的"②。首先，这是因为巴尔特与任何普世主义话语都保持着距离，<u>他惋惜自己不得不忽略</u>——从而错失——的东西只是个别现象和个别人，即为了制造"诗一般的童年"而被牺牲的<u>那个小女孩</u>。其次，他的顽固的文化主义只怀疑常见于加缪作品的生机论和自然主义的假定。正是基于这些假定，名为《人类大家庭》的摄影展览从观念形态上被神秘化，《神话集》有一篇揭露其"心灵主义"（My, 73）的专文。

因此，如果说这条脚注表达一种内疚，那也是笔头的辞令而已。也就是说，在巴尔特看来，一切写作的幻象——即使是七歪八扭的——都多少引起某种"可能性"，而针对这种可能性的写作"从来就不适当"。更重要的是，巴尔特的著作一直在寻找的"形式的道德"已经初露端倪。事实上，与其说这是一种歉疚，不如说是一种双重的遗憾。其一，遗憾《神话集》无法尽纳尘世的芸芸众生（即小说艺术的天地）；其二，跟<u>满足于</u>只谈日本的《符号帝国》不同，写作神话学杂文必须<u>针</u>对世界，而不是只<u>谈论</u>它。

《神话集》的中心悖论是：巴尔特写作的全部乐趣都来自一种走火入魔，一种诱惑，一种"自觉很享受的紧凑性"，然而沉浸其中的神话学者被迫视之为一种罪愆。如果说，神话学写作确有什么不幸，它之所以勘查一个有阶级和言语行为之分的社会的裂痕，而且从中找到了自身命运或至少本世纪作家的"生存条件"，并非仅仅出于巴尔特所说的这条理由。巴尔特虽然在20世纪50年代已经意识到，<u>境遇</u>使得作家成为这条裂痕的见证者和牺牲品（它也赋予作家不懈

---

① T. 托多罗夫：《批评之批评》，81页。
② 加缪：《瑞士演讲》，58页，巴黎，加里马尔书局，1958。

地清理创伤的任务），激励神话学写作的却是另外一种痛苦。在一篇有名的文本里，根据这种时代伦理，巴尔特曾经说，伏尔泰是"最后一位幸运的作家"，因为他"有过一种特殊的幸运（可理解为'令人嫉妒的旧日的'幸运）：必须在一个力量与蠢行不断地同出一个阵营的世界里作战"①。但是，在这种时代伦理的背后，显现了一个有关写作的快乐的新思想，它跟断言的力量浑然一体，源自尼采的价值思想。据此，我们也许可以认为，在《神话集》里进退两难的人并不是那个被最后几页打发掉的未必真有的战斗的神话学者，而是一位不得不伪造文件的作家，他不断违背自己对于世界的趣味，使之在这本书里——并且通过它——具备某种地位和有一定密实度的快乐。这才是一种表述立场的真实的和唯一的不幸。这种被迫进行揭露的立场的危险后果便是巴尔特日后所说的"傲慢"。事实上，巴尔特的遗憾从侧面反映了他的心愿：向往缺失的东西，向往另一种写作——调和的写作。

这样解读无法把 1957 年的巴尔特拉近 1980 年的巴尔特。这种欲望在文本里历然可见，甚至就在全书最后一句话里。巴尔特的结论是："一句话，我尚未看到意识形态和诗歌的结合。"（My，247）在还得再等 15 年之久的"可悲的"符号学注疏工作中，巴尔特的这个声音才最终获得回响，才能用科学至上论为这种设想梳妆打扮。文中括号里的一句话强调了这个设想的影响所及，带着一点令人惊讶的本质论的意味："笼统地说，我把诗歌理解为寻找事物的不变意义。"（My，247）对于写出《S/Z》和《恋人絮语》的巴尔特，翁贝尔托·艾科和伊萨贝拉·佩兹尼正是这样评论的："他不再认为理论模仿值得推荐了"，尽管"他的工作的展示形式已经构想好了"②。这是因为，很清楚，自《神话集》（及

---

① 《伏尔泰：最后一位幸运的作家？》，载《文学现况》，1958 年 3 月；《批评论文集》，96 页。
② 《〈神话集〉的符号学》，40 页。在前文提过的文本里，吉拉尔·热奈特是第一个提出"巴尔特所理解的符号学者本人也（像诗人一样）在寻找'事物的不变意义'"。参见《符号的背面》，见《辞格》，202 页，巴黎，瑟伊出版社，1966。

其"理论"跋语）以后，巴尔特主意已定，包括在没有接续办法的情况下，他的作品将从摄影艺术和普鲁斯特式的追寻方面完成对"不变意义"的"寻找"。正如吉里蓬所说，《神话集》里的神话"不仅是一部个人言语集"，"同时也是一种文学，一种诗歌，这正是它在巴尔特揭示一系列实质性意象时所展示的样子"①。这场寻找才刚刚开始，尽管会有一些弯路和退缩，但它将引导巴尔特走向"幸福的形式"之路。

所以，关于神话在《神话集》里的地位，我们想说，它仅仅相对于事后提出的理论才成为问题。从提出这种要求的跋语开始，这种迟来的理论化是作为一件未必可行，甚至是不可能的事提出来的。它掩盖不了神话学目标的本质：摸索通向一种新型的"小说艺术"的道路。写作方式才是具有关键意义的起步，它不会满足于一种新的元语言。这种摸索，《神话集》从头到尾都能证实，它使用的语汇从未得到整合、形式化和统一，除了结尾的那一声期望"意识形态和诗歌的结合"的哀叹。

因此，当1975年的《罗兰·巴尔特自述》把"人种学的诱惑"和爱慕"宇宙学的宏大的传奇故事"相提并论的时候，这种回顾方式没有丝毫虚假的成分。而且，巴尔特把米什莱、拉辛、萨德、傅立叶、罗犹拉和《神话集》罗致同一段短文里，意在表达一种真确而深刻的联系。我们把这段话抄在下面：

> 《神话集》是为法国编写的人种志。此外，他一直喜欢有关宇宙学的宏大的传奇故事（巴尔扎克、左拉、普鲁斯特），它们就像一些微型社会。因为人种学书籍具备至爱之书的所有品质……最后，在他看来，在所有学术话语里，人种学话语跟**小说虚构**最为接近。（*RB*，87）

---

① 吉里蓬：《现象及其余》，10页。

不过，这并不意味着应当把《神话集》里的附录式的符号学论点弃如敝屣，或者视之为神迹附身后对瘫痪病人已经全无用处的拐杖。巴尔特始终在用近乎概念化的词语谈论寻找"幸福的形式"，可是，试图弄清巴尔特歪曲了叶姆斯列夫的哪一个原意，或者给索绪尔添加了哪一味调料，都是徒劳的，因为这样做可能会忽略运用凑手的理念从事探索的真意。从《神话集》到《明室》，巴尔特的作品不知疲倦地强调和频现一场实指和隐指的冲突，从而很好地显示了这个真意。可是，这场冲突——我们还会回到这上面来——跟语言学史的关系不大，跟符号学史也没什么联系。在长达30余年当中，虽然巴尔特不断摆弄、重申、翻搅这两个概念，把它们研碎（词源意义是"折磨"，隐含的意义则是指过渡期儿童执拗地喃呓的对象），可是他绝没有用其为某个体系打基础的意图，而是由于假如没有这些偷来的假概念的保护，他就无从思考*心爱的形式*，即他向往的写作方式。很清楚，自《神话集》以后，"打碎隐指和元语言"就不再声称能够解决一切语言问题了（我们已经看到，它反倒引起了更多的问题）。这无疑是一种策略性的提法，更是对于一个写作的乌托邦的一种初步的、不大流畅的表述。这种写作要求言语行为的各个层次相互包容，用一种幸运的、自由的和私密的"紧凑性"取代神话的和"科学的"定见式话语的黏糊糊的"紧凑性"。如果说巴尔特的作品对神话保持了数年沉默，然后才让它重现于螺旋形结构的最高点，那是因为他的推敲一直没有停止，只不过藏身于几本书的理论架构里，在"文本性"的保护下逍遥法外。

的确，巴尔特运用神话的概念时穿越了一片沙漠。穿越的时间与他的两个思想历程大致相符：一个叫做"科学性之梦"，一个叫做"文本性"。

在1970年的再版序言里，他说"按照1957年的样子"撰写神话已经失去时效，可是他对这种疏远的解释很含糊。这篇序言认为，原封不动地延续或重拾神话研究是行不通的，因为意识形态的批评"已经变得更微妙，或者至少要求如此变化"，又因为神话学分析"已经更发达、明确、复杂和多样"（*My*, 7）。

这四个词是一种含糊的递进修辞法，而且透露了一种心态，巴尔特似乎在抱怨符号学的洗澡水：何必非得把神话学和婴儿一同泼出去不可？

无论如何，"阿耳戈之船"此时已经航行在不同的水道上。与波涛汹涌的**施指**的大水相形之下，静寂无声的符号学显得苍白无力。1971年，巴尔特的一篇题为《今日神话学》①的文章阐述了放弃倒腾神话学的理由。这篇文章有急风骤雨般的论辩（而且文章投给《精神》杂志），以至个别地方显得有点散乱。例如，巴尔特说，神话在法国社会里的地位15年内不可能彻底改变，因为"神话史"跟"政治史不一样长久"，然后断言"应该除掉面具的不是神话"，因为"负责这个工作的是**舆论**（即**常理**，或作为**规范**的**舆论**）"（BL，80）。这是在提倡一种奇怪的乐观主义（抑或悲观主义）。反正1957年的《神话集》绝不会如此行事，绝不会把这种卓越的（自我）批评精神慷慨地归之于舆论，因为从无此意的舆论正是"神话"的基础。

事实上，巴尔特利用"推荐书目"在自己的变动路线上沿途铺设了标记，这篇文章是最缺少说服力的标记之一。正如人们说"全电子"那样，它以"全文本"为借口抛弃了神话学（降格为符号学）。现在，真正的问题是，施指出现了隙缝，神话学必须让位于"个人习惯语研究"（idiolectologie）（BL，82）。既然研究"神话性"扩展到一切"人们所说的语句和讲述的故事"，那么今后就得借助"有关言语行为、写作和施指的一般理论"，而这种理论"以人种学、心理分析学、符号学和意识形态分析的说法为依据"。因此，贪多嚼不烂在意料之中。实际上，对于巴尔特来说，出言如此轻浮只会导致他丧失写作的未来。文章结尾，他兴致勃勃地以"从青年马克思向成年马克思过渡"自许，这就不免令人发笑。不过，呼唤风暴倒不耽误巴尔特握紧手里的那杯水——一杯毫无可

---

① 后以《改变对象本身》为题发表于1971年4月的《精神》杂志上，见《语言的窸窣声》，79～82页。

笑之处的诗人之水。我们知道这杯水并不满,可是有的喝毕竟不错……

巴尔特进一步说,这项雄心勃勃的计划透露的"也许只是一种愿望而已",可是它还包括两条极为不同的设定,神话在二者之间一时悬空,失掉依附。一方面,根据为《时尚体系》选取的路线,神话应当恪守词源意义①:它是言语(服装也在"书面的服装"跟前失去了踪影)。可是,另一方面,这种内在于一切话语构成的"神话性"为一门可能存在的"新神话学"(或者"新符号学",二者本是一回事)指定了一项纯属文本的任务,因为"当今的"(1971年的)新符号学者不通过分析,而通过写作完成重任,或者更准确地说,必须通过"生产"一种把神话话语串起来的"跨写作来完成重任"(BL, 82)。

这条修正有两个后果。一是稍微偏离了《神话集》的重于神话(muthoi)的首选对象:"现实"。二是朝着写作的探索过程(有别于元语言)迈出了一大步,也就是朝"依然叫做文学的"文本迈出了一大步。文本不仅成为优先选择的对象,而且是研究的手段和目的,因为它是"矫治神话的药方","位于(跨写作的)通畅、轻盈、宽阔、开放、松弛、高贵和自由的地域。在这里,写作针对个人习惯语大有作为,与之贴身搏斗"(BL, 82)。

这篇短文阐明了对于一个与"旧神话学"不同的"新的对象"的向往。然而,值得注意的是,文中宣告的变革并非针对旧神话学的"诗学"功能,而是其"批评性的"反应。其实,巴尔特对老派神话学者的责备不是与"现实"妥协,也不是一个写作的想象域所造成的密实的效果;相反地,他责备他们成了过于怜惜符号的搬运工,太相信改贴标签的好处,指责他们对于只需"颠倒(或纠正)神话信息,实指在下,隐指在上"(BL, 82)感到心满意足。他对神话学者的最后一条谴责是,他们是本末倒置的"文献学者",因为他们只满足于

---

① 法语 mythe(神话)一词来自希腊语 mythos,意为"故事"或者叙事中的"词语"。——译者注

第二部分 罗兰·巴尔特：以退为进

"对实指意义和隐指意义的级次体系提出（有利于后者的）质疑"（S/Z, 13）。文献学者信服"直白意义"，认为隐指造成的"同时的和次要的意义"都是"批评界的刻意编造"。老派神话学者则把这种信念颠倒过来，希望能够通过隐指达到获得纠正的意义。这种分析正是《今日神话学》一文、《神话集》1970 年再版序言和《S/Z》开头的理论部分所共同提倡的。

这种看来姗姗来迟的"修正主义"值得注意，因为，第一，文本的理论在这里被用来跟（"常常为符号学家感到悲哀的"）"科学"对立；第二，巴尔特无需等 13 年才对神话学再次有话可说，文本性的提法使他能够直接召回一种超越神话性的要求，这种要求在《今日神话学》一文里早已明确，一种"文学的"解决办法也早已具备：求助于小说艺术。

的确，"神话学"必须被超越，对于这一点和完成它的途径，1957 年的最后数页并未含糊其辞：巴尔特在文章末尾指出，反制人们最终可能成为其"俘虏"的神话的"最佳武器"，是"把它本身也神秘化"，"制造一个人工的神话"（My, 222）。在文学当中，也只有在文学当中，这种"人造的"或"重构的"神话有"伟大的先例"，其佼佼者便是巴尔特喜读的福楼拜的《布瓦尔和贝居歇》。

为什么是《布瓦尔和贝居歇》？1973 年，斯蒂芬·希思分析了"把神话神秘化"的说法，按照他的解释，它大概是"重振言语行为的第三条道路"的出发点，"位于方法论分析和文学实践之间，只是多少有点偏移，更为虚假"。他解释说："此时的任务既不是分析，也不是尝试一种零度的写作，而是狡黠地复制。"① （我们可以看到，相隔两行文字之后，"文学实践"被贬入"零度写作的尝试"。这种"打压"很重要，因为希思认为"零度写作"从来不过是巴尔特的一条已经被驳倒的假设，被破解的圈套。这个提法的关键之处在于"第三条道路"即复制的断言的三段论逻辑既不是"'方法论'分析"，也不是"文学实

---

① 斯蒂芬·希思：《迁移的晕眩》，42 页，巴黎，法雅书局，1974。

践＝尝试零度写作"。）

巴尔特对《布瓦尔和贝居歇》无疑很感兴趣，迹象在他的著作里始终可见。例如，《罗兰·巴尔特自述》（序言）提出重写这部小说，把它写成有关一个在政治上徘徊不定者的故事，他逐个"试验"在图书馆书架上读到的各种意识形态……

巴尔特把这个例子用于《神话集》的跋语的理由很清楚。《布瓦尔和贝居歇》本身的结构表明了文学如何给符号学概念程式增添一个"楼层"，从而"把神话神秘化"。小资产者布瓦尔和贝居歇的话语实际上"已经构成一种神话的言语"，这就把他俩一下子置于那个身影难觅的"神话学者"所在的层面。因为，按照巴尔特的说法，二人的"修辞术"提供了初级的"意指作用"，形成了"一个神话的初级系统"，后者本身"已经是一个符号学的次生系统"（My, 222）。因此，福楼拜添加了一个三次方——他把这套"修辞术"变成了一个形式，"把第三根链条叠加上去"；同时，从他"对于布瓦尔和贝居歇建构的神话的关注"当中，一个全新的概念产生了。

依循这个描写思路就必须承认，巴尔特不认为福楼拜是"复制复制者的作家"[①]，巴尔特的目标更为宏远：<u>反现实主义</u>的小说写作。福楼拜是一个很好的例子，但不是<u>特例</u>，关于这一点，同一页里对萨特作品的参指可以证明，因为后者同样包含"值得注意的人为制造的神话学"（My, 223）。

仅凭二次复制还不足以说明写作"把神话神秘化"。这种写作在福楼拜和别人的作品里都造成一种效果，巴尔特称之为<u>虚拟语式</u>。巴尔特正是从这个意义上对福楼拜和维奥莱-勒-杜克[②]作出了部分比较：二人固然都从事"考古修复"，

[①] 斯蒂芬·希思：《迁移的晕眩》，42页。
[②] 欧叶尼·维奥莱-勒-杜克（Eugène Emmanuel Viollet-le-Duc, 1814—1897），法国建筑师和建筑理论家，曾主持修复包括巴黎圣母院在内的许多中世纪教堂建筑，是法国哥特式复兴建筑的核心人物。——译者注

一个是古建筑，另一个是《布瓦尔和贝居歇》中的"个体神话言语"，然而，二者的主要区别是福楼拜（"不那么天真"）在"重构过程中放置了打破神秘性的附加装饰"（*My*，223），巴尔特说它们"属于虚拟语式的范畴"。这种虚拟语式是人为制造的，被巴尔特直截了当地叫做"间接引语"，他认为，福楼拜小说的营构特点是"在虚拟地修复布瓦尔和贝居歇的话语及其空想之间"（*My*，223）建立<u>等值性</u>。

在这种终归很"传统的"分析的最后，福楼拜提供的超越"神话性"的模式的主要特征是，把"虚拟语式"的等值性引向展开言语行为的不同层次，而不是一种二次复制的机制，哪怕它很狡黠。而且，看来也不应该像斯蒂芬·希思那样（"对于福楼拜来说，还有比神话学家更贴切的名字吗？"），在展开过程中把本来属于<u>两位模范员工</u>的地位转赠给福楼拜。

因此，"重振的第三条道路"只能是（福楼拜的，时而也是萨特的）<u>文学本身</u>以及《神话集》的"复制"实践，后者必然带有那种<u>造成福楼拜和萨特的小说</u>——巴尔特还追加了布莱希特的戏剧（*My*，224）——"虚拟性"的印记。这种<u>复制</u>（就梯次展开的概念而言）把巴尔特置于跟创造者而非被创造物相等的位置上，我们应该尽量从辞源上理解它：copie，丰盛貌。神话学写作不能只是照猫画虎，而永远是竞价拍卖、富集（矿产用语）、增值。神话作家必须<u>有所增添</u>（并以符号学家为借口以此自责）；他不应满足于堆砌辞藻，也从来不像希思所说的布瓦尔和贝居歇，只"辑录别人的神话"。无论已经拥有什么，他仍然致力于打造紧凑性，因为没有这个工作，这个东西连他自称复制的原物也不像。他不断创造一个神话学的想象域，其真实性的效果与导致人们<u>接受托尔斯泰或巴尔扎克的世界的那种真实性</u>最终没有实质的区别。至于巴尔特为之"编写人种志"的法兰西，我们也会像对待拉斯蒂涅的巴黎或安德烈公爵的莫

91

斯科①那样接纳她，尽管我们首先把她视为一个挣脱了分析的对象。

仍需指出，巴尔特没有逃避这种"宿命"，而是选择了接受，也就是说，通过补写一篇所谓"理论性的"跋语，赋予它某种形式。这样做的全部好处是能够为神话短文提供一个言语行为梯次展开时所缺少的度。

这是因为，如果说《神话集》看来缺少这种基础性的梯次展开，即作者与人物之别，追加的福楼拜分析却牢牢地吸引我们去重新审视那位奇怪的"神话学者"的地位。作者把这位既天真又尴尬的神话学者当成最后一颗卒子，推上文本的前台，好像他是叙事中缺少的剧中人。利用这个戏剧性的最后一招，巴尔特彻底摆脱了一直在各篇神话里摹录现实的那个人。未必真有的"神话学者"不仅是在最后一刻体现神话研究"虚拟性"的机会，更是一种叙事手段，以使小说式的文本获得"信用"。不久以后，"信用"便成为巴尔特探索建立小说艺术的一个核心概念。1977 年，在有关爱伦·坡一部短篇小说的塞里榭辩论中，巴尔特便点出过这一点。他在 1973 年为这部作品写过一篇详细的分析，题为"瓦德玛尔先生一案的真相"②。这是一个关于病入膏肓之人的故事。为了维持生命，瓦德玛尔先生接受了动物磁气疗法。长达近 7 个月的这种特殊状态使得病人总是说："我死了。"巴尔特认为这是一句"不合常理的话"，"言出效随的奇闻"，是整个叙事的目的。巴尔特 1977 年重提这个故事，是要表明他对于小说得到接受所必备的"一部有信用的代码"的兴趣，这部代码"极为执着地乞灵于科学"(C，84)。他在一条补充意见里又说，这种构造显示："另有一部有信用的代码，即故事里套故事：一个虚构的人物在讲故事，这本身便给他添加了某种真实的力量。"(C，84)

---

① 拉斯蒂涅是巴尔扎克小说《高老头》里的主要人物。安德烈公爵是列夫·托尔斯泰的著名长篇小说《战争与和平》里的主要人物。——译者注

② 《爱伦·坡的一则短篇故事的文本分析》，见《叙事和文本符号学》，29 页，巴黎，拉鲁斯出版社，1973。本文为集体撰写。

第二部分 罗兰·巴尔特：以退为进

这两种"有信用的代码"都转弯抹角地出现在《神话集》里。的确，若要形容掺加在文本里的语言学和符号学，恐怕没有比"极为执着地乞灵于科学"更好的说法了。在巴尔特读到的爱伦·坡的叙事里，它是"信用的凭据"。"神话学者"这个人物的最终现身，正是真实的效果造成的，陆续积累起来的短小叙事在他身上回放，因为正如一切叙事那样，神话学叙事寻找的不是原作者，而是"说话者"。

从这个意义上看，<u>完成</u>这本书的恰恰是这篇"理论性的"跋语，不过不是对一组零散的小画幅从"从理论上"作出解说的意义上，而是说它在<u>最后时刻</u>提供了不同于学术文本的另一种阅读方案，而且巧妙地向读者暗示，有必要采纳保罗·维尼①所说的一套不同的"真理的程序"。因为"极为执着地乞灵于科学"实行起来是无法脱离被领到台前的"神话学者本身"的——一个倒霉、摇摆、犹豫不决的人物，有点像受虐色情狂；一个转眼即逝的可怜的形象，头戴神话学的帽子孑立一时。

这篇跋语的真正目的是为"信用"的程序建立必要的中继站。因此，理论的尴尬不再属于它们引起的学术（或学院学术）的争论，而更多的是一种修辞学的、戏剧评论的和叙事学的分析，事关如何把"神话学者"的方法论形象变为<u>剧中人</u>，如何分析作为叙事的加工产品的学术话语的功能。经过这样的解读，这篇跋语根本不是要倡导"学术可信性"，它虽然看来具备类似的功能，却处于一个完全不同的、纯属小说艺术的"可信性平面"上。它在<u>最后时刻</u>把神话学当作一种"智力喜剧"提出来（RB, 94）；正如巴尔特就爱伦·坡的短篇小说所说的，二者的结合和可信性，读者必须从一种（戏谑的）"科学实验"式的虚构里去寻找。与此同时，这篇跋语以更加刁钻的方式（将福楼拜的<u>复制</u>加以曲解）

---

① 保罗·维尼（Paul-Marie Veyne, 1930— ），法国考古学家和历史学家。曾于 1975—1999 年在法兰西公学教授"罗马史"。——译者注

重提巴尔特认为福楼拜作品具有的"次生神话的能力"——这个"概念"产生于福楼拜对于布瓦尔和贝居歇所共有并且共同表达的"初级神话"的关注。不过，在巴尔特看来，这个可"使初级神话成为一种被注视的幼稚性"的次生神话此时是分裂的。如果说它是通过所有那些使之归于神话的效果被把握的，文本却<u>在别处使之得到体现</u>：不是通过定见的可能的受害者（从未登场），而是通过神话的分析者本人；戏剧性的文集跋语不无窘迫和吃力地展现了这个人，用一个饱受折磨的神话学者的角色取代了"变化多端"的叙事者。因此，这篇分裂的跋语为**学术**献上神话，目的只为索取"信任"，发明一位"神话学者"也只是为了两次背叛他：一次是刚一说出就让他遁迹（"假如有一天真有这样一位神话学者的话……"）；另一次是一笔带过，只把他叫做神话学虚构的<u>潜在叙述者</u>。

归根结底，"把神话神秘化"就是"把虚构虚构化"，也就是把驳杂的神话学虚构［绘画、"小幅画品"等虚构物（res fictae）］塞进学术的取信机制里——一种并非徒劳无益，然而是<u>虚构</u>的学术。因此，《神话集》的小说艺术在于结构，因为有了这篇跋语才可能在"小社会"里信步游荡。这篇跋语推出了一个未必真有的人物，他本应出场前就在各页里发言（假如他并非子虚乌有），而且为各篇神话自相矛盾地（也是反溯地）提出一种<u>真正虚构</u>的解读。然而，这种结构性的"小说艺术"也是一条切线，看上去与虚构活动若即若离；摆出的是走向科学的架势，实际上原地踏步，好像滥竽充数的士兵。

因此，巴尔特在《神话集》里的表述活动实际上是一种奢侈消费：奠定虚构活动的一切得以完全免费，<u>无须付账单</u>。首先是<u>专有名词</u>这个小说写作艺术的真正核心，他跟福楼拜一样，认为虚构活动离不开起名字。正如阿兰·布伊兹尼所说："写作活动首先意味着命名。讲述必须紧随一个名字的经历。"[①] 他适

[①] 布伊兹尼：《巴尔特和名词》，见《大舞台》，74 页，巴黎，里尔大学出版社，1981。

第二部分　罗兰·巴尔特：以退为进

时地提醒我们注意以下这段有关福楼拜"造名术"的见证[①]：

> 左拉当着他的面提到，自己刚刚为小说人物找到了一个很棒的名字：布瓦尔。福楼拜当时正在写最后一部小说，一听就"情绪激动地恳求他千万别用这个名字"。左拉接着说："为了他，我笑着放弃了。可是，他仍然一脸严肃，动情地唠叨，如果我保留这个名字，他的书就写不下去了。他觉得自己的整个作品都在布瓦尔和贝居歇这两个名字当中：没有它们，作品就完蛋了。"

结构安排给这些神话带来了另一个好处：能够避免不难预见的命名的困难，因为名字都已经有了。当然，在小说写作当中，选取和"创造"专名的文本并不少见。很多小说作家（当以西默农[②]最为著名）声称，他们从现有的"真实"名字里——例如电话簿——觅得了笔下人物的名字。当巴尔特围绕着速跑运动员的名字（巴哈蒙戴斯、查理·高卢[③]）建构神话图景时，当他让洗衣粉"商标"和影视明星现身说法时，这种做法仅仅在幻觉的效果下才略显不同，因为这使读者觉得他是从"现实"本身当中截取的。当然，《神话集》里没有信手拈来的名字，是姓名学的体现。如果说，频繁密集的名字（在"夫妻"和"自由搏击的世界"里）首先是定见本身的"神话"功效所造成的，可是一经巴尔特重提，就成了一道施指的波光，被写作活动献给了神话的小说艺术。

这样看来，说到底，1957年的跋语和1970年的再版前言当为相互补充，前

[①] 1880年12月11日的《费加罗报》，转引自布伊兹尼：《巴尔特和名词》。
[②] 乔治·西默农（Georges Joseph Christian Simenon, 1903—1989），著名比利时推理小说作家。他塑造了举世闻名的马格莱探长的形象。——译者注
[③] 巴哈蒙戴斯（Federico Bahamontes, 1928—   ），20世纪50—60年代西班牙著名的山地自行车运动员，多次获环法自行车大赛、山地自行车大赛冠军。查理·高卢（Charly Gaul, 1932—2005），20世纪50—60年代法国自行车运动员，多次获得环法自行车大赛冠军。——译者注

后并不矛盾。前者在神话学者的严肃外表下，力图把这种虚构的安排建构成一个"特殊的对象"；后者只驳回符号学的"批评"的奢望，而且表明一种无声的赞同，其口号——与"诗学"谋和平，向元语言宣战——与《神话集》显示的小说艺术的欲望并行不悖。归根结底，1957年的建构和1970—1971年的"自我批评"，二者唯一的不同不是神话研究有多少"科学性"，而是用两个（看起来）不同的名词称呼解决神话研究矛盾的办法：一个是**文本**，即那篇补写的序言明确呼唤的"符号破解"（sémioclastie），它被说成是"本世纪和我们西方"走向"施指的某种解放"（*My*, 7）的必经之路；另一个是**文学**，即小说艺术，"今日神话"不仅不满足于提出这个字眼，而且巧妙地摹录了它的状态。

因此，神话虽然理论地位一直不稳固（反倒适合用作一个战略目标的借口，以便进入叙事和人种志传说），可是，日积月累，不可避免地成为普及结构主义的雄心和文本性所要求的破除施指的迷信的牺牲品（《沟通》，第8期）。神话的"穿越写作"只能是"穿越荒漠"。

排除神话学者虽然后果很复杂，可是也随即产生了效果，对于神话，人们在整整15年里听到的全是诋毁中伤，不过这不妨碍研究神话的意愿被不断地重申。在1970年的再版前言里，巴尔特说"因此我无法以过去的形式（眼前这种形式）撰写新的神话研究"（*My*, 7），可是，他没有排除在新形式下重返这种"体裁"。他在1970年的多次访谈里都提到过这种诱惑，重温心中的这个计划。1975年，在《罗兰·巴尔特自述》中题为《以后》的片段里，他提到自己有"撰写'导论'、'概述'和'基本原理'之癖，把'真正的书'推迟到将来"（*RB*, 175）。在预告的书目当中，巴尔特最后提到两个计划："一本是小资产阶级的总结（1971，II）；另一本有关法国的书仿照米什莱的做法，定名为《咱们的法兰西》（1971，II）。"从括号里的作品目次来看，这两本书在同一时期的《如是》第47期上的《答复》一文里已经提到过。

这个提示仍然未脱狡黠，因为它暗示一种连续性，甚至是在两个"展望"

第二部分　罗兰·巴尔特：以退为进

里的一种计划的类似性；实际上，这反而是两种明显对立的神话学虚构的延伸。

第一种延伸看来延续了 1957 年的《神话集》，目的是使之在社会政治学意义上合法化，因为它的目标是把小资产阶级作为一个真正的对象，尽管它只是"一头怪兽"而已。不过，这个纯属辩解的计划很快就遇到了麻烦："我有时候会想，即使这不是一本大部头的书，至少也是一项关于小资产阶级的重要工作。在研究过程中，我会从别人（政治理论家、经济学家和社会学家）那里获知小资产阶级究竟是什么，包括从政治上和经济上，以及如何根据非纯文化的标准界定它。"① 这里展望的更多的是一项重任。这将是一部富于教益和启发性的优秀作品，是一份补偿《神话集》所缺少的严肃性的迟到的礼物。与其说它是一本书，不如说它是一项"工作"，里面不包括快乐……

稍后申明的对于"一本有关法国的书"的欲望则完全不同。因为在某种意义上，这个梦想是把他幸得日本之赐的"幸福的神话"送还自己的祖国。这个计划不仅不同于前者，而且实际上与之完全对立。巴尔特于是不在乎能够从社会学家、经济学家和政治理论家那里学到什么，也不在乎他曾说希望填补的知识缺口，而是要"忘掉法国小资产阶级"，忘掉他们的矫揉造作和神话，而且要"普查一下（他能够）在法国享受到的为数不多的快乐"。他还说："这本书如果真的能够问世，我可以参照米什莱的叫法，管它叫《咱们的法兰西》，有一本伪作书名相同。"②

1975 年的《罗兰·巴尔特自述》重提这些矛盾的设想——其中便有"书"与"工作"的对立——因此印证了神话学写作两路延伸的假设，可是，这同时也表明了巴尔特的倾向。实际上，它仅仅从形式上重提《神话集》欠缺"理论"的苦衷，却没有形成一项名副其实的写作计划。不过，这个欲望却重拾了旧日

---

① 《答复》，96 页。
② 《答复》，102 页。（米什莱 1874 年去世。这本书是 1886 年米什莱夫人出版的。后人对她是否忠实于先夫的文稿颇有疑义。——译者注）

的一个梦想：依照《符号帝国》的模式去构想《神话集》的续篇。这是一次在快乐支配下的宣示，重启而非违背真实，它最终将用<u>断言</u>取代<u>批评</u>。

这是因为，如果将巴尔特疏远神话学归结为一种自我审查，似乎在他心中蛰伏的"理论宪兵"会因此而克服踌躇不前和令人疑惑的写作风格，那是错误的。如果说"学术"和"文本"阶段代表一次"暂歇"，对神话学的参照由此中止，那么其实它的重返已经在酝酿，不是为了使科学性更强，而是要返回提出《符号帝国》的第二份<u>展望</u>所指出的方向，因为它宣称，今后将寻求一种"记载反响"的写作方式。

其他新神话学的计划仍旧是纸上谈兵，巴尔特从来不自讨苦吃地用社会科学增加"工作"的分量，屡次重申的"左派的神话学"的许诺从未兑现，其中包括1978年许诺为《新观察家》撰写专栏。这个"罗兰·巴尔特专栏"令人大失所望，只因他在B. H. 雷维的一次采访里似乎向自己提出过挑战，从而引起了人们的期待，他当时说："为什么我迟迟未写这种（有关1968年5月以后的）神话学呢？只要例如《新观察家》这样的左派本身不支持这件事，我就永远不会写。"① 可是，尽管被逼到了墙角，他依然没有提交此类"正面的"神话研究，其实某种1968年以后形成的<u>定见</u>会认为它们是可行的。他用一种完全不同于《神话集》的写作方式记载时下的事件，这些"一周小记"既不明指什么，也不扣紧哪一个主题。这<u>些</u>小记主要是就事论事的，并非演绎的推论，有时很像一些"标记"，对主体所亲历的某种"反响"的不痛不痒的记录，有时很像"道德剧"、社会活报剧、时局的报道和评论、鸡毛蒜皮的日常奇闻。写作方式也脱离了《神话集》的主要手法，即通过意义的最终破解为各个神话作出意识形态方面的结论，以结束每个序列，在招抚<u>文化</u>的"小资产阶级思想"的口袋里把它

---

① 雷维：《知识分子有什么用？》（与贝尔纳-亨利·雷维的谈话），载《新观察家》，1977-01-10，255页。

第二部分 罗兰·巴尔特：以退为进

逮个正着。尽管如此，这种写作方式却不是布朗肖所说的"片段的"——"片段的需求向**体系**发出解约求救的信号"①——而是具备一种匀整的断续性，使之很像某种（非隐私的）日记体。

专栏的流产是某种犹豫引起的（衡量这次失败不能只看它受到的不温不火的欢迎，而应当根据它在巴尔特心中引起的疏远感。他感到厌倦，未几便完全放弃），也许由于未能确定何去何从。尽管《符号帝国》为他提示了一个乌托邦，但巴尔特对于续写神话仍然心存顾虑，没有完成"跨越"，走向自由和欣快的形式。

在巴尔特30年文学生涯里，这次失败也许是唯一的一次，可是绝非事出偶然：孤立于全部作品之外，似乎是可以率性写作的**日记体**的一个不幸的结果。相反，这次失败的尝试标志着一个重要阶段的开始，是写作活动的一个门槛。这是继《罗兰·巴尔特自述》之后的一个斟酌的时段（也是一篇有关私人日记的文章的标题）。为了寻找心爱的形式，巴尔特此时运用了一种不妨称之为试笔的写作手法。对于人种学小说久遭冷遇的老伙伴神话来说，这显然也是一个东山再起的机会。

的确，按照巴尔特的说法，神话挟势重返，如同一股力量——幻象的力量：成为作家（纪德），坚持日记体写作（《纪德日记》）。然而这也是幻觉的力量，即想象域的最后一个陷阱。于是，为了打破这个陷阱，神话借拧紧最后一扣之力的推升，直达螺旋形的顶端。复活、变形、想象域再次推出的神话最终表现为一个调和性的、无所不包的假设，以便实现"古典小说"，而且通过揩干"日记体的病态"②的污秽，超越幻象的自身封闭性。卷土重来分两步进行，分别发生在两个十分不同的地点，螺旋形的"大词儿"的终点终于显露了"晚期巴尔特"

---

① 布朗肖：《灾难的写作》，100页，巴黎，加里马尔书局，1980。
② 《斟酌》，载《如是》，1979，第82期；《语言的窸窣声》，399页。

小说艺术的概貌。

首先，神话作为幻象重返：见于1975年的《罗兰·巴尔特自述》。这本书不仅为巴什拉所说的神话——它对1954年出版的收入同一套丛书的《米什莱》也有影响——悄悄地恢复名誉，而且小心翼翼地、颇有保留地编织起一个"内心的顽念"的网络。如果说这本书里留有某种机体沉积的痕迹，曲尽变化的表述却把这些沉积变成了精巧的层层叠叠的构造。应当去别处寻找神话的重返：就在这幅扭曲的自画像为一系列姿态恢复名誉的那几页里，这些姿态曾经被冷嘲热讽的神话学家用意识形态的筛子筛过。

几个标题具有挑逗性的片段也是如此："意识形态的享乐"，"写作欲"，尤其是那个巴尔特唤作"作为幻象的作家"的片段。神话利用一种呼应"互文性"的游戏重返，把这个片段变成了对1957年的一篇神话研究的改写：

> 大概任何少年都不会有这种幻象了：成为作家！打算模仿哪一位同代人呢？不是模仿作品，而是实际做法，是姿态，一副漫游世界的样子，口袋里揣个小本子，脑袋里装着一句话？（就像我看到的纪德，从俄罗斯跑到刚果，一路捧读古典作品，在火车餐车上一边等着上菜，一边在小本子上写着什么，恰如1939年的一天，我在吕戴斯酒馆角落里真切地看到他时的样子，边啃梨子边看书。）（*RB*，81）

可是，这个多亏"关于自我的书"的恩惠[①]得以重归"原始"的场面，我们早已耳熟能详！纪德羁旅刚果，熟读博絮埃——巴尔特本人何尝不是如此："博絮埃的作品我读得比狄德罗的还多（大概接着是一声叹息）。"[②] 这句话在一篇题

[①] "关于自我的书" "Le Livre du Moi" 是《罗兰·巴尔特自述》中的一个片段的题目，与"我的思想之书"对举。——译者注

[②] 《答复》，103 页。

为《休假中的作家》①的专谈文学的神话研究里是装点的小花饰、片头字幕。主题仍然是当时被指责故作神秘的那个主题:"减去了作品的作家"(*RB*, 82),资产阶级为了掩盖其职能和工作才幻想其实质的作家。这个主题现在完全变了样,它反映了巴尔特的欲望,以及有关文学起源的小说的初步图景。神话变成了"幻象":这就意味着巴尔特(再次)达到了**善**的王国,这至少是一种脆弱的善,最终目的是把主体"引向写作"。这样,在《罗兰·巴尔特自述》的"小说体"话语的衬托下,一切诱发神话学家论战激情的东西都得以重返。这是从最佳效果来看,或者是就尼采的"重返"所造成的最佳情形而言,因为它"永恒"和"出自高层"②。于是,戏谑变成了天降福音,挖苦变成了赞许。以甜梨和萨瓦奶酪的形式返回以后,"它们用宣扬对萨瓦奶酪的嗜好的同一个声音宣告即将出现一门有关**本我的现象学**":这就是"休假中的作家"的令人怀疑的特权,尽管他从来不给自己的思想放假(*My*, 33)。这是对《罗兰·巴尔特自述》的叙述者的可爱倾向的一个出色的预告:把嗜梨的片段跟和"打算撰写"的书单并列……读之不乏妙趣。

把"休假中的作家"改写为"作家的幻象"是一场螺旋式运动,重返是一种肯定,因为这种改写促使读者接受两篇相隔 20 年的文本所说的同一个姿态,即那种"(能够较好地概括)我们这些作家(在 1957 年)的理想的姿态"。待到 1975 年,它不仅被理解,而且被接受;不仅被接受,而且被复制;不仅被复制,而且被认为极为可取,大有必要。

这是因为,从这个"作家的幻象"到写作的模式之间仅一步之遥,而且跨越相隔寥寥数页就完成了:巴尔特坦承,自己深受"纪德式"日记体的吸引。"从片段到日记"连缀起岁月之链,使最初的幻象与主体的当下历史发生联系:

---

① 《休假中的作家》,载《法兰西观察家》,1954-09-09;《神话集》,30 页。
② 巴尔特从吉尔·德勒兹的《尼采与哲学》(巴黎,法国大学出版社,1967)借用了这种"返归"的解读,它能够很方便地跟维科的"螺旋式"结合。关于这个主题的另一种解读,参见克莱芒·豪塞(Clément Rosset):《主力》,巴黎,子夜出版社,1983。

借口学术论文被毁,他开始有规律地实践撰写片段;后来又从片段逐渐转入撰写"日记"。从此以后,一切不是都以赋予自己写"日记"的权利为目的吗?把一切写过的东西都视为一场偷偷摸摸的和执拗的努力,以便有一天能够自由自在地再现"纪德"日记的主题,难道我没有理由这样做吗?说来再简单不过,最初的文本也许就在视平线的尽头(他的第一篇文章就是写纪德的)。(RB,99)

不过,重返恰恰不可能再简单不过;最初的幻象后来得到接受,这并不等于掌握了从事心仪已久的写作的良方妙药。幻象的这种重返虽然对巴尔特阐明今后可能采取的写作方式十分必要,却辅之以一种否定——针对刚刚激发起欲望的"日记"体:那不是一种可以指望的形式,而是一种"不受信任的"形式。坦承转眼即逝,欲望改变了,嗜好变成了无用的深思,一种隐约的厌倦:"生产我的片段,深思我的片段(修改、润色,等等),深思我的垃圾(自恋)。"(RB,99)

失误确曾有过,但不是幻象——像任何起源一样不易把握——的失误,而是体裁的失误——幻象曾经与之短暂地融合、同一化。体裁这个东西,巴尔特1979年在一篇题为《斟酌》①的激情妙文里详细分析过。

《斟酌》跟实践(写日记)已经无关,却跟巴尔特对于"写下的东西的价值"心怀"解不开的疑虑"(BL,399)有关。因为文中坦承的欲望是一个悖论:它涉及一种"不可读的"的体裁,不是在巴尔特所说的意义上②,而是在素常的意义上,即任何日记在他看来都无法"卒读而不惹恼人",只有卡夫卡的日记"也许"是例外(BL,413)。不过,巴尔特是在玩斟酌的游戏,竭力为这种不被

---

① 《斟酌》,载《如是》,1979,第82期;《语言的窸窣声》,399~413页。
② 巴尔特关于文本有一对重要的概念:"可读的/可写的"(lisible/scriptible)(主要见于《S/Z》和《文本的快乐》),其中"可读的"是负面特征,"可写的"是正面特征。因此,"不可读的"也应该是正面的。——译者注

看好的文学形式寻找存在的理由,而且让他找到了:作为一个"个性化"过程,日记提供表现"风格"的机会。作为一种"痕迹",它有提供小调式信息的魅力,例如"从托尔斯泰日记里读到一位19世纪俄罗斯庄园主的生活时所带来的快乐",又如在《明室》里,威廉·科林的一张照片告诉他"俄国人怎么穿衣服"(CC,52)。作为一种"诱惑",它支持作家——急于证明"比他写的东西更有价值"的作家——的想象域的乌托邦。最后,作为一种"语言拜物教",它还可以是一间培养风格崇拜的"准确语句的作坊"。

我们于是纳闷,这四种品质虽然使日记体成为"可予考虑的",可是为什么不足以使这种写作的欲望合法化呢?

其实,《斟酌》做出的回答已经包含了巴尔特的写作欲望当时所采取的样式,而且这个时刻对于其作家生涯的最后的计划具有决定意义。幻象终于被宣布有了一种反日记体的形式,迥然不同于马拉美的《诗文合辑》①:一本书。

《斟酌》日记体所达到这个结果,其代价是一场革命。的确,一次观点的突如其来的颠倒结束了满意与厌恶的循环,这种厌恶一直主导着《罗兰·巴尔特自述》的主体对于日记体所固有的孤芳自赏的不适感,片段忽然被说成是一堆垃圾。自我分析找不到日记体的价值了吗?主体本人是否承认无法摆脱对日记的价值的"解不开的疑虑"?对于这个死结,巴尔特找到了一个优雅的解决办法:声称无力胜任,甩手不管,把问题丢给诠释的法庭。至于在犹豫不决中期待的写作方式,姑且让别人,让"我今后的读者"负责吧。然而,热心的读者没等他回答就——不大中听地——道出了答案,巴尔特写道:"对于我给自己提出的'我是否应该坚持写日记'的问题,我的脑海里立即有了一个不大中听的回答:谁在乎你!或者加点心理分析的意味:那是你自己的事。"(BL,410)

不过,巴尔特的这种归咎于读者的生硬态度,目的只是引出"书"的定义,

---

① 马拉美出版于1887年的《诗文合辑》(*Album de vers et de prose*)。——译者注

这条定义"古典"还带着一句告诫:"不可讥笑它。"**日记**和**书**的冲突发展到最后,变为二者的对立:前者"无关乎任何**使命**",后者才是"文学作品",而且"对于作者来说,永远带有某种目的:社会的、神学的、神话的、美学的、道义的,等等"(BL,410)。**书**是针对自我欣赏而写的,尽管巴尔特用一句可爱的反话承认,对这种孤芳自赏"有点腻味"。可是,**书**的这个显赫地位绝非出于心血来潮,因为巴尔特说,"达不到**书**(作品)的高度"的不完美的**日记**,本意是把**书**和作品重新规定为最高的价值。因此,日记的这种反衬作用使巴尔特能够放开谈论一个写作欲望,这个截至此时未获承认的欲望是一种有关**书**的高尚的理念(跟所谓"古典主义"时期被称作"高峰时期"是一个道理)。**日记**被要求具备的特质(即《斟酌》一文刚刚阐明它无法自诩的那些特质)从反面勾画出憧憬之书的概貌:它必须是一本有关**世界**而非**自我**的书("日记的主体应当是世界,而不是自我");而且,为了避免总是被怀疑百无一用,它还必须被"拼命地反复推敲……好像一篇几乎写不成的**文本**:这场劳动结束之时,一部如此坚持不懈的**日记**很可能一点也不像日记了"(BL,413)。不妨补充一句:而是更像一部小说——像司汤达提供的那个"小说艺术的宇宙学"的理想模式,因为他围绕一个"历史神话",通过"设计并深思熟虑"地安排自己对意大利的热爱,超越了贫竭的**想象域**。

《斟酌》出色地显示了一场**文学**思考的最终状态,从一个机缘到另一个机缘,这番思考始终没有停止追寻至爱之书。正如巴尔特所说:"有些猎艳者是为了找到心上人才四处猎艳的,这是一种很典型的情形。"① 一篇谈司汤达的美文阐明了这个最终状态,文章题为《人们在谈论所爱之物时永远言不及义》②。

《人们在谈论所爱之物时永远言不及义》是为一次意大利研讨会准备的发言

---

① 《与菲利普·罗歇的谈话》,载《花花公子》,1977年9月;《声音的微粒》,279页。
② 《人们在谈论所爱之物时永远言不及义》,载《如是》,1980,第85期;见《语言的窸窣声》,333~342页。

稿，专谈首先作为"日记作家"，然后才是小说家的司汤达。这篇文章再次提出了《斟酌》一文以一种个人化的方式在1979年处理的问题，出发点是司汤达在日记里"评说意大利"的失败："这些日记只评说对意大利的热爱，却未能传达这种爱情（至少根据我阅读时得出的判断是如此），因此有理由忧伤地（悲剧性地）重申，人们在谈论所爱之物时永远言不及义。"（BL，341）

可是，文稿末页话锋一转，得出了司汤达小说20年后获得"神奇的"成功的结论。怎么会成功呢？不是因为"语句"（所谓"敌人"），也不是因为言语行为（司汤达恰恰就是"某种对言语行为的怀疑"），而是因为"伟大的媒介形式——**叙事**，<u>或者用一个更好的说法</u>——**神话**"（BL，341）。写作于是获得了一个最终的定义："什么是写作呢？一种势能，长期不懈的努力可能结出的果实，它打破了爱情想象域的贫瘠的不变性，而且赋予这个探索过程一个象征性的普遍特点。"（BL，342）

"神话是一种言语"，第一个巴尔特这样说。第二个巴尔特补充道：这种世界的言语把**虚构**的形式从纠缠不休的**想象域**里解放出来；在米兰市、法国人和我们的阅读的快乐之间，"幸福和快乐的喷涌"正是通过这种叙事达成了"神奇的连带关系"。这种**节庆**的效果——意大利的节庆、写作的节庆——巴尔特称之为"真正超越孤芳自赏"，要完成这种超越，司汤达（巴尔特？）必须找到<u>小说艺术的谎言</u>。

> 司汤达年轻时，正当写作《罗马、那不勒斯和佛罗伦萨》的时期，写过这样的话："我一撒谎就心绪烦乱，跟德古利先生一样。"他当时还不知道，有一种谎言叫小说。嘿，真神奇！它既绕过真理，又最终很好地表达了他对意大利的情怀。（BL，342）

巴尔特的全部作品恰好是以这些话结束的。

文本 3

书一出版，读者最佳的干预方式就是到反应的文本①里找出（如最擅长寻找的头脑们所做的那样）生产能力的暗藏要点。

——《补充》，载《艺术丛刊》，1973

在一个时期内，**神话**完全支配了巴尔特的批评活动，直到**言语**被点明包含着**叙事**，小说艺术的想象域于是凭借叙事才可能变为**书**。至于**文本**的概念则被用来指称巴尔特的文学事业当中最"标新立异"和最"激进"的东西。出于这个理由，在一些评论家那里，<u>**文本**</u>（黑体加下划线的"文本"隐指"文本理论"）一词获得了殊荣：他们几乎众口一词地认为，**文本**代表"旅程"中的一个<u>关键</u>的时刻。我们这里提出的重读巴尔特可以接受"关键的"这个形容词。毫无疑问，巴尔特一度打出过**文本**的大旗——待到旗帜变成了胸前的荣誉勋章，他就远离了它……

<u>**文本**</u>在各种"大词儿"里的地位十分特殊。说实话，不是因为只有这个词得到了严谨阐述它才特殊。让我们重申这个概念，巴尔特是让别人，特别是任由朱丽娅·克里斯蒂娃去界定。② 我们将看到，他自己只满足于<u>负面地</u>提出它

---

① 《罗兰·巴尔特自述》区分了反应的文本（texte réactif）与积极的文本（texte actif），参阅题为《反应的和积极的》的片段。——译者注

② 朱丽娅·克里斯蒂娃：《寻找一种符号学分析方法》，113页及其后各页，巴黎，瑟伊出版社，1969。

第二部分　罗兰·巴尔特：以退为进

来。我们说它特殊也不是因为它比别的"大词儿"更"专属于"巴尔特：这个词仍旧是从"《如是》杂志的朋友们"那里"偷来"或者"借用"的，而且，既然这个提法的真谛是说明写作有不确指的、无产权的特点，那么<u>据之为己有</u>与此是抵牾的。<u>文本</u>既不稳定又顽固，暂时在作品里落脚，好像一个<u>钉子户</u>（squatter）。它更不是因为特别长寿而引起批评界注意的：它在1970年前后出现时的本义是"文本主义"，后来逐渐沉淀，失去了特殊的光彩，退居原先的位置。

不过，毋庸置辩，这是一个<u>分量很重的</u>巴尔特用词，威风八面，吸引人阅读，由于费解而令人阅读时更不敢懈怠，因为，归根结底，你对<u>文本</u>什么都说不出，尽管什么"都能从中得到说明"。

词语的这种力量或者能量，如果根据《罗兰·巴尔特自述》提示的框架加以说明，那会很有趣，因为这本书给命名所产生的能量做出了初步分类。按照巴尔特本人发明的范畴，<u>文本</u>摇摆于以下两者之间：一个是"魔力词"（mot-mana），即在某位作者的语汇里，那种回应一切的"热烈的意指作用"（*RB*，133）；另一个是神意（numen），即神祇的无声号令。作为一个施指，<u>文本</u>好像一张王牌，也是一个动作、一个痕迹、一个负载着纯能量的无声的词。而且，在任何夸张话语都会有的一种回返作用下，它也令人惊讶地中止"突然在长久注视下凝固的"（*RB*，138）歇斯底里。大概正是由于这个原因，它时而被大肆引用，犹如一头奇妙的妖怪，一条没有赫拉克勒斯的九头蛇①；时而陡然刹车，被用作实例、停顿、偶像、蝇王②。

必须承认，<u>文本</u>的这种神意，这种很吸引人的权威，继续在巴尔特的批评活动中发挥作用，即使在他的写作放弃了它的<u>魔力</u>以后很久依然如此。与其他

---

① 九头蛇是希腊神话里的妖魔，杀死九头蛇是英雄赫拉克勒斯的12件伟绩之一。——译者注
② 《蝇王》是英国作家威廉·格尔丁（1911—1993）发表于1954年的寓言小说。格尔丁因之获得1983年诺贝尔文学奖。——译者注

任何"大词儿"相比，它比较好地经受住了各本书先后做出的修正、诠释，却未能与时俱进。这就能够很好地说明把《文本的快乐》当成"文本主义"的案头经典的怪事。因为这本书实际上结束了对**文本**的参照，特别是在1973年前后，大概很难把巴尔特的做法与一个不断扩散和多变的概念完全分离，因为这个概念已经不知不觉地代表了**巴尔特**的一切，甚至**整个巴尔特**。这一年，上文提到的斯蒂芬·希思的著作出版了，书中未加解释地说："文本是巴尔特的全部工作。"① 说完了这个开场白，行礼如仪之后，他才提到个别的文本："不过，我们应当注意三篇文章，那是他本人为了达到**文本**的概念而提出的三个路标：1971年的《从作品到文本》、1972年的《青年研究员》和1973年的《文本（理论）》②。"

既是整体又是部分，既是解释性概念又是写作本身的进展，既横冲直撞又轻浮夸张：偷盗与光荣兼备。在很长一个时期内，所谓"难缠"的**文本**一直是虔诚的巴尔特主义的一头神牛。

提到**文本**的时候，批评界甘愿跟在巴尔特后面唠叨文本的负面特征。要避免这种错愕之余的鹦鹉学舌，除了充当**文本破解者**（textoclaste）以外，还有可以利用的办法吗？然而，如此声称本身也很可笑，因为肆意拆解不会有什么成果。偶像不可破坏，写作也不可否定，因为写作载录**文本**只用代码、象征和署名——谜团和注册商标：碰碰它？还是别碰吧！总之，**文本**既不可切分，又（已经）被破解，既缠绕纠结，又分崩离析。一团驱不散的浓雾，隐喻的无穷游戏担保它不受您的情绪变化的影响，因为人家其实早就说过：**文本**是"纺织品"、"编织物"、"发辫"。

这根"发辫"难逃法网，等着它的是警察局的嫌犯长凳，更不用说克拉夫特-埃宾医生的药箱子了。

---

① 希思：《迁移的晕眩》，137页，巴黎，法雅书局，1974。
② 这三篇文章分别发表在《美学杂志》第3期（1971年）、《沟通》第19期（1972年6月）、《万有百科全书》第15卷的词条"文本（理论）"。

第二部分 罗兰·巴尔特：以退为进

星期三晚上，法警侦探上街追捕小偷的过程里，发现有个穿灰大衣的个子瘦高的小伙子行动可疑：他专挑高个子姑娘接近。侦探们还发现，这个年轻人试图触弄姑娘们的发辫，他从口袋里拿出剪刀，轻手轻脚地从束发带上把辫子剪下。就这样，一个星期三的晚上，他剪掉了六个姑娘的辫子，连蜡像馆里的蜡像都不放过。①

瘦高个子青年真是可怜，对他来说，"高个子姑娘"跟乔装用的行头，"蜡像馆"跟环形监狱②是一回事。不过，剪辫子的老手一个顶俩：<u>别碰</u>（Noli tangere）这句话使人必然得出这个看法。这种手法就是把隐喻的电梯打发回去。因此，这条"发辫"（隐指繁文缛节和官僚体制）不正是一个<u>崇拜对象</u>吗？让我们也领略一下文本是如何用表白妆裹文本的吧。

表白就在巴尔特大人的证词里，收入了上文多次引用的一本书。巴尔特说，有些词语"地位不定，说到底，它们显示了对象、意义的一种欠缺。它们虽然外表坚硬，重申有力，但仍然是一些含混飘忽的词语"。这是有关文本的最出色的说法，不过别忘了结束这个片段的话："它们寻求变成被崇拜的对象。"（RB, 134）这般描述之后，巴尔特给这些"受宠爱的词语"起了个名字："过渡词"。跟魔力词和神意词相比，文本更容易变成这种过渡词，它们在写作方面类似于米什莱的"肌肤词"，其意义是围绕着发抖的身体或爱恨情仇组织起来的。文本也很像"婴儿吮咬不止的枕头椅角"。在巴尔特那里，文本是"有魔力的"纺织品，永远处于"变成崇拜对象"的过程当中。因此，只凭一个<u>等于</u>尊奉拜物表

108

---

① 理查·冯·克拉夫特—埃宾医生：《性的精神病理》，331 页，巴黎，巴尧出版社，1963（初版于 1923 年）。阿尔伯特·摩勒医生重订本；法文版译者是勒内·罗伯施坦。
② Panopticum 有"蜡像馆"和"环形监狱"两义（英国哲学家杰里米·边沁在 18 世纪设计了环形监狱，米歇尔·福柯 1975 年的《规训与惩罚》一书里有分析）；同样，panoplie 也有"兵器摆设"和"化妆用的行头"两义。作者利用这两个多义词表示"瘦高青年"混淆了真人与乔装的人，而且从蜡像馆进了监狱。——译者注

征的偶像崇拜的言语动作就把<u>文本</u>当成崇拜对象本身是会使人上当的（克拉夫特-埃宾医生说得好：供"奉献"之用的"辫子"）；一切文本破解活动的讽刺是使自己变成"恋物崇拜"的同谋，这个威胁在题为"过渡词"的片段里已经分析过。

巴尔特没有等到1975年才记录下这个威胁，而且他注意到了其中包含的诱惑。《文本的快乐》早就提出了一条预言式的定义："文本是恋物癖的对象，而且<u>这个崇拜对象想得到我</u>。"（PLT，45）不过，巴尔特在这本书以<u>外</u>，即三个月后发表在《艺术<u>丛</u>刊》上的这本书的"补充"里修正了这个<u>看法</u>。他<u>重返</u>从前的命题，按照已经宣布的"也许必当倾毕生之力"将其"从内部充实"的意愿，对这本1973年的"小薄本"进行了再加工。于是，我们在"肿胀"的题目下看到了把"过渡性对象"说成<u>物自体</u>的奇怪的否认："文本不会成为崇拜对象，因为它干脆就是阳具：一个巍然勃起的东西。应当按照肿胀物去解读<u>文本</u>。"① 这场蔚为大观的勃起出现在《艺术<u>丛</u>刊》上的《补充》一文的末尾，标志着一个统治时期的终结：崇拜对象被陵墓取代。

这条盖毯——一条借助与当代"心理过渡说"齐名的赖努斯②得以流芳百世的安慰毯——巴尔特知道如何摆脱它，办法是不让它变成被崇拜的对象。我们后来在1978年《就职演讲》里看到，早已失宠的<u>文本</u>再次跻身于常见的施指之列，成为共同语（koinê）里的一个极为普通的字眼。总而言之，<u>文本</u>仅在温尼科特③以前的最平常的意义上才是过渡性的，因为在可能成为崇拜对象以前，它确保了从正在清点收盘的结构主义运动向认可一个新的写作主体的过渡——这

---

① 载《艺术学刊》，1973，第4期。
② 赖努斯（Linus Van Pelt）是美国漫画家查尔斯·舒尔茨（Charles M. Schulz, 1922—2000）创作的"史努比"系列漫画中的人物，史努比总是跟赖努斯争抢一条能给他带来安全感的毛毯。——译者注
③ 唐纳德·伍兹·温尼科特（Donald Woods Winnicott, 1896—1971），英国医生和心理分析学家，尤以对象关系理论知名。——译者注

第二部分　罗兰·巴尔特：以退为进

个新的主体是**文本**再也无法激励的主体（正像**政治**"再也激励不了"《恋人絮语》里的恋人一样）。

文本在《文本的快乐》一书的核心部分已经隐约贬值。不久以后，《罗兰·巴尔特自述》推行恶性贬值更加肆无忌惮：从前如此金贵的**文本**，巴尔特现在却抱怨说，它今后只能是用来"兑换"的"晦涩的文本"，虽然"能够见证阅读的要求，却无法见证快乐的要求"。于是，先锋派被褫夺了特立独行和终极要求的最后特权，因而蒙受了最后一道凌辱。**文本**如今成了批量产品，这个微末的小词诞生于需求法则，可是做不到慷慨地牺牲自己，因为它是现代性的一个廉价产品，价值已经缩水、衰减。

［阿耳戈之船变成了写作的苦役，<u>创作</u>室变成了<u>血汗工厂</u>。从这里可以检视整个想象域，我们将看到，这是巴尔特构想现代性的那个想象域：重任变成了艰辛劳作、捆绑在流水线上的工作，快节奏，解雇和催逼，劳务分包和返工，垃圾成堆，囤积居奇，股价下跌，汇率低，凌空跃下；幸免者极少，没错，索莱尔斯是个例外，这位不辞劳苦的"完美诗人"从不空手而归，他是产品多样化的第一人，从不依赖任何东西，除了令人耳目一新的形式：《女人》，亲切的《冶游者画像》①，能够预知市场需求……可是，在别人那里，有多少机械加工，多少冲压，多少冷处理的变形啊——《新拉露斯插图小词典》释义："冲压：及物动词，通过冷处理使弯曲。"响声掩盖了窸窣声；文字之后，"絮叨"接踵而至（RB，75）。可是，现在是重提的时候了，用浅唱低吟之法（a capella），无伴奏。］

我们必须回到那个写作时期，即最后的凌辱发生以前——**文本**（或者**文本**）的概念似乎君临天下的时候：这个词的词首字母的变化，先用斜体字，后又放

---

① 《冶游者画像》（*Portrait du Joueur*，加里马尔书局，1984）和《女人》（*Femmes*，加里马尔书局，1983）都是索莱尔斯的小说。——译者注

103

弃，在作品的发展过程中画出了一个螺旋形的运行轨迹。这个词最早出现时没有用大写字母，后来用了，最后又恢复小写。巴尔特在《就职演讲》里用"执拗和迁移"（L，21）的格言来定义他的工作。要证明这个格言，文本的重要性其实不亚于神话。

不过，一种值得注意的不同的处理办法使得二者截然对立：巴尔特一方面主动避免为神话下定义，另一方面却扩散文本的定义。可是，说实话，他这样做起来不遗余力，以至没有任何一个定义适合文本，只剩下一个"路径"，以便能够让他最喜欢的两个修辞手法为之服务：反衬和隐喻。文本这个"大词儿"不仅未获界定，而且被安置在一个用隐喻的对立构成的网络里，地位依然飘浮不定。因为它被赋予的地位使人只能像念佛珠似的逐个罗列相反的定义。此处，我们要向《神话集》奚落过的这种"不左不右的批评"的回归致以不无讽刺的敬意，同时还要公允地补充一点：这种批评并没有回到原地，因为任何二元论都不能防止二者择一展现负面的谓词。巴尔特描述的文本不是作品，然而也不是作品的"对立物"或"他者"。我们不妨把这个角度调转一下，从而只能得出这个不起眼的命题："我们只能说，一部作品里面有文本"①。因此，不可能从作品之莠区分和择选出文本之良："试图把作品跟文本截然区隔是徒劳的。"② 分立门户绝无可能，类型学在文本上寸步难行。难以分类意味着难以定位，甚至无法甄别，即使它是"对象"，也是一个本身尚未站住脚的"新的对象"。这个图景此处全照本身的意义去理解："作品立于掌中，文本出自言语行为。"（BL，71）

首先，文本既不能分类，又难以定位，所以分析起来也很困难，因为它属于"愿意停留在隐喻上的路径"（BL，70）。其次，它无法被描写，也无法被评论，元话语对它无计可施。再次，我们无法就它说什么，只能通过它说点什么

---

① 《青年研究员》，载《沟通》，1972，第 19 期；《语言的窸窣声》，101 页。
② 《从作品到文本》，载《美学杂志》，1971，第 3 期；《语言的窸窣声》，70 页。

（PLT，39）。最后，**文本**也无从诠解，"它通过一项工作，在一场生产当中被感受"（BL，70）。那么，说到底，感受它是否就是邂逅它，置身其中呢？应该是吧，可是方式只有一种，就像被狄德罗一路引进寓意的城堡的旅行者，城堡的卷首插图用于**文本**不失贴切："我不属于任何人，但又属于每一个人。您进来以前已经在里边了，而您离开之后，还是在里边。"发生在狄德罗和读者之间的对话很好地说明了**文本**的神秘性。

——他们进城堡里了吗？

——没有。因为标记有误，要么就是他们还没进去，人就已经在里边了。

——嗯，至少他们从里边出来了吧？

——没有。因为标记有误，要么就是他们出去后，人还在里边。①

事由和场所，外表和材质，内与外，形态和使人能够从哲学上"辨出思想方向"的其他参照物，都被**文本**弄模糊了。一切它都能够"旁推侧引"地攥在手里。因为哪怕"最古典的作品"里也有**文本**，尽管**文本**自命为一个前所未闻的"方法论领域"（BL，70），甚至是一个"任何言语行为都无法躲藏或置身其外的社会场所"（BL，77），更无须再提那个"想得到我的崇拜对象"或者"阳具"的化身……这个字谜彻底消除了对寓意性的任何希望。念诵**文本**之经不仅唤出狄德罗笔下的城堡，还带出另一个与下层社会有关的老调：西班牙客栈②。巴尔特在此一定会找到自己带去的东西。

如果在写作方面无法为**文本**定位，能否至少在巴尔特作品的时间进程中找

---

① 狄德罗：《宿命论者雅克》，见《狄德罗全集》，第12卷，38页，埃尔曼书局。
② 法国成语"西班牙客栈"源自18世纪旅客自带饭食或行囊的劣质旅馆，转指每个人都能找到自己所需之物的场所或局面。——译者注

出它的影响范围呢？这个做法虽然看起来矛盾，但是不像"影响"一词本身那样会吓跑巴尔特①，因为他在"阶段表"里毫不迟疑地填上了**文本**一词，以致造成了新的难题和明显的矛盾，然而这也有益处，其中第一个益处是提供了一个逮住这头白鼬鼠的机会。正如阿奈特·拉维尔所说，巴尔特对自己著作的时间和理念的阶段划分的解释大概"主要是表演"。拉维尔的结论是，这种解释的"意义仅在于出自他本人之口"②。尽管如此，这种意义也会令读者感兴趣，因为这种故意打乱牌局的"动作"，这种不断摆姿态的举动，正是作弊者所为然而他却装模作样地指责牌被做了手脚。

可是，在《罗兰·巴尔特自述》里，巴尔特为**文本**的概念提出了两个不同的和错位的谱系。

第一个谱系出现在题为"定见/泛定见"的片段里，巴尔特企图"再造过程"，根据这个过程，主体——其本人也是作家——"提出一些悖论"，以摆脱自己先后提出的定见。在这个策略的框架内，**文本**被当成一种（临时的）解决办法，以免陷入"符号学家的（往往很可怜的）科学"。

因此，必须摆脱它，把欲望的种子、身体的索求引进这个合乎情理的想象域，即**文本**，**文本**理论。然而，**文本**又出现了僵滞的危险，其重复，变成晦涩的文本，它见证一种阅读之需，而非快乐之欲：**文本**有蜕化变质为**絮叨**的倾向。何去何从？我到了这一步。（RB，75）

---

① 第二部分第4节将进一步评论这种拒绝"影响说"的态度。
② 《既有你又没有你：意义、身体、社会》，载《批评》，722页，1982，第423～424期。阿奈特·拉维尔的文章针对一个有关"巴尔特的生涯"的"授权版本"（首先是出自他本人之手），并将这个生涯说成"面向身体和社会之义的解说的神秘穿越"（720页）。这里阐述的是一种与之类似的拒绝，但它是从一个不同的观点出发的；参阅本书第二部分第1节。不过，我们不认为将巴尔特对自己的著作的解释说成"含执行力"就可以回避这些解释，正相反，这些"小块文章"其实应当留给最后的判断。

这个片段的末尾表达了对**文本**的某种厌倦之意，同时主体仍处在根据它界定的阶段<u>之内</u>。"我到了这一步"略显疲倦，可是还在"里面"……

可是，在这同一本《罗兰·巴尔特自述》里，这个时间顺序被那张题为"阶段"的一览图戳穿了（*RB*, 148），这张图里的分期办法明显与"定见/泛定见"的片段说法不同。"文本性"保留在图中一个方格里。在左侧的纵栏"关联文本"里，有索莱尔斯、朱丽娅·克里斯蒂娃、德里达和拉康；右侧的作品栏内列出了《S/Z》，《萨德、傅立叶、罗犹拉》和《符号帝国》。这还不是整个图表的最后一个方格，还有最后一个"道德观"方面的"阶段"；关联文本是放进括号里的（"尼采"），作品则是两本书：《文本的快乐》和《罗兰·巴尔特自述》。

这就带来两个方面的难题（并成为一个有趣的谜）。一方面，对于与"文本性"明显脱节的《文本的快乐》的地位，巴尔特的态度是摇摆的。另一方面，在图表上部，《S/Z》、《萨德、傅立叶、罗犹拉》和《符号帝国》三本书被归入一组，可是《S/Z》看来没有"文本理论"的任何明显的痕迹。1970年以后的著述又不断改变其困难的定义。

我们于是可以提出这里要捍卫的论点，它处在一是一否之间。是：从"文本性"的阶段剔除《文本的快乐》是合理的，因为这本书不仅远未从形式上说明这个阶段的"要求"（就像巴尔特1971年写过的那样），而且摧毁了它，彻底结束了对它的构想。否：《S/Z》掺入这个系列不合情理，是被硬塞进去的。换句话说，既然题为"定见/泛定见"的片段纯属作弊，这些"阶段"的划分就属于真假参半。如果确实如此，那么，**文本**的大旗下就只剩下一本1971年的《萨德、傅立叶、罗犹拉》了。因为，我们可以毫无困难地承认，《符号帝国》是一张有灵感的明信片——我们已经看到，它跟"幸福的神话学"一样，预示了另一种写作方式——它跟"<u>文本理论</u>"的关系只是一场游戏：抬高隐喻的身价，写作围绕着"空灵"的日语的施指构建的紧凑性使之变得十分可贵。

114

107

这里的问题——纯学术的,甚至近乎强迫症的——不是达到另外一种(更好的)作品分类。通过无所顾忌的术语,不确定性和故意制造的杂乱纷呈,巴尔特诱使我们纠正一个既定的看法:"文本的"理念是支配着他作品的一个重要方面。

让我们从头道来:《S/Z》发表于1970年,是一个开启1968—1969学年的高校研讨班的产物。这本书首先标志着巴尔特跟"科学性的(惬意)梦想"决裂。在绪论部分,巴尔特干脆地否定了"早期分析者以为叙事,甚至世间一切叙事(当今的和从往众多的)只有一个结构"(S/Z,9)的野心。这个开篇的动作正是后来收入《罗兰·巴尔特自述》(题为"定见/泛定见"的片段)的动作。为了打破丧失或牺牲文本差异的"不可取"的做法,它清理了对于结构的穷尽性的"令人疲惫"的幻觉。进入正题后,《S/Z》从两个方面展开讨论:当然,它拒绝退回每个文本都有"个体性"的陈旧观念,认为那纯粹是"一种对于文学创作的神秘看法";它也给结构主义方法大泼冷水,解除其武装,办法是首先认定它可能染指的对象不合格。

这种做法可能被视为华而不实(甚至同言重复),但是,无论如何,必须承认它十分决绝,与不知跟进的结构主义者脚下的绿草一道,它彻底否定了穷尽性分析的做法。巴尔特说,如果确实存在"可供研究的叙事结构、叙事作品的语法或者逻辑"的情形,那么它只能证明一个东西:"我们与之打交道的,是多重性不完整的文本,是多重性多少有点枯竭的文本。"(S/Z,12)换言之,文本吝啬,方法就会褊狭;结构分析能够达成的只会是一个粗劣的文学对象。

在这个框架里出现的是一个素常意义上的文本,恰如苏珊·桑塔格在一个典型的论战语境里所说的:"一个主要是论战性的概念"[1]。此外,此处短暂露面的文本与其说是一个概念,不如说是一个稻草人,用来吓退在刚刚发动的突袭

---

[1] 苏珊·桑塔格:《写作本身:关于巴尔特》,15页。

第二部分 罗兰·巴尔特：以退为进

"文本科学"的鼓舞下，"旧式批评的神话"的回潮；或者更准确地说，文本充当了一个"理想的模型"，一位"模特巨星"，尽管它引得批评家好像《悖论》①里的喜剧演员那样两眼紧盯，可是不必将其当成什么的化身或一次重要的邂逅。事实上，巴尔特的用词令人惊讶："让我们首先提出一个凯旋的多重性的形象，在这个理想的文本里"，等等。这句话里加下划线的字既是神祇显灵，也是一个建模过程。但是，必须看到，这个文本一经提出就不再构成问题。因为在接下去的几页里，巴尔特要我们"砸碎"、"打破"和"虐待"的文本只有一篇——巴尔扎克的《萨拉辛》，即一个在最习常的意义上"挑选出来的文本"，理论神秘性最少，而且用传统说法便能够说清楚：一言以蔽之，这是一则"短小的叙事"。简言之，一部中篇小说——只要读者拿到巴尔特指明的安德格拉版第四卷（S/Z, 23），那将是一个"立于掌中的文本"（并非毫不费力，不过难度取决于版式）。

因此，文本（或"理想的文本"）是随着《S/Z》登场的，不过它只有跑一趟龙套的权力，一完事就返回后台去了。《萨拉辛》的解读跳过了文本：它是根据研讨班上的某种"作者已死"（这也是第一篇有关《萨拉辛》的文章的标题，1968年发表在《神启》上）的想法完成的，而远非根据一种"**文本**理论"来解读的，有关后者的脆弱的构想是后来才有的，大约等到1971年才出现在《从作品到文本》一文里，发表于《美学杂志》。针对探究务尽的实证主义做法，巴尔特引用一句警语予以斥责："科学加耐性，实在的苦刑。"②（S/Z, 9）。巴尔特在《S/Z》开头几页里重提文本乃是一种战术，不可只凭其高调门而论，也不应根据日后添加的理论色彩来妄加批评。这是一种论战的立场或策略，在这个问题

116

---

① 指1830年出版的狄德罗的遗作《喜剧演员的悖论》（*Paradoxe sur le comédien*）。——译者注

② 语出法国诗人阿瑟·兰波的《永恒》（"Science avec patience, Le supplice est sûr"）一诗。——译者注

109

上，索莱尔斯的警觉没有错，在写于1971年的《R. B.》一文里，他一上来就说："巴尔特的工作给人印象最深的是他的策略。"①

不过，这套运作显然代价不菲。即使同意索莱尔斯所说——当时巴尔特认为必须从策略上首先避开"物化主义"，以及"某种唯物论所蕴含的形而上学"——我们依然得承认，这样做的代价是在批评的天地里安放一个模糊的神灵，一个不可建模的模型，一个虽然能够粉饰阅读实践，却不起任何作用的理念，《S/Z》里的文本（仅在不多的几个段落里脱离了素常意义）具备一个小模型所拥有的一切……

《萨拉辛》的解读与"绪论"之间的差距，文本一词在"绪论"里的意义变化，都证明巴尔特围绕文本的摇摆态度。这种摇摆似乎反映出一种恐惧，从"物化主义"脱身必须缴付的赎金太贵，需经两次灵魂脱壳才能偿清：一次是脱离名曰文本的作品，它此刻正在"作者"的葬礼当中，次年发表的《萨德、傅立叶、罗犹拉》将宣布它的可爱的回归；另一次是摆脱评论的写作本身，它正受到新一轮苦修的威胁，即不亚于苦修科学的痛苦的"耐性"，因为它不得不"编织"理想的文本，然而这个文本的"代码淡出视平线"，而且"无法确定"（S/Z，12）。

这是一种改头换面的思念（desiderium）。正如以前"神话学者"的不幸在于警惕事物的幸运的密实性，那么按照《S/Z》的"绪论"所说，"读者"亦需警惕类似的厄运：为了虚无缥缈的文本性，不得不牺牲一种把"符号物质化和充实"的"色调"。让-路易·布特说得很好，"色调"在巴尔特的著作里用于称呼意义和诸意义之间的迁移。②《S/Z》全靠改变整个计划才避开了这个危险：解读巴尔扎克既不去重视，也不利用此前做出的宣示。

---

① 索莱尔斯：《R. B.》，载《如是》，19页，第47期。
② 参见布特：《横跨与错置》，载《拱门》，58页，1976，第56期。

确实，方法的概述与文本的主干——与《萨拉辛》正面搏斗——之间明显脱节，正是这种脱节才使《S/Z》不同于巴尔特的其他作品，地位特殊。因为，在这本书里运转的装置与《神话集》的完全不同，《神话集》跋语的意义在于，它是从一种写作实践当中推演出来的一次理论尝试。虽然这个尝试在观念层面尚有疑问，可是它毕竟为另一种小说艺术的"信用"奠定了基础。

《S/Z》的"绪论"有一条罅隙贯穿其间，导致一种既是论战的又是"理论的"立场有别于一个在文本里得到贯彻的方法论命题，这个命题让《萨拉辛》之"解读"接受"五套代码"的支配：解释学的、符号学的、象征的、行为的、文化的（也可以说是"引证一门科学或某种大智慧"的代码）。这些解读之间没有任何必然的联系，既无蕴涵，亦无应用（类似于人们所说的应用科学），而且从后一种解读发展前一种解读来说，连解释也没有。

实际上，综而观之，这几页文字似乎根本没有接受方——此处接受方不应按社会学家所说的"读众"理解，而是"我将来的读者"——上文我们已经看到，巴尔特将其想象地设定为写作的兴起所必需的。接受方的这种多重性也许跟这本书奇怪的布局有关。

这种可能性之所以诱人，归根结底是由于《S/Z》并没有以文本问题为对象，而是以阅读的合约为对象，也就是支配一切阅读的交流的条件和市场行情。

如果从这个角度进一步观察，《S/Z》清晰地展现了两个接受方。"理论性""绪论"的接受方可称为超我的群体，又分两拨："学术社群"（结构分析的反对者与之展开论战）和"先锋派的同伙"（参指文本便要求与之合谋）。然而，这道罅隙很有戏剧性，一侧是理论性绪论的潜在的接受方，另一侧是书的"合法的"接受方。而且是头一次，《S/Z》一开始就提出了写作所面对的"群体"：研讨班。巴尔特正是与这个半实半虚的接受方（更频繁地出现在接下去的文字里）公开修订了协议，正如扉页题词所示："此书是一个开办于高等研究实验学校的两年研讨班（1968—1969）留下的印迹。请参加研讨班的学生、旁听者和友人

接受我的献辞。此书得以写就，全赖他们的倾听。"（S/Z，7）

"《萨拉辛》不是一个阉人的故事，而是一份合约的故事。"巴尔特写道。（S/Z，96）我们要补充一句：《S/Z》也不例外。《S/Z》的核心正是这样一份合约，通过题词，它使分析能够以叙事为依据［至于阉割则在主题以外，因为不是文本而是作品才是"阅读"之欲的对象。正如巴尔特在别处所说，作品是"文本的想象的尾巴"（BL，71）］。

尽管预留了距离，《S/Z》仍然依赖于一种对于叙事的"简约的"观点，它在很大程度上归功于一种结构分析，提出文本因而变得顺理成章。《萨拉辛》的解读（在列维-斯特劳斯的神话"解读"的启发下）重启一种故事里套故事的手法的预设条件——一切所谓"典型的"文本都用它来建立交换关系。在《S/Z》以后很长一个时期内，这种对于思辨的痴迷依然使一种新批评大行其道，这种批评不顾自己日渐老去，死心塌地地绝不超越这个镜像阶段，它在每个文本里费尽心机地寻找"地毯上的图案"[①]，后者必须也是联系写与读的公约的形象——至少这种批评这样看。这种诱惑明显存在于《萨拉辛》的破译过程中，而且迫使巴尔特为值得怀疑的概念"典型叙事"背书，他把这种叙事定义为"其叙述活动是有关叙述的（简约的）理论"（S/Z，96）。巴尔特之所以放弃有过多营造意味的"多仔叙事"（榫接式）的形象，只是为了反过来提倡另一套概念程式，而且他很清楚，那只是"表象"而已。他写道：在《萨拉辛》一类作品里，"通过一种炫目的技巧，叙事成为奠定它的合约的表象"（S/Z，96）。技巧倒是不假，至于炫目嘛……

不过，《S/Z》之所以成为划时代之作，是因为巴尔特不满足于找出"地毯上的图案"，而他重复"炫目的技巧"也是因为这对自己的书有利。《S/Z》的开

[①] 美国作家亨利·詹姆斯（Henry James，1843—1916）的一部短篇小说的名字（*The Figure in the Carpet*）。——译者注

卷题词把书献给研讨班的"倾听者",从而重申了他对叙事的定义:"讲述是为了通过交换而有所获。"(S/Z,96)获得什么?很久以后,他在不同场合多次明言:被爱。

巴尔特没有用绪论,而是利用题词为书建立规则,这能够更好地解释理论性绪论何以轻描淡写和缺乏缜密性。题词重启解读《萨拉辛》的条件,提出交换活动的合约,而且完全依照叙述活动的合约复制,从而厚着脸皮跳过了开头几页的"学术"取信的简略方案。

这份公约把阅读的合约转给接受的一方,理论却未接到联名签署的邀请,一种对于某个写作方式的大无畏的欲望从中浮现(始自1970年),也就是后来被叫做"小说艺术的"欲望。根据沃尔特·本雅明在《叙述者》①里的区分,"小说艺术的"这个定语准确地把这桩事业区别于"理论工作",而且更微妙地区别于小说本身。这种"智力的小说艺术"是《罗兰·巴尔特自述》里的一个片段梦寐以求的,而且被《S/Z》用特有的手法证实。的确,它可以被理解为与叙述活动十分接近。沃尔特·本雅明说明叙述活动的基本条件是,有一个努力工作的小群体倾听、关注叙事。这种言语情境的反响回荡在尼古拉·列斯科夫②这位"叙述者"的写作里,它被本雅明采集到了。"叙述者"通过那些"故事"延续着对于昔日群体和过时的社交形式的记忆,根据本雅明的绝妙譬喻,"叙述者"在这种社交生活里"编织着叙事得以栖身的网兜"③。结构虽然陈旧,可是不难看到,研讨班是当代的近似物、幻想的对等物。而且,研讨班的题词的关键是:通过使《S/Z》拥有本雅明所说的叙述活动的地位,这个献词尽力把"网络"的如今已被打散

---

① 《讲故事的人:关于尼古拉·列斯科夫的作品的思考》一文1936年发表在瑞士《东方与西方》杂志第三期上,后收入加里马尔书局出版的《本雅明全集》第三卷。——译者注
② 沃尔特·本雅明的这篇1936年的论文全名是《叙述者:关于尼古拉·列斯科夫的作品的思考》。——译者注
③ 沃尔特·本雅明著,莫里斯·孔蒂亚克译:《叙述者:关于尼古拉·列斯科夫的作品的思考》,见《作品选集》,330页,巴黎,朱丽亚尔书局,1959。

的各个部分重新连接起来,这个网络"数千年前就形成了一种最古老的匠艺形式"①。

在一种涟漪作用下,也许《S/Z》能够让我们更好地理解巴尔特在别处所说的有关研讨班的话,特别是发表在《拱门》季刊上的那篇文章——《在研讨班上》。文中巴尔特突如其来地声称"仇恨一切苏格拉底主义"②,因为研讨班——文本结尾的题词又是献给它的——不是一个实施哲学助产术③的场所,而是为了<u>走向写作</u>而求神赦罪之地,甚至是一个从事生产的乌托邦。这正如《恋人絮语》是献给"合作社"的一样:"献给读者,献给恋人——<u>合为一体</u>。"从一本书到另一本书,从一本献给"倾听者"的书,到另一本"为了收到信函和心腹话"(GV, 273)而写的书,写作活动延续着研讨班的"法伦斯泰尔"④ 计划,把社交梦想和遣词造句的欲望合为一体——这种结合恰为<u>小说</u>所阙如(本雅明说,小说读者是一切读者当中最"孤单"的),却为<u>叙述活动</u>面对的庇护群体所专有:因为"听故事者与讲述者结成社群,凡读故事者亦参与其事"⑤。〔后来,《文本的快乐》末段提议设立一门"文本的快乐美学",而且建议到<u>高声写作</u>里去寻找:这是一种被"声音的微粒"激励的写作,它不仅通过表达手段,而且就在自身代码当中恢复古典修辞学被遗忘的分支——<u>表演</u>(actio)。此外,由于"人们不实施"这个<u>高声写作</u>的假想,所以必须梦想它。有趣的是,我们从中读到<u>叙述活动</u>的一个对等的当代说法,为我们的时代而构想:<u>叙述者讲述时不用"网兜"</u>。〕

---

① 沃尔特·本雅明著,莫里斯·孔蒂亚克译:《叙述者:关于尼古拉·列斯科夫的作品的思考》。
② 《在研讨班上》,载《拱门》,51 页,1974,第 56 期。
③ 指苏格拉底惯用的哲学辩论方法。——译者注
④ 法伦斯泰尔,法国空想社会主义者夏尔·傅立叶(Charles Fourier, 1772—1837)为自己的理想社会设计的一种工农结合的社会基层组织。傅立叶打算通过法伦斯泰尔组织的大量增加来推动新社会的出现,改变社会不公正。——译者注
⑤ 本雅明:《叙述者》,12 页。

第二部分 罗兰·巴尔特：以退为进

总而言之，通过分析可见，《S/Z》虽然享有开创巴尔特作品的"文本性"阶段之誉，其实名高难副。书中对于"文本"的参照顶多配得上一句点评：<u>不确定</u>（incertum）。因此，如果要针砭篇幅已经很有限的著作，我们会毫不迟疑地从 1970 年的<u>起点</u>（terminus a quo）把巴尔特的"文本性"拿掉。

可是，如果现在转向<u>终点</u>（terminus ad quem），即 1973 年的《文本的快乐》，我们就必须看到，所谓确定性此时只是一次漂亮的回避。

为了说明巴尔特如何回避，我们先按下《萨德、傅立叶、罗犹拉》（1971）不表。既然在 1975 年提出的年代表里，巴尔特把《文本的快乐》分别算在文本理论和超越尼采的"道德观"的账上，那么我们就只提出这种矛盾的分布所带来的问题：这本书是否标志着"文本性"的一个高潮？或者如《罗兰·巴尔特自述》里的"阶段表"所显示的那样，标志着"文本性"的短暂退隐？

此时提出这个问题只能是纯粹的咬文嚼字，因为回答从《文本的快乐》的第一个片段开始就已经给出了，这个回答不可视为否定之否定，而应当视为拒绝任何否定（任何放弃）所包含的（"反作用的"）否定因素："文本的快乐，一如培根的作伪者，它能够表示'<u>从不自我辩白，从不自我解释</u>'。它从不否定任何东西：'把视线移开，这将是我今后唯一的否定'。"（*PlT*, 78）这段话得之于培根的启发，也有尼采的署名[①]，它有预兆的价值，它宣告的远不止一个举动，而是作家的一个新姿态。对于这个被他置于全书开篇的思想，《罗兰·巴尔特自述》用了整本书的篇幅来<u>描述</u>。题为"旁推侧引"的片段正好涉及<u>文本</u>，其中有这样的评论："当他撰写一份'有关'文本的论文时（为一本百科全书而写），虽说不否定论文（从不否定任何东西：以何种现在时的名义呢？），但也未肯定它，那是一个有关知识的任务，与写作无关。"（*RB*, 78）

[①] 尼采说过："我什么都不指控，连指控者也不指控。把视线移开，就当作这是我唯一的否定好了！"（尼采：《快乐的知识》，卷四，格言 276，见《尼采哲学著作全集》，巴黎，加里马尔书局，1982。由 P. 克拉索夫斯基译自德语。）

颇为讽刺的是，我们此时看到，断言在自画像的制约下尴尬地重返了（连句法也如此）。巴尔特能做的只是"返回"和最后"辩解"……他给《通用大百科全书》撰写了"**文本**（理论）"的词条①。终归是气恼的辩解，因为它把"知识"和"写作"区隔开来，二者的结合在别处却总是得到辩护，遑论一个出于恶意的片段的头几行文字令自责更加尴尬，因为巴尔特把"论文"说成是"一大堆垃圾"……

的确，1973年的这本书如果不是从**文本**上移开视线，又能从何处移开视线呢？尽管书名肆意连用了两个"大词儿"，《文本的快乐》却绝不是"文本性"的最后的赞歌，从而使一支欢乐颂的曲调更加欢快。再者，这个书名虽然狡黠，但是不虚假，除非不顾书名所用的冠词：是 le Plaisir du Texte，不是 Plaisir du Texte②。即使如此，究竟是什么使**文本**或每个文本带来快乐，抑或厌烦，问题仍然在于"絮叨"。问题的真相很快就出现在第三页以后："有人把一个文本拿给我看，这个文本使我厌烦。"（PlT，11）这场探究的核心是"冷冰冰的文本"，写得如同"吸吮"，是毫无趣味的写手们强加的一种"需求"。

文本讨嫌、出丑，这是《文本的快乐》的出发点，它提出"写作的欲望"不能像"文本理论"那样满足于"设定享乐。"（PlT，95）说这本书本身也是<u>不确定</u>的，是指它所捍卫的唯一的"论点"——每一个<u>文本</u>的效果的不确定性（特别是自诩"现代的"文本）。在全书最后几页，不确定变为从方法论上怀疑<u>文本</u>（属于"文本理论"的那种）和<u>快乐</u>的所谓关联："快乐在一部文本理论中的地位并不牢靠。"（PlT，102）话说得很温和，针对这种"理论"（前一页谈到了它的几个论点）的<u>异议</u>却十分强烈，因为<u>价值</u>已经悄然脱离<u>文本</u>的概念，转入一个"问题"：从<u>文本</u>转入"正是这个问题"（PlT，102）的<u>快乐</u>。巴尔特期待救

---

① 参见《通用大百科全书》，第15卷，1973。
② 法语定冠词，表示有定性。作者的意思是，书名里的"快乐"一词因带定冠词而有所特指，不是泛指的快乐。——译者注

命的"振荡"能够动摇它的"理论"。

那么，为了肯定快乐是一种价值，巴尔特用了整整一本他称为"小薄本"的书来说明吗？正是因为这种快乐是阅读之乐，褒扬它可以为调和读者巴尔特与"写手"巴尔特——也许以后叫"作家"更为正确——之矛盾铺平道路，同时也抛弃了《S/Z》的绪论提出的"评价"的专断模式。《文本的快乐》显然是针对1970年疑难的延迟的决断（也是不明说的自我批评）。既然"文本的快乐"声称对"培根的作伪者"的昭示永不辩解，读者就得自己去捕捉它暗含的投向《S/Z》的视线，以及在《S/Z》里形成的"可读的"与"可写的"的对立。因为《文本的快乐》的主要目的就是涂掉这对灾难性的概念。

从《S/Z》开始，针对"冷漠的科学"，巴尔特曾经捍卫过一个"一切文本的基础评估"的提法（S/Z，10）。可是，对于"如何确定标准"这个涉及一切评价的关键问题，相似的词语不应该掩盖1970年至1973年间巴尔特给出的迥然不同的回答。的确，《S/Z》的"理论性"绪论正是在评价的标准上遇到了困难。确定标准的依据是什么？不靠科学，也不靠意识形态，两个都被认为不称职；"美学"也不行——1970年的巴尔特甚至不敢把这个水货摆上桌面。能够成为试金石的只剩下"写作实践"这句话。"可读的"和"可写的"的对立正是围绕着这个提法勉强建立的。"可读的"是指这样一种文本：纯粹消费性的阅读，不把读者拖进任何游戏，只是"一场全民公决而已"（S/Z，10）。言外之意是，它是民主制度的骗局、操纵和滑稽模仿。可是，这里唯一的煽动者是巴尔特本人。总之，他给"可写的"所下的定义很像一道宣言（pronunciamento）："一方面有些东西能写，另一方面有些东西不能写——在作家的实践当中的和作家的实践以外的"（S/Z，10）。即使此话当真，我们也很难知道由谁来决定什么是"作家的实践当中的东西"，谁可以用一句"这个行不通"事先对各种写作形式做出裁决。这句话（它对此有所预感）不可能总是缺少一个主语；如果放弃无人称句式，它就会为我们提供一个突然冒出来的"我"，它会急匆匆地给这句专断的话盖上身份印章:"什么样的文本我愿意去写(重写),去渴望,去发挥,将其视为我的天地里的一种力量呢?"

这个问题搁置了数年之久。我们已经知道它是如何返回的:介于日记体的空幻的"强势"(force-plus)的诱惑和对于小说的热爱之间,"我在阅读这部小说(《战争与和平》)时感到如此幸运,心中不禁产生重写它的欲望,傻乎乎地,不折不扣地想重写"(C, 367)。《S/Z》之所以未能提供答案,是因为无人提出这个问题,除了这个必须谨慎对待的"我",在句子里推动它的是一个有点过头的假动作。这个"我"无法显示不可改变的个体差异(例如在《文本的快乐》和其他著作里),在这里它只是一个泛指的修辞标记,应当用拉丁文 quisquis(无论谁)加以限定。这是一个可以指任何人的"我",是公众定见的假主体性的未定代言人,一个惹麻烦的东西。怎样摆脱它?很简单,把"我"改为"我们"即可:"为什么'可写的'是我们的价值呢?"然而,由于巴尔特不可能忽然沉湎于复数人称代词所显示的高等学府之尊的快感,结论看来只能是:作为最后一招,他之所以委身于这个代表匿名群体的神秘的"我们",是为了推卸出现在这一页上的宣言的责任。他还下结论说:"我们把任何可读的文本都称为古典的。"共事同一纲领的"我们",使用宣言的修辞法:这是巴尔特的写作中一个罕见的例子。这样一句无人负责的话,风格类似竞选纲领,它代表一种因幽灵般的介入而漂移不定的写作,犹如介质在烛台上方形成的灵幻物质,人称游质。

针对《S/Z》的这一页,《文本的快乐》为了给评价活动配载一个主语(也是写作的主体)而奋力工作。这件快乐的苦差事(采用巴塔耶的词义)其实可以用一个词概括——任其自然,也就是让文本的快乐去说话。巴尔特让阅读向不可逆转的重返开放,因为在(尼采的)哲学上参照主语的这种"虚构般的重返"仅仅掩盖和点缀着一个开放的、被"阅读"主体的改变解放的过程:正是这种"快乐的阅读"通过展示其主体而令其重返。"每当我试图'分析'一篇令我愉快的文本的时候,"巴尔特写道,"我找回的不是我的'主体性',而是我的'个体':我的享乐的身体失而复得。这个享乐的身体也是我<u>历来的主体</u>。"(PlT,98-99)恰如边沁所说的环形监狱,这一切都出于"一个建筑设计的简单想法",即把"阅读"和"写作"都<u>置于视野当中</u>。理论的"文本性"一旦取消了与主体无关的苛求,"阅读—写作"便重新形成一个自足的体系:阅读激活了"不合时宜的"主体(PlT,99),而主体的缺失又导致写作失去血肉。

这就是《文本的快乐》所描绘的视野。人们在1973年的时候并非总是能够把握它,原因大概是这本书的<u>障眼法式</u>的结构,对此最终必须有个说法。人们会惊讶于它对于<u>快乐/享乐</u>的对立此前一直保持沉默,通篇将二者对举的做法似乎正好赋予了全书以骨架和意义。因为人们一度认为,对于不严谨的二元对立"可读的"和"可写的"的思考来说,<u>快乐/享乐</u>的对立是一种延伸或者细化,可是严格地说,这组对立没有任何"理论"适切性,它是一个诱饵,一个"逗乐的玩意儿",是"打造出来的对立关系"的原型,不是什么"受敬重的"对立关系(RB,96)。它悄悄地朝着前一种对立关系滑动,却不是为了取而代之,它好像一块挡板。它虽使文本"前行",可是并不支配文本。此外,巴尔特似乎竭力强调这组新的对立关系如何<u>卡了壳</u>。

> 快乐/享乐:作为术语,它仍然是摇摆的,我磕绊,我混淆。无论怎样,终归会有一点犹豫的余地;区别不会成为妥当的归类之源,聚合关系会吱嘎作响,意义会很脆弱,可回收,可逆转,话语会不完整。(PlT,10)

"仍然"和"终归"等词语是一个明确的警示:这条区分缺乏"科学"甚至"分类学"价值,它只用来对比两种可能的写作方式,让它们摩擦,迸发出中意的火花。这本书也没有打算论证它们的分布情形,而是发掘在"不合时宜的主体"内部矛盾地融汇(以及混同)二者的可能性——这个主体"将两种文本执

119

于它的领域之内，手里攥着快乐和享乐两根缰绳"（*PlT*，26）。《文本的快乐》肯定了"快乐的文本"和"享乐的文本"之间的和平共处（前者带来文化的欣悦之情，并与"惬意"乃至"至尊"的阅读实践相联系；后者令人失落，甚至令人沮丧得"也许到某种烦恼的地步"）。其形象是一种可处理的冲突，巴尔特的幽默又添加了调料，"不合时宜的"主体并非可悲地而是狡黠地被提出来的：它像一头布里丹的驴子①，既被草料槽吸引（"我整晚整晚地读左拉、普鲁斯特、凡尔纳、《基督山伯爵》、《旅者札记》，有时候连儒连·格林也读……"②），又被奇妙的纵马驰骋诱惑〔赛维罗·萨尔蒂③（*PlT*，79）的"非语句"，索莱尔斯的"次语言带"（*PlT*，16），等等〕。总而言之，巴尔特后来在《艺术丛刊》上的"补充"里吐露："对立关系只因逐渐消失而存在。"明智的读者如果不想扮演有灵性的狗的话，便可以看得出其中的路数："在《文本的快乐》里，快乐和享乐的对立是个有点愚弄人的东西。它先提出一个有启发意义的小玩意儿，再好意地提供一个肤浅的课题供人概括和复述：'说呀，说出来！跟我说呀，复述一下你的读物！'"④

从《S/Z》到《文本的快乐》，"文本性"的时代在此期间似乎变成了一张逐渐缩小的驴皮⑤。我们还必须确定 1971 年发表的《萨德、傅立叶、罗犹拉》在这个过程中的地位。

---

① 中世纪晚期法国哲学家布里丹（Jean Buridan，约 1300—1358）的悖论：一头理性的驴身处两堆等量等质的干草之间将会饿死，因为它无法对应该吃哪一堆草作出理性的决定。——译者注

② 《旅者札记》（1838 年出版）是司汤达的两卷本回忆录，叙述作者在法国布列塔尼和诺曼底两地的旅行经历。儒连·格林（Julien Green，1900—1998）是出生在法国，并且主要用法语写作的美国作家。——译者注

③ 赛维罗·萨尔蒂（Severo Sarduy，1937—1993）是古巴作家，20 世纪 60 年代与《如是》杂志编辑过往甚密。——译者注

④ 《补充》，载《艺术学刊》，9 页，1973，第 4 期。

⑤ 指巴尔扎克 1831 年的小说《驴皮记》里的神奇驴皮，它能实现拥有者的任何愿望，可是愿望一实现，驴皮就会缩小，持有者亦随之减少寿命。小说里的持有者利用它填充欲壑，随着驴皮逐渐缩小，他的末日也就临近了。——译者注

第二部分　罗兰·巴尔特：以退为进

《萨德、傅立叶、罗犹拉》是上述两本书的连接点，巧妙的引论更使之看起来很像一篇妥协的文本。严格区分"可读的"和"可写的"的令人怀疑的肯定口气已不复见，代之以回归中心地位的"阅读"，可是依旧晦涩不明，"仍旧像个谜"，"眼下任何说明都不能够澄清"（SFL，15）。而且，在这本书里，所指（定见所容忍和鼓励的）还是施指优先的争论仅被轻描淡写地裁定，跟巴尔特认为可以同这三位作家"同存共处"一样。因为，如果说，作为"语言缔造者"（logothète）和"语言奠定者"，萨德、傅立叶和罗犹拉身居"施指的领域"，所指（尽管换称"另一种施指"）则在重获肯定的"传记要素"和作者的"友善的重返"（SFL，13）当中获得了避难权。这种解读可以说依旧不许意识形态的所指（缩减为系统的内容，例如"性虐待狂"、"乌托邦"和"宗教"）登场，却悄悄地向生平传记的所指再次敞开了大门，因为这种所指能够使作者具备多种"'魅力'，成为细枝末节的栖身之所、灵动光彩的小说艺术的来源、善行的断续咏唱，我们从中读到的死亡比描写命运的史诗更实在"。这本书的序言公开摒弃了据称提供三位作者的"隐私"或"哲学"的意识形态概括，令人想起魔术师夸张的肢体动作，为的是掩盖偷偷摸摸的招数。

可是，巴尔特（不满足已经使作家走出"萨德的白手笼"）打算利用这本书干净利落地完成"**文本**理论"——一柄在现代性的大熔炉里新近锻造的剑。**文本**一词出现在《萨德、傅立叶、罗犹拉》的序言里，可是处理显然有别于同期发表的文章（特别是《从作品到文本》一文），这些文章都竭力避免给这个概念下明确的定义。当然，这篇序言的结论很谨慎（"以上几个命题未必构成一种**文本**理论的衔接点"），文章结尾仅仅提醒说，**文本**理论"只能与某种写作实践同时进行"（BL，77）。这个巨大的窗口一旦敞开，**文学**的重返便指日可待了。

在《萨德、傅立叶、罗犹拉》的序言里，巴尔特甩掉了碍手碍脚的"思考对象"，表现得信心满满，洒脱自如。相形之下，这个时期的各种论文和研讨会发言却为之大费周章。序言称："没有比把**文本**想象为一个（思考、分析、比

较、反映等）思考对象更令人气馁的。文本是一个快乐的对象。"（SFL，12）

我们于是明白了如此呼唤快乐是要提出什么：避开以"文本性"为最后代表（继文本科学之后）的遵纪守法的主张。正是在《文本的快乐》里，针对文本，巴尔特发挥了尼采利用树木的形象阐述过的反科学、反形式主义的比喻。尼采的说法是：

我们不够敏锐，未能发现"变成"大概就是绝对的流动。永恒之所以存在，只是因为我们粗糙的器官将万物概括和归结为一些共同的维面，其实没有任何东西是以这种形式存在的。树木每时每刻都是一个全新的东西。对某形式的肯定全因我们不能够把握一种绝对的运动的精妙之处。

巴尔特对这段话评论道：

文本也是这样一棵树，我们这么称呼它（暂且如此），原因是我们的器官太粗糙。我们因为欠缺敏锐才是科学家。（PlT，96）

经过1970—1973年这个时期以后，我们是否还能够认为"文本性"代表了巴尔特全面思考（和实践）写作的极致，继而"退入"一种"肤浅的主观性"呢？如果重读一遍他的那些多少可以用来支持这一"阶段"说的文章，那种把巴尔特最后几年的精神活动孤立起来的诠释就站不住脚了。在很大程度上，这种诠释也有助于说明自他去世以来人们何以对他的作品保持沉默。

第一条看法，也是最简单的看法，涉及巴尔特因为赞同"文本性"而从事"理论"思考的广度：思考并不深入，时间也不长。这种赞同本身也靠不住，因为他总是既赞同，又重新考虑：《S/Z》的绪论和文本中心部分之间的差异，《萨德、傅立叶、罗犹拉》的序言所讨论的二元性，《文本的快乐》所明确表示的异

第二部分　罗兰·巴尔特：以退为进

见，这些加起来使这个时期的巴尔特著作与公开发表的文章及其言论里的心迹告白形成对立。原因恐怕不在于遭人诟病的（心理的）"两面性"，尽管这一点往往被夸大，而在于巴尔特一直认为书和文章的地位不同。关于这种不同的精神"阶段"的交错和往返，他在《罗兰·巴尔特自述》里说："起承前启后作用的通常是（杂志上的）文章"（RB，148）。就这个"关于文本的"文章的情形而言，这些不断增加的理论的想象域的透气孔只是一些辩解而已，巴尔特决心利用《文本的快乐》一劳永逸地作出了断。如果说，《文本的快乐》里有某种隙缝，那是因为这本书一举结束了"承先启后"的文章未能置身事外的一场徘徊，一种主体的摇摆状态，尽管它们没完没了地奋勇捍卫它们理应提倡**文本**的概念。这些文章里依然有闹剧式的免责声明，甚至就在论战意味最浓的几页里，例如在《从作品到文本》一文里，巴尔特（说到**文本**时）写道："我知道这个词挺时髦（我自己就经常被迫使用它），也就是说，有些人认为它颇值得怀疑。"（BL，70）这些"关于"文本的文章的关联作用完成得很差，不过是在作品当中滥竽充数而已。

其次，我们可以看到，**文本**的概念会把巴尔特引进一条死胡同，因此它是一个战略性的概念。它起初具备某种论战的价值（针对结构主义的叙事分析），由于形成了一个难点而有前期培训的价值，它为主体重新进入表述活动铺平了道路，而表述活动正是巴尔特在1970年代大显身手的领域。根据这个理由，如果非要把"文本性"放进一场长途跋涉不可，那就必须说，在写作计划的行进当中，为了提出**文本**而临时赐封的论战性的"我们"和幽灵般的"我"（至少在《S/Z》里如此）造成一段休止期。勇猛中掺杂着异变：巴尔特在投石问路，可是那块石头却不是他的；或者化用瓦莱里的一个比喻：他不是一头"羊肉消化后所造就的"狮子，而是一只会咬狮子的绵羊。

尽管如此，不可将**文本**的"辫子"当成粗制滥造的假发。因为，更微妙的是，巴尔特求助于**文本**的理念，是为了把它当作一段慎重的暂歇。这就是剽窃**文本**的悖论，巴尔特想让它为当时被绑在理论沉箱上、正逢没顶之灾的**文学**服务。对于1970年的巴尔特来说，文本的所有"特质"中有一种十分重要："去权势化"的威力。文本能够指称无法确指之物，是一种摆脱羁绊的伟大力量的标志甚至工具，它还能搁置定见的束缚，容许自由自在地寻觅心爱的形式。这也是它的"气度"。1977年，正是从这个意义着眼，巴尔特在法兰西公学大赞文本，称之为"去权势化的最佳标记"。指示价值：文本指向一个它不是的东西。巴尔特评论说："文本蕴含可以使人远离随众的言语（凑集起来的言语）力量，即使当言语试图在本文里重构时也是如此。"（L，34）图书馆少了书便会把一张叫做"幽灵"的卡片放在原书的架位上，以示暂缺。巴尔特认为这个形象对文本很适用：只有书才能填补这个空缺的标记；然而，这也是一个永远必须追索的写作自由的幽灵。文本原本是文学的守护神。

这种更加标新立异的话语活力迸发，风格更爽快（因为它直截了当，不"兑换"），尽管它仍然以"文本理论"为载体，巴尔特却利用它打破了"文本科学"对文学的命运的禁锢。只要不把文本看死，它不是可以容许某种令人耳目一新的狂放吗？反正这是巴尔特本人的希望，他写道：文本"是（应该是）这样一个放肆的人，他把臀部指给政治老爹看"（P l T，84）。因此，这样一个文本长得酷似它的养父：一个小机灵鬼，一点也不粗俗，有点顽皮而已。巴尔特两年后强调说，他用了"臀部"一词，是因为根本没打算说"屁股"（RB，82）。这很像赛居尔伯爵夫人重读《镀镍脚》[①]。巴尔特的享乐：嘲弄"两位巡警"，心理分析学巡警和马克思主义巡警（P l T，91）。"文本的快乐"有防止他们打盹的作用。

快乐加享乐：通过享乐主义的真情流露，这一页的冷嘲热讽里出现了最后的"区分"（distinguo）。面对"强大、高贵的价值"，快乐和享乐现在一下子变得可以互换了："人们总是没完没了地跟我们谈论欲望，从来不谈快乐；欲望似

[①] 赛居尔伯爵夫人（Comtesse de Ségur，1799—1874），俄裔法国儿童文学作家，作品以小资阶层的软性故事见长。《镀镍脚》是法国连环画作家先驱福尔东（Louis Forton，1879—1934）的连环画图书，讲的是三个好吹牛和行骗的小流氓的故事。——译者注

乎享有一种认识论的尊贵地位，**快乐**却没有。"沿着同一个思路，他又说："看来（我们的）社会如此拒绝（终至忽视）享乐……"（*PlT*, 91；着重号为本人所加）这是不经意之间说出的话吗？其实更多的是故意放风。因为，这样肆意取消快乐与享乐的区别只是《文本的快乐》泄露的迹象之一，标志着一场以协调各种形式为目标的积极的滑动。

快乐作为一个"问题"不过刚刚登场，巴尔特就让它"打侧滑"，以便"松弛一下理论，迁移一下话语和不断重复的个人习惯语"（*PlT*, 102）。可是，通过使之成为取代文本价值的去权势化的移交过程，**快乐**仍然得像文本当初那样，成为"悬置的力量"。在《文本的快乐》的最后几页里，快乐被说成未来的写作的双重保护者：既是"名副其实的悬置"，又是"中性"，即"最乖戾的恶魔的形式"（*PlT*, 102）。

"文本"时期结束时，文本并没有被彻底抛弃，仅仅功能被搁置，职权——或神通——遭褫夺。经过这种变换，（不好的）无差别（in-différence）变成（积极的）无等级（in-distinction）。文本被好言哄骗与"**文学**的出色诱饵"和睦相处。这是《就职演讲》给我们上的一课，而且可以作为"文本性"时期的简单结论："因此，我能够不加区别地说'文学'、'写作'或'文本'。"（L, 17）

双重骗术 4

> 一句傻话，一个平淡无奇的镜像，都能使人蓦地悟出自己是怎么回事。
>
> ——瓦莱里，《如是》

131

> 每当一个强行行骗者的形象被别人送还给我的时候，我就感到自己在行骗。
>
> ——巴尔特，塞里榭，1977

必须承认，巴尔特作品里的"大词儿"无论显得多么温和，都各自有所强调。尽管如此，它们不为作品承担什么，只是作出标记，好像一道痕迹。我们不妨把"理论家"巴尔特关于塞·汤布莱①的话反用于他自己："他保留动作，不保留产品。"② 此处，与他评论过的画家和图像设计师的作品一样，巴尔特作品的动作不仅可以眼观，也可供人分析。面对这张线路图，我们也会像巴尔特之于施坦伯格那样，琢磨作品的"总体思想是什么"。因此，他的特色即某种制作的区别性特征（如果借用他的一个可替换术语，或可称艺术家的"方法"）看来跟这个或那个"大词儿"无关，可是跟运用的手法有关：巴尔特解释说，这种手法不是"庸俗的矫揉造作"，而是一种"走路的样子，双手探出去的姿势"③。巴尔特处理"大词儿"的手法正如画家：让它们成为"反复出现的形式"，"凭此便能认出"艺术家——无论施坦伯格还是巴尔特，就在"他强调"④之处。

一面追踪文本和神话，一面在作品内部重建它们的螺旋式运动，我们看到了哪些可能改变作品的形象的总体思想呢？作品都有一个社会形象，它跟巴尔特始终承认心怀恐惧的社会形象——主体的真正厄境——同样可怕（吓跑牲畜

---

① 塞·汤布莱（Cy Twombly，1928—2011），美国抽象表现主义画家，作品以强烈的涂鸦风格知名。——译者注

② 《塞·汤布莱，或少而精》，见伊翁·朗贝尔：《塞·汤布莱：纸面作品的解说》，147页，米兰，多样出版社，1979。

③ 《除了你》，31页，巴黎，赫拜尔书局，1983。

④ 同上。

第二部分 罗兰·巴尔特：以退为进

的潘神①。另一位天神是定见，巴尔特一嗅到它的气味就跑）。这个庸俗的形象我们已经描写过。一个摸索过程的形象（迷宫里的豚鼠）——进与退，对与错，适当与不适当——于1975年前后神秘地变成一个启蒙者形象；他历经苦行僧式的弃绝，清退前期积累的"思想财产"，逐步走向彻底脱离真实。不过，"非占有欲"从来不等于"放下一切"，正如豚鼠从来没有把优秀者的轮回②当成行动的座右铭。总之，这个形象很受一种特殊的定见的欢迎：知识阶层的定见。巴尔特对此心知肚明，在他1977年赞扬索莱尔斯的话里，可以看到一种清醒的预测。他把这个形象叫做"最后一个可能的形象"，一个"在找到自己的最终道路以前上下求索之人"的形象（一个循序渐进和获得启迪的高贵神话）："多次徘徊之后，我睁开了眼睛。"（SE，89）

与这个双重的社会形象（imago duplex）不同，按照维科的譬喻去重读作品展示出另外一幅景象：不是循序渐进或者揭示某个真理，而是一番既有退缩也有强化的询问，它以收拢和厚重为其两个标志。

收拢表现在巴尔特的文学活动的精神时空里（二战期间和战后，包括1968年5月运动的后期效应），有一种意向的连续性：其间有过对写作不无益处的理论方面的"营养不良"，也有过出于秘而不宣的目的加工打磨的"大词儿"的"退缩"。例如，撑起叙事的神话再次诱发对于书的浪漫梦想，文本则最终与重振文学的想法合为一体：既与作品的根本，也与主体合为一体。[从《罗兰·巴尔特自述》的附录部分起，针对用"学业、患者和职位"组成的传记，文本就被最终锁定在一个发生"邂逅、友谊、爱情……"的真实生活的场所（RB，185）。]"大词儿"能够从双重意义上描写这个螺旋形：它们不仅被拖入或拉进了这场运动，而且在指称它的同时也作用于它；它们诠释了这门巴尔特意欲"戏剧化"的科学。不过，

---

① 潘神（Pan），古希腊神话中的天神，司畜牧和农业。——译者注
② 优秀者的轮回是法国当代哲学家德勒兹对尼采的"永恒的轮回"的概念的诠释。——译者注

"大词儿"不像格雷马斯所说的"与事成分"(actants)那么乖巧(这个概念可以使"人物"和"实体"得到一视同仁的对待,无论是保罗、维吉妮,还是唯心主义哲学、历史唯物主义,等等),它们在演示科学理论的同时,也在利用它。

至于厚重,在这里并非指相继提出的论点的积累,而是指书籍及其积存的沉淀厚度。巴尔特的作品是一个语料库,不是一个总数。打一个适合《快乐的学问》①的关于酿酒工艺的比喻:造就学问的过程好比酿酒,不靠添加,而是靠有规律的转动。酒窖里酿造中的香槟酒瓶必须定期转动,一次转 25 度。

[隐喻用得很多,甚至是太多?可是,为什么不用呢?"用它是为了摆脱针对所指的一切哲学(或神学)的压力,悬置的压力,因为我们这些'文学工作者'不像数学那样享有至高无上的形式手段,我们必须尽量多地用隐喻。"(BL,83-84),为什么要回避、抗拒巴尔特的明确和有理有据的邀请呢?除非运用巴尔特的另一种笔法,利用一个古词免去双重形象之累:这些作品是一部卷筒书(volumen),必须连续往上提拉方可展阅。]

可是,对于我们来说,这种社会形象的改变究竟有什么益处?我们也许可以在三个方面获益。

首先,它能够破除分类学的幻觉,以及根据看起来是主导的(或者不复出现的)观念,不嫌厌烦地把巴尔特的作品切分成不同阶段的顽念。可是,且不说对这些材料的仔细评鉴拿不出有价值的东西,甄别它们就已经很成问题。既然应当放弃从观念层次对待作者的原话——因为它们在巴尔特笔下变成了从不同领域巧取豪夺的理论概念,比较可取的做法(哪怕是消极的)是承认任何批评都有的虚荣心,它们想方设法地拧紧螺栓,企图把脚手架的所有支柱一劳永逸地固定下来,可是根据写作的现场之需,这副脚手架却一直在不断地迁移。即使是巴尔特作品的最佳分期法也只能是一个设计得较好的诱饵,只是方便教

---

① 尼采发表于 1882 年的一部哲学作品 *La Gaya scienza*。——译者注

学的"引子"罢了，难免招来破坏作品思路的指责。此类切分的适切性十分靠不住，甚至如阿奈特·拉维尔的"四阶段说"那样宽松的区分，尽管得到了较为广泛的认可，也很难使评论者取得一致意见，拉维尔自己也说，在这几个阶段，"在如何诠释的问题上仍有分歧"①。

其中的理由我们现在大致能够看到。面对这样一套作品，任何分期法都难免落入一种（过于简单化的）境地，即把文本视为展现了一连串（观念形态的、政治的、理论的和文化的）的所指。这样做正好犯了巴尔特在"阅读"萨德、傅立叶和罗犹拉时尽力避免的错误：自以为能够从这些"语言缔造者"的文字里抽取或提炼出某种"奥秘"、"内容"或者"哲学"，而不是发掘他们的"写作的欣幸"（SFL，15），从而使文本和作者起死回生。无论有意无意，他们不是把巴尔特说成"思想家"，就是说成一个"富有理念的人"。

这是对巴尔特和理念的关系的误判。我们不妨认为，这种关系是唐璜式的，它仅在变动的快乐当中才是一种情侣的关系。（《罗兰·巴尔特自述》里有一个题为"理念之爱"的片段，谈的正是"二分法"，一个有关差异和一切转化的说法。）巴尔特很清楚自己有一种放荡不羁的精神，正像《拉摩的侄儿》中令人难忘的第一页所说的："我跟自己讨论政治、爱情、趣味和哲学。我彻底放任自己的精神，让它自己做主，跟着头一个出现的念头走，不管是睿智的还是疯狂的……"② 那么，这些念头都是他的"卖春妇"吗？总之，他毫无眷恋，只期待从它们那儿得到快乐。有想法，改变想法，这些冲动跟生活本身一样平淡无奇："就像我们在福饴小巷里看见的那些颓废青年，他们先是紧追一个神态轻佻的高级妓女，那女子笑面迎人，目光炯炯，长着一只冲天鼻；他们随后放手，再去追逐另一个，每个都要招惹一番，可是哪个都不留恋……"巴尔特玩的是同样

---

① 阿奈特·拉维尔：《罗兰·巴尔特：结构主义及其余波》，26页。
② 狄德罗：《拉摩的侄儿》，3页，日内瓦，德劳兹书局，1963。

的游戏："改变教义、理论、哲学、方法、信仰，虽然看起来引人注目，可是没有什么了不起的：人们这样做就像呼吸一样平常。"① 这些生理学比较并非信手拈来，因为有一句话可以解释巴尔特对待自己的理念的肆意态度：由于它们跟身体没有关系，所以他不上心。巴尔特经常把"身体的理念"与精神的理念对立起来，"因为我的身体的想法跟我不一样"（*PlT*, 30）。对前者的重视可以解释对后者及其处理方式的轻慢。

〔另一个也许是出人意料的后果是，题为"回音室"的片段里所说的这种人们"慷慨赞赏"（*RB*, 78）的包含冷漠的随意态度，导致巴尔特把一些过时的理念保留在一些书页里，尽管它们早已不再激动人心。他于是能够继续谈论他所说的文本的理念的益处，尽管他那时的写作计划对此已经不予重视；这也使他在1975年宣称赞成"一切秉持主体不过是言语行为的一种效应的写作"，而此时另一个完全不同的主体已经形成或返回了。批评界至今津津乐道于那些巴尔特"始乱终弃"的理念，可是，更能够说明巴尔特风格的是这样一种宽容：让理念在文本的某个受保护的角落里静静地老去。〕

如果说，这两类理念出于同一种世界观（weltanschauung），那么唯有"身体的理念"才能够触及最可靠的巴尔特的价值：一是写作（或者是与之难分伯仲的"阅读"），因为"所谓文本的快乐，正是我的身体追随它自己的想法的那个时刻"（*PlT*, 30）；二是形式，在上文提到的普鲁斯特研讨会上，巴尔特便把"研究、发现和实践一种新的形式"（*BL*, 322；着重号为本人所加）的重要性与司空见惯的观念和理论等方面的变动截然对立。

用列举假观念的办法臧否这种做法，同时赋予"大词儿"过高的特权，这样做违背作品的本意。我们倒是可以向分类工作另外举荐几个"系列"，也许同样甚至更有说服力。例如，从吕戴斯酒馆里的纪德直到母亲过世的一系列"反

---

① 《答复》，90页。

第二部分 罗兰·巴尔特：以退为进

响"。又例如，<u>各种艺术</u>，即巴尔特先后喜爱、实践和评论过的艺术形式。按照这些属于异类、异数的接触和邂逅去分期岂不是更为妥帖？音乐方面：教他弹钢琴的姑妈用音程练习曲填满他的童年时代，被庞泽拉①的声乐练习曲温情地包围着的少年时代。戏剧方面：年轻人戴着面具，站在索邦大学的庭院里，一边朗诵大流士的台词，一边眼望房檐；成年后在《人民戏剧》上撰文，捍卫甚至鼓吹心仪的"柏林人剧社"的艺术。绘画素描，还有"随意涂抹"，在复杂的评注里分析类似于文本的图案设计：贺吉绍②，塞·汤布莱，阿辛博尔多③，艾尔黛，终至施坦伯格。这一切都是在充满激情的背景下发生的。这种对于意义和符号的激情是固执的、霸道的（或者干脆像化装成精神导师的密涅瓦④那样不可抗拒）。激情始于一句完全是结构主义的坦白："我连音阶练习都毫不厌烦"⑤，结束于评论施坦伯格的《除了你》一文的最后一句话："这是一个文本"。

总之，批评的这种改变还有一个好处：通过深究反复出现的形式，我们在作品本身所提示的新模式的上游，能够隐约看到预设条件的一个<u>枢纽</u>，幻象和说教在此汇合，这是所谓演进过程的传统说法所看不到的，甚至是它所掩盖的。作品分期问题之所以滞碍难通，原因并不在于巴尔特"思想"有什么特殊的复杂性，更不是因为他用矛盾的再诠释将其搅成一团乱麻，这也许是因为，在更深层的意义上，划分阶段的做法必然会不顾将巴尔特的计划<u>串联起来</u>的东西：从好与坏两种意义上，这种串联分别使用了一付黏结剂和一条关联。

任何批评模式都会向它所应用的作品输出一些主导性的预设条件。这里

---

① 庞泽拉（Charle Panzéra, 1896—1976），瑞士男中音歌唱家。巴尔特在《声音的微粒》等著述和访谈里多次评论过他的歌唱艺术。——译者注
② 贺吉绍（Bernard Requichot, 1929—1961），法国抽象派画家。——译者注
③ 阿辛博尔多（Giuseppe Arcimboldo, 1527—1593），意大利画家，擅长用水果等实物绘制头像。——译者注
④ 密涅瓦（Minerve），罗马神话里的女神，专司智慧、艺术、医药、商业和手工艺。——译者注
⑤ 《答复》，54页。

（演进的说法）的预设条件就是探索的<u>先验性</u>：这场探索以<u>真理</u>为对象，在陆续借入的理论保障的影响下，它的问题得到这样或那样的回答。然而，没有任何东西能够证明，这个预设条件在主张它的批评话语的自身限制以外还有别的来源。排除了预设条件和理论保障之后，剩下的观察结果只能是：真理从来不是作品的中心问题，也不是促生文本的<u>动能</u>（energon）。因为"对于意义的激情"完全是另一回事——我们将看到，这种激情日积月累，最终变成了一种"免除意义"的疯狂欲望。如果说，人们借此可以谈论另一套"追求**真理**的计划"，那它恰恰与批评界用来解读所谓"文学理论家"巴尔特的计划正好相反。这种不约而同的努力把握不了巴尔特追求的**文学**的真理，终究不过是众多寻求真理的"神话"之一（社会上最活跃的一种）。在巴尔特看来，由于滑稽地模仿"精密"科学或"人文"科学的步骤，这种"唯真论"必定丧失对象才能成功。此处重提一下他对方法论诉求的怀疑看来不算离题。巴尔特在1971年评论道："一件不断宣示方法论意图的工作最终会陷于枯竭，这是常有的事，因为什么都跑进方法里去了，没有给写作留下任何东西。研究者反复强调，他的文本是有章法的，然而这个文本总是不露面：如果要枪毙一项研究，把它丢进被遗弃的大堆工作垃圾中，没有比<u>方法</u>更万无一失的。"①

对于结构主义的困境，巴尔特的立场仍然得用这个"另一套有关<u>真理</u>的计划"才能澄清。他认为，结构主义夹在"科学"和"写作"中间，进退失据。我们已经看到，他自1967年以后便为后者辩护；对于严谨性和与对象保持距离的标准，他要求用相反的程序和价值取而代之，即如牵累和失去；他已经认为，研究的诚信性不是出自小心谨慎，而是出自冒险，即冒着"牵累和失去它（结构主义）在这种言语行为的无限性当中作出的分析"的风险，因为"文学目前已经成为通往这种无限性的途径"（*BL*, 15）。一取一舍之中可以窥见一个要求，

---

① 《作家、知识分子、教授》，载《如是》，1971，第47期；《语言的窸窣声》，355页。

其方法论的和道义的箴言是:"在深明底细时实践想象"(BL, 18)。

所以,这种异类的设定跟寻找牢靠的真理不同,文本中从来不缺少它,也没有把它藏着掖着;即使在似乎受"科学性的惬意梦想"支配的"阶段"里,这个持续的伴音在作品里也一直可以听到,尽管低声回荡,却从未被其他重音遮蔽。

巴尔特往往拒不接受"影响"说,显示出他给自己的文本去掉标记的意愿;不过,这不意味着他以原创性自诩,这依旧是一种对待自己的"工作"(哪怕是想象的)的方式:使之摆脱众目睽睽之下的流行"理念"。确实,巴尔特一直强调——其力度引人注目——他不否认自己曾经受过某些影响,但是拒绝那种用影响去解释一种"思想"的做法。1975 年,当评论展示各个"阶段"的一览表时,他写道:"互文关系未必是一个发生影响的领域,而是一部有关修辞格、隐喻和思想—词语的乐曲。"(RB, 148) 不错,此话说得迟了一些。可是,他早在 1964 年就表达过对那种大概不止是批评的话题(是认识域的织毯一角)的敌意,语气甚至更为严肃。他在《新观察家》周刊发表了一篇访谈,题目正是《我不相信影响》(GV, 32)。这个首次公开宣示的信念具有征兆的意义,而且在差不多 20 年以后被重提:在评论施坦伯格的文章里,他逆时而动,发出警告:追溯"影响"的"源头"是一种"在学术研究中大行其道的嗜好"[①]。确实,巴尔特一直宣称,打算用另一个信条取代影响说,这个信条比他一有机会就用作托辞的"文本理论"更早,即他自 1964 年以后所信奉的"言语行为的接触";这个信条贯穿了他的全部作品,被反复提及和实践,不同的只有提法和使用的比喻:"言语行为的偷窃","剽窃","跟过去有人偷面包一样"(RB, 170) 偷窃语言,等等。既然他不仅不掩饰自己的"小偷小摸"行为,而且向"偷来的东西"致敬,甚至建立了一份(非自愿地)慷慨捐献者的名单,那么,这样的区分究竟打算

---

① 《除了你》,54 页。

说明什么？如此反复强调，给我们提供了某些"理论"立场之外的东西：某种根本性的设定，既是一个乌托邦，又是一项要求。如此固执地否定，目的不仅是使文本摆脱因果关系的思路——就侵占行为而言，它反映出对于内容的传播的高度重视，它还要求一种解读，即不把作品纳入其他观念的或学术的所指之列，好像作品需在其陪伴之下才能踏上通往真理的征途。作品要求阅读时必须贴近它背后的**传说**（Légende），似乎传说已经摧毁了"一切元语言的虚荣心"（BL, 355）；而且，也许就在他认为写作所不可或缺的"孤寂"里（巴尔特1967年引用过的波德莱尔的用词，我们已经提到过）。这种"孤寂"与成为作家是一脉相通的，巴尔特即使在最服膺萨特主义和"马克思主义"的时期，也没有把它归结为一种"境遇"或者"条件"。

这个要求是出格的——因为它要把评论和理论兼有的作品置于一条不同的轨道上——正是以往和近来指责巴尔特行骗和两面派的根源。我们现在可以回顾一下这些指责。

指责都跟他运用（或误用）的"科学"或"理论"的参照有关。不过它们远非一个一致的整体，因为它们发出的时间不同，出自前提不同的地点和个人，也因为并非针对巴尔特的同一个举动或姿态。一切似乎都显示，"骗子"巴尔特不止一个，而是好几个，他们接踵而至，可是长得不一个模样。

我们可以根据两篇评论来确定指责的范围。在显示指责巴尔特时所依据的主要论点方面，这两篇文章有范例的意义。不用说，第一篇出自雷蒙·皮卡尔之手。他写于 1965 年的檄文《新批评还是新骗术？》集中体现了一大批人对巴尔特（和其他几个人）的敌视态度；巴尔特在文中被说成一个故弄玄虚的家伙。[①]另一篇是 T. 托多罗夫最近撰写的，收入他的名为《批评之批评》的文集。

皮卡尔文中的"骗术"一词指未获授权的断定、虚张声势、滥用信任、篡

[①] 参见雷蒙·皮卡尔：《新批评还是新骗术？》，巴黎，博维尔书局，1965。

第二部分　罗兰·巴尔特：以退为进

用一种品质（即使是在一个不受刑事惩罚的领域里行骗）和非法运用批评，后者此时正逢应当被拔高到（接近）精密科学的高度，除非把它变成自由职业，由一个规范委员会施行管理。这种极为矛盾的局面使得皮卡尔可以狡猾地变换攻击路线：时而主张一种与真理之间的可信赖的（经得起验证的）关系，时而是体制的监护者，负责维护职业严肃性。

T. 托多罗夫（1984年）的不满与之不同。他抱怨巴尔特迟迟不肯宣布早先文本里有些身份"未加认定的说法"。他写道："他说这些话的时候，这些人物①是隐而不见的。"直到1975年，罗兰·巴尔特才从巴尔特那里得知，自己不相信这些话。《什么是批评？》②一文没有任何迹象说明他不赞成自己的断言，或者说那只是"言语行为的偷窃"③。

不难看出这两篇评论之间相差多远。第一篇认为，巴尔特的做法掺和了"印象主义的态度和教条主义的态度"④，指责他强加一些"无从验证的"话语，利用欺骗手段，经过了科学性的"乔装打扮"。文中质疑"俚语"，认为那是为了制造"效果"："使奇谈怪论享有'学术性'的声望"⑤。总之，皮卡尔认为，《论拉辛》是一个妖精般的混血儿："一种观念形态的印象主义，实质是教条主义"⑥，而且有一种训诫的口气（"哲人般的神殿女祭司"）。

从一个相反的思路出发，托多罗夫怪罪巴尔特的不是把不同的话合成一套自命不凡的言语，而是指责他与自己的话拉开距离："作为公众作家，巴尔特关

---

① 即1975年《罗兰·巴尔特自述》的题词所说的人物："这一切均应视为出自一个或者多个小说人物之口。"
② 巴尔特：《什么是批评？》，载《时代杂志·文学副刊》，1963；《批评论文集》，1964。——译者注
③ ［法］T. 托多罗夫：《批评之批评》，77页。
④ 雷蒙·皮卡尔：《新批评还是新骗术？》，76页。
⑤ 同上书，52页。
⑥ 同上书，76页。

心如何为每一个想法找到最佳的表达，可是这并没有使他对之有所担当。"① 托多罗夫抱怨，这种距离正好使他能够事后随意地重新解释自己的话语。

皮卡尔斥责那些"无从验证的"话，认为它们被肯定得过了头，托多罗夫的批评的立脚点却是表述立场徘徊不定。尽管目前流行的说法能够用<u>骗术</u>一词统称上述两种做法，然而十分清楚的是，这两种批评的交叉火力针对的是两套机制——两种可能有的<u>姿态</u>。按照它们在造成作品<u>形象</u>时的战略地位的要求，巴尔特分别给予了充分的注意，而且运用了十分不同的处理方法。

巴尔特从未对<u>骗术</u>的问题视而不见，这一点阿兰·罗布-格里耶曾在《重返的镜子》一书里忆及。② 不过，他的分析（特别是1977年在塞里榭所作的分析）显示，他打算把这个字眼可能混淆的两个现象区别开：一个是<u>两面性</u>（或可叫做<u>多重性</u>，强调的意思相同），另一个是巴尔特的想象域的一个关键词——<u>傲慢</u>。

托多罗夫的看法针对前者。他的批评集中在责备"修正主义者"巴尔特给先前的理论话语反溯地设定了一种<u>两面性</u>。的确，巴尔特在早期文本里散播的那些表明无所依傍的迹象是不易察觉的。从这一点看，托多罗夫的责备不无道理。他的质疑能够成立，可是以不可普遍化作为条件。应当根据一条简单的时间分界线，把1975年以前的所有文本划出去。因为我们已经看到，在《神话集》的分析里，引领虚构活动的"人物"（即"神话学者"）绝不是"隐而不见"的。那么，别处又如何呢？

在《批评之批评》重提这个问题之前数年，巴尔特曾经试图作出回答。他的答复是借叙事说出的，可是有几个方面很有意思。他那时甚至发明了"一个货真价实的修辞格"，同时也是莫里斯·娄嘉所说的一则"小故事"③。这个提供

---

① T. 托多罗夫：《批评之批评》，76～77页。
② 在生命的最后一段时间里，"罗兰·巴尔特（还是他）好像为自己不过是一个骗子的说法所纠缠，他被说成无事不评，既评论马克思主义，也评论语言学，其实从来什么都不真懂。"（阿兰·罗布-格里耶：《重返的镜子》，63页，巴黎，子夜出版社，1984；可参阅本书第四部分第4节。）
③ 莫里斯·娄嘉：《巴尔特元素》，载《文本性》，63页，1984，第15期。

第二部分 罗兰·巴尔特：以退为进

给塞里榭的听众去思考的比喻以"姆苏太太"为题。巴尔特用诙谐的口吻叙述了事情的经过，原话值得我们这里引用。他说，这个修辞格是他在前往美国途中，从一位前去教授朗诵课的太太口中发现的。这个既凶险又有修辞学意义的遭遇如下所述：

> 我头一次去美国是作为密都伯瑞大学的暑期访问学者，乘船赴美。在去阿弗尔港的火车上，我遇到两个人，他们也是去那所大学教书的。其中有一位极值得尊敬的太太，人很好，稍微有点令人腻烦，她每年都去那儿教朗诵课，教他们朗诵拉封丹寓言，她叫姆苏太太。这个修辞格我管它叫"姆苏修辞法"。你们马上就会知道为什么这么叫。有一刻，我并不熟识的姆苏太太瞧见我点起一支香烟，便对我说："哎呀，我儿子总是说：'自从考上科技大学以后，我就戒烟啦。'"这是一种修辞方法，它的核心信息，也是唯一的信息，是她儿子考上了科技大学，不过是用一个从属句表达的。（C，413）

于是，这个邪恶的妖精有了名字，从一本书到另一本书，它总在偷偷嘲笑轻信的读者。巴尔特告诉我们，这是"一个货真价实的修辞格"，"我给它起了一个专用的名字"。姆苏太太真是生逢其时，名字也起得吉利。① 从此以后，这个得名于她的比喻被当成一支避雷针，用来避开失望的同路人一个接一个的电闪雷击。

在巴尔特的文本里，这个鬼花招有助于<u>将主要的东西置于从属地位</u>，而让我们严肃对待有关它的证词。我们对这个早已表演过的把戏并不陌生。从1967年起，姆苏修辞法就在那位被推定存在的神话学者的领地里布下地雷。巴尔特

---

① 莫里斯·娄嘉写道："姆苏太太爱旅行，不过，滚石不生苔嘛。"莫里斯·娄嘉：《巴尔特元素》，62页。在该文第64页的脚注4里，我们也可以愉快地读到另外几个打趣的互文性元素。［姆苏（moussu）在法语里意为"满布苔藓"，为此趣说所本。——译者注］

137

143 那时在《神话集》的跋语里预言,这位"神话学者,假如有一天真有这么一位的话,会碰到一些难题"(*My*, 244)。我们不得不承认,这位不知疲倦地劫掠、粗暴地蚕食陆续发表的著作的新型怪才,一直等到塞里榭研讨会才泄漏天机,这可能会使巴尔特感到惊讶。事实上,他确实大表惊奇,而且不无抱怨:他认为读者早就应该注意到这个玩偶盒子。在这个方面,《批评与真实》是一个例子(重要的例子,因为这是最有决断性和最能解决问题的文本之一),巴尔特表白:"我在那儿放进了一句从来无人注意的话,可是它在我的思想里很要紧:'一门有关文学的科学,假如有一天它真的存在的话。'这句话的意思是:它永远不会存在。"(*C*, 414)这道迟来的仁慈的昭示确认,所谓科技大学的修辞格本为一种烟花制造术:预先安放爆炸装置,以使迷失方向的文本在飞行中自行毁灭;里面装的理论炸药只在读者犹豫不决时才延迟爆炸。

不难想象,上述证词很容易招致跟托多罗夫的"隐而不见的人物"类似的指责。从姆苏修辞法的狡黠的一面看,它很容易成为骗术的简单的修辞学道具。耳语般的否定,细小的标记,喑哑得听不清楚的警告,全都为的是躲进文本的偏僻角落,那么,它在哪个方面跟否认的举动不同呢?有些诡辩家认为这种否认与"敷衍"① 相伴相随,它哄骗对话者,只向上帝一人保证撒谎者本意纯洁,对话者于是上当。可是,巴尔特不但不在乎如何消除这种明显的异议,还竭力抛出对于姆苏修辞法的其他怀疑,这就使得对它的"揭露"显得十分怪异。这一点可以从巴尔特在这场辩论中答复儒贝·达米什的话得到印证。事实上,是儒贝·达米什率先发难,他对《萨德、傅立叶、罗犹拉》的序言里的一句名言评论道:"假如我是作家,已经故去,我希望,借某位友善和率真的传记作家之

---

① 原文 mental reservation 是个修辞学和天主教道德论的概念,通常译为"意中保留",指与撒谎接近而又有别的话语或行为,话的原意与字面意义不尽相同。例如发话者婉言搪塞,以掩盖不愿透露的信息。听者若能够领会本意,则情有可原;若听者信以为真,则发话者形同撒谎。此处变通译为"敷衍"。——译者注

手,将我的一生缩减为若干细节,若干思考……"(*SFL*,14)这个说法被达米什形容为"诡计":"又一个修辞学诡计,表明他凭借自己写作时必然在世的事实,假装自己不是作家,在这个面具后拟订一个纯文学的计划"(*C*,396)。继达米什发言之后,杰妮·巴特勒在辩论中提出了另一种解读:"依我之见,'假如我是作家'这句话表达了一种欲望,也许也表达了一种不可能性。"(*C*,412)巴尔特此时插话,罕见地澄清各个形象:"我能不能说说我自己是怎么理解的?这不是诡计,不过毕竟是狡诈,是耍花招,因为,事实上,正像你们所说的那样,这里头有一种欲望——成为作家的欲望。不过,与此同时,变魔术似的,我确实也在避免以作家自诩。花招恰恰在这里,也有可能想避免被贴标签。坦率地讲,至少在那个时代,标签是有贬义的,而且是一种过时的做法。"(*C*,412)

这就是说,这个耍花招的"姆苏修辞法"的比喻太诡谲,不像它的形式描述(从属句比主句还重要)那样诚实,令人信服。一个隐秘的特点使它成为抵御社会形象的尖端武器,即它的可逆性,它与欲望和否认的难以估算的指数关系。花招里藏花招。巴尔特把"姆苏修辞法"教给我们,却保留了诠释的权利。这个经过鉴别后的比喻提示我们注意强度的变化,吸引我们寻找从属句、插入句和状语的意味。甚至可以认为,它是返身自指的,引人关注它本身的结构。不过,它对这种强度的意义什么也没有说。因此,在《批评与真实》里,对于应用于"文学的科学"的修辞说法,巴尔特幽默地解释道:开什么玩笑!小心点,有人捣鬼!可是,在《萨德、傅立叶、罗犹拉》里,被达米什揪住不放的"假如我是作家"的那句话,意思完全相反,它的意思是:这是怎样的一种欲望啊!它是一种无法承认的欲望!

(下面是一道练习题:"姆苏修辞法"的一次应用。上述辩论并未涉及。时间为1974年,与菲利普·索莱尔斯有关。)

假如我是文学理论家，我就不会那么关注作品的结构了。归根结底，它只在特殊动物元语言学家的眼里存在。在某种意义上，它是元语言学家的一个生理特征（而且很有趣）。(SE, 74)

请标出你认为正确的选择。这种应用是：

（a）诡计；（b）花招；（c）避邪仪式；（d）帕提亚人之箭。①

如果从第一个层次——巴尔特放置描述的层次——去分析，"姆苏修辞法"很像魔术，它包含两个主要动作：一是驱邪，二是祈求恩惠。驱邪是指拒受社会形象的摆布（不承认是"作家"，巴尔特认为那是"新闻界的攻讦"）；祈求恩惠是指仍旧尊重形象，而且针对（"时代"和"时尚"造成的）"贬值"，绝不放弃阐发其中保存的欲望。因此，姆苏修辞法兼顾"自相矛盾的权利和出走的权利"，不折不扣地实现了波德莱尔为《人权宣言》增补的部分。它调整了主体与时尚的关系，使时尚可以被容忍——"当时"（《批评与真实》的时代）的时尚认为，作家都是"有点可笑的人物，例如纪德、瓦莱里、马尔罗"（C, 413）。它一方面与定见妥协，一方面通过保持一种多言性（polyphémie），挽救了一个混合而成的主体，少了它，永远有僵化之虞的主体就会变成一种定见。

在第一层意义上，"姆苏修辞法"绝不是为行家里手准备的俏皮话，而是一个关键性的东西。因为它涉及一个顽念：形象，其中理论和"体验"密不可分[甚至包括极为"痛苦"的体验："恭维本身就是对我的伤害"（巴尔特）]。巴尔特在塞里榭为形象下了如下定义："即我认为别人对我的想法"，它还跟一个吓人的隐喻有关，即一连串恐怖形象的烹饪版：

平底锅内，食用油已经摊开，平滑，无声息（只有少许气体）；某种原

---

① 法语成语，意为结束谈话的刻薄话。——译者注

料。丢进一块土豆：好像抛出的诱饵，抛给眼睛半闭着边睡觉边窥伺的牲畜。它们急忙冲上来，围住，进攻，发出沙沙声，一场饕餮大餐。土豆块被圈定——没有毁灭，而是硬化，变得焦黄，糖化，变成一物——炸薯条。
(C，304)

微妙而顽固的"姆苏修辞法"便是这样的搁置，巴尔特利用这种**"形象的悬置"**不仅寻找一种缓解，也寻找他自己的命运（这么说并没有超出一个有关圣奥古斯丁的片段的言外之意）。

可是，我们看到，"姆苏修辞法"毕竟不承担表述行为的责任。提出它是为了证明，针对"科学"和"理论"的明确警告早就出现在论断最有力的文本里了（例如《批评与真实》），它最后冒充主体的表述诡计又一次被变换。巴尔特制造的这个辩护带有极为个性化的反讽意味，完全是为了给他自己所处的局面加码。

这最后一个花招很能说明巴尔特坦然对待所谓两面性的抱怨：正如我们已经看到的，这种态度来自他对自己作品的文学性的坚定信念，这些书籍跟用学术论文和文章的"接二连三的纺品"组成的"垃圾"迥然不同。巴尔特并不觉得有必要严肃地回应这些抱怨，因为在他看来，两面性与文学的实践密不可分。文学的幻象已经足以涵盖作者的矛盾、追悔和转弯抹角的做法，因为这些正是使他成为一个作家的东西，这些"拖延手法，隆起物"，巴尔特认为是"写作本身之物"（RB，177）。巴尔特的作品始终面向写作，他的想象域也是如此，所以没有必要辨别他的话出于好心还是恶意，表述行为是真实还是狡诈。正像巴尔特在别处所说的，这不仅是因为"幻象由于太自私自利而没有论战性"（RB，176）。更严肃地说，这是因为文学的幻象使文学成为"间接的"东西，因而它不欠任何人的账，它的命运只能在自身当中去寻找；而且，它一定能够找到自身的命运，因为写作本身是善良意愿的保证。不妨重申，这个信念不是用来赦免行动迟缓的巴尔特的借口，它很久以前就被认可具备这种特权，正如1967年

的一句话所说的:"唯有写作才可能消除一切无自知之明的言语行为附带的恶意。"(*BL*, 18)

总之,在巴尔特看来,两面性根本不是<u>骗术</u>的一种可能的形式,相反地,它为抵御他所设想的思想强制提供了保证。如果说诈骗是指把某些想法<u>强加于人</u>("某些"系指真假想法之别),那么两面性在本质上就不是欺骗,而是属于一种巴尔特所说的<u>傲慢</u>。由于两面性的骗术使写作活动得以依照奠定文学基础的默契充分展开,因而巴尔特越对它无所畏惧,<u>傲慢</u>的骗术就越纠缠他,这是一种从未被彻底消除的威胁。

在塞里榭研讨会上,巴尔特说:"每当一个强行行骗者的形象被别人送还给我的时候,我就感到自己在行骗。"(*C*, 59) 骗术来自<u>别人</u>?巴尔特在会上对皮卡尔事件的回顾提供了一个比较完整的回答:1965—1967年间,与肆无忌惮地攻击他的檄文相比,骗术的风险同样甚至更多地来自他自己的想象的冲动。"拉辛之争"体现和加剧了<u>形象</u>对巴尔特的折磨(他后来说这种折磨逐渐发展为一个"不错的<u>形象</u>",其本身则永远"暗地里很恶劣"),这不仅因为巴尔特发现了<u>遭到社会形象</u>攻击时的孤独感,也因为他苦恼地感到面临傲慢的危险。这种"形象的折磨"在他个人的历史上固然与他继承的复杂的价值观有关,例如他对"他者的目光"的萨特式分析便经过新教伦理的陈旧模式的改造——其传承者纪德曾经用《圣经》上的话为收入《布瓦梯叶的私囚女》一文的文集命名:《莫评判》①。此外,遭受评判的顽念也许还掺杂着他所说的"找不到的关联文本"。不过,同样与之相关,而且很容易找到的是塞里榭研讨会期间的讨论,一个巴尔特称为形象大量涌现的语境。这个插曲的重要性1977年被巴尔特再次肯定,当时他对于骗术的思考专注于一段不愉快的回忆:《新批评还是新骗术?》,还有借

---

① 语出《新约·路加福音》:"莫评判,以免自己受评判;莫定罪,以免自己被定罪。"见冯象译:《新约》,香港,牛津大学出版社,2010。纪德的这套文集1930年出版时包括两篇纪实小说:《布瓦梯叶的私囚女》和《何居赫事件》。——译者注

第二部分 罗兰·巴尔特：以退为进

姆苏夫人之名"重温"的《批评与真实》……

与雷蒙·皮卡尔的论战及其后续讨论确实决定了**形象**大变。在《神话集》时期一度是戳穿神话圣手的巴尔特，那个认为**定见**只属于别人的巴尔特，而今变成了直接面对恶劣形象的威力的巴尔特——这些形象同他自己的想象域合谋，对他竭尽恐吓之能事。

这个研讨会以他命名，他还说是为了避开另一个"拒不出席以他命名的研讨会"（C, 437）的**形象**才接受了邀请，因此，研讨会重揭伤疤是合乎逻辑的。伤口早在《文本的快乐》的奇怪的题词里就有见证：这本要打破以往一切"傲慢"的书一上来就引用霍布斯的话——"我毕生唯一的激情是恐惧"，其中透露的苦衷不可避免地在塞里榭隆重上演了。

这是一个再好不过的机会，巴尔特的直觉十分敏锐，他不会放弃这个机会。塞里榭是想象丰富的闭门会议，他选择在此迎战**社会形象**，澄清个人历史上的"皮卡尔事件"、骗术问题和借助"姆苏修辞法"之间的联系。

这是因为，无论口气戏谑还是一本正经，他精心推荐的这个关乎命运的比喻相当于转弯抹角地说："在下告退！"巴尔特本来希望能够用它来赶走**蠢行**（C, 300），此时，他却把它跟被称为骗子的烦恼联系起来（皮卡尔1965年的檄文《新批评还是新骗术？》的标题就是这样表示的）。他预感这种指控会再次出现，尽管不久前《恋人絮语》证实，他已经引人注意地离开了理论领域。

因此，回顾一下这段插曲十分适当，目的并非对这场"拉辛之争"做出裁决。在这场争论中，除了巴尔特的小书的几处弱点确实给对手以可乘之机以外，他的**错误**也许是写了一篇自己并不喜欢的论文，因为我们至少应当相信他在1971年的证言："我越是喜欢米什莱，就越不喜欢拉辛，我只是因为强迫自己注入一些爱情变异方面的个人问题，才对他的作品感兴趣。"[①] 如果我们认真看待

[①] 《答复》，97页。

这些心里话，这便是在提请我们把《论拉辛》当作《恋人絮语》的初稿去读。我们此处也更不会自诩能够裁决这场是非难定的重要论战，因为巴尔特后来在《批评与真实》里对皮卡尔作出了答复。批评如何最好地为作品"服务"，这个问题并没有因为一方念咒似地呼唤某种难以寻觅的"忠诚"而获解决，另一方以科学性的乌托邦的名义作出的回答同样不能令人信服。

这个"事件"能够说明的不是让·拉辛的生涯，而是巴尔特的生涯。从这个角度看，它的意义在别处。

首先，它造成了<u>孤家寡人</u>的效果——一种备受煎熬的感受。巴尔特发现自己面临好几个方面的敌意：人物各异，很难用"保守派"群体的标签概括。就皮卡尔本人来说，巴尔特在1960年还曾经用赞赏的口吻征引过他。[①] 应当强调的是，此君并不是当时人称"老索邦"的代表人物。这场攻击不仅只凭意识形态分歧去诠释很难说明，它还远远超出了体制冲突的框架，因为它被很大一部分新闻报道大肆渲染：以当时远非"逆动"的堡垒的《世界报》为首。《新观察家》是一个尤其能说明问题的例子。这份周刊1965年11月3日至9日这一期发表了一篇分析这场论战的文章——作者让·杜维纽[②]，标题是《先锋派的最后辩论》。然而，此文绝非令天平向"新批评"一派倾斜，而是将其同"老派"的混战径直比作故作风雅的调情。让·杜维纽为巴尔特的其他著作做了辩护，但是强调"就继续开展研究而言，拉辛是他做出的不能再差的选择"。他至少温和地赞扬巴尔特说："失败有时候跟成功同样有意义：巴尔特在理解和诠释拉辛方面的失败也很有意义，特别是因为正像经过了一通测试那样，它显示了这种破译符号和象征的方法的总体启示，这种方法一边发展一边自我毁灭，重新形成，

[①] 皮卡尔不失时机地提醒，巴尔特曾经在1960年"主动"写道："这是一个已经被皮卡尔出色地发掘过的主题：17世纪下半叶文人的生存状况。"（《历史和文学：关于拉辛》，载《年鉴》，1960，第3期。转引自《新批评还是新骗术》，83页）

[②] 让·杜维纽（Jean Duvignaud, 1921—2007），法国社会学家和小说家，图尔大学教授，曾经参与创办时政评论杂志《共同事业》。——译者注

第二部分　罗兰·巴尔特：以退为进

重新自我毁灭。"一个星期后，巴尔特运用某种答复的权利进行回应，其口气之尖刻表明，杜维纽把双方各打五十大板完事，巴尔特对这种所罗门①式的判决极感不快。他徒劳地宣称"对清算个人恩怨毫无兴趣"，他的结论不会让人觉得是可怕的人身攻击，皮卡尔被描写为在争论中"巧用滑步和眼色，裹着喜剧演员的道德披风"，把"艺术、文学、诗歌、心理分析和马克思主义打入最底层"，提出一种"漫画式"的理性主义，里面都是"巧计和狭隘心理"。总之，如果说皮卡尔代表着什么，那就是"小卒子的形象"②，这是巴尔特的最后一句话。

孤独出辣笔。巴尔特的苦涩不难看出：在像《新观察家》这类本来能够期待博得善待的报刊上，他不得不把自己变成竞技场里的角斗士。且不说 10 年前，在同一份（或基本相同③）周刊《法兰西观察家》上，巴尔特曾经撰文称赞杜维纽。那是一个名为"前小说"的专栏，巴尔特文中将小说作家杜维纽与罗布-格里耶和凯洛尔④相提并论。⑤毫无疑问，他觉得周围似乎全是明枪暗箭；而且，这篇反击文章的标题《欲加之罪》很可能包藏着另一个标题，更符合他的真实心情，而且不可抑制：《五十步笑百步》（Tu quoque）。

可是，这还不是最严重的。最触动他的而且最严重的是，皮卡尔巧妙地把他置于一个极不舒服的位置：由于被描绘成**现代性**的礼赞者，因而巴尔特不得不扮演报春鸟和担保人的角色。可怕的圈套，有毒的礼物。皮卡尔把他指定为一个不知天高地厚的流派的排头兵，从而进一步把他逼到了墙角。巴尔特不得不为未必真有的朋党关系承担责任，站到第一线上。他只能羞答答地和不情愿

150

---

① 公元前 970—前 931 年在位的以色列王，史称具超人智慧，善于断案。——译者注
② 《欲加之罪》，载《新观察家》，1965 年 11 月。[巴尔特原文题目（Si ce n'est toi...）取自拉封丹寓言《狼和羔羊》里的"如果不是你，那肯定就是你哥哥"一句话。——译者注]
③ 《法兰西观察家》杂志 1964 年更名为《新观察家》。
④ 凯洛尔（Jean Cayrol, 1911—2005），法国诗人，小说家，出版人，《原样》杂志的主要撰稿人之一。因为阿兰·何奈（Alain Renai, 1922—　）1955 年的著名纪录片《夜与雾》撰写解说词而知名。——译者注
⑤ 参见《前小说》，载《法兰西观察家》，1954 - 06 - 24。

145

地站出来，就像他对待让-保罗·韦柏①那样。② 更有甚者，他被迫"代表某某"讲话，可是《论拉辛》并不是别人和一种评论观的最令人信服的范例。他的辩护词被迫充当一种代言人式的表述，结构上便遭掣肘。作为一种体裁，反击的杂文要求以眼还眼，可是竞相加码却为一种遭受迫害的想象域所累，巴尔特还得依照后者的要求为别人付出代价。

151 应当说，这个圈套起初很有用。巴尔特接受《费加罗文学报》采访时的失算可以证明这一点：他把自己比拟为文学城邦里的苏格拉底，皮卡尔则成了阿里斯托芬，甚至成了法官。③〔我们还记得，1974年的《研讨班上》一文改变了口气："仇恨一切苏格拉底主义"，这句话呼应和否认了1965年的想象的冲动。1977年在塞里榭，巴尔特为了"说明当时的心情"回顾了这件事，说苏格拉底的可咎之处是把"升华"当成"傲慢的真理"的基础（C, 308）。〕

《批评与真实》次年问世。这本书仅仅部分地避开了理论殉道者的倾向。他不无幽默地把自己比成白高特，为的是把对手个个都比作诺布瓦。④ 显得不够谦逊的是，巴尔特摆出一副布鲁斯特面对抨击者的姿态："我请求他代为答复，看看他是如何回答指出其作品有法语错误的保罗·苏戴⑤的，他在致后者的信里写道：'我的书可能显得毫无才气，可是它至少要求而且蕴含一定的文化修养，所以，您说的那些我犯的低劣错误，从道理上看绝无可能。'"（CV, 18，注1）。

---

① 让-保罗·韦柏（Jean-Paul Weber）是当年"新批评"派的主要人物之一。——译者注
② 巴尔特指责皮卡尔"把巴什拉、布朗肖、布兰、C.-E. 马格尼、比贡、布莱、萨特和斯塔罗宾斯基排除在外"，却"抓住韦柏不放"，他评论说："为什么切断彼处的联系，此处却硬行拼凑？"（《前小说》）
③ "这场争论令人想起一出阿里斯托芬的喜剧。苏格拉底高踞云端，阿里斯托芬纵人嘲笑他。如果二者必须择一，我还是喜欢苏格拉底的角色。"（《费加罗文学报》，1965年10月14—20日；《声音的微粒》，44）采访到这些话的吉·勒克莱克巧妙地揭露，提出苏格拉底悄悄暗示着英雄主义："虽然二人运用掂量过的词语互相攻击，但我敢肯定，皮卡尔先生不是那种把毒堇汁递给巴尔特的人，巴尔特也一样……"
④ 白高特（Bergotte）和诺布瓦（Baron Norpois）都是布鲁斯特的小说《追忆逝水年华》里的人物：前者是天才小说家，后者是贵族外交官。——译者注
⑤ 保罗·苏戴（Paul Souday, 1868—1929），法国文艺评论家。——译者注

至于被攻击使用了"恶劣的形象",巴尔特几乎显示出烈士和法官的双料傲慢。皮卡尔不够温文尔雅,可是巴尔特更无情,他把"言语行为之争"变成了殴斗。是他打开了辱骂的潘多拉之匣〔"愚蠢"(CV,68),"可笑的激情"(CV,29),不一而足〕;再有,他在行文当中多处显得咄咄逼人,称之为恐吓亦无不可(他屡屡说"应当"这样,"应当"那样,这跟巴尔特在展望里的"或许应当"的惯用词正好相反)。

在上述几页里,巴尔特没有破除社会形象,而是径直扑向诱饵。这与这种想象域的无序攻击相关联,是一种教条主义的加先知先觉的冲动(提出一门"文学的科学"),从而遏制了一种有关文本的真实性的观念(巴尔特认为它集中体现了"旧式批评"的信条)。对于这种所谓的"真实性",巴尔特不说"在下告退",而说"出牌吧",这是一张很危险的扑克牌,即使它是虚假的。他1977年摊牌时却要说:"本人在《批评与真实》时期手气不太好……"

如果写进一部"思想传记"里,这次深刻的危机无疑会产生深远的影响。从此以后,它的痕迹不仅存留在巴尔特对于"他认为自己在别人心目中的形象"的痛苦感知当中,也存在于此后若干年里表明他的行事风格的矛盾性当中(此处,矛盾性系指辩护和说明两种相悖的价值)。

从这个角度看,"拉辛之争"产生了双重后果,既相悖又互补。一方面,它促使巴尔特勉力注重"科学",强化此时已经成为群体的立场(例如在《沟通》杂志第8期上),提高理论调门;同时,从上文评论过的那种"逆动"的后果来看,"拉辛之争"也促使他为"脱身"而转向《S/Z》的"文本性"。不过,第一个举动的同时,他采取了另一个举动(而且躲在"姆苏修辞法"的挡箭牌背后偷偷否定了前者):在迁移的欲望里找到另一个藏身之地,以避免社会形象固定化;"拉辛之争"曾经为这个社会形象提供过良机——他本人则是最佳同伙。作品再次发生"偏移",即论战停息后的一段空悬时间,而且是在一个出人意料的地方,一个免遭任何形象觊觎之地:日本。巴尔特期盼应莫里斯·潘盖之邀的这次旅行，可视之为"形象的小憩"。《符号帝国》诞生于这次日本之行，它对遭受公众定见的摆弄之苦作出了很好的回答：距离感。其实，地理位置不过是个托词（这个日本并无"异国情调"）。

《符号帝国》使（苏格拉底式的）英雄诱惑、自比大师和"科学性"的宏图伟业都戛然而止。这本书诞生于1965年开始的危机并了结了它，开启了一条写作活动的新路：写作的乌托邦从"傲慢"转入"非占有欲"——一个与免除意义的文学梦想的<u>道德观</u>的关联项。巴尔特在最后一个片段里掷下"无可占有"（*EpS*, 146）之语，清楚地显示了一种<u>无批评</u>的意向，巴尔特的写作将在这条路上越走越坚定和稳健。因而这本<u>适逢其时</u>的书后来才得到了特别的肯定："怎么回事？没有一本书一直是成功的？——也许是那本关于日本的书吧。"（*RB*, 159）

归根结底，此时巴尔特的"理论性"的地位问题在<u>骗术</u>问题上不可避免地消失了（对他本人也一样）。理由很明显，这也是真实性的问题——话语是否充分真实，这种真实性被巴尔特归结为表述行为的真实性，因为他的作品只打算恪守一条诺言："消除一切无自知之明的言语行为附带的<u>恶意</u>。"（*BL*, 18）不过，我们也看到，巴尔特力图躲避和抵御"傲慢"的骗术的办法，恰恰是利用一种被说成"居无定所"的骗术（尽管这么做有<u>两面性之嫌</u>。这种两面性可以从其目的而非其手段——利用小说式写作再次诠释——获得更好的说明，因为这种手段乃是撒谎行为的真正幻想）。

事实上，从《写作的零度》直到最后的著作，包括超越结构主义及其在"过度"写作中的"科学性"，巴尔特一直夹在姿态和骗术之间的困境当中。他的选择显然始终对写作有利：<u>对抗理论</u>，同样<u>对抗言语</u>。

理论的这种双重的从属性质在《罗兰·巴尔特自述》的最后几个片段之一里得到了说明：理论从属于一个"源头"，也就是**价值**，同时从属于一个目的（策略性的，诱骗性的），巴尔特称之为"一个更大的循环"。在一个"**价值**向理

第二部分　罗兰·巴尔特：以退为进

论的转变"的标题下，他写道：

> **价值**向**理论**的转变（走神了，看了看卡片，原来是"痉挛"，不过这挺好），不妨戏仿一下乔姆斯基的口气：一切**价值**都<u>重写为</u>（→）**理论**，这种转化——这种痉挛——是一种能量，一种<u>动能</u>（energon），话语产生于这种移译，这种想象的迁移，这种遁词的创造活动。（RB，181）

"遁词的创造活动"应理解为寻找一个域外之邦，而不是推脱的借口（或者干脆说，一通<u>托辞</u>）。支配着全部作品的主题忽然从此获得了命名。从理论到巴尔特意欲提供给"读者的另一种<u>想象域</u>"的"思考对象"，这个转变由于戏弄了信任的意愿而成为一桩丑闻：由于巴尔特的**真实性**令人向往，许多热衷于此的读者（托其"另一种想象域"之福）会责怪若干作品里的"理论"火焰比本应点燃的还要猛烈。对于巴尔特列为各个"阶段"之纲的说不清的"写作欲"来说，理论只是个<u>遁词</u>，它同时又是这种欲望赖以生存的<u>食粮</u>，因而尤其不见容于读者。巴尔特也许比布朗肖更狡猾，他没有明言"过手一下这种知识，随后忘掉"[①]。他轻轻地发掘，礼貌地滥用理论，甚至把它包装一新，让它穿上一件带有他本人色彩——**幻象**的色彩的号衣。

但是，除了"理论性"被收归己有以外，巴尔特还打算今后对作为<u>非写作</u>（non-écriture）的言语敬而远之。在塞里榭研讨会上，谈到蒙田时，贡巴尼翁[②]为骗术（imposture）一词提出了一个"假"词源："词头是拉丁语否定前缀in-"，因此"在其习常意义以外"，还能够"多少表示苏格拉底所使用的希腊词atopie（游移不定）里的否定前缀的意思"（C，41）。对此巴尔特表示赞同，而

[①] 布朗肖：《灾难的写作》，122 页，巴黎，加里马尔书局，1980。
[②] 安东·贡巴尼翁（Antoine Compagnon，1950—　），法国文学批评家，2009 年以来担任法兰西公学"法国现当代文学"讲座教授，兼任美国哥伦比亚大学法国文学教授。——译者注

且认可这种解读提示的交叉换位：经过如此"对调"，不事写作的苏格拉底成了骗子，游移不定留给了蒙田。他评论道："在我看来，蒙田才是'游移不定'。我也很愿意说，苏格拉底处于行骗的状态，他令人敬服，所以是骗子。"（C, 58）借蒙田之助，这里再次浮现了通过写作获得豁免的老主题，因为它"作为一种反言语，与消除骗术和接近游移不定切实相关"（C, 60）。

可是，对他来说，提出这种"对调"不是一次学院学术的演练，它明确显示了巴尔特不断从实践——实施的和想象的——当中得出的一种合理的疑虑。

我们说"想象的"，也许是指巴尔特一直坚称自己"无权势"，直到进入法兰西公学执教，他才表达了"踏进一个可以毫不含糊地说处于权势之外的场所"（L, 9）之时的喜悦心情。至于"实施的"，或者说实效的，是因为他努力把研讨班变为一个"谁也不是谁的工头"的场所，"每个人都能轮到主持仪式"①。研讨班被设计成一个乌托邦（正如他在《拱门》杂志上描述的），目的正是要打破言语的骗术；而且，问题的关键在于巴尔特提出的问题："怎样才能交棒？"② 回答却是，只能通过冒写作的风险："那就让我们再冒点险吧：让我们用现在时写作，让我们在别人面前，而且有时与之一道，撰写一部正在进行当中的书吧，让我们表现出表述的态势。"③

风险是一定要冒的。可是，与此同时，巴尔特并不认为自己已经通过游移不定彻底勾销了骗术的旧债。就在塞里榭，这个"苏格拉底的骗术加蒙田的游移不定"的漂亮的解套之法仍然不能使他满意。某种疑虑仍在，似乎巴尔特拒绝匆忙地和老实地被这种角色的分配"洗清"：

---

① 《在研讨班上》，载《拱门》，53 页，1974，第 56 期。
② "怎样才能交棒？"是《在研讨班上》一文里的一个片段的标题。《在研讨班上》，53 页；《语言的窸窣声》，376 页。
③ 《在研讨班上》，54 页。

第二部分 罗兰·巴尔特：以退为进

另外还有第二种连带的复杂性，第二种交叉换位，它会使得这些站位成为谜团。这是因为，苏格拉底试图蒙蔽人而成为骗子，同时身陷一种爱情关系当中。他是一场爱情的对象，而且实行一套修辞术——爱情修辞术，这就意味着在言者与听者之间有一种恋爱般的关系。在蒙田那里，情形相反，只要我们对阅读还有一些记忆，这个我叫做爱情的维度看来就是完全缺失的。(*C*, 58)

这种抗拒仍然不够爽快。不过，我们看到，他最后几本书却变得明白无误，不仅宣布排斥**理论**，而且着重强调一个问题，这个问题使"立场"更加复杂化，而且这些著作都围绕着它写成：作为最后之"谜"的爱情。因此，全部作品结束于这种新的怀疑和保留当中："也许只有身体还不够。"(*C*, 59) 这种保留也是一个完整的写作计划，这种写作也许能够"把暴行、激情、权能意志等，都放进游移不定和中性当中，我觉得这就行了"。

第三部分
《罗兰·巴尔特自述》或故事三则

《罗兰·巴尔特自述》或一本自我说明书 1

159　（如何评说《罗兰·巴尔特自述》？书名如此直白，很难复加评说。可是既要闯入这块天地，为什么不能说点多余的话呢？"关于自我的书"是写给人读的，是否也任人解说？如何入手，如何接近它，而不是横加批评？《菲利普·罗歇谈罗兰·巴尔特》：解读在多大程度上能够紧贴文本？担心说错话，像常言说的"看错人"。从这个文本"不负责任"的谋篇布局可以看出，这个担心不无道理，这个文本为了更好地安享"它的"想象域，把剩下一切都推卸了："交给他者，交给转换，也交给读者……"）

左撇子

这本书以一组照片和一首海涅的诗开始，这几行诗是一篇重要的献辞，位

第三部分 《罗兰·巴尔特自述》或故事三则

置在最后两张照片之间，放在"刚进入能产的生命就被叫停"的"形象的想象域"和"另一个想象域"即写作之间。诗句如下：

> 北方的荒岭上，耸立着
> 一棵孤零零的松树。
> 它睡了；雪和冰
> 为它裹上洁白的外衣。
> 它梦见一棵美丽的棕榈，
> 远在日出之地，
> 悲伤，忧郁，孤寂，
> 在炽热的绝壁上伫立。（RB, 6）

这首诗雅各布逊曾经当着巴尔特的面评论过，可以作为这本书的最隐秘的心声吐露，不仅因为它针对德语文体的语法游戏——雅各布逊认为那是开启这首诗的钥匙，更因为它的定位并非题词，题词是巴尔特本人写的，利用了一种有趣的颠倒，是在"走向写作"的标题下，置于<u>文本之前的一条旁注</u>："古希腊人说过，树木都是字母。棕榈树在这些树木字母当中最美妙。写作好似喷涌而出的棕榈叶，茂盛而分明，棕榈树具备写作的主要效果：余韵。"（RB, 6）这并不是要借海涅的诗句引出后文，而是作者本人直接面向引用的诗篇，"走向"<u>一个他者的</u>"写作"——另一种写作，走向<u>解释它</u>的诗歌：解释展示和揭露想象域的转换地点，形象的转换地点。前一页，正对诗篇有一张棕榈树的照片，背景正是"炽热的绝壁"；后一页是一张巴尔特点燃香烟的照片，白色风衣，皓发，前额丰满，眼帘低垂，眼眶有化过妆似的黑晕，嘴唇紧闭。一副博加特的派头[①]：孤寂的符号

[①] 博加特（Humphrey DeForest Bogart，1899—1957），美国知名电影演员。此处指照片上的巴尔特很像博加特铆劲吸烟的标志性身姿。——译者注

学。"北方的荒岭上,耸立着一棵孤零零的松树……"

这是个<u>用滥了的套路</u>,必须说明它的两层意思:孤独作家的传说及其放逐中的历险故事。可是,这个用滥了的套路的传说所要说的,即这一页下方那个似乎用来解说照片的小词,却是"左撇子"。

翻过许多页,在这本书讨论**虚构**的那几页里,在题为"忆往"的片段之前不远,有个题为"左撇子"的片段对这张照片及其传说做出了回应,它提出一个问题:"左撇子,这意味着什么?"回答:"一种轻微的排斥,后果并不严重,可以见容于社会,它是少年时代的一个不起眼的,然而很执着的习惯:一面适应,一面我行我素。"(RB,102)

某种放逐,轻轻排斥,不断适应。巴尔特提出这个神话,让他本人的作家形象同时到场。他提到<u>见过纪德</u>,说一个作家首先得有作家的"姿态"(RB,81)。可是他避开了这个姿态,忙不迭地把神话淡化:"左撇子"而已……这种淡化是一个诱饵,因为他在以之为标题的片段里重提这个"特征"——一个似乎无关痛痒的传记要素。形容词一变,形象亦随之变为<u>社会形象</u>,即属于别人的东西。这一点巴尔特已经有所预料:自我形容,而且保留重新形容的权利。写作(解释)把他从形象和形容词里解救出来。《罗兰·巴尔特自述》无论什么都要说两遍,原因也许就在这里。"左撇子"的传说淡化了作家的神话,利用了一层言外之意:"我不是你们想象中的那个人,不是你们认为的那种作家。我(只)是一个左撇子。"不过,这种淡化也是一种赞扬:赞扬这个不听任别人<u>想象</u>的倔强的"我",即使他戴着作家的桂冠。我们在这本书结尾的片段"我嘛,我"里看到,这种保留诡谲地回返了:"<u>我比我写的东西更重要</u>",巴尔特写道。不过,这个声明加了下划线,在某种意义上把分裂的主体拟人化了。

《罗兰·巴尔特自述》的第一个动作是取消形象的资格,因为他最关心主体怎样才能不被社会形象逮住。如果认为这是过分谨慎或者假充风雅,那便是误解。这本书冒着伤及**想象域**的风险写成,它始于一场对抗,一场论争(maché

第三部分 《罗兰·巴尔特自述》或故事三则

（巴尔特喜用的字眼），不过这已经不是两种话语之争，而是调解活动（**文本**）和媒介（**形象**）之争。作者在自我保护，保持警觉。不过，与其说这是出于担心自我暴露（"愚蠢"，陷入纠葛），不如说出于一种顾虑：通过一种复杂的表述活动取代说不清道不明的"真确性"，尽可能<u>准确地</u>呈现自我（不受来自别处的形象牵累）。

因此，必须摆脱运用形象的写作。摄影艺术对这套驱邪术大有帮助。文本<u>一旦</u>开了头，就只能用工作姿态来"说明"主体。他的一些照片见证了此类活动（如同神话？）：学术会议，圆桌座谈，编录卡片……它们显示的不是那个<u>无关</u>写作及其社会传播形式的身体了。[在《罗兰·巴尔特自述》里，形象丝毫无助于写作，因为巴尔特做出了将其排除的决定。不过，形象已经蕴含另一种<u>可靠</u>的知识。巴尔特写道，在"我年轻时的照片里，我<u>看到了</u>主体的隙缝（对此他什么都说不出）"（RB，5-6）。可是，把"我"换成"他"恰恰清楚地道出了这条隙缝，因看到"他的身体原来是那副样子"而错愕的"我"被不同的人称代词指称——那本是另外一种声音。]

因此，从一个受到自己的想象制约而无力写作的主体，过渡到写作的行动——写自己，两者的分野和跨越将托付给诗歌和不一样的写作。这场探索开始于大大充实了照片的文字说明。我们从《春光乍泄》①以来就知道，放大形象、扩张想象域能够把任何探索变成形而上的思考，把一切迹象变成<u>自指标记</u>（index sui）：事主虽已显而易见，落款却总写不完。《罗兰·巴尔特自述》运用、挪用这种放大，把它变为一种修辞学夸张，用写作的微粒取代了干瘪的形象，于是，写作活动打破了连同<u>社会形象</u>在内的成像过程、框架化、形容词化——**死亡**。

---

① "春光乍泄"（Blow up）是意大利电影导演米开朗基罗·安东尼奥尼（Michelangelo Antonioni，1912—2007）1966年的作品。巴尔特在《明室》里分析过。——译者注

155

形象回答不了有关"自我"的诗学问题（海涅的问题）：这个问题涉及主体的南北之分，左右之分，阴阳之分，因而是<u>两个文本之分</u>。也许是因为不那么"出彩"，开篇题为"正与反"的第一个片段向来不被重视，可是它化用圣奥古斯丁的句法，点明了这种分裂："他写的东西里有两个文本。"（RB，47）<u>我身上有两个人吗</u>（In me duo homines）？是的，只要文如其人，这就是一个必定困扰《罗兰·巴尔特自述》的问题；是的，只要文本不可避免地唤起、重现一个文责自负的作家的形象。毫不奇怪，在这本笔墨极为俭省的书里，紧接着片段"正与反"，第二个片段"形容词"正好谈论作为<u>命名</u>的<u>形象</u>："他对他的所有<u>形象</u>都难以忍受，他觉得被命名是一种煎熬。"（RB，47）

按照柯南·道尔的要求，读者在跨过犯罪现场的门槛之前，必须首先寻找初步线索（东方烟草的烟头，罗马尼亚中部生产的钉子鞋的鞋印之类）。"左撇子"也不例外，跟破案线索一样，它的全部含义只能等到全书最后几页才会清晰起来。例如题为"我嘛，我"的片段，它利用一种无人认领的翻云覆雨的表述活动封存了"难以判定的假动作"，这正是《罗兰·巴尔特自述》的整个对象。因为，在<u>社会形象</u>的攻击下，神秘的左撇子已经过分暴露，要紧的是消除他的侦探故事的性质，防止"关于自我的书"变成以"左撇子"为第一特征的主体的神正论，不让这个"传奇"产生传奇性（或者只从词源上说，防止它成为legendum：必读书）。在这本书的开头，"左撇子"——阿耳戈大船（非本质主义的出色譬喻）之艚——连通了它解说的形象和它将要悄悄进入的写作。形象化的身体与片段式的文本一经接通，"左撇子"便提出，主体（及其课题）夹在<u>社会形象</u>（被人强加的"永远恶劣"的形象）和有关身体的想象域（写作中迟早会遇到它）当中，左右为难。这就显示，这场论争有两个场所，两个地点：一个是能够容纳"打破主体"的游戏的"体裁"，另一个是"想象域"或多个想象域。对于主体的写作活动来说，它们既是原料，也是障碍。

第三部分 《罗兰·巴尔特自述》或故事三则

奇特的自写计划

巴尔特对"关于自我的书"的描写（在以之为标题的片段里）值得分两次阅读："他的想法跟现代性有某种关联，甚至跟人们所说的先锋派也有关（主体、**历史**、性别、语言），可是他抗拒自己的想法。"于是，这里令人惊讶的是它悄悄地假定一个二元论：一个是"想法"，一个是"不断抗拒"它们的"我"（*RB*，123），可是后者的（神学意义上的）本质并未因此而不同于前者。因为这个"我"是一个"理性的结晶"，巴尔特也没有重现狄德罗式的场景，即陷入一种思想上不得不承认，内心不得不否认的"滑稽的哲学"。

不过，这个片段重提这本书扉页的题词，评论道："这一切均应视为出自一个或者多个小说人物之口"。一个连自己的想法——它们形成一座"令自述者迷路的纵横交错的迷宫"——都要"抗拒"的硬核，那么，二者中究竟哪一个是这本书的题材？当巴尔特说"实质最终完全是小说艺术的"（*RB*，124）时候，其实他不是澄清，而是在躲避一个躲不开的问题：《罗兰·巴尔特自述》与自画像的关系。

这只稀鸟（珍本收藏家用语）稀罕在羽毛：色彩斑驳的封面上，人名如鸟鸣般重叠①，也因为自我描绘的"奇特计划"使用了花样繁多的巧计。它不仅通过工巧的运行行骗，也借助了另一种"体裁"的编辑系列，即它理应遵守的这种传统体例的种种限制。针对"永恒的作家"丛书的商业和物质的制约，它结合了古老的形式（肖像作家撰写的作家肖像之书）和世俗的、随机的体例。《罗兰·巴尔特自述》在这套丛书里的与众不同之处是封面上只留作家的名字。因此，虽然同为作家自传，这本书却否定了传统做法。巴尔特利用故意游戏于形式和体例之间，找到了书写自我的自由，当然他也利用了不止一个传统修辞手

---

① 《罗兰·巴尔特自述》的书名如照字面直译是《罗兰·巴尔特谈罗兰·巴尔特》。——译者注

法，而且无所不用其极：一会儿是报刊文体，一会儿是维科式的作者亲述①，换个地方又亲自解说自己的文本，要么就针对一些非议，再次摆出《答复》里的经典姿态……

由于交叉使用不同的文体，已经启动的修辞学机制的可能性大大降低（犹如赛车的变速轮的变化，速度或速率则属于风格问题）。毫无疑问，巴尔特想方设法地追求自由的效果，而且找到了解决办法；或者说，他至少在这本书里减少了小说艺术的不确定性，这种艺术今后将支配他的探索和工作。

由于逐步展开若干文体的修辞学机制，表述活动的"支撑物的梯次配置"大为增强（书中有清楚显示）。因此，《罗兰·巴尔特自述》能够与自画像的传统比肩而立——兼顾这个词的俚俗的和常见的意义。巴尔特熟谙这个传统，但是尽力绕开。所以，任何无保留地把这本书归入这个传统的说法都很危险，例如前不久米歇尔·薄茹尔的做法②。这样生硬地划归一个"自画像的体裁"的课题导致一些人们很难认同其结论的分析。的确，我们很难同意把巴尔特说成"注定要重复蒙田，或者至少是用一些观念形态的粗劣版本来凑数"③，也很难认

---

① 关于《罗兰·巴尔特自述》，人们经常提到的是蒙田，可是这本书其实是另外一种不同的尝试：尝试詹巴蒂斯塔·维科（Giambattista Vico, 1668—1744）的做法。《维科自撰詹巴蒂斯塔·维科生平》一书，巴尔特早在疗养院时期就知道（借助米什莱1835年的译文）。这两个文本十分相似。首先，对象相似：巴尔特宣布的对象（一个"写作的想象"）很像一项弗洛伊德时代以后的"作家亲述"计划，维科当年必定按照这个计划叙述了他所受过的教育、他的研究和工作方法。二人的写作对象都不是自传当中的"经历"。不过，相同的出发点使得两个文本更加相似：进入表述活动。维科和巴尔特都依从一个预先规定的、来自外部的体例。应波尔西亚伯爵[和发明"作家亲述"（périautographie）一词的教会学监罗道黎神父]的要求，维科同意撰写上述著作《维科自撰詹巴蒂斯塔·维科生平》。这本书大概是展现所有意大利伟人的一套丛书的第一本。波尔西亚伯爵起草了《为自撰生平告意大利文人计划书》，宣告了一个明确的框架，以及所需"内容"和希望伟人们采取的表述形态。这个计划是这样说的："他们将以一种宽宏的、不偏不倚态度谈论自己。"（参见阿兰·彭斯及其对于《维科自撰詹巴蒂斯塔·维科生平》一书的很有说服力的介绍，巴黎，格拉塞书局，1981。）

② 见薄茹尔（Michel Beaujour）的妙文《墨迹之镜》（巴黎，瑟伊出版社，1980）里，又见于他的一篇文章，题为《当代自画像的理论和实践：艾德·加莫兰和罗兰·巴尔特》，载《布鲁塞尔大学社会学研究所学报》，第1～2分册，1982。

③ 薄茹尔：《当代自画像的理论与实践……》，281页。

为巴尔特虽然潜入了这种模式,"却浑然不知此乃一种文学体裁,一部生产文本的特殊机器"①。最后,我们也难以赞同那种认为"这本书的整体思想"是"保持距离"的看法(且不说它跟前一种说法相抵牾),以及认为巴尔特应该表明这种距离"主要针对修辞学",否则他就不会有"(要一笔勾销的)自我,而只剩下一部无人负责的'写作机器'"②。

巴尔特究竟是辨不清方向,还是谨慎地保持距离——尽管这被视为一种恼人的限制?无论选择哪一种评价,问题其实都依然存在:既在米歇尔·薄茹尔所说的关于自画像的更大的课题里,也涉及如何评价巴尔特和修辞学的关系。《墨迹之镜》一书(加一篇论文)对《罗兰·巴尔特自述》的评判与一个前提是分不开的:巴尔特敌视修辞学。此外,这个评判还基于《墨迹之镜》全书阐发的一个论点:自画像产生于为作者提供论题和<u>领域</u>(loci)的"一部修辞学机器",<u>同时</u>也产生于距离(片面性和敌意),自画像作者既运用这个距离,也运用非有不可的修辞学。例如,蒙田及其反经院教义的态度便是他的表述立场的关键③,他因此才能写出《随笔》。尽管很吸引人,但这个支配性的概念程式在应用于具体案例时遇到了好几个难点。第一个难点是巴尔特文本的杂糅性(严格地说,自画像的体裁说明不了它),这一点我们已经看到了。第二个难点是对修辞学的某种深刻的敌视④。应当认为,巴尔特为了让这种配置良好地运行而怀有这种敌视:至少应当设想,巴尔特很清楚,他的"关于自我的书"和"求助于修辞学框架"是矛盾的。甚至可以提出,在巴尔特眼里,求助于主题必然造成"无人称"的效果,至于**自我**——尽管有待"勾销"——必定相当于一种不了解(或蔑视)修辞学的<u>表现力</u>。阅读这本书和其他作品便能够确认所有这些

---

① 薄茹尔:《当代自画像的理论与实践……》,281 页。
② 《墨迹之镜》,170 页。
③ "蒙田早就认为,修辞学属于意识形态,它被另一个东西超越:散文。"(《墨迹之镜》,268 页)。
④ 薄茹尔称之为"反修辞学的成见"(《墨迹之镜》,267 页)。

命题，但是详加考察却要求一段题外话（excursus），但这并非闲话。

这个摒弃表现力的计划巴尔特从未改变，无论它是一种文学观念，还是主体的或不同主体之间的一种沟通的幻想。最早的表述可以在他年轻时发表在《存在》杂志上的文章里看到。那时他的厌恶态度是跟赞扬古典修辞学联系在一起的。1944年时的巴尔特认为，古典修辞学直至加缪的《局外人》[①] 成就斐然。表现力在文学上不断遭到否定，不仅如此，即使用于一个声称自我表达的主体，其境遇也未见改善。1957年，巴尔特认为它是小资产阶级的神话写作的基本特征之一，待到20世纪70年代，他从一个近乎人类学的角度出发依然对之抱否定态度，说它是1968年5月以来出现的一种新的自然主义。对于"表现力/修辞学"这组对立概念，他的取舍始终未变。1968年，在《时代杂志·文学副刊》上，他指责旧式文体学"完全基于一种关于表现力的观念"，并使之对立于"**修辞学**，即一场整个文化在分析和区分言语形式方面付出的重大努力"；在他看来，修辞学是"文学结构主义的声名显赫的祖先"（*BL*，16）。巴尔特认为这两个概念的对立很适切，我们必须承认，他一直在捍卫修辞学，而非表现力。我们马上会看到，《罗兰·巴尔特自述》给这个立场添加了新的论据。

巴尔特的修辞学态度也许有过变动，可是这种态度的价值和有效性从未受到质疑。即使按照初步假设，修辞学的"那些命题"仍旧"有力"、"精妙"，乃至在"现代性"[②] 方面也很有效力。甚至不妨认为，虽然巴尔特对修辞学的想法有过变化，但其总的方向却是一种崇敬，其中"历史"的成分越来越少，越来越个性化。

修辞学的这种美好品质从未被质疑：它使人能够"通过一部真正的言语行

[①] 参见《〈局外人〉风格之思考》，载《生存》，82页，1944，第33期；另参见本书第四部分第4节。

[②] 《旧修辞学：备忘录》，载《沟通》，172页，1970，第16期。

为的理论构想文学"（*BL*，21）。总之，"从高尔吉亚①到文艺复兴时期"，两千余年来，修辞学始终坚持"文学和言语行为"密不可分，二者的重新结合恰恰是现代性给自己规定的任务（超越"在 19 世纪末变成实证主义"的理性主义）。巴尔特认为，这是修辞学不可磨灭的历史贡献。我们这里有意引用了他一生最富于"科学性"的时期（照说如此）的提法，其他时期的例子亦不少见。这番褒奖是巴尔特 1966 年在约翰·霍普金斯大学的研讨会上做出的，那个研讨会标志着结构主义开始风靡北美。

《罗兰·巴尔特自述》1975 年问世，照样没有对上述评价提出任何质疑；不过，其侧重点有变化，由崇奉历史（**修辞学**是结构主义的伟大祖先）变为更加发自内心的感激。必须感谢**修辞学**的讲话艺术（这是巴尔特的评价的第二条主线），它不仅教会我们如何把话说好，更重要的是它教我们要言之有物。当事关言说的主体时，这份礼物更显珍贵，因为表现力只是主体的一个诱饵。

演变确实有过，演变的方向却不利于"言语行为"和由于"迫使人说话"而被《就职演讲》宣布为"法西斯"的"语言"（*L*，14），而有利于让人能够说话的修辞学。1966 年，巴尔特呼唤更新计划②，对**修辞学**的褒扬力度终于变小。他建议放弃"次一级的形式和修辞格"，全力研究"语言的基础范畴"③。到了 70 年代末，他对这种"基础"研究显示出厌倦，似乎不再限于在历史方面尊崇修辞学，而是包括了重新启用修辞学手段（例如在《罗兰·巴尔特自述》和《恋人絮语》里，尽管方式不同）。如果说"关于自我的书"有倒退的倾向，它却再

---

① 高尔吉亚（Gorgias，约公元前 486—前 376 年），古希腊智者派哲学家和修辞学家。——译者注

② 1970 年在《备忘录》一文（同上 172 页）里重申，这个呼唤有"姆苏修辞法"的味道："'旧'并不意味着当今有一种新修辞学：'旧修辞学'其实是跟至今大概尚未达成的'新修辞学'相对而言的，世界上有大量的不可思议的旧修辞学。"（关于"姆苏修辞法"，可参阅本书第二部分第 4 节。）

③ 《书写是个及物动词》，约翰·霍普金斯大学研讨会，1966；《语言的窸窣声》，31 页。

次显示了一种与旧式修辞学的亲密而实用的关系，后者的重返使主体有可能登场，同时也跟"难缠的现代性"保持距离。

的确，从头至尾，《罗兰·巴尔特自述》的"复数的叙述者"毫不犹豫地以修补比喻的工匠自命，他摆弄修辞格完全是为了防止失语症或失写症。例如对立这个他"最宠爱的修辞格"（另外还有好几个），他说："它有什么用？不过用来聊点什么而已。"（RB，96）而且，他提出最古老的修辞学断非一种伪装或者否定，而是为了过渡到公开赞扬："这种推动文本前行的方式（利用修辞格和一些操作）跟符号学观点是完全一致的（也跟残留在符号学里的古典修辞学并行不悖）。"这句话很重要，它是在题为"推敲"的片段里说的，巴尔特在结尾处给自己的写作下了一个"古典主义"的结论："我用古典方式写作。"古典主义（在风格方面，与利用表象的写作有关）和修辞学的目的（telos）是《罗兰·巴尔特自述》认可的相辅相成的价值。

不难看到，所有这一切都跟以为巴尔特怀有"反修辞学的偏见"或信念的假设背道而驰。很说明问题的一点是：为了支持这一假设，批评界甚至重绘、重写了这幅自画像，总之，他们根据最符合心理学的绘画标准，为《罗兰·巴尔特自述》的"叙述者"绘制了一幅成分驳杂的沉甸甸的肖像。一个不可避免的悖论是：为了促成一个作者的形象，打着修辞学旗号的分析终究抛弃了巴尔特的文本。为了证明批评的正确性，这个形象集中了大量贬义的谓词：混淆、粗疏、无知[1]；或者利用另一种描述：掩盖、恶意和"有趣地害怕显得老套"[2]。这种必然重画肖像和重新画出一幅作者的漫画象的批评恰好完成一个恐惧的幻象，这种幻象曾使巴尔特摆出一副退隐的自画像作者的样子："所有这一切的源头是恐惧……"（C，298）不过，这种批评也证实了巴尔特文本里的骤然发作的

---

[1] 参见米歇尔·薄茹尔：《当代自画像的理论与实践……》，282~284页。
[2] 《墨迹之镜》，267页。

谵言妄语。更准确地说，批评使之达到顶点。我们已经看到，顶点就是那个令人既喜又悲的修辞格，它加剧了社会形象的痛苦，把它变成了神经质的欣悦之情：

索邦大学的 R. P. 教授那时把我说成骗子，T. D. 把我当成索邦大学的教授。①（令人惊愕和激动的并不是观点不同，而是它们相抵牾。于是，您有了欢呼的理由：真是登峰造极！这是一次真正的结构性的享受，或者悲剧性的享受。）

游戏，仿写

我们不妨在门槛前停下脚步，谈谈《罗兰·巴尔特自述》跟《墨迹之镜》提出的自画像的系统说法多么不同，因为分析这种抵牾会把我们直接带到《罗兰·巴尔特自述》展开的一场叩问的核心：不是针对主体（向自己或别人做出的"揭示"）叩问，而是针对一种形式，即针对这本书为了开启新的写作方式而寻找和试验的一种新型的表述活动。从这方面看，它如何加入自画像的传统不是一个学术辩论的问题。因其涉及形式，因而这是一个至关重要的问题：为了达成小说艺术，一个被区隔的（旧与新）和分裂的（它为自己设计的避无可避的"现代的"表现方式）"主体"应该怎样对写作的媒介形式进行创新？

我们刚才看到，巴尔特根本不是罔顾或拒绝修辞学的"辞格和操作"，而是有意识地使之在迁移后的自画像的机制当中起作用。我们现在必须强调这种运

---

① 《罗兰·巴尔特自述》，66 页。缩写字母 R. P. 指雷蒙·皮卡尔（Raymond Picard），T. D. 指托尼·杜维（Tony Duvert）。

用的复因决定的性质。决定这种运用的不仅是他对于自画像这种体裁的整体印象（尽管这个出格的文本仍然属于这个传统），尤其是因为一个难缠的"现代的"信念："主体不过是言语行为的一种效应。"的确，只要这个空洞的表述主体方方面面都渗透了文本性，只要巴尔特所思考和幻想的任何主体都首先是<u>读者</u>，而且据说是"凭借"无意识的语言链，围绕"学习语文和若干修辞学规范"等"罕见而细微的媒介活动"（BL，47）而形成的，自画像就<u>必须</u>经由一场预先构思好主体的修辞格的游戏。这是因为，这本书里的"我"不是一个"深层的我"。为了成为抗拒自身想法的"我"，这个"我"也是一个"理性的体现"（RB，123）和文本的积淀。他身上没有任何东西使人想起自发性、"率性"，或者与修辞学制品抵牾的当场显现的自我。

无论是表现力，还是把"制造效果的艺术"忘记得一干二净的现代文本，巴尔特都很反感，这使他必须通过修辞学制造一个既是虚构的又是实际的"我"。它是<u>虚构</u>的，因为反思活动不以发掘主体的真实性自命，而且如此展现的"我"毕竟与巴尔特在别处所说的虚构活动殊途同归，即"知识分子"的"神职阶层"营造的一部分"话语系统"（BL，129）。它是<u>实际</u>的是指：它的（小说艺术的）目的不是提供必须兑现的真实性，也不是主体的（"现代主义的"）有去无回的扩散，而是实现一种"制造效果的艺术"（RB，106），这也是巴尔特给古典主义和他本人的写作活动所下的定义。令人错愕的《罗兰·巴尔特自述》恰恰表明从结构上有必要让古典主义手段服务于现代主义的主体观念。为此，偏离自画像的传统是一个必要条件（sine qua non），上文提到的<u>体裁</u>和布局之间的游戏则是一个结构方面的既定物。二者在"永恒的作家"<u>丛</u>书当中的"邂逅"不仅让巴尔特摆脱了重复（即使<u>不一样</u>）同一体裁的问题①，也使他用不着对自

---

① 瑟伊出版社自1953年开始，在"永恒的作家"丛书内每年都推出以"某某作家谈自己"为名的作品，及至1975年《罗兰·巴尔特自述》问世时已经出版了数十部同类书籍。——译者注

己的主体观念做任何理论解释。这个表述立场使他能够像任何其他人一样写自己，无须通过尽量理论化自我拔高。这是丛书的编辑体例事先为他提供、规定的文本的处境。这是一种非用不可的形态，是自由发挥他的主题的基础；这就使他能够对一些理论方面的苛求放手冷嘲热讽，可是如果来自别处的规则不豁免他欠下的"理论"债务，他会不得不接受这些理论苛求。打这以后，"理论"成了宽大为怀的巴尔特的"团结"对象。

这种"自我描绘"的自由，巴尔特预先在一本书的体例里找到了；那本书在结构上是一种体裁的仿写，即冠以评论的传记，配上"原作散篇"。他以写自己"自娱"，可是，凡是涉及自画像传统之处都被遵守另一套规则的写作过滤了（或者说抢了先）；如果写一部蒙田传记，一部"永恒的作家"普鲁斯特传记，或者一部米什莱传记……他都会遵守那一些规则。巴尔特成功地使这本奇书栖身于两种规范的落差之间，游戏于两种语体之间，如此不停地往返使它跟二者当中的任何一个都不一样。

这个维度在题为"游戏，仿写"的片段里得到了明确无误的评论：《罗兰·巴尔特自述》全书贯穿着一种模拟风险的张力——仿写失败。这种张力靠例如命题作文得到精心维持，这个全法中学语文教师资格会考的法语作文考题要求考生评论《写作的零度》中的一个段落[①]。"题目"是书中一个"散篇"，巴尔特没有像一段引语那样使用它，而是照录，配上简单的"回收"一词作为说明（RB, 158）。他拒绝把写作的地位赋予陷入另一种话语里的自己的文本，而是把它作为"例证"收进这本书：既是一个高等学府的形象，也是一个巴尔特本人的形象。是可疑的炫耀，还是毫无来由的自鸣得意？在正文以外，通过"外部的言语行为"展示"油煎"主体的一个例子看来并不是自恋癖的自鸣得意，因

[①] 指《罗兰·巴尔特自述》里的一个段落，夹在"反响"和"关于选择一件衣服"两个片段之间。——译者注

为仅隔两页，它在题为"课堂习题"的片段里再次出现，又重复一次。这回<u>限于写作内部</u>，一共有八道巴尔特拟制的文本解说题，要求解说前头那个题为"在萨拉曼卡与瓦拉多里德之间"的片段。第八个问题，也是确定基调的最后一个问题，口气颇似《拉加德和米沙尔教科书》①："问题之八：请概括说明作者的文风。"（*RB*, 161）。这个游戏有两个效果：一是这个"文中之文"提醒读者，此书不致力于解释从前的文本；二是显示一个小小的体系，即课堂体裁与体裁仿写。《罗兰·巴尔特自述》全书都暗指这个模式，其特有的表述方式却不断打破它。载录与取消，两套彼此交叉的机制，巴尔特通过二者的搭配对怪异冗长的书名做出了说明。他提醒读者，作者运用全部艺术、全部**匠心**（technê）把一本书的<u>仿写的命运</u>搁置起来。这个意念是对主体应付**社会形象**的意向（mouvement）的复制，写作的任务是防止来自他者的**形象**陷主体于悲惨可笑之境。同样，对于主体从中尽力自我"系列化"的仿写活动，这本书的结构、骨架——肖像系列和各个片段的主题的连贯性——也必须指明和阻挡仿写始终面临的悲惨可笑的倾覆。

应当按照这个理解去重读一个题为"百衲衣"的短小片段——一通含糊其辞的忏悔，针对的是《罗兰·巴尔特自述》采用的写作方式。

> 评论我自己？真烦人！我别无他法，只能<u>重写</u>自己——从距离现在的远方，很远的地方：给书籍、主题、回忆和文本增加另一种表述，而且永远不知道谈的是我的过去还是现在……（*RB*, 145）

文中的解说选择一组<u>前所未见的</u>、"重写的"零散片段（即使往往包含"以前的"一个说法，有时是一个句子，极少是一个段落）隐含地违背了编辑体例。

---

① 拉加德和米沙尔（Lagarde et Michard）是一套法国文学史教材的两位编写者。这套教材自 1948 年以来为全法国两代中学生和大学生所熟悉。——译者注

然而，这份小小的独立宣言只有用文中一句主观、率性的"真烦人！"才能解释。难道《罗兰·巴尔特自述》真是"用方块布片拼缀的一床盖被"（RB, 145）？这种选择难道只是"别无办法"之下的权宜之计？

这通轻微的忏悔可以给"掩饰"的罪名增加可信度，然而是片段所处的情境所致。因为《罗兰·巴尔特自述》被设计成"片段式"绝非出于偶然。有些格言警句的堆积纵然显得缺少章法，整个分布却绝不是率性而为。按照字母排序仍有不确定性，留有增删余地①。这种分布甚至不追求《恋人絮语》里的那种任意性，目的是打破巴尔特对于结构和<u>意义的效果</u>的难以抑制的冲动。每一个"条目"下的配置，片段之间的呼应，都不断地表明以<u>邻接性</u>为阅读方式的这本书的组合性。［巴尔特有时连断续的假象也不维持，例如片段"词语功夫"（RB, 118）明确地返指之前的四个片段，将其聚拢、综合，一并做出结论。］

因此，片段"百衲衣"的虚假的心声袒露必须根据前一个片段才能解读，即那个关于<u>仿写</u>，关于不可把<u>游戏</u>归结为<u>仿写</u>的片段。

> 他保持着很多对自己的幻觉，其中一个很固执：他喜欢<u>游戏</u>，也拥有这方面的才能，可是除中学期间（仿写过柏拉图的《克里托篇》，1974）之外，他从未<u>仿写</u>过（至少是有意为之的），纵使他经常怀有这种心愿。（RB, 145）

这是对主体一种为时已久的仿写的"心愿"的肯定。它像一篇献辞，针对那种令人失望的解释：似乎这本书的形式只是作者躲避烦恼的顾虑所决定的。实际上，这段文字走得更远，它借一个更雄心勃勃的计划的名义，对不断否定仿写和拒绝其诱惑做出了澄清。这个计划就是<u>真正的游戏</u>：

174

---

① 《罗兰·巴尔特自述》的各个片段大致按照标题开首的字母顺序排列，每个字母之下的片段数目不等。例如字母 S 之下有 26 个片段，字母 H 之下只有 4 个片段。——译者注

这一点可能有一个理论依据：如果要<u>破除主体</u>，<u>游戏</u>就是一个虚幻的方法，其效果甚至与方法所寻求的南辕北辙，因为游戏的主体比任何时候都更加稳固。<u>真正的游戏</u>不掩饰主体，而是掩饰游戏本身。（RB，145）

说做就做，或说重写就重写。"掩饰游戏本身"正是"百衲衣"所为，这个片段令人失望，可是没有骗人，因为关键词"表述"仍在（"另一种表述"）。它的游戏不像题为"仿制"的片段所说的那样，仅仅照搬了自画像的主题。它是一个貌似自画像的东西的双重铰接，这个形似物被建构成一种<u>仿写</u>，<u>滞后于</u>它加入的体裁。

《罗兰·巴尔特自述》是一本双重抵制的书："抵制我自己的想法。退缩的书。"（RB，123）可是，这本书也抵制它与之调情的仿写的诱惑，仿写标志着主体这个"生土豆块"掉入它自己加温的热油里。它把冷冰冰的重复和压力锅这两座暗礁都避开了，不重复端上同一道菜，也不把自己变成炸薯条。因此，既不把自己的写作混同于某种体裁，也不混同于某种体裁的仿写，让文本游戏于二者之间。的确，这些都属于表述活动。解决办法只能是整体的和结构的：这种总体上的双重性使得这本书具有自由<u>放任</u>的特点。

因此，这本书才会轻松自如地不断变换人称代词，巴尔特一直认为这种手法是再好不过的<u>变换</u>。"出于一种句法窘境的简单效果"（RB，171），作家（写作活动）毫不计较地忍受从"他"转换为"我"之苦。巴尔特对此评论："这一切都是笑料。"（指人称代词的作用）当然如此，因为这种作用根本就不存在。"<u>自我</u>"、"我"、"他"，所有这些姿态都早已一劳永逸地得到批准。《罗兰·巴尔特自述》是一场幸运的循环式的表述。营造得如同尚堡①的螺旋楼梯：从"旧门"进入只能走完城堡的一半。至于对面传来的脚步声，使人势必觉得坡道后

---

① 尚堡（Château de Chambord）是位于法国罗瓦尔河谷的一座著名皇家城堡，里头的双重螺旋楼梯据说是达·芬奇设计的。——译者注

面藏着一个"虚情假意"的作者，在比划着什么。实际上，那边一个人也没有，是我们自己的脚步走了样的回声造成有人在的恼人幻觉。《罗兰·巴尔特自述》正是这样一部完整的楼梯。至于作者嘛，我们使用楼梯的时候，有必要期待遇到它的设计者吗？楼梯的隐喻《罗兰·巴尔特自述》早就提出过："作品是梯次展开的，它的存在是一种程度：一部停不下来的楼梯。"(*RB*，177)

想象域的圆圈

巴尔特在《罗兰·巴尔特自述》的书后列出了一些简单的"标记"，其中有一个条目十分重要，因为它的参指远远多于别的条目："想象域"。说实话，这个统计结果既随意又含糊。随意的意思是，这个词并没有出现在所有参指的书页里，出现这个词的一些书页，"标记"反而没有标明。含糊的意思是，这个条目虽然把想象域呈现给读者，突显其在全书骨架里的重要性，却要搞乱它的含义：只要连着读下去就会发现，被参指的文句是一些胡乱拼凑的令人难以置信的谱系，不恰当的定义，任意的区分，前后不一致的堆积。

这是因为，纵使想象域是这本书的核心："本书的至关重要的努力是演示一个想象域"(*RB*，109)，想象域却不是一场分析的主题或者（观念层次的）对象。想象域是整个游戏。它是"自我，我"，可是它也是支撑物的梯次排列，角色的分配和层次的确立(*RB*，109)，也就是写作活动本身。《罗兰·巴尔特自述》打算掩盖的不是主体，而是这种游戏（想象域是它的一个名字）。

就此而言，尽管根据巴尔特在这本书里的操控方式，澄清想象域的概念看来不无益处，我们却不得不放弃对它的详细描述。这个想象域（无论是否加下划线）虽然经常被提到，可是在理论或哲学语汇里却没有明确的地位。它是一个"大词儿"，是我们已经看到的灵幻物质之一，分布状况有所不同：有时是含混的或漂移的，"只因使用不当"；有时是随时准备"遇到谁就跟上谁"的"猎

176

169

艳者"（RB，129）。<u>想象域</u>更多地带有后一种"柔顺性"：对于任何凑手的理论，它都顺从、配合。这一点巴尔特心甘情愿地承认，甚至对其变动不居有一段总结："1963年，'它'是一个含糊的巴什拉用词"（EC，214）；到了1970年（S/Z，17），它完全改成了拉康所说的意思（甚至是扭曲的）（RB，129）。

那么，在《罗兰·巴尔特自述》里又如何呢？回答在一个正好题为"孤独感的想象域"的片段里。在这本不受"一个宏大体系的托管"（RB，106）的书里，<u>想象域</u>摆脱了一切理论束缚。这项宣告仿佛还不够，文本还精心地模糊了参照点。例如序言便宣示两个想象域（一个是形象的，另一个是写作的），位于这本书中部的一连串片段却宣示了三种（RB，118），跟前面说过的两种毫无关系。这个问题随着片段增加而越来越大。例如，产生于转向自身的"透视"的"可耻而痛苦的"想象域（RB，164）很可能有回忆萨特的隐情。可是，相隔数页，展开了另一种分析型的想象域，伴有"真实"和"象征"等词语。（RB，156）不过，有时"叙述者"也在俗常意义上使用这个词，不害羞地大谈"他的想象域"和"幻象"，仿佛在谈论一个<u>有个性</u>的人。这些模糊手法在一个题为"想象域"的片段里达到极致，这里已经不只是拒绝界定，连甄别想象域的可能性也干脆否定了，因为它终究只是一个程度问题，被巴尔特拿来与"烈酒或酷刑"的程度相提并论。最为不幸的是，他还利用一种工兵卡氓白[①]式的幽默补充说："困难在于这种程度无法用数字显示。"（RB，109）这个片段也反对笛卡尔（和萨特）有关确定性的标准，以最终点明想象域无从规定的本质：一种情状无法描摹的东西，即使它是"古代饱学之士有时聪明地放在一个命题后头的"那个<u>未定之物</u>（incertum）。

---

① 工兵卡氓白（Le Sapeur Camember）是法国早期漫画故事《工兵卡氓白趣事》里的主人公，头脑简单，说话前言不搭后语。作者乔治·克伦布（Georges Colomb，1856—1945），笔名克里斯多夫（Christophe）。——译者注

第三部分 《罗兰·巴尔特自述》或故事三则

语带讽刺的遗憾。看来，巴尔特坚持取消想象域的任何归属——他宣称那是不可能的。无论如何，这个词本身的不确定性也有疑问，围绕它编织起来的意义的网络或者镶嵌画不是掩盖缜密的和有启发性的东西吗？毕竟<u>想象域</u>散见于文本的起伏当中，从未消失，巴尔特却向我们坚称："再无任何东西支撑'它'。"

尽管有前后各种含义的纷扰，<u>想象域</u>仍然显示出这本书的力量，犹如带电的碎铁屑形成的一个磁场。在初步意义上，<u>想象域</u>和<u>退缩</u>的说法与任何"关于自我的书"的计划都会有的"风险"（RB，155）发生两次联系。这个想象域可以说是《罗兰·巴尔特自述》的第一个对象（也是个坏对象，既闪烁不定，又黏附牵连），因为它正是主体的<u>自身特性</u>——"真正属于我自己的"（RB，155），既是主体的习用语，也是它的痴顽之处。这是一个"愚蠢"的想象域，有它的主人："<u>我的</u>想象，<u>我的</u>幻觉"，等等。它把始终很危险的私密话引进这个领域，因为<u>这些</u>话透露了"最稠密的想象域"（RB，85）。一句话，这是一个冒着<u>社会形象之虞</u>的想象域；一个暴露的主体的想象域，这个主体"被人占了上风"，"任何倾覆和游离都无法保护"（RB，85）。它表现为一个"幻象"，冒着显得"粗俗"的风险（"标记"表列出的第 92 页查无<u>想象域</u>一词，只有一个名为"一个粗俗的幻象"的片段）。它陷入了"心理因素"，"糟糕透顶的想象域"（RB，106）。这是一场灾难：<u>蠢行</u>。

可是，这个退缩的、羞答答的第一个想象域（或第一位的想象域），虽然经过《罗兰·巴尔特自述》不断地和毫无保留地标显和"修饰"，但是现在忽然又冒了出来，不是作为充斥全书的招惹是非的主人，而是文本的预先必有的筹划者，因为他的"计划"跟文本的计划是一回事。主体极为大惊小怪："这套丛书的名字（《某人自述》）有其分析价值：<u>自己谈自己</u>？可是，想象域本身的计划正是如此！"（RB，156）不用说，这个话里有蹊跷：<u>某人自述</u>实际上是<u>某人通过另一人自述</u>，例如《米什莱自述》就是巴尔特写的；<u>自己谈自己</u>应按"自己的自述"去理解。

177

178

171

不过，这个游戏很划得来，因为通过这个花招，这个"被感受为所有那些我想写自己的和最终不便写的东西"（RB，110）的害羞的想象域能够发现，自己与第二位的想象域有奇妙的相通性，后者早已埋伏在此书预定的体例当中，**他者**（连同其代码，不仅仅是投注的目光）于是加入整个写作活动。

小诡计，大昭示：这套它们加入的"丛书"预先豁免了这个主体及其"想象域"。提问"镜子的光线怎样在我身上折射和产生反响"（RB，156）的这个人不是自恋的那喀索斯，而是代表光明的门农①的形象，是狄德罗所说的天才：文如其人。

于是，我们不难理解，"引证"三种"爱情想象域"的一组片段为何以片段"词语功夫"收尾。最后一个"想象域"避免重弹喜人话语的老调，为之提供了一个"辩证的出路"："不断赋予同一个句子以新的变化，从而创造一种前所未有的语言，其中符号的形式会重复，所指从不重复"（RB，118），并且把超越想象域当作一项爱情的和文学的伟大任务："爱情和言语行为的本身工作"。想象域就中止于"一个辩证的变化过程——一场实践——的既成形象"开始之时。而且，为了不使人怀疑不仅仅是恋人的形象制造者的身份，巴尔特甚至把作家的比喻放入了这个片段："好像阿耳戈的英雄们"。

这个做法双双超越了外部的社会形象和自恋的想象域，所缺少的只是一个目的地，一个收件人。

因此，归根结底，巴尔特所说的"为了演示想象域而付出的关键性努力"需经一条他为想象域找到的形式的捷径。"某人谈某人"的提法从外部为《罗兰·巴尔特自述》提供了保障，他大胆地把它变成"自己谈自己"。乘着这个势头，他在前行中顺水推舟地在读者身上找到了庇护所，因为"这同样有赖于梯

---

① 在古希腊神话里，门农（Memnon）是埃塞俄比亚国王提托诺斯和黎明女神厄俄斯的儿子。特洛伊战争中被阿喀琉斯杀死，宙斯赐他永生。——译者注

第三部分 《罗兰·巴尔特自述》或故事三则

次展开阅读的读者"(RB, 110)。"关于自我的书"从头到尾只能按照关于一个他者的书去撰写，只能由这个他者通过阅读激起"无尽无休地梯次展开的言语行为"，"永不封闭的括号"(RB, 164)。连体例和计划加给这本书的所有过多的（保护性）引号也得由读者（而非"叙述者"，更非主体）去拿掉。巴尔特很信赖这位"移动的、复数的读者，他把引号迅速放入，又随即拿掉：读者跟我一道写作"(RB, 164)。正是出于这个理由，巴尔特才用"朋友们"(RB, 68) 当作"写于其他文字之后，作为某种方式的最后赠言"的片段的标题。这种方式申明，此书的结尾面对那些此后必然在阅读过程中将其重新组织的读者；与此同时，通过类通性，也要强调文本的原则本身。巴尔特写道："必须努力把友谊作为一个纯粹的主题来谈论。"(RB, 69) 这个杰出的修辞学字眼很切合这本书的功能，因为在这本书里，借助一些能够把主体炫耀自己的"操练场所"（这是他对主题一词的定义）组织起来的修辞格，他努力像处理一个纯粹的主题似的"谈论自己"。

修辞学胜利重返《罗兰·巴尔特自述》，不仅是为了使作者摆脱"情感性的领域"，即摆脱那种"无法无顾忌地言说的情感性，因为它属于想象域的范畴"(RB, 69)，同样因为修辞学重返的是写作的抉择，这些抉择以前只是含糊地提及，此时却被切实地感受到。轨迹存在日久，付诸实践却是全新的。早在1966年的《古德曼研讨会》的发言里，巴尔特就提出要思考文学作品和"文学特有的元素"。他把混合了其他形式（例如电影）的故事、虚构排除在外，认为"言语行为"才是文学特有的元素，1969年他更直接称之为"文学言语行为"[1]。不过，文学的这种实质尽管被他与俄国形式主义者所说的"文学性"(Literaturnost) 联系起来，却被他称为"**修辞学**"[2]。这个有力的语义澄清与其说是理论，

---

[1] 《风格及其形象》，贝拉角研讨会发言，1969；《语言的窸窣声》，150 页。
[2] 《修辞学分析》，高尔德曼研讨会发言，1966，收入布鲁塞尔自由大学社会学研究所编辑的《文学与社会》一书。《语言的窸窣声》，133 页。

不如说是一种推定或者期盼,希望它能够进入"走向写作"的形式,这就彰显了《罗兰·巴尔特自述》的整个做法。巴尔特全力以赴地重启修辞学遗产,但不是要延续宏大的分类工作,而是将其作为一条从事**风格**的实践的途径,以便协调古典**修辞学**和"旧的"文体学。因为**风格**和**修辞学**都**认可他者**,也就是读者,运用的手段对读者也同样**重视**。在 1963 年的《批评论文集》的序言里,巴尔特说:"修辞学是写作的<u>温情的维度</u>。"(*EC*,14)同样,1969 年的发言对**风格**进行了一次实用的、<u>利害攸关的</u>叩问。"风格及其形象"最终是一个从作家的角度提出的问题:"可是我从中几乎看不到自己的批评家或语言学家的角色"(*BL*,141),他解释说。"风格问题"已经无关分析,而涉及如何<u>选择</u>一种可取的形式。巴尔特自问:"风格的哪一种形象使我觉得不舒服?"他在这个问题之后有一句补充很值得注意:"我祈盼什么样的形象?"(*BL*,141)

1975 年的一个片段极好地说明了这种碰撞。这个题为"写作始于风格"的片段里有什么?一连串他称许的修辞格,都是他在波德莱尔和萨特的著作里("他那里有的是")看到的,也是他"努力"去"实践"的(*RB*,80)。这是一套计划的草案,承担起想象域的计划:通过"风格的工作,取其最古老的意义",修辞学和写作被责令携手合作,把主体变成"文学语言";《罗兰·巴尔特自述》的核心问题便是这个主体,它比"表现方式"和"肖像"要重要得多。

关于一个相当浪漫的文本 2

"其中讲话者和恋人最终战胜了言语行为(和心理分析学)给我们的一切感受带来的残酷削减",这个文本就是《恋人絮语》。

第三部分 《罗兰·巴尔特自述》或故事三则

〔这个虚假的书名挺吸引人。对他来说,它相当诚实(Il a pour lui d'être assez véridique)——就上述引用语而言,然而大谬不然:引用语是拼接而成的,正如我与之相提并论的这本书。"一个相当浪漫的文本",这是1977年巴尔特在《艺术丛刊》上对《恋人絮语》的评语。但是,这本"其中讲话者和恋人……"的书是一本理想的书,在《罗兰·巴尔特自述》里,巴尔特仅仅为它做出了可爱的展望(RB, 118)。这是一种显示两本书是连续的方式:一本是"关于自我的书",其中表述行为的支撑物尽力掩盖游戏,一个飘忽不定和战战兢兢的主体制造借口;另一本是关于"赤裸的我,是我,又不是我"的书。《恋人絮语》迫使最倔强的读者重读《罗兰·巴尔特自述》,不是把它当作被某种特殊要求(和一种表述活动的情境)促成的短暂的冒险,而是摒弃元语言的一个真正开端,一个文本无法掩盖的逃离的举动。作者本人在1977年公开承认:"自《文本的快乐》以来,我就无法忍受有关某个主体的'学术论文'。"(GV, 266)〕

1977年的读者印象深刻的却不是这一点。《恋人絮语》的出版更多地被当成显示某种断裂的一个符号接纳下来,因为它处理——或导演——的"主题"改变了语体风格,同时低调而深刻地显示,写作本身的格调起了变化。

主题在书中扮演重要角色。虽然巴尔特在每次采访中都重申,情话并非"爱情故事",可是,对于这条区分,曾使这本书获得极大成功的读众却无动于衷。① 早在1938年,一份画报曾以《爱情大师在巴黎》为题,报道弗洛伊德旅经巴黎。封面的背景是三位富于现代气息的仙女,环绕着一张弗洛伊德的严肃面孔翩翩起舞;也可以说,她们从他那顶软塌塌的礼帽里跃出,跳着梦幻般的三人舞。待到1977年,电视频道"顿呼"为奇人巴尔特制作了一期令人难忘的节目。巴尔特看上去泰然自若,十分得体。其间只穿插了几个弗朗索瓦丝·萨冈的镜头,既毕恭毕敬又动情地向他致敬。连《天使侯爵夫人》的天不怕地不

---

① 此书在巴尔特的所有作品中最为畅销,迅速突破了10万本大关。

怕的代言人高隆夫人①也对他的超然神情留下深刻印象；《花花公子》推举他为"本月名人"；《伊人》杂志则不计前嫌，主动忘掉了巴尔特曾经在《神话集》里指责它脂粉气过重，为这位温情的符号学家宽宏大量地辟出专栏。

对于这些成功，巴尔特声称（为什么不相信他的话呢？）"实在感到吃惊"（GV，306）。然而，这种接受是对成功实现了一种雄心的嘉许，很久以来这便已经不是什么秘密了：成为<u>公众作家</u>。这一身份（"名分"）的改变标志着这本书所特有的<u>博取好感的修辞术</u>（captatio）的成功，即巴尔特向读者提议的"合作"的乌托邦②，我们已经提到过它的格言："献给读者——献给恋人——合为一体。"从这个意义上看，《恋人絮语》的确达成了《罗兰·巴尔特自述》的题词所描绘的幻象。可是，放弃学术身份——巴尔特甚至说是"纯为思想方面的身份"（GV，307）——付出了变成一种从感受到感受的公众关系的代价。作者的行事风格不仅不再受庞大的体系的羁绊，他甚至自认为"受到某一读者群体的情绪化反应，而非广大读众的愿望的影响"（GV，307）。在另一次访谈中，他一边挡回有关恋人是谁的问题，一边把读者的（爱情）反应说成是这本书的本意："恶意地说，我写这本书是为了能够收到一些来信和心腹话，这使我现在认为，恋人比我想的要多得多。"（GV，273）

因此，《恋人絮语》是一块施行操控的天地，它既是为叙事、心腹话、见证而设立的，也是进行"模拟"的场所。无论在这本书的前言还是在报刊采访里，这个"模拟"一词都显示出作者最后的谨慎。巴尔特根本不可能承认自己<u>就是</u>那个"<u>我</u>"，因为"结果是有了一个自称<u>我</u>的主体的话语；话语在表述活动的层次个体化了，可是，这部话语仍然是组合的、模拟的，说是'搭建的'亦无不可（一场搭建活动的产品）"（GV，267）。"搭建"文本的说法这不是第一次提

---

① 安妮·高隆［Anne Golon，真名西蒙娜·尚若（Simone Changeux）］，法国作家，著有（或与丈夫塞尔日·高隆合著）以侯爵夫人安洁利克为主人公的系列小说。——译者注
② 见《恋人絮语》的前言"本书是怎样写成的"。——译者注

出，它在"超现实主义"运动中——巴尔特（从历史角度）对这场运动的尊重多于好感——有一个闻名遐迩的先例。安德烈·布列东和保罗·艾吕阿尔曾经把一部"模拟精神病的论文"集子命名为《无瑕受孕》。这本书试验"疯狂的"言语：重构和试验齐头并进。不过，巴尔特的恋人（总是被视为疯子和脾气怪异）跟这种语言试验没有任何关系。《恋人絮语》中的"**我**"并非产生于模仿另类言语行为的通灵术，而是文学参指（主要是维特，也有格拉迪娃或帕西法尔①）掩护下的主体本人，即一个对模拟进行模拟的主体。

因此这是一位恋人在说话，他说……②

事实上，《恋人絮语》是巴尔特的第一篇展现主体厄境及其缩合现象的文本。也许正因为如此，批评界最初的反应是乱了阵脚。评注步步紧跟文本，如同被杀蝇纸条粘死的苍蝇，逐句转译这篇本身"用情人的柔纱裹起"的话语。而且，如果说这本书弄出了一些**响动**，那仍然是最具巴尔特风格的：这本书摆脱了他的写作策略，变成一个"想法"，被说成"傻乎乎"的；最流行的传言是，历史学家返归**死亡**，哲学家返归**本原**，福柯把全面了解性的意愿还给了凯撒，巴尔特继之于1977年拿出了他的<u>返古</u>作品。但是，正因为如此，恋人和巴尔特才对"返古，低俗③"和"有趣的过去"都不感兴趣。

然而，正如《罗兰·巴尔特自述》只是假冒的《亨利·勃吕拉传》④ 一样，

---

① 维特即歌德的成名小说《少年维特之烦恼》里的主人公。格拉迪娃（la Gradiva）是古罗马浮雕上的一个姑娘的形象。弗洛伊德1907年发表了对德国作家詹森（Wilhelm Hermann Jensen, 1837—1911）的同名小说的长篇分析（Le délire et les rêves dans la Gradiva de W. Jensen），使之成为文学心理分析的一个著名案例。帕西法尔是欧洲中世纪圣杯传说里的主要人物。——译者注

② 本节和以下五个小节的标题均（截）取自《恋人絮语》的题词：C'est donc un amoureux qui parle et qui dit... （"因此这是一位恋人在说话，他说……"）。在原书里，这句话位于"本书的问世"和"本书怎样构成"两节之间。前引汪耀进和武佩荣的汉语合译本未见。——译者注

③ 巴尔特用语"kitsch"（来源于德语 Verkitschen "假冒"），泛指商业用途的低劣艺术品。

④ 《亨利·勃吕拉传》（Vie de Henry Brulard）是司汤达写于1935—1836年间的自传体作品，迟至1890年才发表，距作者去世已近半个世纪。——译者注

《恋人絮语》也不是改写的《论爱情》。如果说这本书包含"反司汤达"的元素，这却绝不是说与其主张相悖，而是巴尔特对这位先驱和爱情观念论者故作不知。司汤达被撇在这个开始于《论爱情》的结束之处的文本之外①。连这本书的原则本身也跟下面这句话所体现的司汤达的写作假设撇清了干系："爱情的梦无法记录。"② 这是因为，这场梦进入巴尔特的语言后，变成了恋人的一场连绵不断的自言自语，《恋人絮语》的任务正是记录和评论它。司汤达曾经竭力为再现这种内心的湍流进行辩护，巴尔特则调动一切文化蕴涵为它服务：除了通篇喃喃自语以外，小说作家、音乐家和哲人也被抓来填补空隙。歌德和拉康、词典和友人组成仪仗队，簇拥着章法谨然的自我分析："因此这是一位恋人在说话，他说……"温情的主体在书页上前行，既戴着面具，又原形毕露；这一页不应当继续叫做衬页，因为它颇具讽刺地向我们和盘托出了一切。

这是……

这本书包封上的"这是"（c'est）一词包藏着好几个声音。其中代词"这"（ce）综合了两种价值（照阿波罗尼奥斯的说法③）：既返指，又直指（déictique），而且可以理解为命令语式。

返指：单说"这是"行不通，后头必须跟着一个诠释成分（这是一位恋人）。

直指：在前言与本文之间抛出，放在胡塞尔式的解说（即"本书怎样构成"一节）之后，它宣告一笔捐赠。在诠释成分出现之前，"这"指全书，因为无论已经获得还是期待，这个欲望的对象都被营造得像一个糖果匣子。拿起来美轮美奂，打开便是一纸声明，如同名牌巧克力厂商的质量保证书；然后说明制造

---

① 《恋人絮语》只有四处提到司汤达，三处都跟《阿尔芒斯》有关。
② 司汤达：《论爱情》，弗里奥丛书，54 页，巴黎，加里马尔书局，1980。
③ 阿波罗尼奥斯（Apollonius，公元前 262—公元前 190），古希腊著名几何学家。——译者注

第三部分　《罗兰·巴尔特自述》或故事三则

流程和使用方法；接着是写有"这是"云云的一页，精美华丽（夹送的），好像藏在花纹纸下面的最后一张银色衬箔；及至最后：这个就是了。所以，"这是"的意思是：这是我的身躯，这是我的捐赠。如此层层剥离将读者置于一套仪式的过程里，因为"爱情的礼物是庄重的"。《恋人絮语》是巴尔特的第一本<u>实实在在地</u>献给所有读者的书。

它又是命令式的：<u>这是</u>——这一个，别的都不是。<u>这是</u>一位恋人，不是随便什么人；<u>这是</u>一本谈情说爱的书，管它跟时尚合与不合。文本逐步确立——它就是如此，<u>我</u>就是这样坠入了爱河；而且，贯穿全书，它断言"爱情是<u>价值观</u>，义无反顾"。

因此这是……

寥寥数语的楔子语含讽刺地宣布了这是一本作出<u>断言</u>的书，好像在说"让它进来吧"。不过，"因此"一词只是诱饵，它断言的不是三段论里的第三项，而是一个前提项，是爱情的"此在"（l'être-là）。它不是逻辑学家的<u>因此</u>，而是叙事者的<u>因此</u>。叙事者已经在叙述：<u>因此</u>，既然您在倾听，既然这是您的意愿……它不下结论，而是把您纳入自言自语，把您<u>粘牢</u>：这个被蒙蔽的位置，任何人只要数到第 100 页或第 286 页都可以达到。"因此"把您引领到<u>我</u>的面前。它是<u>本我</u>的一个帮凶，一个<u>反因此</u>（anti-ergo）。断言取代了演示，任何其他解读都是畸形的怪物。"此时，在本来只应期待断言爱情之处，一部出自某一类修辞格的'爱情的哲学'"会是一头怪物（FDA, 12）。

相形之下，司汤达却说："我把这部论文称作一本观念形态的书，请哲学家们谅解我使用<u>观念形态</u>这个字眼。我不清楚是否有一个称呼爱情话语的希腊词，就像观念形态一词是指有关观念的话语那样。"① 这个缺失不无道理，因为在希

---

① 司汤达：《论爱情》，35 页。

腊文里，可感知物是没有情感的。所以，司汤达找不到能够表达他的怪物的字眼。他也不"让某个学问好的朋友为他生造一个"。在巴尔特眼中，《论爱情》是一本美学家的著作，不是一篇情话或者恋人写的书。他不能容忍将这种病态如此升华。他的"我"会说："我觉得对于情感诉求的鄙视都是冲我来的。"（FDA，208）爱情并无机巧，它是傻乎乎的。"岂有比情人更傻的？"在《亚历山大里亚四部曲》①里，劳伦斯·德雷尔用动物化的手法突显一个（恋爱中的）人物的傻气：让他"像一只大狗似的多愁善感"。对于巴尔特来说，恋人仿佛呆立舞台上的"极差劲的男高音歌手"，一只用于表演的蹩脚的动物："我就是这样一个歌手：一头魁硕的动物，既猥琐又愚笨"（FDA，207），连说话也是傻乎乎的——滥用形容词，喋喋不休，同言重复。恋人没完没了地重复他的疯话——一些"无格调"的谵言妄语。

肤浅的啰唆话，连篇累牍的旧话重提，以至颠覆了断言本身在不久前的一个失宠的修辞格里的"价值"。这部情话的戏剧性做法之一是为同言重复平反。这个老怪物的巢穴（现实的和精打细算的小资产阶级思想）曾经被《神话集》捣毁，如今它洗刷了耻辱，又回来了。同言重复的纵聚合关系在《神话集》里表现为"一分钱也是钱"的布热德②思想。《恋人絮语》则说"<u>可爱之物必有可爱之处</u>"（FDA，28）。同言重复一直是一张"滞停的唱片"，然而这个"言语行为的终点"也令人餍足，它从一度最乏味的语言变成"一种前所未闻的状态，掺和各种价值，逻辑操作的光荣终结，猥琐的蠢行，尼采所说的'是的'③的爆发从中熔为一炉"（FDA，28）。所以，热恋的主体所包容的不仅是情感诉求，也有非理性。逻辑的终结在他那里很"光荣"，光芒四射——理性<u>美妙地</u>遁迹了。

---

① 《亚历山大里亚四部曲》（*The Alexandria Quartet*）是英国作家劳伦斯·德雷尔（Lawrence Durrell，1912—1990）发表于 1957—1960 年间的爱情小说。——译者注

② 布热德（Pierre Poujade，1920—2003）是法国文具店老板，20 世纪 50 年代发起要求保障小商业和手工业者利益的运动。——译者注

③ 指尼采对人生的肯定态度，例见《查拉图斯特拉如是说》第 48 节"日出之前"。——译者注

甚至连依附于新的同言重复的蠢行也从"猥琐"里获得某种荣耀。理由则是在别处给出的：只有那些"没有任何历史的或论战意义的东西"（FDA，210）才是"猥琐的"。同言重复自有其难缠之处。这对于爱情的主题倒是挺好的。

因此这是一位恋人……

我们想起审查制度引发的一场针对高达尔的《已婚妇》的笔仗，结果高达尔被迫拿掉了定冠词。① 可笑的苛求，因为片名这么一改，损失的是确信：已婚女人嘛，就是如此！获益的是外延：众多已婚女人之一，任何一位，也许是您？

巴尔特一上来就选择了不定冠词：Fragments d'un discours amoureux（恋人絮语）。可是这里宣告的恋人显然不是维特。是随便什么人吗？如果只考虑恋爱主体的"言语的位置"——下文也将这样做——那么在某种意义上确实如此。不过，绝不是在任何其他意义上。文本是搭建活动，它的"我"却不是拼贴画。这是"它"顺带地承认的：即恋人，"我不是别的什么人"（FDA，142）。这甚至是《恋人絮语》截然不同于《论爱情》之处：其中的我不是一个导演出来的东西，不是一种提法。司汤达甘愿从事拼缀（patchwork），以至于从被他呈现为一件合手的工艺品的我抽身。"为求紧缩和能够描绘精神世界，作者用我来转述一些他本人不熟悉的感受，这里面没有任何值得引用的个人的东西。"② 跟符号学家相比，看来观念论者更会故作媚态……

《恋人絮语》完全不同。恋人只能是他自己：孑然寡处，"遭贬斥"，"累犯"。自言自语者的唯一性意味着孤独感。可是，导致孤独的东西也使他多愁善感；任何别的主体对外部世界的感受都不可能与之相同。（在最佳情形下，一切

---

① 让-吕克·高达尔（Jean-Luc Godard, 1930— ），法国著名电影导演、编剧和制作人，"新浪潮"派的奠基人之一。影片《已婚妇》完成于1964年。此处"拿掉定冠词"之说指原定为《La femme mariée》的片名改为《Une femme mariée》。——译者注

② 司汤达：《论爱情》，36 页注 2。

都可能相同，可是两个主体之间的关系不会如此。）

恋人身处一个只有自己才了解价值的天地。他只凭一条"爱/不爱"的区分给另一方定位，而且根据另一方是否已经属于另一个体系（入巢/未入巢），用一个系数来标记其可接近程度。这种强化的定位法意味着另一方的任何运动都有危险：如果它脱离这个范围，恋人会怒目以对。此时恋人的注意力会把引起的资格丧失归咎于另一方的身体。这正是恋人可能心生种族主义想法的原因，这种种族主义其实属于一切依身体取人的做法。例如，布热德便根据体态针砭孟戴斯·法朗士（*My*, 187）①。这个我看到"美好的形象发生变化"时，忽然觉得另一方完全是个陌生人："瞧他那动作，暴露出他身上有另一个种族。"此时，我通过暗示粗俗而继续强调的完全是（自然的和文化的）种族主义："他者是粗俗的吗？"（*FDA*, 33）

因此这是一位恋人在说话……

巴尔特笔下的恋人并不健谈，但也不像司汤达的恋人那样默不作声。他话说得很多，既有滔滔不绝的爱情的呼喊，也有饱含楚痛的喋喋不休。可是，要么因为尽力"寻获字眼"，促成我爱你的返归，要么因为更频繁地沉浸于形象在心中的涌动，他表明，谈论爱情首先意味着不对话："作为温情的主体，我既不对抗，也无异议。我只是不对话，不跟权势、思想、学术、管理等机制对话。"（*FDA*, 251）因此，独白成了名副其实的漫谈，包括跟情侣的对话：这样一幕场景"既不实用，亦非论辩"，完全是随兴所至的诉说，一些说给别人听的虚设对话，或是一些结构相似的段落。

所以，恋人既不像旧式辨证论者那样充当对话的一方，也不像黑格尔、马克思或布莱希特所说的辩证法论者那样，利用《神话集》里的辩证法的"变换

---

① 布热德说法朗士"长得丑，像黑桃 A"。——译者注

第三部分 《罗兰·巴尔特自述》或故事三则

技巧"(*My*, 86)谈论时事。这倒不是因为巴尔特本人不久前宣称的"言语行为不是辩证的","言说的辩证法只是一厢情愿"①。"爱情漫谈不是论辩",因为对于这种媒介作用,主体本人只有厌恶。面对他"寄托希望"的舒伯特的曲谱,他拥有的"不是一切,就是虚无";他的世界是一个"见机而动"的世界;他的问题不是立即提出,就是永无机会。温情的主体正是这样说话的,因为"辩证法认为:树叶不会落下,树叶旋即落下。可是这期间您自己会变化,您不会再提这个问题"(*FDA*, 195)。他罔顾辩证法的时间,理由跟把同言重复拔高为享乐是相同的。跟《神话集》里的布热德一样,他"很清楚,同言重复体系的主要敌人正是辩证法"(*My*, 86)。

不过,很难据此就认为他"反动",因为他对自己的定位恰恰是不对政治和一般的社会潮流做出任何反应:"我未必'无政治色彩',我的特别之处只是不被'蛊惑'罢了。"(*FDA*, 252)正像伊安②,只有荷马诗歌才能使他兴奋,提到赫西俄德就会打瞌睡。恋人从政治得不到任何刺激:"我跟葡萄牙有何干,跟狗的爱情和最新一期《小检察官》③有何干?"(*FDA*, 104)不过,只说他缺乏政治激情远远不够。这个局外人认为,变成了"另一个世界"的整个社会索然无味,毫不可取。针对这种"普遍的歇斯底里",恋人用"电子时代的工人"和"底层阶级的穷汉"的消极态度和他的慵懒——只要他能够做到——来对抗。政治是《恋人絮语》的篇外话,因为它来自尘世,喧嚣,碍手碍脚;也因为来自他者和被爱者,它严厉申斥和削弱我的喜悦,甚至指责我的爱的悲鸣,理由是"世界上还有那么多濒临饿毙的人,那么多艰苦斗争求解放的人民"(*FDA*, 210)。挨骂的恋人如何能够反驳?恐怕只是一个毫无说服力的回答:他要的是

---

① 《作家和写手》,载《论据》,1960,第20期;《批评论文集》,150页。
② 《伊安篇》(Ion)是柏拉图的早期对话录之一,探讨灵感问题。伊安是一位专业朗诵诗人,只擅长吟诵《荷马史诗》,谈到赫西俄德的诗就会打瞌睡。——译者注
③ 《小检察官》(Le Petit Rapporteur)是法国20世纪70年代后期的一个专门讽刺时政的电视节目。——译者注

以他自己的方式进行的革新,"也许跟政治革新相差不远,因为在这两种情形下,我憧憬的都是彻底的**新**"。

作为一个"不合适"的政治主体,恋人的生命哲学更是杂乱无章。这个受束缚的自由派本质上难缠,只有沉沦于"苦闷的教条主义"一途。同言重复的敌人是有变换力的辩证法,苦闷的教条主义则憎恶改良主义,"(爱情的)改良主义引不起我的兴趣"。列宁和考茨基也不行。恋人喜欢的是傅立叶,有时也喜欢布朗肖。"马克思主义"对他"未置一词",所以对他毫无意义。这个我拒不听命于辩证唯物主义,连"低级的唯物主义"也不接受(FDA,211),因此只能"幻想无从经历的东西":同时宣告"我爱你"和恋人的憧憬——克劳索维斯基①的交叉火力已经指明其代价,取消了任何保留。这是恋人的"彻底的唯物主义"(FDA,179),与神秘主义相去不远。

因此这是一位恋人在说话,他说……

《恋人絮语》,或恋爱中的符号学家,通过 80 幅图景漫谈:"辞格不应从修辞学,而应从体操或舞蹈的意义上去理解。"有趣的是,巴尔特坚持把这本书说成是一个脚本,"修辞格是某种歌剧小调",似乎要模糊这本书的必然的话语性。

然而,修辞格是十足的话语,而且是双倍分裂的话语。每个修辞格本身都"半是代码,半是投射",因为它既是当代的爱情代码的"印记",又是读者(和作者)"根据自身历史"(FDA,8)去填充的"空格"。但是,在这本书的搭建过程中,每一个修辞格都附有一条"论据"(放在片段前面并有评语),以界定甚至肯定这个修辞格。[这种手法甚至在修辞格"难缠"里留有一个缩影,这个修辞格的"论据"是:"肯定。恋人义无反顾地肯定爱情的价值"(FDA,29)]。

---

① 皮埃尔·克劳索维斯基(Pierre Klossowski,1905—2001),法国作家和翻译家。他 1969 年出版的《尼采和恶性循环》曾经影响了福柯、德勒兹和雷奥塔尔等法国哲学家。——译者注

第三部分　《罗兰·巴尔特自述》或故事三则

　　巴尔特为这种"论据"指派了一种作用：否认主体的厄境。他说，论据是"保持距离的手段，是布莱希特式的警示牌"（FDA，9），这就以某种方式提醒我们：写作的我跟"恋人"的我之间是有距离的。

　　不过，此处保持距离一词未免有点狡黠，因为这种距离不是出于算计。"论据"只是从修辞法上认可这种并非深思熟虑的，更非希望出现的差异，因为它只是一种痛苦的分离的记录（同时把它悄然收回）。"论据"利用布莱希特式的决定①掩盖一条确认：主体只有不全身心地投入才能漫谈爱情。

　　因此，这块命运的布告牌完全"遮挡"了情话的写作。《恋人絮语》通过我的话语提出的问题是：这个主体的符号是什么？尽管有展开修辞格时的双重任意性（命名和按照字母顺序排列），但这是一个类似于程序的东西：诠释过程。

　　可是，如果说"接触"和"随机性"一类修辞格似乎使情话的领域成了一个符号帝国（"全是符号而已，一场言语的疯狂行为"，"对我来说，事件是符号，不是标示"），那么在循序渐进的过程中——"这本书的体例导致必须循序渐进"——《恋人絮语》极为经济的篇幅有利于从意义的束缚中解放恋人。"符号不是证据，因为谁都能够制造虚假或意思含糊的符号，这导致不得不自相矛盾地屈就无所不能的言语行为：既然什么都不能担保言语行为，我就把言语行为当作唯一的和最后的担保——我不再相信诠释了。"（FDA，254）

　　这个"放弃诠释"的我依旧不能自我描写："我没法写自己。这个写自己的自我会是什么呢？"（FDA，114）这也就是说，这个"难缠的"我此时仍然是发生妥协的场所：写作会使他牺牲**想象域**，而且已经牺牲了"一点"。《恋人絮语》的我不如自言自语的我那么多情。二者之间横亘着文本，它"不描写"恋人，而是用情感谱写。这里的问题显然还是狄德罗式的："人们说痛哭流涕，然而哭

---

　　① 《决定》是布莱希特1930年的一出话剧，以典型地展现布莱希特的距离效果理论而知名。——译者注

着无法找到一个有力的称谓；人们说痛哭流涕，然而哭着无法协调诗句……"①《恋人絮语》中的我也很清楚，他为建立"合作"付出的代价是一种较为薄弱的爱情——为了能够自我描写而自我削弱。为此，他对另一个自我（alter ego）即符号学家施行报复：要求有语言禀赋的后者分担恋爱的姿态，参与和显示价值观，把朋友的敌人当成自己的敌人。例如"纪德的傻话"为维特迟迟不自杀而恼火："他期望的是一个人的死亡，是我的死亡。"（FDA，260）恋人命令符号学家放弃诠释，逼着他放弃分析（"是表述，不是分析"）。恋人符号学家不会再破译符号，不会再打碎它们。今非昔比，1970 年的《神话集》序言所呼唤的"符号破解"已成历史，他不会再计较。

这位恋人符号学家有着跟古典作品一样的滑稽离奇的特点，使用了同样的矛盾修辞法："情人理财师"，"坏脾气情人"②。滑稽的搭配。爱情在最后一幕里总是大获全胜。而此处的真实用意则是"无占有欲"。最后一个片段只能以弃绝一切和上帝的恩赐为代价，避免迷情的智力喜剧。还有尼采："别祈祷了，感恩吧！"这正好呼应全书末尾的胡斯布鲁克③的神秘主义："自由和沉醉的灵魂啊！健忘的，也是被遗忘的灵魂，竟会被既未饮用，也永远不会被饮用的东西灌醉！"（FDA，277）

必须用一个更高的（高于逻各斯和写作）涅槃似的肯定句收场，这是《恋人絮语》的一个矛盾的逻辑。同时，在被迫"循序渐进"的整个过程中，写作的主体一直在享受诱饵，甚至包括文本内部的一点点不愉快——因为"爱情无

---

① 狄德罗：《喜剧演员的悖论》，见《狄德罗全集》，第 10 卷，448 页，法国图书俱乐部出版社，1971。

② 《图卡莱》或《理财师》是法国作家勒萨日（Alain-René Lesage，1668—1747）的一出喜剧，于 18 世纪初成功上演。《愤世者》或《坏脾气情人》是 17 世纪法国喜剧艺术家莫里哀的一出名剧。——译者注

③ 让·胡斯布鲁克（Jean Rusbrock 或 Ruysbroeck，1294—1381），比利时天主教神秘主义作家，著有《论精神姻缘》（*Les Noces spirituelles*）等著作。——译者注

第三部分 《罗兰·巴尔特自述》或故事三则

法在我的写作里栖身"。这种丧失爱情时的消耗是为诱惑付出的代价，而诱惑正是本书承认的终极目的。对于恋人来说，诱惑符号学家远远不够，还得把读者拖入一场"合作"，即这个"理想的"文本，把他拉进这场抓鼬鼠的游戏，使之成为真正的作者，通过他的同意保证每个修辞格的正当性："至少当某个人说'没错！我认识这种言语行为的场景'时，一个修辞格便建立起来了。"归根结底，所谓"献给读者，献给恋人——合为一体的合作"提出的就是如此（sékomça）的自治。"对于等待、焦虑和记忆，我们这里能做的最多是追加一个小小的说明，交给读者去体会、补充、删减和传给别人。"（FDA，9）

这个计划有一个"样板"可依：《索多玛的120天》。关于这本书的论据萨德是这样阐述的："你大概会发现，许多得到描绘的偏颇之处会使你不快，这个我很清楚，可是有些会让你浑身燥热，甚至射精，这正是我所要的"。[①] 恋人则说：也许您不会喜欢所有的修辞格，可是有些你一定会喜欢，这正是我要的。斯菱城堡[②]内的600种激情也正如这80个修辞格一样，尽由读者各取所需。读者遇到和认出的每一个偏颇之处都为这本书添砖加瓦。巴尔特的做法也重复了萨德的邀请："由你自己作出取舍，别人也会这样做，这样一步步地，一切都会各得其所……"

因此，《恋人絮语》是一本难读的妙书，它转弯抹角地展现的恋人肖像促使读者萌发爱意，这是结构性使然。结构的"可怕"之处在于"不偏袒任何人"，也不容许恋人以个性自恃（"您瞧，我比 H 强……"），反驳他说："您的位置相同，所以您就是 H。"因此它永远是一种收容性结构。它总是在说：尚有一个空位可用。这就如同无论丰富还是干瘪的修辞格都会说：我是一个等您填满的空巢。请您加入舞会吧。

[①] 《萨德全集》，第13卷，16页。
[②] 斯菱城堡（Château de Silling）是萨德的这本小说里的故事的发生地。——译者注

罗兰·巴尔特传

来吧，请步入舞池

请引领众人……①

因此这也是一个坏小子在说话，他说……

句子的光晕

评价从《罗兰·巴尔特自述》到《恋人絮语》的过程，必须直接参考一个后来一直困扰着巴尔特作品的问题，即这些作品与"小说艺术"——甚至与小说——的关系。这两本书在体例上的相似性令人印象深刻。两本书都按照某种字母顺序组织一个即将登场的主体：一种粗略而随意，另一种有比较严格的任意性——如果可以这么说的话。因此，不妨认为，《恋人絮语》实现了1976年提出的一个（梦想的）计划（例如在片段"以后"里）。就一本今后会问世的"完美的书"，巴尔特写道："简言之，它具备一个小说主人公的一切品质。"（RB，176）《恋人絮语》具备所有这些品质吗？它是不是一个"完善的系统，对一切系统的嘲弄"，"智能和快乐之总和"，是一本"既报复又温和，既尖刻又平和的书"呢？无法回答，因为如此堆积形容词的规定性表述使问题完全失去了意义。同样，"想象域的阵风"庇佑着"完美的书"免于任何伪造……无论如何，这本开放的、奉献给读者的书（答复由读者作出）很好地实现了幻想的主要内容（依照爱情的而不是友谊的主题）：它是"走过来的那一个（历险）"（RB，176）。一旦完成，它就会刺激、唤醒、牵动每一位读者的历险过程。

因此，既因为作者及其文本之间的被设定的关系，也因为它在读者心中引发（或尽力引发）的关系，《恋人絮语》是一本"相当浪漫"的书。总之，这是

---

① 原文为歌剧《唐璜》（莫扎特作曲，蓬蒂作词）里的意大利语唱词："Alla stanza della danza Conducete tutti quanti…"

第三部分 《罗兰·巴尔特自述》或故事三则

巴尔特自己的感觉。频频否认只是为了表白而已，因为在评论自己的著作时，他一直激烈排斥把他的生活际遇跟"说话的"我相提并论。在两次重提符号学之间，他毫不迟疑地把他的写作境遇描绘成小说作家的境遇。一个合乎情理的讽刺是，这种有决定意义的真情吐露的机会是司汤达带来的，不是爱情观念论者司汤达——《恋人絮语》瞧不上他的"高头讲章"——而是作为小说家的司汤达。此时巴尔特反倒不觉得自比司汤达有什么不宜。谁是《恋人絮语》里的我？"是我又不是我。也不是我的超越。如果您不介意一个或许有点自吹自擂的比喻，那么我们可以说，这就像司汤达在导演一个人物。所以这是个相当浪漫的文本，而且作者和被导演的人物的关系是一种浪漫的关系。"①

这个"相当浪漫的"文本步步为营，好像真的要给自己找到一位名副其实的小说家。可是，情形仍然很奇怪：这位"半吊子小说家"把自己变成找出、分析和汇集文化里的（尤其是文学的）"修辞格"的叙述者。巴尔特还不失时机地屡屡提醒这本书在大学里（高等研究院的研修班）的源头。然而，在两份访谈录里，此书前言所无条件遵守②的这番虚构却烟消云散了。这两份访谈录分别发表于1977年的《艺术丛刊》和《花花公子》上。巴尔特在前一篇里略微让步，承认对恋爱主体做出了某种"投射"：

> 我注意到，在某些修辞格里，我根据以往的生活经验作出了自我投射。我甚至把一些出于我自己的修辞格跟少年维特的混淆了。③

令人寒心的故事（Horresco referens）：符号学家的生活竟被混同于设计话

---

① 《恋人絮语》（与雅克·亨利克的对话），载《艺术学刊》，1977年5月；《声音的微粒》，267页。
② 原文 perinde ac cadaver 是16世纪耶稣会创立者罗犹拉颁布的训令，要求凡耶稣会成员必须像僵尸一般无条件服从教皇和会规。——译者注
③ 《恋人絮语》（与雅克·亨利克的对话），载《艺术学刊》，1977年5月；《声音的微粒》，266页。

语的修辞格！可是，符号学本身也必定会为之战栗。应当再进一步，正如第二篇《花花公子》的访谈录所做的。

刁钻的问题："这位说话的恋人正是罗兰·巴尔特您本人吧？"回答在意料之中：主体并非一以贯之，如何用一句"是我"提示它，等等。然而，当这个问题换成此书给出的阅读方式再次提出时，巴尔特不再躲闪：

——对于这本书的每一个修辞格，您是否都会认为"这正是我自己"？
——呵呵！在主持同一个主题的研修班时，我很重视从前没有注意过的修辞格，取自书本的修辞格……当然，这些东西在这本书里冒了出来。嗯，不错，我跟这本书里的所有修辞格都有个人关系。①

要说服从事"非仿写"② 的符号学家，用不着说这么多，它说得甚至过了头：多于能够把《恋人絮语》比拟为小说所需的东西。因为，说到底，过度表白使这本书返回《罗兰·巴尔特自述》所发掘的领域：记录主体的想象域。出于这个理由，《恋人絮语》才是作者的自画像，不是罗兰·巴尔特的自述。学界渊源和借用未曾注意的修辞格（如以上对话揭示的那样）构成的烟幕一经驱散，剩下的就只是一个"赤裸的"或者半裸的我。巧施一套表述的装置和间接仿写某个形式显然都保护不了他（或保护得很差，只在形式上对前言起作用）。要维持这个我，只有依赖风格的力量一途（唯一的恩惠）。

巴尔特还声言："鉴于有这样一个主体"——其实就是他本人——"我必须保护这本书。为了保护这篇以我的名义说出的话语——这本身毕竟已经是件冒

---

① 《当代神话破译大师为我们谈论爱情》（与菲利普·罗歇的谈话），载《花花公子》，1977 年 9 月；《声音的微粒》，284 页。
② 这里说的非仿写（dis-simulation）是指《恋人絮语》开头宣布的仿写（simulation）。实际上并不完全如此，因为巴尔特说书里保留的修辞格他都"重新感受"（ressentir）了一遍。——译者注

险的事——我的最大的防卫武器就是纯洁的语言，甚至不妨说，恰恰就是句法。"（GV，270；下划线为本人所加。）

这就是这本书的最为新颖之处，它继续拒绝"故事"的连续性，可是狡黠地给跟一个"人物"地位相当的我辟出位置。为作者——也是作家——保驾护航的，既不是理论图章，也不是表述框架的"支撑物"或"程度"，而是对于"句子的光晕的关注"。

《明室》，或失而复得的影像 3

《明室》是巴尔特的最后一本书，我们遇到的强烈诱惑是，将其视为全部著作中最富于原创性的一部。它以前大概确实是，而且现在仍然是原创性的，因为至少后来出版的作品没有一部能够使它物归其所。事实上，巴尔特的每一本书开始都惊世骇俗，作者事后狡黠地呈现的样子才使之显得顺理成章。也许，我们都了解某些朋友的倾向：总是回顾、澄清他们的生活（精神和爱情的），随时准备对各个时期做出解说。例如什么"我"的超现实主义时期、左翼时期、转变为自由派，还有"我"的出双入对的轶事，聚众吸毒后的腾云驾雾，最后一次的短暂放荡，等等。每当他们的认知域（épistémê）出现混乱，絮絮叨叨地修改自己的生平——但从不算数——的时候，我们都感到惊讶，这倒也不妨碍他们自己先吃一惊。这些自我描绘的西西弗们好像永远是生理本能倒错的人，往往性情反复无常，否则就是跟巴尔特一样狡猾。巴尔特本人倒是幽默地表现出这种全面回顾的兴趣，我们提到过，那是在《罗兰·巴尔特自述》的一个名为"阶段"的片段里。

在巴尔特用来维系写作欲的诡计里，有一条不可小觑：边写作边营造作品的神话。一本书一完成，就被置于时过境迁的保守的光环内，但是从不加否定（"以何种现在时的名义呢？"）。巴尔特使我们习惯于忘记他曾经令人惊讶。同样，巴尔特的作品有倾向性：倾向于古典主义，为了平息那些惊恐的大呼小叫，这些作品总是低声说："可是您瞧哇，我并非不可预见！"

这是一种巧妙的炼金术，用于陶冶一本从未到来的未来之书，《明室》的原创性也许被它消散、蒸发了。

不过，可以认为，这本书的独特之处是没有辩解。辩解（justification）一词应该从两个意义上理解：一个是通常所说的意义，另一个是印刷商所用的意义。后者指为字行预留适当的长度，为文本预留空间。的确，巴尔特的每一本书都为以前的材料尽力"辩解"，直至经过下一本书的调整才自圆其说。可是，尽管缺少辩解，《明室》在通常的意义上依然很独特：巴尔特丝毫不觉得有为自己辩解的必要，他没有像《罗兰·巴尔特自述》的开篇和《恋人絮语》的前言那样，利用博取好感的修辞术勾画一部有关主体的理论作为依据，甚至说明表述的规范。从这个方面看，"关于自我的书"与利用各种"模拟"办法为主体辩白的《恋人絮语》有极紧密的关系。这两本书与《明室》之间存在着巨大的裂隙，因为摄影艺术要求主体做出妥协，不绕任何表述活动的圈子，义不容辞地承担起责任。在这个意义上，《明室》是巴尔特的唯一一部私密的著作。既无前言，亦无跋语。文本这回绝对没有穿靴戴帽，不给作者留下任何篇幅和回旋的余地。也许这就是这本书的力道所在。按照《圣海伦娜岛回忆录》①的说法，威灵顿公爵之所以大胜滑铁卢，全靠没有事先留下退却的战线。巴尔特也没有采取谨慎措施，以至于这间明室无所顾虑（sine cura）。同时，正如狄德罗所说，这本

---

① 艾玛纽埃尔·拉斯加斯伯爵（Emmanuel, Comte de Las Cases, 1766—1842），法国历史学家和地图绘制家。1823年出版了他与流放中的拿破仑的谈话，以此闻名。——译者注

"既精致又率性"的书带有一种异乎寻常的粗暴。

非难

然而，只要仔细观察——不但像法语常言所说，"从第一页到最后一页"，而且按照英语的对等说法"从封面到封底"（from cover to cover）——就能看出，这本书并没有舍弃巴尔特文本的特点——自我注疏，也依旧开始于丹尼尔·考基诺夫斯基确切地称之为"引子"① 的东西。

不过，这个引子采用的形式却是新的，作为评论的价值也带有强烈的反讽意味。因为，注疏无论前置还是后置，都外在于文本和书本身。这本书是通过封面和封底的一幅小画和一段引言完成自我评说的。

小画为一幅19世纪版画的复制品。椅子上坐着一位浓妆艳抹的贵妇（可能是司汤达小说《阿尔芒斯》里的人物），高挽的发髻插花，身体略前倾，双手交叉在胸前，做出一副懒洋洋的样子，总之是摆姿势。旁边有位先生，坐在三脚凳上，他的燕尾服部分地遮住了凳子，腿上置一张写字板。这个男人正在纸上信然走笔，写字板上方架着一台奇怪的仪器，有点像一支前粗后细的长筒望远镜，他把眼睛紧贴在仪器上。这幅小画上的男子略显斜视，以表现这种为贵妇人绘制肖像的仪器。它就是所谓"明室"，"用它便可借助一个棱镜摹绘对象，一只眼瞅着模特，一只眼盯着画纸"（CC，164）。

这幅表明"明室"及其功能的图画平庸俗气，甚至有点傻乎乎的，从中可以立即看出双重讽刺：既针对书名，也针对这本书的对象——摄影。摄影被排除在封面这一开首位置以外，以纪念它的"远祖"。远祖是推定的，不止一位，

---

① "形象起到引子的作用，恰如这本书扉页上的题词手迹：'这一切均应视为出自一个或者多个小说人物之口'。"丹尼尔·考基诺夫斯基：《明室的神秘之处》，载《文本性》，91页，1985，第15期。

因为摄影是化学和机械：既非光学，亦非手工。这幅小画悄然道出了对尚无摄影术的世界的怀念：一个素描和版画的天地，人们在周末或别的日子里作画的时代。它谨慎地赞扬被摄影术咔哒一声废除的这个世界的权利，因为摄影"蛮横地压制其他影像，版画、形象绘画均已销声匿迹"（CC，181）。

这幅小画传达出一种淡淡的怨恨，而且随即宣告摄影将是一种挟带敌意的、故意刻薄的和时而愤懑的关注的对象，它必须做出彻底交代。如果用一个词来说明《明室》作者的这种态度（我们知道，此类义务巴尔特常常用插科打诨来对付），<u>非难</u>（animadversion）一词当为一时之选。此处它的各个义项合起来是：屏气凝神加指责。

在这本书里，巴尔特大体上保持了这个态势，可是它也是一个诱饵，因为<u>非难</u>和一切心绪历程也是一条捷径：通过当今的形象的众多烦恼，走向它向往的**形象**。它的前期准备是《明室》选择的通向命运的捷径：成为一本**情书**。

第二个诱饵和讽刺却是针对这本书本身的，即封底引自《履践西藏之道》里的话：

> 儿子遇害，玛巴悲痛欲绝。一个门徒问："您总是告诉我们，一切都是幻象。您儿子的死也是幻象吗？"他回答："当然，可是我的丧子之痛是一个超级幻象。"①

玛巴的比喻的寓意不在于丧子之痛，而是这位智慧上师固执地否认哀悼及其需要的特殊关照。他做不到改变语体，让讲话方式与哀悼相适应，这很**可悲**。玛巴的更可悲之处在于，他想把痛苦交给支配的幻觉，坚持用传道的语言表达

---

① 《履践西藏之道》（*Pratique de la voie tibétaine*），著者邱阳创巴（Chögyam Trungpa Rinpoche，1940—1987）是我国西藏噶举派第十一世创巴仁波切（转世活佛），后还俗。下文所举的玛巴（Marpa Chokyi Lodro，1012—1097）本名却吉罗珠，是我国西藏噶举派译经家和首席上师。——译者注

丧子之痛。这就是这个比喻的分量所在。从某个生平事件——例如丧母——里去寻找这个故事的密码固然很方便，但是徒劳无益，因为它不是一个关于发现生活突然揭示和强加的"真正的痛苦"的寓意故事。正如发生在奥斯卡·王尔德身上的那样：他在瑞丁城的牢房里声言放弃坐牢之前的美好词句，例如"他生活中的最大悲哀莫过于吕西安·德·鲁邦佩之死"①，这个比喻包含讽刺，它的真意是怀疑词语的支配——它使人能够议论哀悼。巴尔特在《明室》开头写道："我一直想谈谈我的心态。"（CC，36）可是，哀悼不是一种心态，长篇大论是不可能的，这导致玛巴最终显得可笑。他的故事也不是提出结论或结束语的跋语。应该依其所是对待它：一段篇外话。书籍封底近来经常被编辑们用来刊印内容简介或作品主旨的说明，此处引用《践履西藏之道》却并非为了表示哀悼，而是点明此书没有走的错误道路，即逃避悼念和殡葬，以及利用某种理论或宗教的智慧辩证地谈论**死亡**。因为，事实上，死亡跟**摄影**一样，都是无法辩证地谈论的。

封底的这道警示，这段讽刺性的篇外话在巴尔特之死当中获得了充分的意义。它在全书里也到处可见：此书正值哀悼巴尔特期间问世，应该作为一篇诔文去读。

不过，《明室》绝非一本悲伤的书。只有根据它的出版时机，而不是根据内容，才可以用悲伤来形容，并且赋予它一个半先兆半遗言的含糊身份。重读此书必须尽力使之摆脱这个劫数，即必须指出，巴尔特没有一部著作结束于一道如此坚定的断言，也从未如此许诺。文本的最后一句话不是写给**死亡**的。奇怪的是，很多评论家都以为从中隐约看到了死亡的影子，幻想着死亡已经得到预告。他们制造出一个利用纸牌算命的巴尔特，他像卡门那样，能够在每一页文字里发现自身命运的征象：

---

① 爱尔兰作家王尔德（1854—1900）曾被判在瑞丁监狱服苦役。王尔德在狱中写下了《瑞丁监狱之歌》的诗作。吕西安·德·鲁邦佩（Lucien de Rubempré）是巴尔扎克小说《幻灭》中的主人公。——译者注

是啊，如果你必定赴死，那就再来二十回，

无情的纸牌仍然不会变：死亡！①

误评有两种：一种把《明室》读作一通阴暗的往事回溯，另一种把这本书和它的对象混为一谈。假如摄影的奥秘的确在于**死亡**，《明室》的奥秘却在于生命。"疯狂的"摄影——优秀的摄影——的真谛是"迷醉"，结束语也不是哀悼的挽歌，而是主体为自己颁布的一道充满活力的命令："是把（摄影的）景象交给完美幻象的教化代码去支配，还是直面已经苏醒的难缠的现实，全由我取舍。"（CC，184）完美幻象即玛巴所说的超级幻象，误读而已。明确的结论非此莫属：**死亡**不会用这种口气说话。

想象域

可是，导致误读的不光是作者之死和笼罩此书出版的一片哀悼之声。这最后的一本书也许是最微妙的。虽然巴尔特的作品从来不乏悖论和颠覆之论，但是这一本也许是最具煽动性的。要描述这本书，看来有必要重提"精敏"（délié）一词在18世纪流行的风雅含义，《利特雷词典》至今仍然认可："形容乍看工巧难辨"。

煽动性开始于一条悖论。这本书开门见山地宣告本书很难搞，因为没有方法，连对象也没有……虽然此书副标题用了谦逊的"札记"②一词来谈摄影，但一听便知这个雄心<u>不大可能实现</u>："我曾经觉得谈论摄影是不大可能的。"（CC，16）连是否真有这样一个对象也有疑问："说到底，除了技术方面的证据，也无论当前摄影获得了多么了不起的传播，我一直无法肯定它确实存在。"（CC，14）

---

① 取自比才的歌剧《卡门》中的歌词。——译者注
② 原文是 Note。——译者注

第三部分　《罗兰·巴尔特自述》或故事三则

既无对象，又无方法，因为巴尔特不仅否认摄影本身有什么"禀赋"，而且先声夺人地避开了求助于理论体系的研究方法，即"社会学、符号学和心理分析学的"（CC，20）理论体系，那是从前出于特殊需要而屡次"借用"的，但如今已经过时。这就是说，《明室》开篇第一个揭示便是，摆脱理论羁绊的主体将全力以赴地致力于一个不大可能的对象。逃出樊笼的摄影向自己和读者展示的是一个"学术上独立和无依附的"主体（CC，20）。这个对象因随处可见（艺术杂志的栏目，文化馆的"活动"，好书店的展柜）而被认为很容易找到，如今却从眼皮底下溜掉，成为分类编目工作的漏网之鱼。它摆脱了专门知识的工具性。这本书的题词"献给萨特的《想象域》"也不否定这个结论，这其实是此书的首要目标。

实际上，巴尔特并没有从现象学得到什么好处。衬页的这句题词提到萨特，不是为了打出一面理论大旗，而是将之当作一座墓碑，以表达尊崇和好感，但它不是一个参照的依据。这是一本书在向另一本"至爱之书"表达敬意，无关体系、"哲学"或者某个观念层次的工具。它特别向《想象域》[①] 开头几页的理论分析发出了敬意。因为，正如巴尔特避开"社会学、符号学和心理分析学的"专门知识一样，萨特也回避各种"理论"和"学术假说"，他说："我们将把理论搁在一边。关于形象，我们除了思考教会我们的东西以外，什么都不打算知道。"[②] 毫无疑问，这种预先说明恰为巴尔特所欣赏，它把观察领域划定在自己"目下所知"的范围内。这个实质上反学院学术的姿态把"五花八门的教义"[③]扫地出门，经过巴尔特曲解，它成为反文化的公设，野蛮的动作："面对若干照片，我真想撒撒野，没教养。"（CC，20）他对另一些照片则不屑一顾。

[①] 萨特1940年发表哲学著作《想象域》（或译《想象》），副标题是"想象的现象心理学"。——译者注

[②] 萨特：《想象域》，14页，巴黎，加里马尔书局，1940。

[③] 同上。

因此，提出现象学只是为了玩世不恭地嘲弄它："这种现象学含糊，任性随意，甚至玩世不恭，因为它同意按照我分析的乐趣，改变或者回避它的原则。"（CC，40）这种现象学只是为了遭受更大的妥协才没有像"理论知识"那样被干脆抛弃。巴尔特为了使它"与一股力量——感受——妥协"（CC，41）才把它引进《明室》。厄运还不止于此。一经"妥协"，现象学就被巴尔特利用一种多次借自萨德的幽默一下子打发掉了，即对"过气人物"施行改造的浪荡僧侣们的做法。圣玛丽森林的这些恶名昭彰的僧侣①的立即生效的判决词是"改邪归正"。巴尔特此时的判决体现在一个同样冷酷的字眼里："古典"。现象学被毫不留情地加上了这个形容词，于是难逃茹斯蒂娜的伙伴们的命运：资格被取消。滚开吧，"古典现象学"！再有，"古典"的说法是否暗示还有另一种现象学呢？当然，那是在文本里发挥作用的"我的现象学"（CC，41）。

萨特式的孤独是被悬置的一小段英雄史诗，它有一种稍嫌夸张的英雄主义。巴尔特不久就用一种我们更熟悉的姿态取而代之：参指私生活的自我分析。读者不会感到惊讶，作为一条不容置辩的插入语，《明室》从第5个片段起就提出了"私生活"的价值。（在巴尔特常用的修辞手法当中，价值肯定和伦理学命题都包藏在插入语里，从不出现在中心位置，总是陪伴文本，似乎是为它服务的。巴尔特对伦理学命题的处理很像《伪币制造者》里的爱德华之于他的人物：拐弯抹角。巴尔特喜欢插入语正如爱德华之"喜爱窗洞"②。）

不过，这种自我分析的占有，这种**现象学**的私有化既非卖弄风情，亦非心血来潮。巴尔特没有"重返"现象学；如果他将其作为他缺乏明确意识（萨特的确定性出于此）的前提，就会事先全盘皆输。由于他始终忠于主体缺失的理念，因而他才必须背叛被他归入历史的现象学，办法是狡黠地利用形容词

---

① 在萨德1791年发表的小说《茹斯蒂娜》（又名《美德的种种不幸》）里，圣玛丽森林修道院是行为怪异的僧侣们的一个淫窝。——译者注

② 安德烈·纪德：《伪币制造者》，弗里奥丛书，77页，巴黎，加里马尔书局，1972。

"古典",意为它既是正统的,又是陈旧的。遗忘在概念的螺旋式重返过程中是没有地位的,而且巴尔特坚持主体无身份的信念(坚信主体是杂糅的、不连贯的)。他对此深信不疑,这既是一种内心情感,也是一种理性的归属。这种忠诚在《罗兰·巴尔特自述》里用短短的一句话获得明确肯定:"他自觉与一切秉持以下原则的写作紧密相连:主体不过是言语行为的一种效应。"(CC,82)

《明室》的"私用现象学"从来没有考虑恢复一个古典主义的主体。因为排除其重返的信念没有协商余地,所以在巴尔特的著作里,这个信念早于成为其成功载体的20世纪60年代和70年代的理论话语。重返"自我"崇拜绝无可能,因为巴尔特以《庸见词典》①的口气强调说:这个自我,"众所周知,很深邃"(CC,26)。巴尔特对"不存在的"主体的同情有更深远的根源。《罗兰·巴尔特自述》对于主体的定义是"现代派的"(主体是"言语行为的一种效应"),《明室》则用一个狄德罗味道也许多于"如是"派的比喻——一种心迹表露——取代了它:"浮沉子"。**摄影**此时也被深度和"分量"的空头特权取代。主体终于能够面对**摄影**认出和说出自己是什么,而用不着理论的拐杖:"这个'自我'是轻盈的、分解的、分散的,好似一支浮沉子,无法停止不动,而且搅得我心神不宁。"(CC,27)

尽管如此,"古典现象学"的短暂浮现和迅即消失却不是随意的。如果说巴尔特断非利用这种参照,从一种在20世纪80年代的哲学股市上已遭贬值的思想(而且没有东山再起的丝毫征象)里骗取某种可疑的正当性,那么,先借用后背叛地举出现象学却奠定和孕育了一个文本。这倒不是因为运用了现象学的概念,而是由于它们被移译和化用,使之服务于巴尔特的理论的想象域。

---

① 《庸见词典》是法国19世纪作家福楼拜的一部身后出版的作品。——译者注

确定性

确定性的概念显然属于这种情形,萨特将这个概念当作《想象域》的试金石:"思考活动的素材是确定的。"① 在巴尔特那里,**摄影**只在逐渐提高的一系列确定性的最后才透露它的秘密——这正是每一个主体的谜团。这是充满风险的"移译",一个"分散的"主体会有什么确定性呢?

对于这个悖论的第一个回答并不令人惊讶:确定性藏在巴尔特称之为魅力的不容置疑的承诺当中,"因为,至少我对这种魅力深信不疑。"(CC, 37) 不过,就像人们就一部物理学理论所说的,这个回答是脆弱的。与植根于笛卡尔的发现的严谨性的萨特的立场相比较,则更显脆弱,跟这个关注摄影的主体巴尔特更不相宜。巴尔特喜欢摄影?没有比这么说更靠不住的了。不知从前哪一日,他曾经"诏告"喜欢摄影,不过这是两码事。而且,他承认,选择摄影只是因为反对"电影"(CC, 13)。这完全是被动的选择。做出选择的主体哼哼唧唧,对自己的乐趣感到愤懑或不如意。整个文本多处坦言和预示对于"照片"意兴阑珊。巴尔特不仅对"像野草一样"泛滥的照片不满(CC, 34),而且坦承根本做不到像《恋人絮语》那样,把它们当作情话的对象。这番陈述同样适用于一般意义上的摄影,以及每一位摄影家的作品:"我还发现,我从来不喜欢同一位摄影家的所有作品。"(CC, 34) 这种保留在每一组照片面前都瞬时引起对整个门类的厌恶。由于无法喜爱,或者说无法完全喜爱摄影,巴尔特在刚刚提出的标准上投下了一个疑虑的、不足信的阴影。的确,假如兴趣没有变为迷恋,魅力还有什么确定性可言?至于迷恋本身,《罗兰·巴尔特自述》实际上是这样

---

① 萨特:《想象域》,14 页。

第三部分 《罗兰·巴尔特自述》或故事三则

说的：" 我喜欢波洛克、崇伯利①，一切浪漫音乐，喜欢萨特、布莱希特、凡尔纳、傅立叶、爱森斯坦……"（RB，120）名单长得显然必须以"等等"才能结束。当巴尔特大谈魅力时，他表示怀疑的正是这个题为"我喜欢/不喜欢"的片段，他觉得"肤浅的主观性，戛然而止的那一种，开始于称之为'我喜欢/不喜欢'的一刻"（CC，36）。不过，巴尔特游走于两个文本之间的游戏有点拧巴，因为重提 1975 年的片段恰恰令人怀疑 1980 年表明的蔑视。重读"我喜欢/不喜欢"的片段，我们注意到，异议及其答复其实都得到了阐述。巴尔特评说："这些"——表明好恶——"看来都毫无意义"。不仅"看来"而已，事实上，巴尔特紧接着提出了必须付出的代价："这一切只说明，我的身体跟你的不同。"（RB，121）

读者自会识破这些文本互见的诡计，恢复对"趣味"的赞扬的连续性。《明室》则以自己的方式为"趣味"做出了辩护，同时把论证个人心态变成了一条途径，通往一门有关主体的科学——一门既新颖又快乐的科学。

无法相信这种对主观性的表面的否定，身体差异的记录怎么会戛然而止呢？简短的异议对《罗兰·巴尔特自述》的享乐主义花园并未造成任何破坏。为了建立一门巴尔特以身相许的"主体的科学"，它遭反驳后立即提出另一条相反的异议。没有任何改变：一如既往，仍然是收拢，是文本的螺旋运动中的一次迁移。不过，最重要的是，尽管重提这个用同样轻松的笔调分述"享受"和"抵触"的片段，让它们一左一右地侍候一个老爷般的主体，可是摄影和摄影家均不见于这两份名单。

在截至《明室》的很长一段时间里，对于喜欢和厌恶都谈不上的**摄影**，巴尔特缺乏兴趣。支配着《罗兰·巴尔特自述》里的分述的轻松愉快和"漫不经

---

① 波洛克（Jackson Pollock，1912—1956），美国有影响的抽象派画家。崇伯利［Edwin Parker (Cy) Twombly, Jr., 1928— ］，美国画家，以带书法风味的大幅涂抹画知名。——译者注

心的晕渲"对摄影起不了作用。我们看到，巴尔特不紧不慢地筛选照片，这儿用一张施蒂格利茨①，那儿放几张凯尔泰什，以及通常以敌意、仇视和恼怒为背景的得益于**旨趣**的物件："欧仁·阿特热的那些老树干，皮埃尔·布歇的那些人体，热尔曼·克鲁尔的那些叠印照片（我只提老摄影家的名字），它们跟我有什么关系？"（CC, 34）讨厌"老树干"不只是一个主体嘟嘟囔囔的俏皮话，它准确地概括了一种彻底的不适感，一种"令人恶心的烦恼"，是一个微缩模型。泛滥成灾的**摄影**"努力生产一个没有差异的（冷漠的）世界"，威胁着社会，形象的消费从中取代了"信仰的消费"。**摄影**是大型土地平整机，无差异的工匠，一个抗体。

总而言之，并非魅力的标准"不好"，而是不好的、不受爱戴的对象——**摄影使标准丧失了效力。**

可是，价值正好在这一点上掉转了方向。**摄影**抵制根据心态分类，即使它们是"有根有据的"，这就开辟了另一个研究维度，它呼唤并要求跟粗略地描写嗜欲不同的方法。

这样一来，魅力的标准虽然没有真正失宠，却显得很不适宜：虽然足以用来描绘主体的自我分析，它的热情却无法触及"摄影的实质"。个中理由不应该从**摄影**与**死亡**的联系里去寻找。一直伴随这场探索的普鲁斯特的回声已经相当好地提示了另一条道路，一条正确的道路：某一张照片罕见地、似乎神奇地遇到的主体不是"我们所习惯的在社会上和我们的恶习当中展现的主体"②。

在这本书逐步接近**摄影**实质的旅程中，如同冷漠寒夜中的指路灯，引自《追

---

① 这一段话提到的几个人分别是：施蒂格利茨（Alfred Stieglitz, 1864—1946），美国摄影艺术家和有影响的现代艺术倡导者。凯尔泰什（André Kertész, 1894—1985）是原籍匈牙利的美国新闻摄影师。欧仁·阿特热（Eugène Atget, 1857—1927），法国摄影家，作品多为巴黎的建筑物和街头景象。皮埃尔·布歇（Pierre Boucher, 1908—2000），法国现代艺术摄影家。热尔曼·克鲁尔（Germaine Krull, 1897—1985），生于波兰的德国摄影家。——译者注

② 马塞尔·普鲁斯特：《反圣勃夫》，"思想"丛书，157 页，巴黎，加里马尔书局，1954。

第三部分 《罗兰·巴尔特自述》或故事三则

忆逝水年华》的话为主体悄悄地铺设了沿途信标，这个主体毅然接受了影像的<u>荒
谬</u>的挑战，为了<u>最终</u>确立另一种<u>确定性</u>，既不容置疑又令人迷醉。那是一种"就
是如此，是的，如此而已……"的确定性，也是<u>彻悟</u>①的确定性，写作的确定性。

二分法

"我喜欢，我不喜欢"，"我喜欢/不喜欢"。从《罗兰·巴尔特自述》到《明
室》，这两句话看起来没有多大变动。一个简单的符号——一条悄悄加进去的斜
杠（/）却是第一个文本所没有的。把兴趣的两极隔开的这条斜杠却显示了一次
新的<u>操作</u>，把主体从**摄影**轮番威胁它的（恶劣）情绪、絮叨和失语症当中拯救
出来。很明显，这是典型的二分法。《明室》大力运用二分法，这跟《罗兰·巴
尔特自述》一组一组地兴致勃勃地平行列举迥然不同（也不同于这种堆砌可能
带来的一切文本的欣快感，例如拉伯雷的文本）。

巴尔特的第一个动作：摆脱所有不合时宜的照片（而且，我们将看到，照
片在他看来当弃如敝屣），即那些令人讨厌、气恼或者干脆无关痛痒的照片。随
后，对于第一轮筛选后幸存的为数不多的照片，他开始运用"价值的利刃"。
"魅力"于是分裂：<u>旨趣</u>（studium）和<u>刺点</u>（punctum）之分对影像世界施加进
一步的区隔。在旨趣方面，我们应当以尊重甚至好奇心对待那些资料价值能够
满足历史感的影像（例子：威廉·科林②让我们知道俄国人怎么穿衣服，"总之
是那些我不了解的东西"），以及那些以"夸张的"内容将传奇性赋予**历史**的影
象（例如尼加拉瓜在科恩·威辛③的镜头下变成了一系列"有点格勒兹④画风的

---

① 彻悟（satori）属于巴尔特所说的"禅宗体验"。他"盗用的"这个词表明一种由"谜似的内心
震撼"所造成的"转化的强度"（1980年的研讨会发言，未刊行）。
② 威廉·科林（William Klein），美国新闻摄影家和电影制作人。——译者注
③ 科恩·威辛（Koen Wessing），荷兰摄影家。——译者注
④ 格勒兹（Jean-Baptiste Greuze, 1725—1805），法国画家，长于民俗场景和人物肖像。——
译者注

场景"），还有一些则以美感（或者更常见于被表现的主体的美感）博取一种色情化的美学魅力。不过，我们知道，确定敏感点只有靠<u>刺点</u>才能做到：某种痛苦，某种"针扎"似的敏感点。

这个文本通过大量发现并提出了<u>旨趣</u>和<u>刺点</u>。众多读者都会从这场精心布置的盛典中得出结论：二者不仅是观念层次的辅助，更是这本书的核心，是它给我们上的"一课"。

不过，发现了只用于称谓两种摄影"效果"的两个术语（而且是主观地），不见得能带来多大益处。《明室》里的二分法不是用来分门别类的，它不构成一份列表。这本书一开篇就有警告：<u>摄影</u>"无法归类"。发明一个<u>刺点</u>的说法既不能理顺鱼龙混杂的照片，也无法澄清模糊的主题。人们充其量可以赞同，它能够使观看者从"肤浅的主观性"转入一种痛苦的、"揪心的"主观性。

这就是说，《明室》的新奇之处既不是它提出的第一个二分法（凭"肤浅的主观性"去筛选照片），也不是第二个二分法（把"魅力"区分为<u>旨趣</u>和<u>刺点</u>）。

<u>刺点</u>不是这本书的中心议题，可是它有基点的意义。这是一个承前启后的概念。它使文本围绕着自身运转起来，因为它不提出（分类的，分析的）结束，却充当了第三个二分法的手段。后者不仅对<u>摄影</u>不作整理爬梳，反而<u>最终把它拆解</u>。

因此，<u>刺点</u>的意义在于它的启发性。看似矛盾的是，在<u>从影像中拯救文本</u>的二分法的序列里，它还有辩证意义。的确，它的重要性在于，它是一个介于这两个领域之间的算子，而不是一个涵盖摄影和揭示其奥秘的"概念"。<u>刺点</u>本身没有带来任何新的东西，甚至在巴尔特的作品里有似曾相识的意味。我们在本章开头把《明室》视为巴尔特的原创性最强的作品，这并不是因为这本书开辟了什么全新的领域。有关《明室》的最大误会，是以为这本书大胆地（只要认可这一点）选择摄影为对象，而且大谈这位言语行为的"信奉者"的"认识论断裂"——体现在很晚才出现的笔论影像的意愿上。其实，巴尔特并不是晚年才有分析<u>摄影</u>的雄心。且不说，在一系列跨度约30年的文章里，几乎全部材

料早已准备好，《明室》只是重新加以组织而已。令人惊讶的不是想象地认为巴尔特在跟一个陌生的对象打交道，而是相反，巴尔特一边故地重游，一边颠覆了旧有的分析框架。这才是令人印象深刻之处。行文至此，我们应当提出这种颠覆的<u>总体路线</u>。

回顾一场反省

《明室》，一篇"札记"，既有文学寓意，又有文牍气，甚至是公布轻罪的文字：文章简短，应时而发，扼要报告，作出价值判断。表面上，这篇札记严格地遵守 1961 年和 1964 年的两篇文章提出的计划，一篇题为《照片的信息》，另一篇题为《影像修辞学》。① 还可以加上 1970 年发表在《电影学刊》上的一篇文章：《研究笔记：爱森斯坦的几幅电影画面》②。（1983 年发表的遗作《显义与晦义》亦应计入。）

第一篇文章早于《明室》约 30 年，研究限于"报刊摄影"，并且为"照片的信息"提出了一种符号学分析。在这个有限的领域里，巴尔特所说的"摄影的悖论"指隐指的一种特殊格局，为作为"无代码信息"（OO, 11）的影像的地位所固有（不具备"第二意义"，即其他造型艺术均具备的所谓<u>风格</u>），因为"其中隐指信息在无代码信息的基础上展开"（OO, 13）。

无论谈到理论上可以孤立地构想报刊照片，还是狡猾地推断一般意义的**摄影**"效果"，这篇文章都使用了条件语式。提出这篇文章引起的问题之多，使我们不得不毅然将它们暂时搁置。1961 年时的巴尔特是一员符号学悍将，勇于做出果断的宣示。例如，下面这句话应该如何评论？他说："从来没有任何人被一张照片说服或者揭穿（可是照片能够确认）。"然而，有关照片如何被接纳的研究却显示出

---

① 《照片的信息》，载《沟通》，1961，第 1 期；《影像修辞学》，载《沟通》，1964，第 4 期。
② 《第三感觉：关于 M. 爱森斯坦的几张照片的研究笔记》，载《电影学刊》，1970，第 222 期。

"照片的信息"的确有吸引力,特别是美国的那些研究:针对杂志和电视网大量展示的越战影像的说服力,以及"现场感"——来自色彩的和运用新技术于夜间拍摄的"阴森森的"效果的——所造成的可量化的震撼。淡化影像的威力,利用全面否定低估其效果的意向似乎压倒了一切"学术的"严谨性。不过,这条悖论有个引人注意的方面。巴尔特提出,照片是"唯一只用'实指的'信息构成或被它占据的东西,这或许充分说明了它的本质"。模糊的口吻令人强烈地感到,这句话是巴尔特的揣想,因为此时他奇怪地转入了直陈语式:"面对一张照片,那种'实指'的感觉,也可以说,那种<u>类比的丰满性</u>的感觉十分强烈,以至于描述一张照片根本就是不可能的"(OO, 12)。

接下去的一段分析却掉转话锋,抛弃了这条悖论:那其实不是我的意思,因为"这一切都有成为神话的危险"。我们于是必须严肃一点,警觉一点,"因为,实际上,摄影信息(至少是报刊信息)本身也极可能是隐指的(这将是一条工作假设)"。于是,浪子还家一般,文章重拾"客观的"符号学正途。隐指归巢,刚才只是走岔了……

这段话很有意思,文本好像卡了壳,可是卡壳不等于失败,只是发动机停顿了一下,符号学动能暂时供给不足。这种心态的骤变、理论幻觉的突发,其实巴尔特在别处多次谈起过:它们都属于"高兴得涨红了脸"。

很快,巴尔特似乎不无遗憾地放弃了这条疯狂的假设——"疯狂"是他本人1961年时的用语,《明室》结尾也用它来形容"喜爱的"照片。否则,这条"<u>类比的丰满性</u>"的假设将会诱惑受制于变为影像本身的实指的<u>观看者</u>。晕眩和诱惑均已避开。巴尔特于是只需聪明地举出一组"隐指意义的手段"(拼缀、摆姿势、物体、影像加工、形式美感、组合排列)。

这是一次富于表现力的卡壳,一个文本的气泡,一通空转,可是它没有被丢弃或遗忘。就在这篇短文的最后一页,巴尔特毫无预兆地返回一个已经很缠人的问题,他认为那是<u>真正的</u>问题所在:"这是否意味着不可能有纯粹的实指,

第三部分　《罗兰·巴尔特自述》或故事三则

即这个<u>先于言语行为的东西</u>呢?"不过,巴尔特无视符号学的课堂教学,煞有介事地对待这种"纯粹的实指"或"先于言语行为的东西"。只有一次,当别处已经评论过这个说法时,他笔下的那句"假如确有其事……"的话,意思不是"我当然一点也不相信……"巴尔特自我陶醉,把"纯粹的实指"幻想成一件礼物,自家的圣诞老人,自己送给自己的礼品,小孩子似的自讲故事:<u>仿佛真有纯粹的实指这回事</u>……

他对这个空想的问题的回答在《明室》里被重新加工:这个回答必然超越符号学。如果说有些影像的确有纯粹的实指,"那也许不是人们在日常言语行为的层次上所说的无意指的中性、客观性,反而是那些真正造成精神创伤的影像"(*OO*, 23)。于是,以"场面真切地发生过"为条件的<u>创伤</u>已经"提前"30年来到了**摄影**的本相直觉的中心位置:摄影的奥秘在于一种**本质**,不在于功能的游戏。不过,这种<u>直觉</u>被颠倒了,《明室》产生于拨乱反正:不,创伤不"取决于"摄影家身在现场的确定性。这是另一种确定性,**摄影**通过它展现和把握**主体**。这篇1961年的文章仅仅向<u>创伤</u>迈出了半步,未能摆正它的位置,因而不得不原路折返。因为这里提出的"条件"使<u>创伤</u>退回了隐指的领域,对此巴尔特无法视而不见(他立即说明了这一点)。不过,在这场围绕**摄影**起舞的奇怪的理论芭蕾当中,巴尔特完成了一次决定性的跳跃:"梦想"一种"纯粹的实指",把它从现象学方面与<u>创伤</u>联系起来。可是,把<u>创伤</u>的"条件"<u>具体化</u>却导致退回原先的战斗岗位:符号学堡垒……(在1961年的那个时期,即使有所变通,紧跟现象学也是不可能的。)

因此,这种"纯粹的实指"巴尔特既错失一部分,又与其失之交臂。错失一部分:<u>创伤</u>的概念已经把他引向在主体身上产生"效果"(伤口,撕裂)的想法,也就是说,把他引向<u>刺点</u>。失之交臂:对符号学的忠诚使他攻击一种本会使他贸然进入此时已被排除的现象学领域的<u>直觉</u>。于是,他不得不把这种<u>创伤</u><u>具体化</u>,把一些所谓"造成精神<u>创伤</u>的影像"说成创伤的栖身地。巴尔特避开

213

了有关实指的"疯狂"假设,付出的代价是把一些刚刚拟定的概念实证主义地物化了。这条假设因其理论严谨性而使他担心会变成"神话",他虽然躲开了这块暗礁,却掉进了另一个"神话"。这后一个神话因其表现创伤时的客观性倒是现实主义的。

这是一个含糊而尴尬的立场。仅仅为了笑看上千张"火灾、海难、天灾和'抓拍'下的暴毙"的照片,观看者需要读《明室》和戴上新的眼镜吗?符号学家巴尔特竭力把创伤设置在这些场景里,同时把"纯粹的实指"带来的震撼突兀地混同于对碎尸肉酱的兴趣。这些照片大概没有一张会"搁置言语行为",没有一张会"刺痛我们",为什么不作如是想呢?如果说,1961年时的读者会有这种怀疑,1980年时的巴尔特却不再质疑,他写道:

当我要求自己对一篇"急救"的报道里的几张照片评论时,我把笔记一页一页地撕掉了。怎么?对死亡、轻生、伤痛、事故,难道无话可说吗?在这些照片上,我看到了白大褂、担架、地上横陈的身体、碎玻璃。是的,我无话可说。(CC,171)

在巴尔特喜爱的一幅画(《罗兰·巴尔特自述》采用了)中,有一个人骑着一只轮子从山坡上溜下,遇到一个路标,上写"前方有路标"。第二幅画[①]显示这个人来到路标跟前,看到的字样是"路标"。巴尔特题之为"符号学的历史"(笔者本人凭那个土坡看到了他的西西弗神话,20世纪60年代的人们喜欢从上面奔跑而下——尽管那只轮子当属伊克雄所有[②])。超越符号学指派给影像的创

[①] 实际上是第三幅画,见《巴尔特全集》,卷四,702页,巴黎,瑟伊出版社,2002。——译者注

[②] 伊克雄(Ixion)是希腊神话中的人物,他在天堂里追求天后赫拉,引起宙斯愤怒,被罚下地狱,缚在一个永远燃烧和转动的轮子上。——译者注

伤，把描写对象变成分析主体，无异于骑过第二个路标，走出漫画。这正是《明室》要做的事。不过，巴尔特此刻还停留在山坡上。

从"影像修辞学"到"第三种意义"

情形至少在一个时期内如此，因为数年之后（1964年），《影像修辞学》一文启动了一场新的侦察活动。符号学的观念框架并没有被颠覆，相反地，有关"实指的影像"的开头几段话几乎一字不差地照搬了从前的分析。实指更明确地，甚至更加从政治方面被设想为一个亚当式的"乌托邦"。总之，说到底，这是一场打着"清白"的旗号的恫吓（这个词《神话集》里已经被用来警示**意识形态**的阴谋）。

不过，《影像修辞学》一文仍然有某种变化：提出摄影的"新颖性"的方式与后来的《明室》相同。摄影在文中被说成发生在观看者意识当中的"史无前例的人类学革命"。巴尔特写道："它蕴含的这种意识确实是前所未有的。"（*OO*, 35）理由跟《明室》里对普鲁斯特的参照完全相同：摄影在本质上与时间性的摇摆与振动互相联系。"的确，摄影引起的不是事物在此的意识（任何复制品都能做到），而是有过这回事的意识。因此，这是一个新的时空范畴。"（*OO*, 35）不难看出，这篇1964年的文章多么精心地为1980年的"私用现象学"做出了铺垫。

摄影于是荣获晋升，安享"人类学革命"的新尊位。可是，如果巴尔特身上没有发生另一场不引人注目的，然而同样是决定性的革命，这是绝不可能发生的。这场革命的后果是，从前的符号学家被后来的观看者撵出了门。这仍然是一场宫廷政变，可是，符号学的宫闱内流言四起，"意识"一词悄声相传。这条消息的正式发布却是在《时代杂志·文学副刊》1967年的文章译成法语之后，文章标题为《从科学到文学》（*BL*, 13），特别是在1968—1969年度的"萨拉辛"研讨班结束以后。这场内心革命此后才被记录和写进 1970 年《电影学刊》发表的《研究笔记：爱森斯坦的几幅电影画面》一文。

这些笔记跟如何定义**摄影**不无联系，因为这些问题不涉及爱森斯坦的电影，而是如文章标题所示，与一些电影画面有关。巴尔特在《明室》里说他不喜欢电影，抱怨电影的节奏令人觉得像速度在施暴。强加于人的节奏使他觉得电影过于霸道。巴尔特用了一个极富暗示的词指责电影，说它全然不顾"思考性"。

重要的是，爱森斯坦的电影画面使得巴尔特最终能够谈论影像。不少影像令他驻足、兴奋，有些使他颇有触动，他在描写中屡屡使用表达感受的词语。例如，他认为爱森斯坦的"无产阶级人种志"（瓦库林楚克的葬礼①）里"总有某种涉及爱情的东西"（OO, 51）。他也分享这种"本质上<u>可爱的爱森斯坦的人物</u>"的爱情（他在"可爱的"下面加了下划线，我反倒打算强调<u>本质上</u>）。

迷恋和沉醉于影像最终使他乘兴回到一个有关摄影的根本问题上，他一直在思考这个问题：摄影中究竟有什么"超越了意义"？不过，刚巧在 1970 年的这篇札记里，这已经不是问题，而是一条心得。例如，对于一幅表现两个"辅祭修士"正把金粒像下雨似的淋在小沙皇头上的照片，巴尔特写道："这两副面孔里有某种超越心理学的东西，轶事、功能，一言以蔽之，意义，它不仅仅是整个人体所展现的那种固执。"（OO, 44 - 45）正是在这个时期（1964—1970 年），巴尔特在朱丽娅·克里斯蒂娃的著述里找到了能够表达这个东西的字眼：意涵（signifiance）。于是，他又能够阐述他关心的东西了。"此处，我只对意指和意涵——不是沟通——感兴趣"（OO, 45）。由此诞生了显义与晦义之分，后者因巴尔特的一部遗作而知名。显义是意向性意义，象征性意义，"取自有关象征的一套普通的、共用的词汇"；晦义是"执拗的、逃遁的……我的智能活动难以吸

---

① 瓦库林楚克（Grigory M. Vakulinchuk, 1877—1905）是俄国海军的一名乌克兰籍水兵，他的死和葬礼是爱森斯坦的电影《战舰波将金号》里的重要场面。——译者注

第三部分 《罗兰·巴尔特自述》或故事三则

纳的"意义，也是"补充的"意义，它"完全地，也就是无限地向意义场开放"。巴尔特思想的"符号学"（sémiotique）时期使他摆脱了符号论（sémiologiques）的种种顾忌，车轮于是重新转动、滑行。（可以说是一场滑行吗？巴尔特的作品总是令人想起魏尔伦："他溜过冰面，精彩绝伦……"）

那么，被巴尔特当作《札记》的理由和认为属于晦义的"第三种意义"究竟是什么？它恰恰是被重新捡出和评价的那条1961年的假设（当时避而不谈），即"先于言语行为的东西"。不过，正如人们常说的"反物质"、"第三种维度"那样，巴尔特借助晦义，从（规定性的、有级次之分的）"先行的东西"转入了"反什么"的路线。《札记》提出，晦义是一种模糊的力量的表现，是叙事的一个反面："很明显，晦义就是反叙事本身。"（OO，56）在这几页的符号学虚构里，晦义具备一种"反自然的效果"，它是颠倒的，令人担忧、难以把握，除了它的效果：向"学术"话语放出暗箭，"扰乱、绝杀元语言（批评界）"（OO，55）。晦义者，逻各斯的美杜沙也。

从初步分析看，影像意义的这种显义与晦义的新区分正好跟《明室》的旨趣与刺点之分吻合。显义在1970年依然被定义为"一种正在寻找我的意义，我即信息接收者和解读的主体，一种从爱森斯坦出发，直达我跟前的意义"（OO，45）。旨趣从1980年的观看者的角度表达的是同一种邂逅："某种总体上的填充，虽然很殷切，可是没有特殊的锋芒。"（CC，48）旨趣和显义以各自的角度返指同一种可读性，一个信息和象征体系的资源。象征和夸张并存的局面既适合爱森斯坦的无产者的拳头，也适合桑蒂诺阵线造反派的"格勒兹风格的场景"。这两篇文章相隔10年，可是都引用了波德莱尔："动作在重大生活场合里的夸张真相"（OO，48；CC，44）。

至于刺点和晦义则显然属于"第三种意义"，即后来最终被确定为摄影的本质的第三种力量。二者的共同点是重视既诱人又"绝杀"的"内部"细节。可是，它们的吻合之处仅限于此，《明室》最重要的突破也由此开始。因为，刺点超越了晦义，重新拾起 1961 年和 1964 年由于企图维持符号学的严谨性而被压制不用的分析元素。有了刺点，创伤的解释学价值和摄影的"有过这回事"的享乐主义立场均得以重返，返回"另一个位置"。因此，《明室》中的刺点是一个独特的实体，其中"意义的剩余"（从符号学领域借入）与内在化为撕裂的创伤和"此时和以往的违反逻辑的衔接"（CC，145）结为一体。这个过程一结束，这种衔接就变成了"硬邦邦的死亡"的幽灵（CC，145）。跟以前有关摄影的文本相比，《明室》展现了一个少见的场面：巴尔特在障碍面前摸索、磕绊，手中一有新工具就重振旗鼓，或者说，待到这最后一本书有了良好的发行状况——如果不妨照搬一句套话，他就重振旗鼓。因为，《明室：摄影札记》不仅属于整个系列，也是收尾之作。它解决了问题，兑现了调整摄影的许诺。从这个方面看，《明室》的雏形虽然在刚才提到的文本里历历可见，全书却与之再无任何联系。《明室》是过去的产物，但是摆脱了过去。

鸿篇巨制

在塞里榭研讨会上，巴尔特引用过一句纪德的话："'我令人失望'，连神也不敢把这句话当成座右铭。"（C，60）我们要说：他从未像《明室》这样如此贴近地跟神性的这个特点调情，向其卖弄风骚。他甚至暗示，对于**摄影**的唯一"可能的"发现仅限于"有过这回事"。这条单薄的揭示可能会被读者挖苦——假如巴尔特曾经不小心把这条简单的观察奉若神明，又假如他没有预先说过："怎么回事！只为把一望即知的东西揭示给我，竟然用去整整一本书（尽管很薄）？"（CC，176）随便评论家们怎样误解吧。可是，巴尔特并不认同这个被巧妙地安在评论家头上的失败的报告。（"我了解咱们那些评论家……"）

的确，巴尔特在《明室》里根本没有遭遇失败，而是大功告成：他驯服了他一直认为只能跑腿打杂的**摄影**，制服了他一直认为怀有敌意的**形象**。这本

第三部分 《罗兰·巴尔特自述》或故事三则

"札记"确实很薄,不过也因为摄影不值得多费笔墨。巴尔特轻易地遵从一条无法"深究、穿透**摄影**"(*CC*,164)的"定律",因为摄影其实没有什么值得深究和穿透的。无论如何痛苦,**摄影**仍然是无可救药地"索然无味"。什么都没有澄清,因为根本没有什么模糊不清的:"只凭一个技术性的来源就把它跟'暗室'(camera obscura)的说法联系起来,这完全是误解。应该说'明室'(camera lucida)才对。"(*CC*,164)这是在恶意返指这本书的封面文饰:明室,一个不起眼的玩具,一面可怜的棱镜,一部展示人类奥秘的可悲的机器。

《明室》很成功吗?它使得巴尔特摆脱了**摄影**,宣告它的衰落——它的真正劫数。因为它会逐渐成为**废物**:"我只能把照片变成废物:不是抽屉,就是废纸篓。"(*CC*,145)抽屉和废纸篓:依照顺序(不作为可选项提出),我们在《罗兰·巴尔特自述》里见到过,那是防腐处理的程序,是零碎物件的葬礼。巴尔特解释说:先进抽屉,后入废纸篓或垃圾箱,这便是那块"肋骨"——"一小块我本人"的命运。那块肋骨是他做气胸手术时取下来的,放在抽屉里年深日久。而抽屉的"功能是通过使物件经历某个虔诚的场所,缓解它的死亡,使之适应环境"(*RB*,66)。多亏巴尔特发明的夸张的、"浪漫"的举动,这块肋骨最终才没有落入公寓的垃圾箱:他从阳台上把它扔到了塞旺多尼街上……

有什么样的废物,就有什么样的举动:《明室》的文本描绘了同样的举动,巴尔特通过它清理了**影像**。

《明室》的终极悖论也许正在这里:利用在**摄影**这个明确对象上大变魔术,为写作这个巴尔特唯一看重的对象服务。在**影像**和**叙事**之间——兔子和鸽子之间——魔术师手中只缺一顶帽子。办法在摄影本身当中找到了:**时间**。巴尔特认为它属于观看者的经验,同时也是一个**影像**从中可能——甚至必须——被遗忘的维度。

第39个片段提出了第三个——也是最关键的——二分法。这个二分法以刺

219

点的名义，运用于作为最终选择的一套"喜爱的"照片：一张母亲在暖房里的照片（读者不会看到）。巴尔特煞有介事地提出一个<u>过去的时间</u>来强调这个时刻，这个<u>过去的时间</u>既是又不是书中的时间："自从我自问何以依恋某些照片的时刻起（在本书开头，已经很久远了）……"（CC，148）这个时间不是"真实的"时间，即日常时序中的非实质的时间，然而亦非写作的时间，即被构想为"撰写"这本书的时间。（此书末页所记"1979年4月15日—6月3日"幽默地回应了"已经很久远了"这句话。）《明室》的**时间**是写作的时间，因为必须调动主体的全部记忆：<u>寻回</u>**时间**，**小说艺术**的时间。构成这种时间的是心态的变化，而不是时段。

　　实际上，时光仿佛被这本"简短"的小书摊开来。吝惜笔墨的《札记》向时间开放：时间——掠过阿维东拍摄的老黑奴的面孔和年轻的死刑犯亚历山大·加德纳的面孔。

　　于是，作为整个研究的出发点，"**摄影**是否有一种本质"的伪问题可以休矣，取代它的是按照<u>实质性</u>阶段展开的一场叩问，**摄影**仅为借口。这场叩问由一般意义上的摄影引发，随后在"<u>我的那些照片</u>"的引导下，由暖房的照片完成。因此，照搬《追忆逝水年华》的描述足以说明它。这张母亲的照片〔"我远远不止<u>认出</u>了她（'认出'一词太粗浅），而是与之重逢了"（CC，168）〕改变了<u>刺点</u>的性质。这个新的和终极的<u>刺点</u>是不可逾越的第三个二分法的产物，它已非针刺般的"细节"或者"刺痛"的特征，因为"它不是形式，而是强度，是<u>时间</u>"（CC，148；下划线为本人所加）。选取这种摄影既不是把它当作一个"领域"，亦非将其看做一种"体裁"，更不是把它作为一种"形式"，而是将它当作强度的载体。由于它一直只是一种"介质"，因而它在即将荡然无存的时刻有可能成为媒介性的。传统的**记忆活动**视之为丑闻，"虚实兼备"使它像一座俯瞰**死亡**的阳台。可是，一旦它的一切连同本质都被<u>观看者</u>的反复非难剥夺，它就跻身于写作的伟大的说客们的行列，包括盖尔芒

第三部分 《罗兰·巴尔特自述》或故事三则

特公馆的那座"石板路面高低不平的"庭院。

以暖房为例的**摄影**始终是唯一的问题，当它摆脱了一切<u>公众定见</u>（endoxa）之后，我们已经没有深究的必要了。它本身就是深度，是深渊，是一种"什么都摆脱不了它的<u>原定见</u>（Urdoxa）"，巴尔特写道。普鲁斯特说过，**叙事者**脑海里闪现的幻象"炫目而模糊"，它在对他说："有本事就在我经过的瞬间逮住我吧，设法破译我交给你的幸福之谜吧。"①

于是，一切都遭到颠覆：亲切变成怪异，确定变成幻觉。"令人恶心的烦恼"变成"迷醉"。"有过这回事"的贫竭的玄想、"绝对现实主义"的难缠的美杜莎变成了一次重新发现的机会。随着文本的展开，它将被分别命名为：重新发现玛德琳娜小甜糕，重新发现"迷醉"，重新发现<u>彻悟</u>。这个一目了然的"奇怪的<u>介质</u>"大异于"含混、可疑"的文本的手段。全靠<u>一张照片</u>之赐，只要被什么东西——所爱之物——缠扰，它就获拯救、昭雪。因为自甘"粗野"的<u>观看者</u>忘掉了一切知识和挑战，变成了享受把照片作为谈资的无穷乐趣和喜悦的<u>叙事者</u>（正合18世纪的说法："她成为我们晚餐后的谈资"）。**摄影**不仅未遭贬谪，还在<u>喜欢的照片</u>里大获勖勉。这种两面性使它与<u>彻悟</u>相距不远：既微末谦卑，又心满意足；艺术与生活兼顾，震撼与诗意两全。由于有暖房的照片，"有过这回事"才迸发出呐喊："如此而已，是的，如此而已。"（CC, 168）它在《明室》的文本里被永远记录在案。

《明室》利用摄影驱赶"非辩证的"悲伤，喜爱的影像是这种情愫的依托，即<u>类似物</u>（analogon）。《明室》只因悲伤被悼念仪式化和控制才是一篇悼词。当然，这全凭它是一本书，见证和证明运用辩证法的可能性。失落的痛苦能够变为"失而复得"的迷醉；如果**摄影**——死亡的奴隶和替身——最终能够得到加工，<u>死亡</u>也并非难缠。最后的话仍然属于写作："照片啊照片，你赢在哪里？"

---

① 普鲁斯特：《追忆逝水年华》，七星书库，卷3，867页，巴黎，加里马尔书局，1954。

然后，摄影便可以被打发到乌有之乡去了。不过它被抽取了一笔重税：这位**时光**的"**瞬间**"的信使，现时的创痛和未来的废料，曾经有功于它自己永远达不到的**鸿篇巨制**——巴尔特认为它甚至恰恰是当代的反命题。"通过把终有一死的摄影变成'有过这回事'的一般的和似乎很自然的见证，当代社会摒弃了鸿篇巨制。"（CC，148）《明室》宣布的决定却是：摒弃这种摒弃。这是一个勇于承担**鸿篇巨制**的**文学使命**的决定。在这个意义上，战胜宿敌**影像**——一个"始终很恶劣"、"索然无味"甚至"痛苦的"**社会形象**——标志着比一番深思熟虑的结果更多的东西。正如《追忆逝水年华》的末卷那样，它宣告的是一次出发，不止是"走向写作"（如在《罗兰·巴尔特自述》里），更是走向**全部作品**。

巴尔特最后谨慎地借瓦莱里之名宣布了写母亲的计划："一个小集子，为我一人而写。"在总是放入紧要的话的一段插入语里，他补充道："我也许有一天会写写她，以便刊印出来之后，对她的怀念能够跟我的名声同样长久。"（CC，99）他的这本书"像昔日社会"一样"古老"，而且跟后者一样，没有放弃"至少讲述死亡的东西本身也是不朽的"（CC，148）的信念。

《明室》是在普鲁斯特的身影下写成的（巴尔特1978年在纽约的一次演讲的题目便是《普鲁斯特和我》），这一点作者在书中并不讳言。在第三次引用《追忆逝水年华》时，他这样写道："普鲁斯特（还是他）……"（CC，162）参照普鲁斯特的用意我们现在看得更清楚了。如果从中只看到**刺点**与怀旧的一种相似性，那就错了。因为"摄影不缅怀过去（一张照片里本无普鲁斯特的痕迹）"（CC，129）。它的作用毋宁说是展现和使人相信一个新的雄心，写作的另一种行进方式——刚一出现便遭拒绝的行进方式。这个雄心接续了巴尔特多处说过的"内心事件"、"萌动"、**彻悟**。在谈到爱森斯坦的电影画面时，通过用"第三种意义"勾勒出晦义的轮廓，巴尔特早已在理解影像的形式与**文学形式**之间建立了联系。关于**晦义**，他当时说："假如它能够被描写（义项当中的矛盾），它就会具有日本**俳句**的地位：无表意内容的回指性动作，犹如拿掉了意义（表意的欲望）的

第三部分 《罗兰·巴尔特自述》或故事三则

一条刀痕。"(OO, 56)不过，读者会感到惊讶，这种对于不可能性的简单提示竟促使他不可抑制地走得更远，于是有了巴尔特的第一首公开发表的俳句：

嘟唇眯眼却睥睨
额前鬓发低
伊人独涕泣。(OO, 56)

有意思的是，从1970年起，影像（即这里的电影画面）变成了一条途径，通向运用纯粹的实指写作带来的快乐。《明室》引证的普鲁斯特的话暗示小说的禁令已经取消，巴尔特不再满足于梦想某种形式（俳句）的改写。这种异国情调的形式仅属游戏性质（巴尔特用类似于谈论"涂鸦"的话另外谈到过）。普鲁斯特与彻悟在《明室》里的邂逅标志着一个决定：同意将迷醉、"萌动"、"忆往"纳入西方"古典主义"作品的深远和"丰碑式"的宏大框架。

因此，《明室：摄影札记》是一堂写作课。在这本书的最后几页里，不是萨特，而是布朗肖陪伴着叙事者。因为，从此以后，记录完全来自外部的索然无味的影像（"深不可测的陷阱"）的"确定性"已经不重要了。第44节引用了布朗肖所说的影像："没有意义，却呼唤一切可能的意义的深度。"(CC, 165)对于作家巴尔特来说，最重要的是了解这个影像究竟是什么。

正像奥德修斯对付"美人鱼"那样，巴尔特克服了照片的"吸引和诱惑"，因为他把自己牢牢绑缚在写作的桅杆上，对写作心怀坚定不移的信念。叙事者再也不为魅力所诱惑，因为他早已抵达菲埃克斯人那里。[①] 危险既然已经过去，剩下的就是叙述：叙述从沉默和疯狂中获取的"迷醉"。还有一声呼唤：不只像

---

① 《奥德赛》讲到，特洛伊战争以后，奥德修斯在历时10年冒险返乡过程中，曾经避开了海中女妖的迷人歌声，最后由菲埃克斯人（Pheaciens）的首领阿尔基诺斯派船送回家。——译者注

《罗兰·巴尔特自述》的题词那样呼唤"走向写作",而是呼唤<u>全部作品</u>。

跟《寻回逝水年华》[①]一样,《明室》也以一项担保结束:它不仅"路线正确",即重当学徒的老师在法兰西公学的讲堂上寻找的道路,它本身<u>就是</u>这条路线,正像照片的挑选过程可以证明的那样。要确认这条路线,必须屏弃那种"乖巧"、驯服、社会化和"审美和经验的积习所塑造的"**摄影**(CC,183),也必须屏弃烦恼、默认、积怨成恨,以及"(缺少媒介的)眼前欲望"所激起的反对劣质照片的高声呐喊,因为这种欲望只是一切"无政府主义和个人主义"的最后诱饵和吹嘘。只有远离这个圈套,<u>叙事者</u>的计划才能大展宏图:唯有借助"疯狂的**形象**"之赐,才能从海中女妖手里夺取"岁月的文字"的奥秘,因为只有"它的那种绝对的,或者可以说原始的现实主义"才能"使<u>岁月的文字</u>本身回到温情的、受惊吓的意识当中"(CC,183)。惊恐的摄影交给<u>观看者</u>的正是这样一个谜。谜团必须由叙事者在写作里展示。《明室》正是这样一部<u>作品</u>,其中蕴藏着作为藏匿者和同谋的影像从时间盗来的文字,它把一部新的<u>小说艺术的诗学</u>的口令悄声泄露给读者。"不适感"也终于在这里第一次得到克服,巴尔特说对它"一直深有体会:在富于表现力的和从事批评的两种言语行为之间,充任一个左右为难的主体"(CC,20)。

[①] 《寻回逝水年华》是普鲁斯特的 7 卷本小说《追忆逝水年华》的最后一卷。——译者注

第四部分 艾尔蓓

"这是个既简单又复杂的故事" 1

看来，要实实在在地评论巴尔特和**文学**的关系，非得搜肠刮肚不可。因为这种关系既热情洋溢，又不确定。它从自己的对象借取了一个它认为后者所具备的基本特点——不可确定，既无制动装置，又无证据。也许，这套作品的最大悖论是，尽管它的理性分析被大肆吹捧（或痛惜），它却植根于一种难缠的爱情，一个盲区。这个东西，巴尔特在塞里榭建议叫做艾尔蓓（Herbé）。如果以下几页能够归纳出它的若干特征，那至少是笔者之幸。艾尔蓓：他心中的作家，或者更简单地说，作为作家的他本人。不过，此君既不是心中总在暗法写作（与涂写①有别）

---

① 涂写（écrivance）是巴尔特创造的新词，跟写作（écriture）对举。关于二者的区别，巴尔特在1972年的《文本的出路》一文里说："涂写不是写作，而是写作的不真实的形式。"（*BL*, 244）再如在《作家索莱尔斯》（*Sollers écrivain*）一文里，他说："对于用来传达理念或信息的言语行为例如涂写来说，扼要概述是可行的，可是以自身为目的的运用例如写作却无法扼要概述。"（*SE*, 84）——译者注

的冥冥之想的作家，也不是姗姗来迟地宣告和提出小说艺术的作家。这两个形象都寄托着主体的写作的想象域，正如两个简洁的英语词绕圈子的说法所言：would-be writer（潜在的作家）和 writer-to-be（未来的作家）。可是，对于这个想象域，这两个英语词没有任何优越之处：不进不退，无丝毫可乘之机。因此，艾尔蓓不是那种巴尔特也许曾经憧憬能够成为（或自认尚未达到）的作家，而是那种由作品邀约读者去成就他的作家。这就是说，读者必须从事创造，然而必须从作家所在之处和已经抵达之地入手。我们在巴尔特身后，重新翻检几个重要的插曲和一部分写作活动的主要场地，能够担保忠实于文字，既不会封杀他的**精神**，也不会使之枯竭吗？〔**文字**与**精神**？令现代性觉得不入耳的陈词滥调，此处不宜？可是，想当年，正值拉辛之争白热化，当巴尔特为隐喻和多义现象辩护时，他并没有因为参照对象的宏大高远而却步："如此求助于文字（人们很久以前还说，文字**杀人**）；它在那个年月无疑是一个有罪的比喻。"①〕因此，正是**精神**；如果愿意的话，也可以说是各路精灵。

雨果和宾客曾经在高城居召唤**讽刺**、**抒情诗**、**悲剧**，应答无一例外地采用亚历山大诗体。这里，我们要请出**政治**、**现代性**、**古典主义**、**先锋派**、**批评界**、**诗歌**和**神秘主义**。不过，无须转动过分讨好提问者的小圆桌②，我们将转动文本。因为，**文学**正像一个身影、幽灵或鬼魂，萦绕着巴尔特的作品。尤丽狄丝③，始终在侧……

还有一个问题，巴尔特把它作为一篇"研究神话的"杂文的标题：《从何处着手？》在探索一个顽念时，很难保证理性的秩序。我们在这本书开头也说过，精确的时间顺序为这个假设的过程帮不上多少忙。因此，行文中我们必然既要

---

① 参见《欲加之罪……》，载《新观察家》，1965 年 11 月 10—16 日。

② 这里说的是一种叫"转桌"的游戏，它是指一种招魂术的手段，19 世纪末叶流行于欧美：众人围坐，手搭桌沿，一人向鬼魂提问，据称鬼魂在应答时，桌子会摇晃、倾斜，甚至升高。——译者注

③ 希腊神话里的诗人歌手俄耳甫斯的妻子。——译者注

冒点风险，又要放开胆子，交替运用与作品的时代相关的分析和深究某个问题时其他跨越层次的分析。当然，故意模糊阅读中显现的连贯性有违常理，可是把对巴尔特的研究禁锢在一个因果关系的静态框架里同样是幼稚的，巴尔特写作的激情恰恰针对后者而发。理想地说，从<u>后期</u>到<u>前期</u>，从不确定的"源头"到"结果"，照亮文学生涯的光柱应当逐一扫过不同的时期。这个要求对于巴尔特更是不可或缺的，借用他喜用的一个玄奥的说法来说，端点都是相连的。这个说法不仅在主题方面不无道理（例如，极为关注形式与极为关注<u>道德观</u>是一致的），在时间方面也十分确切：在巴尔特少年时期的文章与最后的文学思考和欲望之间，有一种强烈的相通性。正因为如此，我们先避开有关起源的传奇故事，为了<u>全书付梓</u>才谈论那段青涩的岁月；而且，只有跟作品的最终面貌相互映照，才能看出后者的充分意义，尽管当年一些明显的主题（见 1942—1944 年间的文章）同样反过来不断促成了所有冲突性的中期插曲。

这个谨慎的做法是为了完成一项绝非轻松的任务而采取的。在巴尔特与文学的复杂关系上，我们不妨借用阿道克船长的话："这是个既简单又复杂的故事……"说出此话的场合值得我们稍加回忆，以充当一份短小的辩护词的素材。

《丁丁在黑金之国》的最后几页，阿道克船长莫名其妙地出现在阿拉伯半岛的腹地，目的是解救我们的主人公和绝地反击。可是，虽经多次努力，他仍然不能让读者明白，他究竟是怎样来到此地的——<u>恰逢正确的时间和正确的地点</u>。埃尔热的这种"间断"的笔法为这本画册赢得了极高的声誉，跟《宿命论者雅克》不分伯仲。不过，在雅克不完整的情史叙述与导致阿道克未能详告的机制之间，有一条明显的区别：阿道克从一开始便语焉不详，每次解释都只是旧话重提，最终形成了一个定式。

在这个问题上，埃尔热在三个方面很有"现代性"。首先，与排除偶然性或巧合（除非伴有象征意义）相关，他避开了小说艺术对于解释因果关系的要求，这样做符合莫泊桑所说的悖论法则：只有现实主义小说的主人公才无权被掉下来的屋瓦砸死，尽管那是常有的、在统计意义上"很自然"的事。埃尔热的另一种"现代性"表现在把这种逃避放进叙事，把它编造为后续节目的动因（船长竭力让人们相信他的故事），使之伴随和重复"剧情"。埃尔热的现代性的第三个方面是发出暗示：他讲话过分咬文嚼字，这才是妨碍人们倾听的原因。当然，表面上，他的话被一些突发情节打断，例如绑架、追捕、枪战，以及可恶的阿布达拉藏在父亲雪茄里的炸弹。但是，很明显，如果说最后的突然爆炸打断了叙事，那么怒气冲天的船长退场，把听众和他的故事都丢下不顾则承认了传统叙事的失败，例如塞拉门尼斯①的冗长叙事。讲话者遭到羞辱，而这恰恰是要命的空话所付出的代价。这就像人们常说的，一个像阿道克那样迟迟不进入正题的讲演者"可真要命"。阿道克在埃尔热的全部作品里都体现了**言语**的无力：在诗学上，他的絮絮叨叨的脏话跟丁丁的朴实的答复恰成对照。他对争辩有着不可否认的热情，但总是形同聋子的对话。他的滔滔不绝正好跟向日葵教授的古怪相辅相成。不过，在这方面，他的主要"用场"是夸夸其谈的讲演者。我们还记得那场有关"酒精是水手的头号敌人"的无线电谈话②，话同样没说完就被打断（表面上看是因为不经意地喝了一口水）。此处的失败更严重，他的叙述遇阻。这是一种无法形成的激情遭遇的挫败，分明受制于一种妨碍展开**叙事**的修辞学遗产。

随后那句话透露了失败的秘密，阿道克总是在此受挫："想象一下吧……""你一定记得……""可你首先得明白……"超叙述元素（métanarratif）的笨拙的膨胀破坏叙述；蠢话引不起任何倾听的欲望，反而有损于**博取好感的修辞术**。

可是，失败真的像看上去那么彻底吗？在连续不断的悬念当中，叙述者唯

---

① 在拉辛的诗体名剧《费德尔》第5幕里，古希腊政治家塞拉门尼斯作出了关于伊波利特之死的大段叙述，在法国文学史上被认为是华丽而冗长的范文。——译者注

② 出现在《丁丁历险记》第九集《金钳螃蟹》里。主角阿道克船长出场。——译者注

一的一句完整的话"这是个既简单又复杂的故事……"极富小说意味。再三重复使之尽纳世上一切叙事。一个宝贵的悖论是,在喊出"这回见鬼去吧!完了,全都完了!"的一刻,这位船长把有无穷可能性的叙事神圣化了。在故事结尾的黑色画面上,还是这位铁石心肠的阿布达拉(这个名字显示他跟真主一脉相承)写下"剧终"二字,用爆炸的方式为掩盖故事真相[①]做出了贡献。

巴尔特颇具阿道克的风格:热衷于前期准备。他甚至在法兰西公学开设了一门小说艺术课程,专讲写作小说的准备工作。他似乎跟阿道克船长一样,也抱有一种令人错愕的俄耳甫斯式的信念,认为叙事"既简单又复杂",而且顺理成章地深深怀疑它的路线和效果:丁丁总是用托辞打断同伴的话,这不是以客气的方式说"我才不在乎"吗?这正是巴尔特期待人们对他也许会写的日记的反应。[②] 不过,为了使这个寓言故事能够说明巴尔特的拖延不决,也为了使他的作品围绕**文学**组织起来的悬念更加形象化,我们不但应该将巴尔特比拟为阿道克,而且应该认为他跟所有的人物都有相似之处。

艾尔蓓既是一个辞格,也是可以远远眺望的作品的含义。它是一头怪兽,一个结合体:以搁置叙事为天职的阿道克,在世界舞台上无不"介入"的丁丁,以及捣蛋鬼阿布达拉,往善良的救命恩人脚下丢雷管和鞭炮,朝叙事传统"露出屁股"的小坏蛋……

这场牌局的对家是写作。从这种似曾相识的出牌手法里,不难看到巴尔特的那只手:写作中的作家——也是一张王牌。那张通行无阻的牌的名字叫小丑。这是对**文学**的滑稽的无所不能的伟力的赞美,它出现在巴尔特之梦临近完结的时刻。

---

① 这个图案设计的手法可以对比巴尔特对采用"艾尔蓓"一词的有趣说明:这些女性化的字母如此个体化,以至失去了成为符号的潜在价值。一个用 elles 组成的复合词是无法辨认的。巴尔特补充道:"要想让人闭嘴,还有比打破一个词使之复原为原初的字母更好的办法吗?这就像俗话所说:n, i, ni, c'est fini."(《就事论事》,见 F. M. 利奇:《艾尔蓓》,64 页,巴黎,1973)

② 参见本书第二部分第 2 节。

罗兰·巴尔特传

※　※　※

应当懂得如何结束一个寓言。按照狄德罗的说法，寓言是"贫乏头脑的惯伎"，他只用来惩罚读者。因此，让我们书归正传，先谈两条简单的看法，再应对它引起的问题。

第一条看法是总体上把一种现象跟一个印象加以对比：巴尔特的著述十分零散，但令人觉得存在着某种统一性。分散是"客观上的"：十五六本书，四百余篇文章。任何"载体"、任何沟通领域巴尔特都没有瞧不上。他既为《图书协会快报》，也为学术机构的刊物写文章；无论发行量很大的周刊，还是思想界和社会活动的杂志，抑或是稀奇古怪的短命小刊物，他来者不拒，都能写得很好。他的文章发表场所多变，写作题材多样。他在《人道报》上谈西南地区，在《花花公子》上谈爱情，在《玛丽-克莱尔》上谈"香奈儿—库雷热的搭配"。剖析嬉皮士现象，注解《圣经》，评论卢坎①，解说艾尔蓓，从雅各布逊到安东尼奥尼，从爱伦·坡到贝尔纳·布菲②，只有他的好奇心和无所不写始终不变。这种无孔不入的做法曾经被一幅粗俗的漫画表现为涉猎文科各端，入侵各个知识领域：从语言学到厨艺，从绘画到伦理学和政治学。这个千姿百态的整体为什么没有丝毫多题材写作的细微差别呢？我们从阅读得出的内在的整体感从何而来？不可否认，这些作品有一种奇特的内在连贯性，令人惊讶，但他打理得很好。"打理"一词此处既指良好的协调（舞蹈家巴尔特跳着结合多种艺术形式的新式芭蕾），又指有序的活动，就像人们常说的"把家务打理得有条不紊"（巴尔

---

① 卢坎（Marcus Annaeus Lucanus，公元 39—65），罗马诗人，史诗《法沙利亚》（*Pharsalia*）的作者。这部以恺撒与庞培之战为题材的史诗虽然未完成，却被誉为是维吉尔《埃涅阿斯记》之外最伟大的拉丁文史诗。——译者注

② 贝尔纳·布菲（Bernard Buffet，1928—1999），法国表现派画家，20 世纪 40—50 年代反抽象派画家群体"见证者"的成员。——译者注

第四部分　艾尔蓓

特不坚持写日记，可是把发表过的作品<u>打理得很好</u>：按顺序记入一个小本子，流水账似的）。

当然，其<u>行文手法</u>有连贯性。巴尔特的每一句话一望即知出自何人之手，无论写于1942年还是写于1980年。可是，这种连贯性不仅是行文和风格的，它来自更深远之处，来自一种与**文学**之间的撕裂的关系，戏剧性的写作手法赋予这些作品一种名副其实的行动的统一性。这是因为，它们受到两种相反的心态的支配：面对一个文学的神话的主要力量，既心怀抗拒，又想投身其中。早在巴尔特开始写作实践以前，这种心态就初步形成了。

第二条看法跟巴尔特的心智历程有关，跟上述论断也有联系，而且把它的轮廓显示得更为清晰。巴尔特不止一次提到，他的文学尝试开始得"比较晚"：《写作的零度》发表时，他已满37岁。这个谦虚的说法在好几个方面有揭示作用。作为一种心声吐露，它有格言的价值，相当于一条规劝或者箴言，是针对"写作欲"的一条临时的道德教训：反对仓促行事和心怀成见。这个待机而动的看法本身也间接地显示了一个对于写作的令人生畏的远见：写作是一股敌对力量，征服它需费时日。不过，作为一条单纯的说明，它反倒提醒我们注意巴尔特刚出道时的"局面"，客观时序和心理时序在此汇合。提出年龄反映了巴尔特觉得自己在两场文学和哲学思潮之间处在模糊的地带，我们不妨简要地称之为一种夹在两代人之间的尴尬局面。

那些完全支配了20世纪50年代初期的人物很年轻就进入了迅速成名的生涯。萨特对早熟的伙伴尼赞①很羡慕，可是他33岁就发表了《恶心》。1937年，《反与正》问世时，加缪年仅24岁；30岁以前又发表了《局外人》。这些人在1937—1938年间初露锋芒，待到巴尔特首次亮相，这中间有一条巨大的时间鸿

---

① 保罗·尼赞（Paul Nizan，1905—1940），法国作家和哲学家，1940年在敦刻尔克战役中阵亡。萨特1960年为其1931年的小说《亚丁：阿拉伯半岛》写了重版序言。——译者注

沟，且不说中间还有第二次世界大战和占领时期。法国解放的翌日，萨特和加缪就成了国内外闻名的作家。不过，请注意这两位显赫长者的年龄：萨特比巴尔特年长10岁，加缪只比巴尔特大两岁。

巴尔特在《写作的零度》于1953年发表以前仍然默默无闻。① 现在让我们看看他的同代人。他的目光刚从战后的伟人移开，就遇到了后来同样早熟的另外一些年轻人。例如，阿兰·罗布-格里耶。他的《弑君者》1949年遭拒，可是子夜书局1953年出版了《橡皮》，当时他刚满30岁。此后不久，无论从出生年月还是从出版第一部小说的时间来看，索莱尔斯显然都是最年轻的。他1936年出生，1958年即出版了《奇特的孤独》。

我们要谈谈这四个人及其作品如何影响了巴尔特的文学见解。巴尔特的地位属于前两者和后两者之间，这就引起了一些复杂的结果。他不是前两者的知名的同代人，可是跟他们同享大量参照系，思想形成也大致在同一个时期②。中学时的巴尔特虽然尚未成年，却已经是几位"小先生"之一。在《罗兰·巴尔特自述》一书里，我们可以看到这几个人在圣米歇尔大道上溜达的一张照片（RB, 35）。当时萨特终于取得了教师资格，刚刚离开余尔姆街的巴黎高等师范学校；靠奖学金求学的加缪则刚刚在热爱书籍的经营肉铺的姨夫家里发现了纪

---

① 1947年，莫里斯·纳多在《战斗报》上为巴尔特的第一篇文章开辟了专栏，并且这样介绍作者："罗兰·巴尔特尚不为人知，一个年轻人，从未发表过文章，一篇也没有……"（一场持续很久的遗忘由此开始，巴尔特年轻时期交给《生存》发表的那些"真正的"文章都被人忘在脑后。）参阅纳多为巴尔特的文章撰写的编辑部的致敬短文《写作的零度》，载《战斗报》，1947-08-01。及至1953年，年齿虽增，巴尔特却依然"不为人知"。

② 这个时期经常被贴上很难令人满意的"30年代精神"的标签。实际上，对于接受传统课程设置的"学堂后生们"来说，这个时期的"现代的"影响很小，在那些年轻人的心目中，纪德体现了最伟大的勇气。有趣的是，在这一点上，加缪、萨特、西蒙娜·德·波伏娃的见证跟巴尔特的回忆完全一致。（参见《答复》，91页。巴尔特这样回忆自己的少年时代："文化环境则主要在书本上，大多是一些从家里找出来的书籍，如古典作品，阿纳多尔·法朗士、普鲁斯特、纪德、瓦莱里的作品，以及一些二三十年代的小说；没有超现实主义，没有哲学，没有批评，更没有马克思主义。"）

德①。巴尔特中学毕业时正逢萨特刚刚结束了在柏林的学习生活,而加缪尚未着手写作有关普罗提诺和圣奥古斯丁的大学毕业论文……

巴尔特跟罗布-格里耶和索莱尔斯另有一番差异。他经历了后者的一些著作的问世,参与了他们的一些论战。他比二人齿龄稍长,"文化"上也是如此,因为这位先锋派的盟友属于战前之人。[巴尔特对于年龄金字塔里的倒置十分敏感,而且屡见于各次采访。我们在《明室》里也能看到这种痕迹:关于罹病的母亲,他写下一句动情的话:"她变成了我的女儿,我这个人未曾生过孩子,可是在母亲生病期间,我生了她。"(CC,112-113)]

这种特殊的生平地位对巴尔特的一系列态度有极大的影响。对于这种夹在两代知识分子当中的尴尬地位,我们仍然可以用两种不同姿态的取舍去解读:一种是哲学家写小说(如萨特和加缪),另一种是用"理论"武装起来的小说作家。这个"局面"的影响需从文本和文章的细节详加分析。不过,现在我们可以在两个不同的方向上,提出这个局面的几个复杂的后果。

首先,站在今天来看,巴尔特悄然踏入思想界的舞台,时间是在1952年的萨特—加缪之争②之后,"新小说"向二人同时宣战之前(罗布-格里耶的最早的动作就包括戳穿虚构《恶心》和《局外人》的"世界观"的风格伪迹③,同时通过修辞学分析,破除神秘的道德标榜和哲学"信息"),他通过一系列策略性的选择和权宜性的结盟找到了自己的位置。在变为一种方法论原则和伦理学断言以前,巴尔特的"迁移"只是伯仲之争中的一个必要的"定位"手段,这种争斗在1952—1955年间愈演愈烈。哲人小说家与爱推理的小说家并没有等到巴尔

---

① 即加缪的大姨夫古斯塔夫·阿构特(Gustave Accault),阿尔及尔市一家"大英肉铺"的主人。加缪在他那儿读到了伏尔泰、法朗士和纪德的作品。——译者注
② 参见本书第四部分第四节。
③ 参见《自然、人文主义、悲剧》(1958),见罗布-格里耶:《为新小说而作》,"思想"丛书,70~83页,加里马尔书局,1965。这个文本被放在一个巴尔特关于"拒绝"悲剧所特有的"回收"之"必要性"的题词之下。

特决定把自己的作品归入批评一类——这个舞台太拥挤也许是理由之一——才开始争论；有关**文学**的《写作的零度》的独家冥想一发表，巴尔特其实就投入了论战，而且进入了争论的核心，他当时遇到了作出裁决的诱惑。无论人们给予这个假设多大的重视，我们都可以不无理由地把他表明的"策略"的不变的首要地位〔在《罗兰·巴尔特自述》里，他写道："因此，这套著作（他本人的）将被规定为一种没有战略的策略"（*RB*，175）〕跟一种模糊的感觉联系起来：身陷思想界的重围，必须打破它的妖术。

从这个"局面"里得出的另一条推论使我们在巴尔特的著述里一直上溯，直到隐藏在《罗兰·巴尔特自述》里的那个为时很久"不事生产的生命阶段"。可是，那是一段养精蓄锐的重要时期，在"起步很晚"的背后，所谓行动迟缓的另一个侧面是他没有浪费光阴，只是被病患耽搁了而已。疗养院的岁月是密集汲取文学营养的时期：纪德、米什莱，连尼采他也已经读过了。这也是一个演练阶段：阅读、写作、评论，甚至演练文艺论战。这一点这里只需强调一下即可，对此巴尔特向来只是不得已才罕见地吐露心声。正是由于这段活跃的"山中"空白造成的"延误"，巴尔特出版第一本书时才能满载着时髦的争论大多不熟悉的参照和思想。他开始与这些时尚同步，并针对它们打造自己的作品。

这就使我们有一条充足的理由重新评价《生存》发表的"年轻时的文章"和圣伊莱疗养院土圩分院的那个小社团的思想气氛，恢复它们的地位和分量。

总之，要提出巴尔特所构想、热爱和追求的**文学**，以下两点是分不开的：在"山中"酝酿的激情和后来在巴黎拥挤的比武场里的征战。这样重新看待二者并非出于一种考古学者的小心翼翼，而是因为它们应当能够显示，在巴尔特为"求新"和"现代性"做出的辩护词背后，隐藏着一个他通过强调而精心捍卫的旧世界（他强调那场结核病是一种生活方式和一种命运），意外的病患使他成了这个世界的传递者。

第四部分　艾尔蓓

现代性的意识和悲剧 2

> 可以说，大约自18世纪以来，我们就生活在一种求新的文明里，我们身处瓦莱里所说的求新癖当中，我们有追求新奇的癖好。
>
> ——巴尔特，塞里榭，1977

　　巴尔特从事文学活动达四分之一世纪，这个时期他必定见识过有关**新奇性**的话语的膨胀。崇拜含糊的"现代特色"虽然往往不涉及历史上的**现代时期**（19世纪下半叶），但也许是一个健忘的时代的大事，这个时代把瓦莱里的警语忘在脑后："这就是**新奇性**，一个**疲惫感的信号**。"[①]

　　不久以前，一场火热的反宣传却把巴尔特跟"求新的意愿"相提并论，还是瓦莱里，他说这种意愿是"一剂令人亢奋的毒药，终至变得比食物更不可或缺"[②]。时至今日，仍然有人不断火上浇油，借口是巴尔特为某些"新派"（"新小说"、"新批评"）名人所起的造势作用，以及对"思想界时尚"百依百顺（从年轻时的布莱希特主义，直到指责他为"新哲学"背书——只因他认可贝尔纳-亨利·雷维是"一颗写作的微粒"）。这股义愤填膺的怒火因迟至今日才发泄而更具报仇雪恨的意味，不论被触怒的老一派，还是气恼的前新派成员，都将雷雨闪电不断倾泻在巴尔特的头上。正如阿兰·罗布-格里耶所说："威信半扫，

[①] 瓦莱里：《噪声之物》，见《如是》，31页，巴黎，加里马尔书局，1941。
[②] 同上书，19页。

尸骨未寒，很多人就已经想看到他被彻底打倒。"① 对于其身后**形象**的争论还在进行当中，问题的核心依旧是他与求新和**现代性**的关系。

不可否认，他的作品的<u>社会形象</u>围绕着这个主题形成，而且，随着时间的流逝和依看法的不同，相互矛盾的指责集中表现在把巴尔特在现代性和因袭传统之间，或者在先锋派和古典主义之间踢来踢去。**传闻**沉积在厚重的脉石里，**论战**使之变成僵硬的老茧，文本如今已经被嵌入或挤压到脉石里。我们只能从内部打碎它，也就是说，从作品的内部寻找某种参指现代性的显现方式（从辩护词到策略性结盟），因为人们太过匆忙地把二者混为一谈。

此外，即使坚持按照这个思路构想的各种反应无须加以澄清，问题仍然在作品内部，而且是作品提出来的。这是因为，巴尔特一直在不断地翻新他的谜团的双重性（他本人首先觉得是个谜）：现代还是古典？现代和古典兼顾？成竹在胸的现代和扭扭捏捏的古典？虚假的现代和静穆的古典？这些疑问触及他最后几部作品的深处，这些成对的说法既形成于这些作品，又被它们击破。而且，在这样一种"二项对立"提供的语义活力和行文的生动性当中，巴尔特的写作不知疲倦地寻找表达的乐趣。

这个有关混合配制的主题暗中贯穿他的全部作品，可是在《罗兰·巴尔特自述》里才得到公开处理。这本书的片段式布局自有其作用：能够通过平列法这个最简单的操作——长篇大论最少——展示一种犹豫未决的状态。于是，举例来说，在做出与"先锋派团结一致"的宣称之后，相距寥寥数页，甚至在分出对举段落的同一个片段里，他就可以接着给出一个"我的写法很古典……"之类的与之针锋相对的说法。

总之，巴尔特是以一只文学蝙蝠现身的第一个人：我是古典的，不信请看我的文笔；我也是现代的，不信去问"我的《如是》杂志的朋友们"。这并不是

---

① 罗布-格里耶：《重返的镜子》，63页，巴黎，子夜出版社，1984。

说，《罗兰·巴尔特自述》竭力两头不得罪，而应当说它忠实于自身的形式，尽力展现一种巴尔特以往对待现代性的含糊态度。这一点被他在一个题为《如是》的片段里戏剧化了，其中有个想象的人突然大发牢骚。**叙述者**正在赞扬"在《如是》杂志社的朋友们"，夸奖他们的"独创精神"和"真实性"（除了精神能量和写作本领以外），一个**诋毁者**的声音就粗暴地打断了他："那倒不错，可是您干吗不如法炮制呢？"（RB，177）这是一个针对定见（doxa）的小小的拟人修辞法，它使巴尔特能够承认和追溯一种确实无法改变的差异，即身体方面的差异："也许是因为我的身体跟他们的不一样吧。"然而，这段生动和带刺的简短对话无法消除指控巴尔特与"现代色彩"有瓜葛的可能性。这道指控可以用一句常见的讥讽话概括："照我说的，别照我做的去做吧。"《罗兰·巴尔特自述》里有一个有趣的片段，标题正是这样一个问题："虚情假意？"我们先把它放在一边。

因为我们首先得澄清术语问题。瓦莱里认为，有些华丽的 da 词，例如死亡、上帝、生命、爱情等，能够让思想表达带上某种"深度"。如果从一套适合麦克卢汉①时代的话语（使任何深度都浮上"表面"）来看，我们得承认，现代性（Modernité）一词往往只用作标签。"现代色彩"（moderne）的概念却比较含糊，它摆脱了与"现代主义"的任何联系，于是被作为一个不确定的尺度，一块在思想的股票交易所里粗糙地评定的牌价。

这里，我们无意重新评价"现代色彩"的历史——从一个前缀里寻找救命稻草的"后现代主义"（postmodernisme）其实只能证明它仍然滞留在现代当中。我们只想澄清一下巴尔特是如何使用这个词的，或者说，他的两种不同用法。

在他的文本里，"现代色彩"的狭义用法仅指在写作或理论中正在形成的新

---

① 麦克卢汉（Herbert Marshall McLuhan，1911—1980），对现代传播理论有深刻影响的加拿大原创媒介理论家和思想家。——译者注

东西，即同时代的那些标新立异的或者表明某种"断裂"的著述。例如，他在塞里榭的讨论中说"我很少就'现代色彩'写什么"（C，265），此时这个词便用于这个意义。可是，另一种用法却混淆了历史维度和形式化描写，此时"现代色彩"和"现代性"同指文学事业的一个新的时代，它特点是"写作方式的多重性"，特别是由于巴尔特将要指定的这种与**文学**的跨越的关系，带有他借用的"是的，不过……"之类的话所表明的特点。在巴尔特的写作年代里，把**现代性**与某些创始的英雄的名字联系起来的尝试不可谓不多。通过认真对待词汇，寻找源头（当时还有点羞羞答答）能够轻而易举地减少方法上的顾忌。只要避开"某个作家创立或发明了"**现代性**的提法，就完全有理由提出现代时期<u>开始于某些作品</u>，或者用一个更好的说法，为其所<u>开创</u>。不过，如果说人们对于现代文学本身的兴起（跟这个字眼的出现大致同时）当为 18 世纪末尚可做到意见一致，对于**现代性**始于 19 世纪何时，批评界却见仁见智。人们分别举出波德莱尔、福楼拜、兰波、马拉美的大名，以说明这个圣灵如何显现。

可是，这个时间表在巴尔特那里是漂移不定的。他虽然喜欢米什莱，可是对于那些大事一览表却十分迟钝，那是泰纳未完成小说①的主人公为应付高中统考用来增强记忆的。他往往竭力躲避那些可能重述传统文学史的时间表。他在描述文化领域时，从来不受（某位作家或某个流派所代表的）"时代"或"时期"的束缚。他几乎总是小说式地、幽默地、古里古怪地举出某个日期。这样的提示并不告诉我们什么，而是为了给细节加点盐分，逗口舌之快。自嘲式的博学多闻（冒充的）频频可见，例如《恋人絮语》："1199 年，一位青年僧侣赶赴布拉邦特的熙笃会修道院，只为从僧侣的祈祷当中获得流眼泪的能力"（FDA，214）；又如《罗兰·巴尔特自述》："《心中狂喜》的作者艾哈迈德·阿勒·蒂法奇士（1184—1253）是这样描写一个男妓如何接吻的……"（RB，172）他常常不用这种博尔赫

---

① 参见伊波利特·泰纳：《艾田·梅朗》，巴黎，阿歇特书局，1910。

斯式的时间标记，为的是在思想的天空中开辟一座宽敞的圣堂（templum）。这种举动最好视为来自他对肠卜僧①的嗜好："这在从前一定美妙无比，棍子朝天一指，即指向无从指明之物。动作后来变得十分荒诞：一本正经地划出一条界线，随后什么也没有剩下，除了这通切割的心理余绪……"（RB，52）通过一种卜筮的，而不是历史学家的举动，他在思想的天空里寻寻觅觅，为了从中读到一部历史，然后撂下棍子。短暂的认知，幻想的时序，随即任其消散……

因此，在巴尔特身上根本找不到固定不变的东西，也找不到文学形式的严谨的历史框架。从一个文本到另一个文本，他从来不顾忌把根源当成礼物，拱手送给笔下的任何人：无论是夏多布里昂还是加缪。同样，围绕着"现代色彩"的概念，文本里形成一种骑墙之势，夹在某种文化产品的"社会学"趣味与某种可称为"形式主义"的冲动之间。这种冲动也是他特有的悖论所产生的"价值"追求。

这从而使他对于"现代色彩"有了两种不同的处理。它有时指一种非历史的性质，从写作的一种返身自指的关系得到规定（原则上的，但不彻底）。例如，《朗塞的一生》就包含某种现代因素——就众多古典作家都自有其文本而言。与之相反，区分类别的欲望有时反而更强烈，巴尔特于是针对能够证明现代性的兴起的某一契机、某个举动、某位作家和某个写作事件的线索作出评论。

因此，现代性问题从巴尔特处得不到言之凿凿的回答。那些屡遭质疑的结论只能出自以上两股相反的力量，从中我们无法期待一个结果。

照这么说，正像美德之于其他一些人那样，现代性之于巴尔特只是一个词而已吗？大概是。可是这个词后头拖着众多表象，巴尔特绝不会不加以利用。然而，与此矛盾的是，在巴尔特那里，现代性的立场始终被明显是"古典主义"的联想簇拥着。那些"配套的理念"——"隐指意义"的老旧说法——使它看

---

① 肠卜僧：古罗马的占卜师，常在宰杀祭祀的牲畜后，查看其内脏、肠胃的情形，以此推断吉凶。——译者注

起来更像是一种**撕裂**。结果是，从《写作的零度》直到最后有关**小说艺术**的一切说法，一种对于**现代性**的悲剧色彩的无声信念始终延续不断。如果挪用一个 1950 年的文章标题（后来被修改了，见下文），那么可以说，巴尔特的现代色彩开始于"写作的悲剧色彩"①。

这个论点是《写作的零度》的核心。一边是可见于他的作品的**现代性**的历史地位，另一边是"现代色彩"的一种伦理的甚至是形而上的定义，如果说巴尔特在二者之间的犹豫不决十分明显，那么同样应该认为，这个文集更倾向于后者。

巴尔特认为福楼拜代表一个过渡性时刻，马拉美代表一个"自裁"的时刻，而兰波的超现实主义的后继者，例如布列东，却跟"纪德、瓦莱里和蒙戴朗"（*DZ*, 54）一样，真正延续了"伟大的传统写作方式"。可见，他最终拒绝了把**现代性**的发明权授予随便什么人。不过，他的分析并没有逃避这个概念，它再次出现在最后一章，而且充实了结论部分。巴尔特此时围绕现代性使用的词汇很有戏剧性，例如"致命性"、"无可救药的矛盾"、"作家的所为和所见之间的可悲差异"。这就是 1953 年时的巴尔特对"现代色彩"的看法，也许更是他 1950 年的看法，因为这篇被重新命名为"言语行为的乌托邦"的全书最后一个文本正是他曾经应莫里斯·纳多之邀撰写的一组文章的最后一篇，发表在《战斗报》上，当时用的标题却显豁得多：《写作的悲剧色彩》。出于一种把过时词汇删除的有趣的顾虑，巴尔特故意模糊了原标题对于"古典主义"的参指。"乌托邦"的说法遮羞似的取代了写作的"悲剧色彩"，从此在他的作品里开启了长期的生涯。

虽然身属资产阶级，却有依照未来的"无阶级社会"普世性发声的强烈意向（始终可能仍为一种心愿），《写作的零度》的作者夹在二者之间。不仅如此，虽说他紧步萨特的后尘，也赞成视文学写作为一种"必要性"，以"证明言语行

---

① 《写作的悲剧色彩》是《战斗报》刊出的一组文章的第 5 篇，即最后一篇，发表于 1950 年 12 月 14 日（并非 16 日）。

为跟阶级的撕裂一样，也是撕裂的"（DZ，64），他却显然没有以之作为唯一的思考对象。这是因为，作家仍旧而且更严重地受到一种"过时、老旧或仿造的，总之是循规蹈矩和不人道的言语行为"（DZ，62）的支配。作家成了反戈相向的"文学符号"的人质，成了哺育提携他们的社会阶层的囚徒。照巴尔特的说法，造成"写作的悲剧色彩"的正是第二种奴役地位，即受**形式**奴役的地位："因为自觉的作家今后应该尽力摆脱祖传的、强大无比的符号，这些符号来自一个陌生的过去的腹地，它们把**文学**作为一种惯例强加于作家，而不是作为一种调解。"（DZ，64）这种历史的厄运——萨特视之为现代时期的标志——被巴尔特放入"文学符号"必然植根其中的言语行为的核心。这是他的一个特有的动作，不同于他的马克思主义先驱者。

对于作家所处"局面"的分析偏离了焦点。更微妙的是，那些看起来往往跟萨特的主题十分接近的"存在主义"色彩也通过使用的词汇表现出一种奇怪的变化。从表面上看，对于"异化的"写作的不适感没有什么新奇的东西，而且巴尔特尊重预期的主题（topoi）：作家的负罪感（"总是为自己的特立独行感到有罪过"）和内疚感（"他徒劳地创造了一种自由的言语行为，被人反用在他身上，因为奢侈从来就不是清白无辜的"）。这些说法的清教口吻多于政治性，它们暴露了主题有双重参照的歧义性。因为《写作的零度》不断地把社会政治分析纳入一种把写作当成救世信仰的语言。他的结论证明了这一点。巴尔特此时把"写作的死胡同"视为"社会本身的死胡同"，并且把当代作家"探索一种非风格或口语风格，一种写作的零度或口语的级度"说成"提前预告社会的一种绝对匀整的状态"。那么，这种状态是否指无产阶级的胜利导致一致化的运转平稳的社会（普世性的历史表现）的神话呢？无论在萨特的《方法问题》还是在梅洛·庞蒂的《人文主义还是恐怖活动？》里，这个概念都曾被用作一个支柱型概念，或者说一桶理论万金油。如果它的确是指这个神话，那么做到这一点并不简单。

在阐述这个提法时，巴尔特首先采用了一些在政治上显得很正统的说法：

要获得救赎，唯有"一种具体的而非神秘的或名义上的普世性"（DZ，64）一途。可是，这么说只是为了随即用另一套词汇表达这个公设：绿草如茵的牧场上的词汇，作家将陶醉于"梦想的语言"的"清新性"，他们孜孜以求的这种清新性"将通过一种理想的先行作用，展现一个亚当式新世界的完美。在这个世界里，言语行为不再异化"（DZ，65）。

在这些充满《圣经》风格的文字里，巴尔特不仅点明了革命的救世信仰与有关赎救者无产阶级的神话所共有的宗教源头，《写作的零度》用这样的语言结束还表明他自己的**文学**神话也在此找到了源泉，以及他所处的窘境的严肃性。巴尔特的**现代性**首先是恶与不幸，二者不可分割，区分言语行为是任何**历史**上的波动都不能豁免的一道酷刑。"写作的多重性"是"现代色彩"的主要特征，它给时代留下了新的滥用语言行为的永久伤疤。巴尔特与萨特的历史唯物主义大相径庭，后者希望看到哲学"无法回避"我们的时代，理论许诺也无法回避把一个有希望的前景交给"知识分子"，巴尔特则在《写作的零度》里锻造<u>不可能之物</u>的奥义，以之作为当今**文学**的全部内容。因为，如果"现代性开始于寻找一种不可能的**文学**"（DZ，31），那么当作家达到这场寻觅的难以找到的终点时，只会感到自身无力，变成一个"<u>与杰作无缘的人</u>"。巴尔特在这本书的最后几页里写道："现代杰作绝无产生的可能。"（DZ，63）这种彻底的无力感仍需时日和绕许多圈子，才能以同一个撕心裂肺的欲望的名义，变成必要而有益的<u>无权势</u>——它将恢复文学的地位：**至善至美**。

3 介入的零度

停战日那一天，我成了一个萨特派和马克思主义者。

——巴尔特，《答复》，1971

第四部分　艾尔蓓

> 在当前的历史状态下，任何政治写作只能是认可一个警察世界。
>
> ——巴尔特，《写作的零度》，1953

《写作的零度》如同一纸病危通知，张挂在濒死的文学的床头。从此以后，文学只靠一种认可命运的求死欲维持生命："命运之爱"（Amor fati）。如果"像磷火似的，临近熄灭反而最亮"（DZ，31），那么这个斯多葛说法的传奇性可用于自裁之火的临终迸发。添加一点奇怪的精神色彩会改变这个化学比喻，这是1953年巴尔特眼中的西方的最后的文学尝试吗？寻死的尝试。

今日重读《写作的零度》，令人印象最深刻的是，可以看到一个"被写作暴露的"巴尔特。他在1950年就是这样评说萨特的。[①] 的确，没有比这部文集主要依赖的语体（词汇和比喻）更不"科学的"，政治上更含糊其辞的了。《写作的零度》明显是用古老的话语编织而成的：除了俄耳甫斯神话，还有**激情**故事。至少从这个方面看，巴尔特后来提出的修正很像一道障眼法（似乎从《写作的零度》直到《神话集》，他一直遵循同一个"去神秘化"的计划未变），因为1953年的论点是在一部**神话学**，甚至可以说是神秘主义——至少就左翼知识界当时赋予这个词的"总是很可憎"的意义而言——的批准和庇护下写成的。（"总是很可憎"的说法借自费希特，巴尔特把它纳入了1977年有关中性的课程大纲。1806年，费希特曾经揭露："批评界各家评议会一致决定，把神秘主义赶出山门……"[②]）

在《写作的零度》里，批评看来是在另一套词汇的轨道上展开的。从后来的作品来看，由于这个网络无法缩简为一套用于说教的"意象"，所以如果看不到一个主题的网络的暴力就会大错特错。

[①] 参见《写作的悲剧色彩》，载《战斗报》，1950-12-14。
[②] 费希特：《走向幸福生活》（1806），127页，巴黎，欧比耶书局，1944。导言为马夏尔·葛胡撰写，译者为马克·胡舍。

这部文集的结构方式有点啰唆，有拼凑的成分，不仅因为它把已经发表在别处的和从未发表的文章兼收并蓄，有六七年之久的时间跨度，更因为语言杂糅不一，交错重叠，不够融通。不同语体的交叠甚至屡屡表现出一种突兀的碰撞，而不是巴尔特式的"融汇"的形象。碰撞使这本书有一种张力，一种神经质，各个论点之间也不太平衡。①

例如，针对这场探索的核心"白色的写作"的处理。此类写作，无论加缪的、布朗肖的，还是凯洛尔的，巴尔特都以他认定的野心为尺度进行分析（随着"社会将其写作变成一种方式"，避免"形式的神话"可能把作家抓回去的）。这些分析顺理成章地结束于上文提到的死胡同②，巴尔特的这个观察可以用一句话概括："不幸的是，没有比白色的写作更不忠实的了。"

可是，这种清醒的批评和"去神秘化"里有一条悖论：它本身就像一种循环似的——或者像降神术使用的五角星符号——存在于一部"正在丧失的"**文学**的神话当中。这个既难缠也无从证明言之成理的神话是"社会学"图表和语言学概述的无声源泉。确实，前言在提到此类"白色的写作"时，采用了另外一种腔调，说它们是"写作的**激情**的最后时刻"（DZ, 10）。

很明显，从来没有比这更不清白无辜的言语行为，巴尔特在进入正文之前故意放入这么多参照，意在指定一个制造和授意文本的"幻象的主宰"（他后来也这么说萨德）。只要真正进入文集的本意，就可以看出，"文学神话"的批评始终仰仗这个幻象。在历史主义的背景下，这个幻象不知疲倦地编织起一根悲情的红绳，这是一出有关丧失、弥留状态、轻生和**激情**的悲剧。

这样一套主题远远不是寓意性的，它相当忠实地反映出这本书的动机（mobile），也是它的思想活动：它规定《写作的零度》的核心是一组有关写作的玄

---

① 法国国立图书馆"版本备案"的样本也证实了这一点。书名页印着这样一个评语，下面画着清晰有力的下划线：疯疯癫癫。

② 参见本书第二部分第2节。

想，让它跟实质化的**形式**形成反衬。表面上参照（或崇敬）马克思主义社会学丝毫不掩盖这一点。虽然以一种（简略的）萨特主义为借口，尽管用一种（简单化的）马克思主义既专断又随意地规定社会历史框架，巴尔特却尽力把 1947 年在《什么是文学？》里提出的问题拉回<u>内部</u>，这一点他后来也承认。从这个意义上说，《写作的零度》更靠近布朗肖，而非萨特，无论巴尔特的回忆有何说法。及至 1971 年，他断言当年"大概"连布朗肖的名字也没听说过。① 我们甚至应该再进一步提出，这本书比布朗肖本人更布朗肖。有趣的是，布朗肖本人在解释这种联系时，却认为巴尔特过于重视**形式**。

这个本体意义上的**形式**正是这本书的支撑点，也是书中描写的**现代文学**的支撑点。巴尔特认为，它"好像一个悬挂在眼前的对象"，写作"一百年以来"便围绕着它转来转去。**形式**也是悲剧的诱因，因为写作与之建立了面对面的关系，它如同"一道掌握或排斥这种**形式—对象**的习题，作家在前行路上必定遇到它，非得正视、面对或接受它不可，而且从来做不到不与之同归于尽"（DZ, 9）。

形式不是真实，不是世界，不是**他者**，也不是"公众"。阿奈特·拉维尔正确地指出了（就它们在诗歌中的各自表现）巴尔特如何用念咒似的"独白"取代了总是以"对话"出现的萨特式分析。② 然而，除了一个有关诗歌的短篇以外，整个文集其实只是一系列有关孤独感的私下访谈和隐修者的思考。这种孤独感巴尔特认为是写作活动的本质和主要源泉（materia prima）。"一个死者"

---

① 参见《答复》，93 页。这个断言令人惊讶，因为布朗肖的名字在《写作的零度》里出现多次。而且，J. 迪鲍杜的提问和巴尔特的答复里的其他一些地方都指向 1953 年的这本文集，绝无含糊不清之处。即使假定巴尔特心里想的是 1950 年，即发表了组成该文集第二部分主要内容的 5 篇文章的那一年，他的记忆仍然有毛病。《资产阶级写作的胜利和断裂》（《战斗报》，1950-11-09）一文就引用过布朗肖。11 月 23 日那一期也提到了布朗肖，可是在该书出版时被删去。剩下的只有 1947 年发表的第一篇文章了。不过，巴尔特是否并非出于恶意地搞混了 1953 年的这本书及其只保留标题的这篇 1950 年的短论文呢？

② 参见阿奈特·拉维尔：《结构主义及其余波》，67 页。

(*DZ*, 32) 并不是小说的可悲的特权。前言一开篇就把巴尔特的文学玄思放入一种彻底的孤独当中：耶稣殉难之地。在《写作的零度》里，整个现代写作活动被比拟为<u>花园里的死亡</u>。很久以后，1975 年，一个题为"从写作到作品"的片段证实了这种对于孤独感和后继无人的想象域的不变热情："越向作品前行，就越滑入写作。我接近了支撑不住的底部。一片荒漠浮现了……"(*RB*, 140) 在这个端点上，在这种无可补救的痛苦当中，文学的玄思与巴尔特围绕"爱情想象域"的"最后的孤独感"① 构建的玄思不谋而合。无人能够见证孤独的<u>激情</u>，除了"出现在镜子旁边的**母亲**"(*RB*, 156)。此处，在分析性话语的闪光背后，基础仍在延续，早期话语的单声圣歌回荡不绝，这是一首献给受难的爱情和作家的圣母哀歌。

正因为不提出一种分析——也许更是因为如此，《写作的零度》提出的是有关文学事业的一种设想，因此我们可以像神秘主义者那样把这种设想视为来自内部。在 1959 年的一篇文章里，巴尔特本人也隐含地把他跟萨特对于同一对象的从"外部"进行的研究对立起来。如果说，根本问题由萨特提出（著名的"什么是文学"的问题），巴尔特却认为他"从外部做出回答，导致其文学立场含糊不清"(*EC*, 107)。另外一条道路巴尔特无疑是从他在文中列举的作家那里看到的：福楼拜、马拉美、普鲁斯特、罗布-格里耶。不过，在他看来，这些作家的位置与其说在**文学**"当中"，不如说滞留在"极为边缘的地带"。不过，如果萨特的"文学立场含糊不清"，那么巴尔特的批评立场又当如何？他的论述似乎畏缩不前，"元语言"在令人眩晕的隐喻和激昂的咒语中竭力迷失自我，《写作的零度》恰恰在批评的边缘和文学的"极为边缘的地带"写成，这个"无人区"（除了尚有布朗肖一人）更接近作家的天地，而不属于新萨特主义的研究范围。

---

① 《诺尔曼·毕洪的访谈录》，载《美学杂志》，109 页，1981，第 2 期。

因此，1953 年时的巴尔特虽然欠下萨特不容置疑的债务，可是，更重要的是他的偿还办法：通过极端化的分析（一头钻进写作之**恶**的根源）打破**历史**的权势，把历史的作用缩减为服装师的差事，只负责给现代文学披上悲剧行头（及至 1959 年，他仍然把后者比拟为《伊芙吉妮》里的叶丽菲，"知己则死，寻己则生"），特别是使写作返回问题的内部，狡黠地把作家的"条件"变成必须独立经受的<u>命运</u>的考验。

厄运和撕裂构成了写作活动的劫数，写作只有在非写作当中才能找到平静。"俄耳甫斯之梦"（一个连所谓"白色的写作"都圆不了的梦）最终采用了一个<u>神秘的说法</u>，谜也似的证明这种看法与反证神学是相通的："没有**文学**的作家。"（DZ，10）[这个看法贯穿巴尔特的全部作品。巴尔特觉得可以悄悄地把它世俗化，于是在 1973 年写道："说到底，我认识<u>一些没有著作的作家</u>。"（SE，78）这种"说到底"的作品豁免权正好呼应《写作的零度》里的非文学的乌托邦。]

无论如何，巴尔特后来声称，这种"将萨特的介入论马克思化"的奇特做法，他在第一本书里是有意为之的，除非我们认真看待他随即修改了用词的自相矛盾的诠释："或者，至少——这也许是一种欠缺——是为了给出马克思主义的辩解"①。"辩解"一词很适合巴尔特的这场运作：用"历史唯物主义的"解读筛滤一个文本。其实，《写作的零度》的文本只重申了萨特的分析里的被倒空了的本体论。这床被子<u>不够大</u>，它看来反而暴露了对于文学末路的<u>悲悯</u>的空泛本质。

所以，对于巴尔特后来有关萨特主义的说法，我们接受时抱着十分谨慎的态度。全法解放以后，坚定不移的萨特主义本来一直指导着他的思考，这个话题他在报刊、电台的采访里屡次提到。例如，他在 1971 年给《如是》杂志的《答复》里说："1945—1946 年是一个人们发现了萨特的时期。"他接着说："为

---

① 《答复》，92 页。

了直接地和尽可能简短地回答你的问题,我想说,在停战日那一天,我成了一个萨特派和马克思主义者。"① 时隔数年,在加拿大电台的一次采访里,他又说:"巴黎一解放我就投入了思想界的活动,那时候,萨特正是人们阅读的作家、指路者和教会人们新语言的人。不过,萨特的最重要的行动之一是从制度方面破除文学的神秘性,从某种意义上说是其反动的、神圣的方面……我也为这桩事业略尽了绵薄之力。"②

这些"由本人作出的"对战后思想历程的概括是令人怀疑的,此君自认为有权写出《神话集》,却翻云覆雨地把《写作的零度》的实质一下子变得无踪无影,而且绝口不提数次意义深远的"干预",包括1954年有关《局外人》的文章——本书回头再谈此文。这一切都使人感到,巴尔特在突然出现断裂之处尽力拼凑一种顺乎情势和蒙受恩启的连续性,目的是掩饰一次精神危机。可以肯定,这次精神危机发生在1954—1955年间,即《写作的零度》发表一年之后。

对于这些在个人的心智历程上故意设置的空白,我们认为——盗用巴尔特在《时尚体系》里的一条评论——它们被用来反溯地"使资料整齐划一"。巴尔特似乎很重视按照政治挂帅的原则重组自己的"起步阶段",甚至不惜曲解当初的立场,把它涂上很早就投身战斗的色彩:"我觉得,那时候有些斗争(比写作)更要紧。"③ 这是一种比较复杂和相当含糊的姿态。一方面,《写作的零度》的"哥白尼革命"④ 恰恰让文学问题只围绕着言语行为的课题起舞,随后发生的一切却显示,巴尔特处心积虑地否认这次颠覆,硬要把战后发表的所有文本纳入

---

① 《答复》,92页。虽然"停战日"一语双关,但十分清楚,此处只能是指1940年的休战协定,因为,相隔数年,巴尔特特别提到一位在瑞士雷辛镇疗养院认识的朋友,这个使他初步了解马克思主义的人名叫富尔涅,是"刚被遣返的托洛茨基主义者"。
② 《诺尔曼·毕洪的访谈录》,106页。
③ 同上。
④ 这是拉维尔的提法,见她的《结构主义及其余波》一书,70页。

一条以政治为纲的轨道。这个首先是"介入的",匆忙紧跟"去神秘化"的萨特作品的巴尔特,这个20世纪70年代被说成很早就介入社会抗争的人,其实是倾向性极强的记忆的产物。这位从事智力**虚构活动**的主角甚至亲手改动自己的台词。

虚构活动首先针对时间次序。因为,在他当年的文本里,参照萨特主义和马克思主义并不是一种稳定的常态。至少在1955年以前,这种隐含性多于明确性的参照是不确定的、多变的。他1947年发表在《战斗报》上的第一篇文章就是一个不坏的例子。当然,巴尔特在文中提出了一个带点马克思主义味道的问题:"语言能否从历史中解放出来?"但是,除非从修辞学角度出发,否则一个马克思主义者是不会提出这种问题的,这位年轻的"语言迷"① 却不属于这种情形。萨特则成为一通诡谲的最终被重申的恭维的对象。巴尔特写道:"人们从来不说萨特的文笔好,毋庸置疑,这是他的胜利。"然而,正当读者品味这番赞语时,巴尔特话锋一转,又说这场胜利属于最"靠不住的"之列。

尽管有这些工于心计的逃避,我们也许可以赞同,《战斗报》上的文章都是"马克思主义"和"萨特主义"的,而且可以进一步承认,1945—1953年,这两方面的参照不断地与分析的进展相背,不断地缩水,终至消失,仅仅在1954—1955年间强势地回光返照,那是在一场论战的背景下发生的:与加缪反目②。

如此虚构时间次序只有一个目的,即偷偷塞进一种解释学的虚构:巴尔特早年作品的"介入"基于对一些当下的历史条件的考虑,同样的考虑曾经在1952年促使萨特向共产党人靠拢③。显然,这种把注意力聚焦于紧迫的政治意

252

---

① 下文将谈到莫里斯·纳多的这个说法。
② 参见第四部分第四节。
③ 法国共产党总书记雅克·杜克洛在反对"鼠患李奇微"的激烈游行后随即被捕,从而激起"鸽子事件"(指从法共领导人的汽车里逮住两只鸟,于是开始一场针对间谍活动的为时不长的指责)。当时在罗马的萨特决定站在法共一边,反压迫,争和平(《共产党人与和平》于当年出版)。这段蜜月期的顶峰是《涅克拉索夫》的创作;巴尔特在《人民戏剧》里为这出戏做过辩护(《涅克拉索夫审判他的批评者》,载《人民戏剧》,1955,第14期)。(1952年5月28日,巴黎爆发反对美国李奇微将军到访的示威,抗议美军在朝鲜战场使用细菌武器。——译者注)

识的做法后来被当成托辞，巴尔特此时无意再次昭示（或让人隐约看到）早期的探索和内心挣扎。这些最初的摸索带有时下政治话语的表面标记，然而在更深刻的意义上，是在为一种<u>有待完成的文学</u>寻求难以找到的位置。

在 1971 年的《答复》里，巴尔特试图为自己的行事方式（力求"将萨特的介入论马克思化"）做出完整的描述。他是这么说的："我试图让文学的形式'介入'（从加缪的《局外人》开始，我就对文学的形式很敏感）。"这句话更含糊，因为《写作的零度》不仅一点也没有使文学的形式介入，反而揭示了介入的死胡同，是一份向一切采取这种介入的杂志和"左翼"的著述发难的报告。参照《局外人》是一种间接的肯定，它不但没有澄清，反而掩盖了巴尔特在加缪的写作问题上的转向——这次转向在 1955 年的往来信函里达到顶峰，其中巴尔特首次坦率地承认了自己的"历史唯物主义"。

是思想历程，还是——借用巴尔特在 1953 年喜用的一个字眼——"思想的跳跃"？无论如何，最终回顾一下《写作的零度》可以让我们测定不同姿态之间的距离，而且有助于纠正一个后起的说法，即巴尔特从 1954 年起就有一个一以贯之的计划：把萨特主义和马克思主义辩证地结合起来。

重读这部文集，特别是在把定稿跟早期文本（得之于《战斗报》上的文章）进行比较之后，必然能够得出两条观察结果，这两条都能打破巴尔特 20 年以后提出的通行的解说。

先说后者。巴尔特在 1944—1955 年间的思考曲折迂回，可是它不仅无法根据一个辩证往返的模式去设想，而且反映出对立的两极的影响。两极之间除了纯修辞手段之外，不可能有任何其他媒介：一头是有关写作的（让我们补充说：也是有关世界的）"悲剧性感受"，一头是萨特的分析和马克思主义社会学的"解释"原理对他的思想吸引。这种怪异的骑墙态度介于两种不兼容的话语之间，巴尔特在《写作的零度》里的全部艺术也未能将后者拼合成一个<u>体系</u>。

可是，应当走得更远一点，直到承认这本 1953 年的书虽屡经修改补充，却

第四部分　艾尔蓓

没有表明什么逐渐增强的"战斗精神",或者更为直率的"政治化",反而显得比《战斗报》的文章更明确地强调文学悲剧的"实质性",更明显地跟当时可见的各类文学介入拉开了距离。

不必认真比较前后各个版本的细节,只需提出两条补充、一处改动。三处都颇能说明问题。此书第一部分和第二部分分别添加了两条补充(为出版这本书撰写,与1947年、1950年和1951年的文章无关),二者明显地相辅相成:前一条指责当代的"现实主义",后一条指责"思想性写作"。

第二部分里的"写作与革命"一章是唯一首次发表的,它几乎原文照搬了当年应莫里斯·纳多之邀发表的几篇文章。这是一场辅以引经据典的大举进攻,针对"法国社会现实主义"的两位倡导者、共产党报刊的论战高手——罗歇·加罗迪①和安德烈·斯蒂尔②。巴尔特写道,这两个人的小说写作"成倍地增加了文学的厚重符号",而且借口"现实主义","继续毫无保留地认可小资产阶级写作艺术的肤浅关切(而且通过小学生作文博取亲共大众的信任)"(*DZ*, 51)。随后,巴尔特表现出跟后来在批判《巴黎竞赛画报》和《费加罗报》时同样的热情,毫不遗憾地投入罗列蠢话带来的快感:"他的手指的每个轻抚都唤起铜字模的欢快齐鸣和颤动,字模如同高音符似的一阵一阵洒落在滑槽里(加罗迪的作品)。"至于斯蒂尔,"顶着狂风,贝雷帽和鸭舌帽在眉梢上颤动,他们怀着不少好奇心彼此打量"。巴尔特刻薄地指出,这句话里的"'不少'(pas mal de)一

---

① 罗歇·加罗迪(Roger Garaudy,1913—2009),法国哲学家和社会活动家,曾为法国共产党的重要笔杆子,后皈依伊斯兰教。安德烈·斯蒂尔(André Stil,1921—2004),法国作家和社会活动家,法共党员。——译者注

② 为了便于记忆,不妨重提加罗迪的小册子《掘墓者的文学》(巴黎,社会书局,1947)。书中把"假预言家"萨特跟加缪、马尔罗和高斯勒(Arthur Koestler,1905—1983)相提并论。加罗迪在《新批评》的任务一般是完成重要的文学处决程序。至于斯蒂尔,我们可以不无益处地提出,他的小说《第一次震荡》此前不久成为一场围剿的对象(尤其以书中"现实主义地"提到了共和国保安队的行动为理由)。他被关进精神病疗养院,此后为他发起的运动(针对这个事件,阿拉贡的专著《杜瓦尔先生的侄子》亦于1953年出版)和政局都使得巴尔特的真枪实弹的攻击更具深意。

词用在绝对分词句之后，乃是口语里完全不用的修辞手法"（DZ，53）。

一通尖刻的批评之后，结论反而显得大为温和："也许革命派的这种乖巧的写作方式"反映出"一种对于从今以后要创新写作的无力感"。可是，读者对于这种表面上的宽宏大量不可抱有幻想，因为它重提一条遭到法共文学理论家猛烈攻击的理论路线，只因其有悖于时兴的日丹诺夫对于<u>当时</u>可行的和可取的"积极的文学"的主张。① 巴尔特触及了一个很敏感的议题，因为他以自己的方式重新回到了战前的超现实主义立场。这个态度遭到了《新批评》② 1951 年的一篇深刻文章的谴责，这篇题为《共产党、知识分子和思想斗争》的文章一直追溯到布列东和 1928 年，而且（为了谴责）引用了诗人布列东提交给《世界报》的一份民意调查答卷："我不认为目前有表现工人阶级所要求的文学艺术的可能性。我之所以拒绝相信这一点，是因为作家和艺术家接受的必然是资产阶级教育。在革命时期，他们理所当然地无法反映这些要求。"③ 虽然预期效果有些不一样，可是巴尔特对共产党人的"现实主义的"新文学所表明的不信任跟 25 年前的布列东不谋而合。而且，按照《新批评》为了配合宣传④制造的特殊逻辑，"阶级斗争"时期和 1948—1955 年间的"斯大林"时期有比人们想象的更为直接的可比性，且不说"超级革命家"布列东曾经积极地在《战斗报》上发表言论。正如这份"鼓吹马克思主义的杂志"1950 年 5 月的一篇文章所说（标题富于暗示性："从'非共产党左翼'到法西斯主义，再从《战斗报》到《费加罗报》"）：

---

① 参见 1952 年 1 月《新批评》第 32 期上的一篇追本溯源的文章，原文刊于《真理报》，题为《积极意义的主人公和苏联文学批评》。

② 《新批评》（La Nouvelle Critique）是法国共产党 1948 年创办的杂志，1980 年 2 月停刊。——译者注

③ 《新批评》，35 页，1952，第 23 期。这篇引用了布列东的文章署名为德拉律和穆亚尔（Maurice Delarue et Maurice Mouillard）。

④ 此处这个词当然用于当时的历史环境。加罗迪的《战争宣传和共产主义宣传》一文也是如此，该文载《新批评》，1951，第 24 期。

第四部分 艾尔蓓

"一切都向意大利经历过的一场运动靠拢,一场法西斯主义的前期运动。"[①] 这个特别高的调门当然跟文章作者的个性有关,该文作者即当时担任《新批评》主编的让·卡纳帕[②]。正如托洛茨基分子布列东被唤作"法西斯分子莫尼浩"[③] 的辩护士一样,《战斗报》也经常成为《新批评》的攻击对象[④]。巴尔特是被一份共产党人称为"铁杆民主派"的机关报推出的,而且毫无顾忌地讥讽"一切研究课题的恐怖主义,尤其是革命派的",即他所说的"斯大林式的意识形态"(DZ, 53)。因此,巴尔特在主观上和客观上——这么说不伤和气——割断了同法共知识分子当年自诩独揽的"战斗的马克思主义"的联系,这既出于他跟莫里斯·纳多和《战斗报》的关系,也由于他针对现实主义加共产主义的僵化的写作方式作出的分析。

冷战导致"空气稀薄",紧张气氛因朝鲜战争而加剧。在政治—文学的狭小天地里,每个年度的龚古尔文学奖都不外是另一纸《雅尔塔协定》。跟政治歧见一样,巴尔特对加罗迪的"现实主义"的冷嘲热讽也不可忽视——他说那是一些"卡德丝和马德玲的低俗段子"[⑤] (DZ, 52);或者说,无论怎样区分文体,按照一种"什么都算数"的斗争精神,二者都无法截然分开。

巴尔特本人则完全是另一回事,而这种特殊性只会加深他的孤独感。因为,除了论战的锻炼和他跟《战斗报》的亲密关系以外,这还是一个文学问题,它涉及受到日丹诺夫的说法勖勉的"现实主义传统",从而无可挽回地把巴尔特跟"政治写作"区隔开来。他依据的好恶标准和行事动机都来自这个方面,而且不

[①] 《新批评》,79 页,第 16 期。
[②] 让·卡纳帕(Jean Kanapa, 1921—1978),法国共产党作家和记者。——译者注
[③] 莫尼浩(Jules Monnerot, 1908—1995)曾经在阿隆的理论启发下写过一本《共产主义的社会学》。
[④] 它也是在政治上十分重要的对象,按照得让卡纳巴的解释,在《战斗报》上发言的"教派"都站在铁托派反共战略的"第一线"。《战斗报》之所以为"叛徒卢塞"和"小政客布列东"开辟专栏,是因为它成了"铁托法西斯主义"在法国的喉舌(《新批评》,82 页,第 16 期)。
[⑤] 莫里哀喜剧《可笑的女才子》里的女主角,喜欢附庸风雅的语言。——译者注

属于作出重要的政治和意识形态抉择的层次。

我们不妨以此作为反证,参考两篇跟最终收入《写作的零度》的报刊投稿①同属一个时期的文章。在这两篇文章里,至少从当时流行于政治论坛的二元论和非善即恶的摩尼教逻辑来看,巴尔特是以马克思主义的捍卫者出现的——不过比较温和,因为他不赞成攻击马克思主义。第一个机会是盖鲁瓦②的一本名为《马克思主义综述》的小册子提供的。巴尔特认为,这位作者的论断或者"丑闻"在于流于简单化:一是马克思主义理论的空洞性,二是在它的名义下积累起来的、作为其时间体现的"辽阔帝国"的巨大威力,二者有难以理解的差异。巴尔特的批评运用了拖延战术,即目前下判断为时过早:"任何马克思主义的社会学都嫌为时过早,因为**历史**尚未穷尽马克思主义的'争论'。"③ 这是一条从保卫共和联盟到托洛茨基派余党的知识阶层都熟谙的论据,是模糊的黑格尔主义和隐含的唯意志论的混合物——"战斗仍在进行"。我们至少可以认为,这种搁置一切的愿望令作者做不出什么大事,也不会使法国共产党的"马克思主义活动家们"满意,因为他们这个时期都遵奉"非友即敌"的信条④。可是就实质而论,巴尔特对盖鲁瓦的保留态度是"非政治性的"。在意识形态混战当中,另一篇文章能够更清楚地显示巴尔特打算保持什么样的"路线"。同年,即1951年,这篇文章交由《精神》杂志发表。巴尔特在文中质疑把马克思主义变成"教会"

---

① 应当说明,除了1947年的《写作的零度》一文和1950年的系列文章以外,1953年的《写作的零度》里的"小说的写作"一章还采用了另外两篇文章,《叙事时间》(1951年8月16日的《战斗报》)和《小说的第三人称》(1951年11月12日)。

② 盖鲁瓦(Roger Caillois, 1913—1978),法国文学批评家和社会学者。在把拉丁美洲文学介绍给法国读者方面贡献颇多。——译者注

③ 见《战斗报》1951年6月21日的《是马克思主义的"丑闻"吗?》一文。

④ 不难想见,对同一本书,《新批评》(29、30和32页,第26期)在评论时使用了另外一种口吻。题为《教旨派在何处?》的书评出自让-T. 德萨尼之手,他把盖鲁瓦的这本书说成"混合着仇恨、谎言和恐惧的一盆粥","盖鲁瓦只为不把牙齿咬得咯咯响才竭力'思考'"。书评作者提到国际社会党法国分部("法国的国际社会党人越是恐惧,就越斗争,越赶尽杀绝")和雷昂·布隆姆,然后对这本书的主旨加以概括,可是不愿意讨论这本"集鄙俗之大成"的书,因为"盖鲁瓦是写给警察们的"。

的"比喻"。这一次，他比评论盖鲁瓦走得更远。他描绘了一系列历史话语的类型（用去两页的篇幅），最后用来批判他所说的"类比的"历史。不过，最终能够为"马克思主义是一门教会学吗"的问题提供答案的不是历史，而是某种跟健全的言语行为和跟监督语言运行有关的思想。结论部分没有考察各种产生于马克思主义的建制，而是反驳这个说法，说它"比喻荒谬，比拟虚幻，贬低人类的关系，正如言语行为的一切隐患那样"①。

显然，巴尔特利用这两个小小的机会"捍卫"了马克思主义。然而，这两个动作都没有什么"战斗性"可言。巴尔特两次都只限于检验言语行为，揭露无论以<u>真实</u>还是以<u>修辞</u>手法为借口的冒牌货和滥用。这两个小插曲虽然不足以使人充分相信巴尔特的"介入"，却能够证明，即使在最普通的报刊采访中，他也小心翼翼地把握着修辞学批评的方向。根据很久以后提出的一个说法，这种批评能够"提醒人们把社会形象提上日程"（SE, 9），这些社会形象靠各种滥用的譬喻手法得以通行。这些（意识形态的）阐述看起来跟《写作的零度》嘲讽共产党小说作家是南辕北辙的，可是同属一种有关形式的道德观。

因此，巴尔特1953年对"法国的社会现实主义"写作的批判是清晰和严肃的。可是，有人会说，他虽然不喜欢加罗迪的"正面形象"［及其被巴尔特称为"漫无边际"的平庸性（DZ, 52）］，或者认为安德烈·斯蒂尔的遣词造句失之烦琐，可是他不一定就不自认属于"马克思和萨特"一派……有鉴于此，我们现在可以回到《写作的零度》1953年版的那个很有意义的补充，即题为"政治性写作"的一章。这一章更加清楚地表明，巴尔特关心如何使写作与介入脱钩，不过这回不是指共产党人的小说的那种介入，而是指"非共产党的左翼"杂志所实践的那种介入。这就已经接近了它们的攻击者的立场，因为巴尔特指责的

---

① 《关于一个比喻》，载《精神》，678页，1951年11月。

已经不是某个误入歧途的"非共产党的左翼"的代表，而是"马克思主义的写作"本身，以及由《现代》杂志充当先锋的"思想性写作"。针对这些他笼统地称为"思想性的"和"政治性的"写作，他在1953年写过一篇跟"政治性写作"那一章同样摧枯拉朽的分析文章，可是从未发表。就连用来形容此类写作的追随者的"刀笔吏"（scripteur）一词——一个大有前途的字眼——也是在那篇文章里第一次出现的。这种人"介于社会活动家和作家之间，他从前者拿来介入的理想形象，从后者拿来写出作品即为行动的理念"（DZ，23）。

然而，令人印象深刻的是，当时对此类写作的描述完全符合不久以后对小资产阶级的神话学言语的定义。例如说"马克思主义写作是一种间接肯定法"，也就是说，归根结底，是"同言重复"，因为"每个词仅以微不足道的方式参指一系列暗中支持它的原则"。这种写作中止了"称谓和判断之间的任何延迟"，其"最终作用是省略一个过程"（DZ，21）。无论"'精神'的写作"和"'现代'的写作"之间有怎样的细微差异，二者都有"两面性"：倾向于把言语行为变成"介入行为的充分符号"，把写作本身变成"在一份集体宣言上落款签字"（宣言本身并非签名者撰写）。简而言之，巴尔特的结论很不客气："因此，任何思想性写作都是'思想的跳跃'的头一跳。"（DZ，23）这一跳极其危险，必然使之丧失资格：因为"正如在当前的**历史**状态下，任何政治性写作只能是对一个警察世界的认可，任何思想性写作也只能形成一种不敢直报其名的类文学"（DZ，24）。严厉的结语于是出现："因此，这些写作方式没有出路，它们只能反映一种合谋关系，或者一种软弱无力；也就是说，无论如何都是一种异化。"

假如这几行文字出自一位他声称的"萨特派和马克思主义者"之口，我们真不敢想象这番结语会是什么样子！

所以，与传说不同，1953年时的巴尔特的"立场"如下：受到"对于写作的悲剧性的感受"的驱使，在后继无人和孤独感的神话中寓意化，鄙视新现实主义的滑稽的矫揉造作，敌视"政治性和思想性写作"的"同言重复"和骗术。这几条冷峻的观察结果在其后各个阶段会变得更加严重。在这个方面，最能说明问题的，是巴尔特在充当这部文集结语的1950年的文章上所动的手脚。他一方面抹掉了原文标题对"古典悲剧"的明显参指，换成很有特点的委婉说法"言语行为的乌托邦"，另一方面修改了文章的结论部分。这个改动可不是小修小补，向"科学的功能"发出的整个呼唤，1950年向"知识"使之"和解"的人类许诺的全部光辉的未来，统统不见了踪影。把原文抄录在这里也许不无益处，尽管稍嫌长了一点。

> 他（作家）部分地丧失了思考对象：永恒的人是资产阶级哲学家和作家的专利；历史的人也属于历史学家、社会学家、语言学家，属于整个技术专家阶层，分派给他们的任务很明确，从而摆脱了含糊的和一般性的责任的恐怖，这种责任依赖心智的语言，而不是所作所为。面对科学功能（既然现在有了有关人的科学），文学写作日益成为一个华丽而荒疏的符号。作家总是被要求无所不知，在保持头脑清醒和几乎无必要的言语行为之间左右为难。他审视人类的命运，死去的神话的整个厚度却把他与人类隔绝开来，用神话的仪式束缚她。只有知识才能使他跟等待他的**历史**的任一时刻取得和解，无论是什么样的历史。因此，表达为形式所害的整个文学受到了威胁，从而有利于一种解释性的和战斗的文学。①

1953年定稿的侧重不同，问题不再是新的"技术专家阶层"独揽的"知识"。关于两个版本的分歧，有一句话不应误解："因此，除非放弃**文学**，否则这个写作问题的解决办法不取决于作家。"（DZ, 64）这句话不仅再次肯定了作

---

① 《写作的悲剧色彩》，载《战斗报》，1950-12-14。

家的"无权势",而且把它变成了文学现象的存在理由——也是维持而不是"放弃"文学无法满足的苛求的理由。事实上,在这个修改过的结论里,巴尔特"唯科学地"放弃了细分各类知识和写作,那是《战斗报》上的文章在结尾处提出来的。因此,问题也不是要提倡"一种解释性的和战斗的文学",而是相反,无须"思想的跳跃",承认文学事业的引起分裂的空洞性。无论如何"有罪过",文学事业"不失为一种渴望词语的福祉的想象活动",它"匆匆奔向一种梦寐以求的言语行为。通过一种理想的先行作用,这种言语行为的清新性将展现一个亚当式的新世界的完美无瑕"(DZ, 64)。《写作的零度》开篇于**激情**的濒危,结束于一道弥赛亚式的许诺。它复兴于乌托邦之中(Resurrexit in utopia):"死去的神话的厚度"被遗忘,一种"新文学"以"言语行为的乌托邦"的名义被许诺——交付——给我们。此处,一切都结束于——也开始于——皈依一种不可能**文学**,而不是在稳妥的"知识"和对"战斗"的期待里。那么,1953年时的巴尔特"介入"了吗?莫里斯·纳多的一条小注显然更具远见卓识。1947年,他这样把巴尔特推介给《战斗报》读者:"罗兰·巴尔特尚不为人知,是一个语言迷。"①

"我是马克思主义者吗?"——答复加缪 4

> 您问我,根据什么认为《鼠疫》缺少道德寓意。用不着掩饰,根据就是历史唯物主义。
>
> ——巴尔特,《致加缪的信》,1955-02-04

---

① 载《战斗报》,1947-08-01。

第四部分 艾尔蓓

> 让·盖晗先生厉声追问我是不是马克思主义者。到底是不是？可是，这与他有何干？通常只有麦卡锡主义者才对这种问题感兴趣。
>
> ——《新文学》，1955年7—8月

可是，一切都在1954—1955年间发生了变化。这位痛斥加罗迪的人反倒给阿尔贝·加缪上了一堂"现实主义"课。这位保守的萨特派对《涅克拉索夫》①大为倾心。这位猛烈攻击"马克思主义写作"同言重复的人毫不犹豫地射出"历史唯物主义"的重型炮弹，对一场争议进行<u>最后的清算</u>（ultima ratio），"纯正的品位"② 似乎保证了一个好得多的结局。究竟发生了什么事呢？

事情大概不少，它们跟文学争论虽然只有间接的联系，可是1954年的文学界感受强烈。紧迫的政局导致思想交流发生短路：法越战争首当其冲。至少对于法国人来说，战争已经进入决定性阶段。同样，不应忘记，出于友谊和赞赏，巴尔特的"意识形态"立场无疑受到一些个人方面的新的活动的影响。例如，与《人民戏剧》的合作使他写出第一篇社论③，也使他跟一个比《战斗报》或《精神》还要正统的马克思主义小组来往密切；更不用说，同样是在1954年，阅读布莱希特和发现"柏林人剧社"使他更加青睐受辩证唯物主义启发的"思想生产"。

提出事情的这个方面是为了方便记忆，不过没有理由把它当成1954—1955年的态度转变当中最要紧的部分。而且，在那几年当中，难道不是每年都有令人信服的良好理由，让他宣示马克思主义信仰或者"历史唯物主义"吗？事实

---

① 萨特的剧本，1955年上演时招致众多攻讦，巴尔特在《人民戏剧》上撰文，站在反对"资产阶级"的政治立场上赞扬和捍卫了这部戏。——译者注

② 在介绍巴尔特和加缪有关《鼠疫》的商榷的一篇编者按语里，出现了"品位纯正的争论"的说法，详见1955年2月号的《俱乐部》。

③ 载《人民戏剧》，1954，第5期。

上，尽管巴尔特尽力调整《写作的零度》的矛盾的论断，舍弃"悲剧色彩"和本体论的方面，以突显马克思主义和萨特派的看法，这个动作仍然无法摆脱一种双重规则的制约。我们已经看到，它被用于其他一些"迁移"：它是"策略性的"（在儒贝尔①的经典意义上，这是赢得<u>一场</u>战役的艺术，当时这场战役针对的是加缪），写作是它的真正的用武之地——<u>他的写作</u>：既是演习场，也是敌对行动的舞台；写作必须有实际行动，也就是要面对一些新的难题。历史的和政治的机缘对于巴尔特的取舍有很大影响，然而这道方程式之解却是一整套文学"计划"：斗争性的戏剧批评，着手在《新文学》上连续发表短篇"神话研究"，发动捍卫"新小说"的攻势。

1954年年底，在这套已经相当可观的计划之外，又发生了巴尔特与加缪之争的著名事件。对于这个扰动了巴尔特的精神世界的事件，他一直保持了值得称赞的谨慎态度。我们不禁要问：究竟是什么理由使他保持沉默？提出这个问题，是因为巴尔特在与加缪及其"体系"相当彻底地决裂的同时，也跟<u>关键的同时代的人物</u>划清了界线。他杀死的即使不是**父亲**，也是他自己的写作活动的教父，因为他坦承，二战期间，他在《局外人》里看到了"《写作的零度》的萌芽"（GV, 246）。因此，这场争论的重要的象征意义来自他在其中寄托的感情成分。不过，巴尔特与加缪之争在意识形态方面也有历史意义，你来我往，词语升温，这就促使巴尔特决心选择政治哲学作为批评的标尺。让我们沿用上文引用过的化学比喻：事实上，《局外人》之争使得在《写作的零度》的分析中一直悬置的对"历史唯物主义"的认同<u>沉淀了下来</u>。

我们应当回顾一下加缪在青年巴尔特的美学思想，或者更准确地说，在他的审美—伦理思想的形成过程中所起的作用，对此巴尔特本人只是轻描淡写地

---

① 儒贝尔（Joseph Joubert, 1754—1824），法国文学家，遗作为《思想录》。——译者注

第四部分　艾尔蓓

提到过。① 1944年，这个年轻人最早发表的文章之一就是献给《局外人》的。加缪的作用十分重要，因为这位圣伊莱疗养院土圩分院的青年病友既深受现代主义吸引，也受到他热爱的古典作品的哺育。正是在《局外人》的影响下，在一种继承于大学文科的文化和与世隔绝的疗养院里的新式的热议和争论之间，他建立起了第一座桥梁。巴尔特在《生存》上发表的文章——《〈局外人〉风格之思考》，恰恰强调了加缪的"古典主义"，而且论证"一部荒诞作品，却保持着对于形式的关注，而且必须运用古典修辞学的惯常手段"②。因为他觉得，"荒诞"的主题和追求"艺术"丝毫不矛盾。与其幼稚地盯住"风格的缺失，那终竟只是某种寻找慰藉的风格学"，倒不如"接受和驾驭风格，使之成为一个跟荒诞的失落感和荒诞的幸福感相适应的对象"。他不断谈到的加缪的"古典主义"（"关注如何取悦大众，这是一场修辞手法的音乐会"）是快乐的要素，只要作家把"把矛盾解决好"："形式绝无欺骗性，也绝不鄙视形式；一种既不追求形象，也不害怕形象的风格；置身局外的风格，正如它的人物。"③ 他认为，现代目的与古典手法的完美协调使《局外人》的写作带有一股势头，一种<u>韵律</u>（melos），这是它的成功之处："凭借那些先锋派的既有之物，加缪写出了一部蕴涵丰富的简洁作品，可与《贝蕾妮丝》④媲美。"⑤

因此，《局外人》真正连接起两个文学时代。巴尔特写道：有了它，"无须过多强调这部作品的重要性，一种新的风格出现了，沉默的风格，风格的沉默，此时作家的声音——远离哀叹、亵渎和圣歌——是一种白色的声音，唯有这种

---

① 加缪在《罗兰·巴尔特自述》里完全没有出现，尽管书中屡次重提《写作的零度》。1971年，在给《如是》杂志的《答复》里，巴尔特对从加缪所获得的东西讲了这样一句话："疗养期间，我给学生疗养院的杂志《生存》写过几篇文章，尤其有关不久前问世的加缪的《局外人》，我在文章里头一次有了'白色写作'的想法，也就是'写作的零度'的想法。"（《如是》，91页，第47期）。
② 《〈局外人〉风格之思考》载《生存》，82页，1944，第33期。
③ 同上文，80页。
④ 指法国古典戏剧巨匠拉辛的五幕悲剧《贝蕾妮丝》（1670）。——译者注
⑤ 《〈局外人〉风格之思考》，81页。

声音才切合我们的无可挽救的危难处境。"① 这句全文的结束语明白显示，《局外人》并不像十年后巴尔特一再重申的那样，只标志着一个"**历史**的转折"②。这位批评界的新手认为，它也是一座适逢其时的桥梁，连接起《生存》上的另一篇文章提出的"古典作品的快乐"③和《写作的零度》所开启的寻找未来文学的漫长旅程。我们在写于1944年的这几页文字里听到的，是一支按照我们已经很熟悉的节奏和韵律演奏的序曲，它不仅预告了一个"白色的写作"的诠释者，在更深远的意义上，也是一位俳谐连歌的梦想者，"意义的豁免"的狂热信徒。

《局外人》不仅是整整一代人的文学启示，而且彰显出巴尔特本人的写作抱负。通过这个中介，保罗·马宗④（巴尔特曾经在他的指导下完成题为《希腊悲剧中的咒语和呼唤》的学术论文）的这位弟子尽力阐明什么是未来的作品："经久、纯净和独特的作品"，将是"更为健全的时代的指路明灯"⑤。他之所以能够这么说，而无须否定自己的"古典主义的"兴趣和苛求，是因为在他看来，《局外人》是在"风格的陡峭山峰上"维持着"无秩序状态"所要求的现代作品。

所以，1944年的巴尔特绝非借加缪反传统。他比许多同代人更清醒，丝毫没有被加缪的哲学"论点"迷惑。他在《局外人》里首先看到的是一套修辞学机制，在它的风格里看到一件匠心独具的艺术品，它能够使文学摆脱他称为可憎的"做见证的作品"，那是"宗教文明的一项难以压制的发明"⑥。敌人既已点

---

① 指法国古典戏剧巨匠拉辛的五幕悲剧《贝蕾妮丝》(1670)。——译者注
② 《阳光小说〈局外人〉》，载《俱乐部》，6页，1954年4月。
③ 载《生存》，1943，第32期。
④ 保罗·马宗（Paul Mazon，1874—1955），法国希腊文学家，他翻译的古希腊悲剧公认上乘。巴尔特在《语言的窸窣声》第7章"致研讨班"一节里提到过这位他"唯一仰慕的教师"。——译者注
⑤ 载《生存》，81页，第33期。
⑥ 1944年时的巴尔特对加缪的反宗教精神很有感触，他用一个比较把后者跟自己的美学取向相提并论："在修辞学上，牺牲风格是一种'跳跃'，类似于加缪对罗犹拉或海德格尔牺牲智能的揭露所表现出的那种跳跃。"（载《生存》，82页，第33期）

明，巴尔特于是进入一段华美乐章，这段话连反教会的《作品》①——一份"居家常读的"日报②——也不会否定，而且特别表明他对弥漫着宗教精神和基督教人文主义的思想环境的厌恶："'见证'和最近出现的'探访'一样，都是一些让宗教感到舒坦的特殊字眼，它们向很多作家担保先知、牧师和见证者都是免受惩罚的。作家多少被'探访'之后，就做出宣示和提供'见证'。这些字眼终归令人恶心……"③ 这种见证文学虽然渊源于宗教文化，它造成的破坏却远远超出教徒群体，所谓"造反派"和自命的"异见者"亦遭玷损。巴尔特甚至觉得《塞利尼的怪僻》里也有它的影子："塞利尼和克罗代尔一样，都是这样一种见证，《大白鲨》和《危险的关系》却不是。"针对俯首帖耳的"见证者"的合谋，巴尔特主张古典主义与"白色的写作"的联合阵线，二者的共同点是蔑视<u>表达的艺术</u>。这是出人预料的结合，怪异的联盟。它们全靠巴尔特的一个坚定的信念才走到了一起：<u>有关形式的道德观重于意识形态的表白</u>。人们可以从一篇分析（写于1944年夏季）判断这个形成得很早的信念的坚定程度：巴尔特以一种骇人听闻的轻松笔调，把勒比克街的逃犯④的名字跟基督教见证文学的传统相提并论——前者当年出入于锡格马林根市的各个城堡，后者则在全法解放以后才开始追谒桑尼耶和拜纳诺斯⑤。虽然跟写作已经打了35年交道，加缪一案引发的这种早年的直觉却没有因此而锋芒稍敛。

颂扬**风格**是这篇文章的主干，它也给读者留下了一种提前预演的印象，而

---

① 《作品》（*L'Œuvre*）是巴尔特的母亲长期订阅的一份左翼的法国报纸。——译者注
② 参见《答复》，91页。
③ 载《生存》，84页，第33期。
④ "勒比克街的逃犯"指法国作家塞利尼。居住在巴黎第18区的勒比克街期间（1929—1941年），他写出了最有名的两部小说《黑夜尽头的旅行》和《预支死亡》。二战后期，塞利尼害怕因反犹主义活动受审，曾于1944—1951年流亡德国锡格马林根市，追随亡命于此的维希政府。他的小说《从城堡到城堡》描述了这一段经历。——译者注
⑤ 桑尼耶（Marc Sangnier，1873—1950），法国天主教社会活动家，创立"沟痕"运动，旨在扩大教会在民众当中的影响。拜纳诺斯（Georges Bernanos，1888—1948），法国天主教小说作家，以保守爱国主义的立场知名。——译者注

且似乎是对《写作的零度》以后的巴尔特作品的一个铺垫。

颂扬是由一种艺术观引起的。这个"传统"的看法认为，审美快感产生于克服限制。《写作的零度》改变了这个视角，提出写作是"语言"和风格（两种"天性"，一个是"历史的"，一个是生物学的）之间的一方天地。风格于是被视为"生物学意义上的个人的天然产物"（DZ, 14），它将成为一个"对象"。写作则是一种"与历史结为一体的行为"，不过，这个萨特式的插入语还不是《写作的零度》的最可靠的节点——它的形象不应是宿命论者雅克喜爱的马辔子，而是印度指环，各个独立的环扣只能在一个位置上加以调整，全凭其形制一模一样。巴尔特的作品后来一直照此不断加工这个三价组合，直到最终把它拆散。这篇《生存》上的文章虽然似乎被1953年的《写作的零度》搞得失去时效，可是在螺旋作用下，终将报仇雪恨：复仇在《文本的快乐》里是悄悄进行的，可是在《罗兰·巴尔特自述》的一个名为"写作始于风格"的片段里却是公开的。这篇1944年的文章已经提出风格的全部矛盾性：一种"享乐"，作家如果戒除它就会犯错误——以哪一种"禁欲苦修"的名义呢？可是，它也是一个伦理学"工具"，用来在"无穷的意念和摇摆的词语"之间保持写作的航向。此外，有了"《局外人》风格之思考"这座桥梁，围绕着这个难以命名的意向，后来的著述反而显得像一支不断变换术语的狂想曲：风格，写作，最后是小说。

颂扬风格始于这篇1944年的文章，可是它产生的背景远比它的迂回曲折的定义更重要。这个背景，或者说，这个被《思考》一文指明的斥力的极点，我们顺带地提到过：表达。应当回顾一下这种弃绝和厌恶。因为摒弃文学表现力不仅是巴尔特的"思想"的一个绝对的常数，而且可以将其视为一股向心力，零散的作品受它制约。这是一道重要的禁令，全部作品围绕它组织起来，包括矛盾之处。

这是一种教旨性的倾向，这里只需强调其早熟性。这个特点在此后的著述和这篇颇显成熟的少年文章里都有。在巴尔特的最后几本书里，我们也可以读

268

第四部分 艾尔蓓

到某种似曾相识的东西,只是形式更加成熟,无比完美:既亲切又矜持,既富于教诲又有心声袒露,既诙谐又悲戚。以这篇1944年的文章为例,我们在转入定义的几行文字里已经隐约听到了巴尔特最后的声音:"从本质上说,作品是一种惊世骇俗的东西,它滞碍某种自然的秩序,打破宇宙的某种级次体系,打乱解释,令谎言缄口。它是沉默的,但令人尴尬,是悬浮在众人眼前的一种荒诞,恰如创世的荒诞本身一样无法避免。因此,我觉得加缪本来可以在《神话》① 的荒诞人物的行列中增加一位美工师,他熟悉自己戴的面具,而不是天真地把它攥在手里。"②

坚信"无权势"赋予作品的力量,坚信其反**自然**的韧性和倔犟地不屈从秩序和<u>解释</u>的话语,这一切造成了他的写作的高昂气势;这种绝地反击的桀骜的信念早在他与世隔绝的年代便已形成。一切皆因遇到了《局外人》这部"冷漠的,但绝非缺少人情味的"小说,也由于加缪的那种"虽然相信人有善恶之分,却什么都不索求"③ 的风格。也许,巴尔特从来没有如此简单明了地阐述他很久以后的倾力追求。

所以,必须重新解读《局外人》的预示意义,以便提出这场内心变化的影响所及,也就是十年以后对加缪的否定。这么说是否言之过重?可是,巴尔特不是在1955年教训加缪说,改变的不是他,而是《鼠疫》的作者吗?这种对于《局外人》内心忠诚(甚于加缪本人),这种对于不可知论的由衷赞美,似乎是他对《鼠疫》产生刻板看法的原因。不过,我们很难赞同这个方便省力的说法,因为批评家巴尔特对《局外人》不是只有一次平稳一致的解读,而是先后有三次相互矛盾的解读,在一场长期的再诠释活动的最后,他才宣布从伦理和审美两方面否定《鼠疫》。这很像面对一个谜语或一块拦路石,人们先是被吸引,后

---

① 原文如此。当然是指《西西弗的神话》。
② 《〈局外人〉风格之思考》,载《生存》,81页,第33期。
③ 同上文,80页。

259

来才生出烦恼。

1944年颂扬，1955年"恭敬"地反目，这期间巴尔特对加缪做出过大量一直是正面的参照。可是，巴尔特的态度在赋予这种写作何种意义的问题上有细微的变化。也许，批评话语的新变动能够为解释何以竟至决裂提供一把钥匙。

在1947年发表在《战斗报》上的第一篇文章里，巴尔特附带地肯定了加缪之路的样板意义，甚至把整个现代文学的命运跟它联系起来：加缪的未来作品将告诉同代人能够走多远。是写作的死胡同，还是摆脱陷入历史窠臼的"风格的匠艺"？这个核心问题巴尔特当时（《鼠疫》问世的当年）寄希望于《局外人》的作者来回答："加缪这一批作家能否摆脱福楼拜式的写作，这是困境的可悲的方面。"[①] 加缪的写作方式是奠基石，是希望的地平线，从后来收入《写作的零度》的一系列写于1950—1951年间的文章可以看出，它在巴尔特的思考中仍然占有显要的地位。第一篇《资产阶级写作的胜利和断裂》认为，在试图回答"现代形式的俄耳甫斯课题"的作家当中，包括一百年以来的福楼拜、马拉美、兰波、龚古尔兄弟、超现实主义者、盖诺[②]、萨特和布朗肖[③]，加缪是最近的一位。一方面，巴尔特把加缪与那些"描绘过——也仍在继续描绘——文学语言的若干整合、爆发或归化的途径"的人相提并论；另一方面，他认为加缪是某种**现代性**的后继者。不过，这没有妨碍他在11月23日发表的同一组评论的第三篇里回到加缪的古典主义写作的工具性的观点上。他说："加缪和布朗肖的写作真实地再现了古典艺术的首要条件：工具性。"这样一来，加缪的地位就不必依循现代

[①]《写作的零度》，载《战斗报》，1947-08-01。让我们在这份"连续性"的卷宗里加入对于"人种"一词的这个出人意料的用法，它是对1944年的《思考》一文的直接回应。在《思考》一文里，巴尔特已经围绕着这个词把加缪与塞利尼对比："例如我们从《局外人》里已经看到，人种的风格终究比才能的风格（塞利尼）更灵活，也不那么累人"（《〈局外人〉风格之思考》，80页）。

[②] 雷蒙·盖诺（Raymond Queneau, 1903—1976），法国当代著名诗人、小说家和翻译家。——译者注

[③] 载《战斗报》，1950-11-09；《写作的零度》，45页。

第四部分 艾尔蓓

主义的兴起排排坐了，因为他的写作跟福楼拜、马拉美、盖诺和其他几个人正好背道而驰："一种言语行为的社会的和神话的特点被取消，从而有利于形式的一种中性的、静止不动的状态"，尤其因为"思想因而保留全部责任，无须通过使形式介入不相干的**历史**来自保"。于是，加缪跟现代主义彻底分离——无论是历史上的还是当今的现代派，例如福楼拜的"写作包含一条法则"，马拉美的"写作设定一种沉默"，以及"鲁鲁斯特、塞利尼、盖诺和普雷维尔①的写作，每一种都以独特的方式和一种社会天性的存在为基础"②。这一次与众不同，加缪的写作显示了一种透明性，其中充满以各种方式出现的"形式的晦涩性"。

这两种彼此矛盾的发展后来在《写作的零度》一书里都可以见到，相隔寥寥几页。这本书的随机排序的体例被"加缪一案"纠缠得左右为难，以至于巴尔特不得不在报章语体和书本语体之间尽力修修补补。我们看到，他删掉了对布朗肖的参照，大概因为布氏的"工具性"在1953年已经不够明显③。在一个对加缪的写作的特殊性看来很关键的段落里，结尾的那句话他处理得比较好一点：干脆拿掉加缪的大名，代之以羞答答的泛指名词"中性的写作"④。这种谨慎的修辞其实没有多大用处，反倒很像承认自己身陷理论困境，因为上下文很清楚地表明他是在讨论《局外人》。

如果说，无论是《战斗报》上的文章，还是收入和修改了它们的《写作的零度》，加缪都处于中心地位，那么就应当承认，巴尔特所说的"萌芽"在朝着截然相反的方向生长。如果说加缪既"古典"又"现代"不算大谬，批评家也尽可以把他说成**现代性**的第一位古典人物，然而我们看到，巴尔特在**现代性**的概念上含糊其辞恰恰为这些杂拌开了绿灯。除了这些标签以外，声称"白色的写作"有

---

① 雅克·普雷维尔（Jacques Prévert，1900—1977）是极受欢迎的法国当代诗人之一。——译者注
② 我们已经指出，布朗肖的名字在书本版本里消失了（参见《写作的零度》，56页）。
③ 同上。
④ "加缪的写作真正地找到了……"（《写作与沉默》，载《战斗报》，1950-11-23），"中性的写作真正地找到了……"（《写作的零度》，56页）。

"工具性"的论点本身才是问题的根源。巴尔特在疗养期间阅读的《局外人》是一个楷模,一道许诺,《写作的零度》却给了它一个站不住脚的地位:一个实际上在逐渐变化的计划的楷模,一个最终被宣布为不可企及的模式的建模方式。

因此,1944—1953年,在"风格"问题上发生的不是一场演进,而是一次真正的转向。的确,《〈局外人〉风格之思考》所说的"风格的沉默"与《写作的零度》所说的"形式的一种中性的、静止的状态"之间没有任何联系。1944年的比喻指的是整个修辞学研究,它汇集了"惯例"和"直至罗马时期的古老手段"。巴尔特之所以大谈"冷漠的风格",是为了突显"创新者的全部努力和全部手法"的结果,它们"总是有保留地"运用"古典主义手法"。这种风格绝非"静止的",而是"流动"、"疾行",也绝不是"中性的"(在《写作的零度》借自布隆达尔的意义上),它带有"某种张扬的关注",甚至有某种"常见于日常琐事的温情"。

所有这些以文理缜密和行文细腻见长的描写,《写作的零度》为了满足宗旨之需必须统统忘记。它必须把"白色的写作"说成一个虚范畴(真正的虚范畴根本不存在),然后指出它的各项条件是矛盾的("忠实的"中性范畴也根本不存在)。这样一部有关不可能之物的装置到头来只能以提出一个"乌托邦"作为结论,它处理的其实是一种无处寻觅的文学——推介费却由加缪的样板小说来垫付。因此,不难理解,为了演示这种文学而求助于一部自己十年前展示过不同理路的小说,巴尔特这样做的时候肯定不无尴尬。

《局外人》显然变得碍手碍脚了,而且1947年的问题"加缪下一步会做什么"很快颠倒了过来,变成了"拿加缪怎么办"。

重读一遍吧。巴尔特翌年便找到了机会,他在《俱乐部》上发表了一篇题为《阳光小说〈局外人〉》[①]的文章。这篇趣文照旧赞扬,可是再次修改了对这部

---

① 《阳光小说〈局外人〉》,载《俱乐部》,1954年8月。

第四部分　艾尔蓓

小说的看法，方向却跟上一次相反。巴尔特似乎想"拨乱反正"，彻底消除加缪的写作方式是"中性的"的碍眼说法。

在这篇发表于 1954 年的文章里，巴尔特尽力不提自己"年轻时的著述"。可是，他一上来就暗示当年获得的阅读印象："十年前，像许多人一样，我对当时的理论感到困惑，我尤其注意那种令人羡慕的沉默……"① 他一点也没有忘记，"这本小小说"1942 年呈现给读者时，属于"完美和意义深远的作品之一，它们骤然出现在某些历史的转折点，彰显断裂和概括全新的感受"②。他开篇就把这本书说成"战后第一部古典主义小说（我说的第一不光指时间，质量也是第一）"，它跟《王妃》和《阿道夫》③一脉相承，"融入法国人挚爱的小说的形式里，宛如一颗小巧结实的珍珠"。他一直肯定这种叙事的新颖性，其沉浊性（matité）正好与有关孤独的存在主义思想的新颖性相契合。然而，这种孤独与它无法理解的世界是结为一体的。时隔十年以后，他依然十分欣赏那种"从伴随它出现的样式中飘逸而出"的清新。简言之，"作品会增年齿，变成熟，与时俱进，让隐藏的力量一点一点地浮现出来"。

可是，解读分了岔，关注改变了：这部"阳光作品"折射出不一样的光芒。这种随着作品（和批评家）的成熟一同发生的改变十分可观：它触及课题的腹地，促使巴尔特重新思考小说里逐步展现的写作手段。的确，他早已看出"尤其是那种值得赞叹的沉默，使之跟完全用言语艺术打造的古典名著不分高下"，眼下又看出"一种抒情的意味，假如人们在加缪的第一部小说里能够看到这一点，本来会对他后来的作品少些责怪"。于是，一切都清晰地显现出不同的面

272

---

① 《阳光小说〈局外人〉》，载《俱乐部》，7 页，1954 年 8 月。
② 同上文，6 页。
③ 《克莱芙王妃》(*La Princesse de Clèves*) 是 1678 年出版的法国小说，被称为心理小说的先驱。作者匿名，一说是拉·法叶特夫人（Madame de La Fayette, 1634—1693）。《阿道夫》(Adolphe) 是瑞士法语作家本杰明·贡斯当（Benjamin Constant, 1767—1830）1816 年出版的小说。在这两部小说里，惯用的外部描写被放弃，它们长于描绘心理和情绪的细腻变化。——译者注

貌，很像那种逗笑的画片，只要稍微改变影像的角度，就能看到隐藏在勃朗峰脚下的那不勒斯的风景。"白色的写作"的坚冰被打破，有关孤独的存在主义风格的"绝缘涂层"被凿穿，巴尔特发现暴虐的"性情"和"神话"把默尔索变成了一个把"身体交给太阳炙烤的人"，这种委身"必须从近乎神圣的意义去理解"。接下去是对统摄全书的"阳光神话"的描述，这里不难看出布朗肖和查理·牟洪[①]的影响，《米什莱》和《论拉辛》也受到这两个人的启发。

对于《局外人》的这番"神话式的"解读有两个有趣之处。首先，巴尔特没有愧惜或抨击他从中揭示的"抒情意味"和"象征手法"，而是将之归功于这部小说及其"隐藏的力量"，正是它们赋予了此书一种"悲剧性的"意味，而且使这部小说"不但具备哲学根基，而且具备文学根基"；其次，这番经过修改的评论隐约赞同《鼠疫》使用的手法，而此时距与加缪反目还不到一年时间。巴尔特一边让我们承认，抒情意味和悲情神话凭着"一切美好事物的双重力量"，"在这本书里继续咏叹，继续撕裂我们"，一边借此从人们的"责备"当中赦免"后来的作品"。字里行间不难看出，巴尔特悄悄地否认了1952年对《鼠疫》的蓄意攻击：攻击它的内心描写虚假，及其"红十字的道义"[②]（弗朗西斯·让松[③]在《现代》杂志的专栏里所言）。

戏剧性的变化发生在次年，背景依旧：巴尔特在《俱乐部》上又发表了对《鼠疫》的分析，副标题是："是一场瘟疫的年度报告，还是有关孤独的小说？"[④]在这篇批评里，我们可以区分出两个截然不同的方面（如此区分可能会使巴尔特大感惊讶）：审美的和"道德寓意的"。引起论战的是后者，前一个方面与其

[①] 查理·牟洪（Charles Mauron，1899—1966），法国翻译家和心理学者。——译者注

[②] 关于这场导致萨特与加缪决裂的争论，可参阅《现代》杂志1952年5月和8月专号。

[③] 弗朗西斯·让松（Francis Jeanson，1922—2009），法国哲学家和社会活动家，曾于1951年到1956年担任《现代》杂志的社长，并领导瑟伊出版社"永恒的作家"丛书的出版工作。1951年在《现代》上发表对小说《叛逆者》的书评，指责作者加缪背叛左翼。——译者注

[④] 载《俱乐部》，1955年2月（并非1月）。

第四部分　艾尔蓓

说是真正的非难，不如说只是一些保留，反而对论战构成一种澄清——加缪本人选择不予理睬，他觉得只有巴尔特提出的"道德寓意"才需要回应。巴尔特一边花费相当多的笔墨描述这本小说，一边不断提出一个他没有公开谴责的偏差，可是，我们能够感觉到，他在两个他认为《局外人》结合得很好的元素之间左右为难：悲剧性和抒情。《鼠疫》的"纯粹的悲剧元素"没费什么事就找到了，"那就是鼠疫本身"。这位"陌生的女神"被他拿来与"古代命数"即"命运"相比较。加缪错就错在为了树立一种与之对立的价值，一个全力摧毁的靶子，只写了"共同生活"，然而这"不是一种有说服力的浪漫的幸福，一个重大的叙事情境中的普通对象，而是受时间绵延规定的一种状态，一个道德寓意的沉默的对象，一个有抒情意味的对象"。很快，声音嘶哑的责难变成了名副其实的抱怨。巴尔特委婉地说，这种结合得不好的冲突导致《鼠疫》流了产，既是悲剧的流产，也是一件艺术品的流产："悲剧不停地流产"，"可以说，高潮在哪儿都找不到安身之地"，"鼠疫如此戏剧性化地进了城，可是始终没有被整个人类在某种意义上捉拿归案"（这条责难与文中接着提出的对过度"一般化"的"象征手法"的异议是矛盾的）。他使用的一个比较透露出他对回避悲剧感到沮丧，而且跟他作为保罗·马宗的弟子的身份十分相称："《鼠疫》本来可以是一出悲剧"，小说开篇（"写得很棒的部分"，巴尔特写道）也似乎朝这个方向发展。但是现在，正如古典悲剧那样，人类被要求"命名"自身之**恶**。何其悲也！"此处依然，**悲剧**最终变成了拒绝**悲剧**，这有点像欧里庇得斯在为埃斯库罗斯收场。"

这篇文章的要旨是严正地表达失望，这也是最富教益的部分。至于结论部分的道德责备反而没什么新奇。再说，加缪自1947年以来已经有过多次反驳的机会，他在回应里显得有点不耐烦，这也许是主要原因。

攻击的目标是一个具体的历史局面（占领时期）被过度寓意化。巴尔特认为，《鼠疫》把它变成了一个"浪漫的，近乎虚构的现象"，一场"冷酷无情的灾祸"，

265

"毫无理由的**恶行**"。这种"常用的象征手法"会不会掩盖小说声称反映的"人类常见的邪恶（战争、压迫……）"的历史现实？巴尔特随即提出一个加缪后来认为"不公平"的问题："面对这副过于人性化的面孔——《鼠疫》必然是它的一般的和无差别的象征——《鼠疫》的斗士们将会如何行动呢？"这就等于把《现代》杂志不满所谓加缪纠集"正人君子"的积怨重申一遍，只是辛辣的口气略有不同。

加缪在同一期《俱乐部》上发表回信，从而加快了事件的进程。加缪辩才出众，他把《鼠疫》的"历历可见"、"无人不晓"的欧洲反纳粹斗争的内容一带而过，巧妙地集中攻击对手的弱点，即分析背后隐约可见的美学和意识形态的突出部分。因为，在审美方面，巴尔特明显地把《鼠疫》的某种意义上的失败归咎于一些艺术手法，可是他刚刚描述过它们在《局外人》里的持久威力。至于塞进文章标题的对于"孤独"的指责，不仅跟巴尔特在别处说它是作家的必要条件背道而驰，而且明显违背"团结一致"的价值观。不过，这个"团结一致"仍然有待巴尔特说明究竟何指，因为前不久他还讥讽包括《现代》杂志在内的一切思想性写作，此处反而挪用了《现代》杂志的理由。

加缪对于这些不确定之处的反驳卓有成效。曾经赞扬《局外人》的巴尔特，怎么能抱怨《鼠疫》的道德寓意缺少团结一致这一条呢？加缪成竹在胸地提醒说："跟《局外人》相比，《鼠疫》无可争辩地标志着一种过渡：从孤身反叛的态度到承认一个应当加入其斗争的群体。如果说从《局外人》到《鼠疫》的确有某种演变，那么演变的方向正是团结一致和介入。"① 巴尔特仍然对这部"产生于**历史**的意识，却不（去）寻找证明"的作品表示遗憾。这个说法不是过了头，就是不充分，加缪于是乘隙而入："只有宣称暴政合法化是进入历史的唯一办法，才能够指责我拒绝历史。"这样一来，巴尔特被逼得要么追随投向《现代》阵营的严肃目光，要么接住伸过来的橄榄枝，因为加缪接下去的话是："您

---

① 载《俱乐部》，7页。

第四部分 艾尔蓓

不属于那种情形,这我是了解的。"

因此,加缪引人注目地关闭了论战的大门。他根本不从形式方面应接巴尔特的任何(适切的,甚至很有说服力的)批评话茬,只用一句话为自己的做法辩解:"一个极其简单的事实便能够澄清您的不少看法:我根本不相信艺术当中的现实主义。"这就从意识形态和"道德寓意"两方面把巴尔特逼到了墙角,迫使他"明确说出,根据哪门子更完美的道德观"质疑《鼠疫》的道德寓意,提出他觉得比小说作者的"孤独的生涯"更可取的团结一致。

巴尔特被加缪逼得后退无路,选择了纵身一跃:"思想的跳跃"。他给加缪修书一封,发表在《俱乐部》上,这封信由于正值"品位纯正的争论"的热度升高而不无几分尴尬。① 我们必须承认,此信表明他已经既在政治方面也在文学方面破釜沉舟了。政治方面:"您问我,根据什么认为《鼠疫》缺乏道德寓意。用不着掩饰,根据就是历史唯物主义。"他接着补充了一条数月后在《精神》杂志上再次使用的论据:"如果不是因为一直担心提倡这种对拥戴者要求很高的方法会显得自命不凡,我早就直说了。"(这个"一直"究竟指何时?)文学方面,除了宣布政治信仰以外,他还坦白承认了一个新的信条——加缪所婉拒的现实主义正是巴尔特为使攻击言之成理而必定信奉的:"就我来说,我信奉它;或者说,至少(因为现实主义一词有相当厚重的继承性)我信奉这样一种文学艺术:其中鼠疫只是鼠疫而已,抵抗运动却是整个抵抗运动。"

无论如何,也许只为标新立异,巴尔特此时一反常态地主动展示自己的位置。在这个意义上,他为自己翻开了新的一页,尽管在这个戏剧性的理论变化与他一贯拒绝的表现力之间,他谨慎地表现出一种分析的连续性。他用一个短句表明这个(策略性的)意思:"我认为解释的道德比表达的道德更完整。"这

276

---

① 载《俱乐部》,1953 年 4 月。杂志编辑部在巴尔特的信后附上了加缪的一封短笺:"一天下来(巴黎的),人的头脑并不很清楚,我在电话上跟您谈了太多的事。我只希望您留取其中的要点:巴尔特的新信函一写成就绝对应该发表,立即发表……"

个辩解依旧是个障眼法。事实上，我们看到，两年前的《写作的零度》已经删除了1950年的文章对"一种解释性的和战斗的文学"的最后呼吁。我们必须进一步强调，此时他把加缪——连同他自己——推到另一个无法置之不理的选项跟前：<u>解释</u>不一定是表达的反义词。对此巴尔特是清楚的，特别是因为自1944年以来，他在《生存》上的文章里一直把这两个词双双摒弃。

为了弄清这个插曲的意义，找出先后对加缪做出的这些再评价的关键之处，无疑必须把放弃这种写作的典范性的缓慢过程与这场突然转向彼此区别，后者使加缪的全部价值变成一件陪衬物，并且成为既是"美学的"，又是意识形态的决裂的一种辩解。在这样一部评论传奇的第一部分里，我们留取巴尔特的解读活动的灵活性，这能够从他对《局外人》的三种不同的诠释中得到证明。这是这位<u>评论家</u>的某种多变性的首次实践，它有双重教益：一方面，假如作品多义性的说法能够事后一笔勾销作品的不一致之处，那么它尤其能够打破给作品<u>强行规定意义</u>的重大诱惑，即指出何者为主、何者已经过时或者造成事件。我们很快会看到，这种<u>充当教父的诱惑</u>围绕着"新小说"形成一个十分可观的高潮。同时，看来毫无歉疚之意的改弦更张显示了巴尔特的一种倾向：让批评的动作及其在方法上的谨慎小心附属于一场探索。这场探索的任务更多的是找出能够和应该描写之物，而不是仅仅描写文本的运转状况。因此，它的最妥当的理由是探索本身。从这个意义上看，巴尔特对加缪的一系列"解读"是一段摸索时期，其间"至爱之书"的确定过程受到高昂的主观性和起到调控作用的教条主义的交叉影响。

在加缪的催逼之下，巴尔特突如其来地认可了一些他一直躲避的标签。这可能是出于不满意自己在批评上的游移态度和在意识形态上的徘徊不定。不过，这两个方面的"转向"各有不同的后果。

巴尔特自称"历史唯物主义者"，因而给自己带来一种行为方式，可是他心中不无郁闷。有趣的是，事隔几个星期之后，这种心情忽然获得了宣泄的机会。在一篇发表在《新文学》杂志上的题为《我是马克思主义者吗？》的文章里，巴

第四部分 艾尔蓓

尔特猛烈抨击让·盖晗①，此君日前在《新法兰西评论》上重提加缪的问题（语气更为直截了当），不点名地对《短篇神话研究》的作者的"马克思主义"提出质疑。巴尔特严厉地把他的问题比作麦卡锡主义："通常只有麦卡锡主义者才对这种问题感兴趣。别人照例更乐于就事论事，但愿盖晗做事能够像他们一样。例如，他完全可以去读读马克思。"②

巴尔特在令人惊讶地大讲"艺术当中的现实主义"时则显得轻松得多。这是因为开局不同，此时不需要使某个"大体系"依附显赫的名字，而是建构一个体系。这正是巴尔特围绕着"新小说"尽力所做的事。巴尔特用来形容"现实主义"的一个小词"不折不扣的"（littéral）足以表明他的轻松自如，这也清楚地表明，巴尔特意识到了《写作的零度》所积累的矛盾，从而重新开辟探索之路。路是罗布-格里耶的小说指示的。巴尔特早在1954年就写出了第一篇专谈这些小说的文章《客观的文学》。第二篇发表于他痛批盖晗的1955年夏季，标题是《不折不扣的文学》。

5 注视的权利

> 罗布-格里耶的尝试具有决定的意义，因为它危及仍然享有完整的传统特权的文学材料：对象。
> ——巴尔特，《客观的文学》，1954

---

① 让·盖晗（Jean Guérin）是一个笔名，为《新法兰西评论》的核心人物让·保岚（Jean Paulhan，1884—1968）所常用。——译者注

② 《我是马克思主义者吗?》，载《新文学》，1955年7—8月。

> 以新小说为例，无论是否有益，是否重要或者成功，它仍然代表一种比较传统的文学，这么说绝无贬低它的意思。
>
> ——巴尔特，《关于文学》（与纳多的谈话），1973

在答复加缪的时候，巴尔特明确声称自己受到名曰历史唯物主义的"大体系"的庇护。这个答复很可能既基于他对思想界的一种新的估价，也来自新的"言语行为的接触"以及加缪本人的催迫。不过，采取这个意识形态的和文学的立场的同时，他也做出了有关某种写作的决定，二者不可分割。这个决定就是支持"新小说"。巴尔特之所以能够信心满满地主张"不折不扣的文学"，跟他不久前读过罗布-格里耶的小说有直接关系。我们甚至能够确定这次转向的源头、这种结盟的变动日期：它开始于一篇有关小说"结构"危机的文章，发表在1954年7月的《法兰西观察家》上。文中第一次用罗布-格里耶的写作取代了他长期推崇的加缪的写作。这位新小说作家被誉为把一个"爱因斯坦式的有关对象的维度"[①]引进了叙事，加缪则被打发到旧世界去了，不是"古典主义"的旧世界，而是文学在其中停滞不前的"牛顿时代的"惯例。遵照这种惯例，"加缪和布列东都描绘过一道风景，正如夏多布里昂和拉马丁那样"。

一个新时代于是开始，加缪的作品及其纠缠不清的解释均被抛弃，巴尔特走出了已经变成道德说教的亚当式文学的阴影，转向一只前途光明的猎物，他称之为客观的、不折不扣的文学。他对"新小说"的戏剧性的"支持"开始于频繁发号施令的一场热恋，结束于1963年像情侣似的赌气分手。记住这种波澜起伏的关系的源头，就能更好地理解它：对于巴尔特来说，为了使眼下的文学乌托邦拥有一个形态，必须首先给它找到一个语料库。只说巴尔特对"新小说"感兴趣是远远不够的，应该说它正中巴尔特下怀。在一个时期内，这种不无警

---

① 《前小说》，载《法兰西观察家》，1954-06-24。

第四部分 艾尔蓓

惕的教父心理在巴尔特心里为一种构想中的文学勾画出轮廓，同时也促使他重新表明立场。立场既是针对现代性的，也与批评本身的使命有关。因为，说到底，这两个问题其实是一个。在这段时间里，巴尔特主要关心的是如何赋予现代性一个看得见摸得着的内容（可以从主题学、修辞学和结构描写方面得到证明），然而此刻尚未落实，现代性依旧是一个徘徊在历史地位和悲剧意识之间的庞然大物。一个纯粹的批评阶段于是启动：巴尔特暂时脱离探索文学的实质性撕裂，只在寻章摘句的乐趣中发现语句的魅力。面对"新小说"，他必须乐意从事严谨和专注的甄别工作，找出作品的现代性特征，同时用一个可靠的语料库反过来证明它，一举两得。

如果沿用巴尔特的术语，我们这里要谈的与其说是前一章所说的现代性，不如说是"现代色彩"。现代色彩的问题是巴尔特在赞扬"新小说"的目标时提出来的，可是没有把它当作一个概念，而是当成一系列文本，一种汇集，他很久以后才在塞里榭为之作出界定：一个"我觉得有必要进行（积极的）干预"的东西（C，265）。这种"现代色彩"是一个连带关系的空间，容纳了罗布-格里耶、菲利普·索莱尔斯、凯洛尔、布托尔、纪尧塔和萨尔杜伊[1]，以及其他一些人，尽管巴尔特是强调区分的第一人，而且很早就揭露说，连"新小说"内部也有"任意的组合"（EC，101）。这是因为，"现代色彩"不在学派的宣言里，它的日常表现才是批评家的所谓"策略性"关注的对象。仍然是在塞里榭，巴尔特强调说："对于'现代色彩'，我们只能做一些属于策略性的操作。"（C，265）

---

[1] 让·凯洛尔（Jean Cayrol，1911—2005），法国诗人，出版者，《如是》杂志撰稿人。米歇尔·布托尔（Michel Butor，1926— ），法国"新小说"运动的重要作家，尽管他自己不喜欢这个标签。皮埃尔·纪尧塔（Pierre Guyotat，1940— ），法国作家和社会活动家，以运用词汇、拼写法和韵文等手段发表实验性的先锋派"小说"知名。塞维奥·萨尔杜伊（Severo Sarduy，1937—1993），古巴诗人和作家，移居法国后与左翼知识界交往甚密，1972年曾以小说《眼镜蛇》获得梅迪西文学奖。——译者注

这个回顾性的评价对于那些给"现代的"作品建立一个共同特点（动物学意义上的）的尝试——全部胎死腹中——悄然作出了总结。此类尝试在直到1965年的第一个阶段里一直在进行。巴尔特尽力（但是不过分确信）积极评价他所搜集的作品，并且为他建立的作品系列配上一条写作的标准。他在《前小说》一文里就是这样做的。他认为，无论让·凯洛尔、阿兰·罗布-格里耶，还是让·杜维纽都有"一种相同的调适目光的方式"。不过，他随即补充说：这三个人的作品"出自很不一样的头脑"。到了1963年，他又认为"凯洛尔、罗布-格里耶、西蒙、布托尔、索莱尔斯"都有一种相同的态度，共同点是倾向于"研究文学系统的意义，而不是语言系统的意义"（EC, 277）。这是一个大胆的预言，它提前判定，在这些作品当中，有些（例如索莱尔斯的）必将朝着改变"同一种语言里的语言"① 的方向演化。巴尔特后来不再坚持这个说法，他彻底放弃了对"现代色彩"的性质进行观念层面的抽象阐述，宁可一律就事论事地关注它。

发表在《批评》杂志上的讨论罗布-格里耶的文章标志着一个新阶段的开始。为了说明这个阶段的性质，我们不妨提出，在"课题"与这些当代作品的实例之间有一种循环往复的运动。因为二者不是一种蕴涵关系，好像各种作品统统被塞进一个规定的框架，例如"我们的现代文学"之类。当然，批评界会据此进一步竭力建立"理论的"定义，或者"哲学的"研究角度。可是，看来巴尔特很快就从解读新小说作家中得出了一种新的文学观，它跟导致《写作的零度》的分析的四分五裂的文学观十分不同。

一如既往，1954年的《前小说》一文标志着一条意义深远的分界线。不过，作为最后一次，这篇分析里既有从前那种纠缠不休的苛求——尽管其标记不再

---

① 这个提法来自索莱尔斯，巴尔特1974年在《情境》一文里引用了。载《如是》，第57期；《作家索莱尔斯》，82页。

是"悲剧",而是悲情("在以尘世为全部对象的文学里,还有什么值得赞叹的悲情不能期待呢?")——也有一种后来变得极其强烈的意向,即把某个反思的课题当成小说艺术真正进入**现代性**的唯一标志:"当前那些有力道的新作品大多会提出问题,它们除了文学虚构以外,还质疑小说创作的基本范畴。"① 我们之所以说这是(螺旋形回返之前的)最后一次,是因为"新小说"为巴尔特提供了一个机会,使他能够借机呼吁作家加倍刻苦修炼,并且要求作品具备"文学自身的真诚",从而有可能从固有的不真实性当中拯救"诚意遭拒"(EC, 276)的作家。这样一来,在严谨的旗号下,巴尔特对"新小说"的评论导致规范化大施诱惑,进而把"优秀的文学"局限于表现文学自身的机制。批评活动已经用纯净主义梦想的道义激情武装起来,便认为只有以"文学符号"为旨归的作家才有价值。这种企图施加管束的冲动令人生畏,其长远后果是把一种简化为直指的反思性尊为唯一的文学。于是,一种奇怪的恐怖主义出现了:它认为作品的功效仅在于"去污除垢",作品成了一种保持清洁卫生的工具,西西弗般地从事清扫涤除,荣获"给叙事形式消消毒"(EC, 70)之美誉的《窥视者》② 就是一个例子。

巴尔特的这个举动,阿兰·罗布-格里耶本人用一个鲜明而恰当的比喻评论过。他在《重返的镜子》里写道,巴尔特只有"当他有揩拭一番的需要时才用得着我的文字"。在谈到他的小说和巴尔特的解读时,他又说,巴尔特"竭力把其中狡猾的移位、若隐若现的魅影、自动删除和缝隙统统归结于一个物本位的世界,这个世界只承认客观的和实在的坚固性"③。

这就是罗布-格里耶1984年所说的"恐怖主义"吗?反正,指导主义是没有疑问的。巴尔特对罗布-格里耶的小说事业的"声援"与其说是一种关注,不如

---

① 载《法兰西观察家》,1954-06-24。
② 《窥视者》是阿兰·罗布-格里耶1955年发表的自传体新小说。——译者注
③ 《重返的镜子》,69页,子夜出版社,1984。

说是履行一种<u>注视的权利</u>，从 1954 年"客观的文学"开始，直到 1963 年为布鲁斯·莫利塞特①的学术著作撰写序言，都体现了这种注视。

的确，巴尔特紧盯《橡皮》里的"眼镜、插话、橡皮、咖啡壶、女裁缝的模特、成品三明治"（*EC*，29），又从《窥视者》里拈来"线绳、糖果、烟卷、指甲尖尖的手"（*EC*，65），选择这些东西已经是阅读中的一次筛选，这表明一种批评的立场，它要指明什么是必读的。巴尔特尽力从不止一个方面把"新小说"的<u>解说</u>词落实下来。这种既要求规范化又是前瞻性的态度，被罗布-格里耶在 1977 年塞里榭研讨会上聪明地抓住了，而且当着巴尔特的面。当巴尔特说他在"新小说"里看到了"某种在历史上很新颖的东西"时，罗布-格里耶应声答道："嗯，那当然，不过，新颖的大概是你吧。"（*C*，259）

《客观的文学》一文并未大事张扬规范化的诱惑，而是在第二年的一篇有关《窥视者》的文章里才明确②。对于这本小说里残留的少许"寓言"，巴尔特写道："显然，最理想的做法是不予理睬。"（*EC*，69）对于它的形式化手法，巴尔特则说："只有十分彻底时才有价值。"至于可能出现一些形而上学的和道德的诠释，他说："那将剥夺《窥视者》的全部意趣。"批评家的严厉苛求还不止于此：如果稍微夸大地借用一个成语，可以说这是一场殃及作家本人的"戒尺之祸"③，因为作家被要求毫不畏惧地接受自己的命运，写出一种"惩罚性的和自我追剿的"文学（*EC*，70）。<u>爱归爱，可是他更得自我惩罚</u>。这是酷爱新小说作家的巴尔特的格言。

---

① 布鲁斯·莫利塞特（Bruce Morrissette，1912—2000），美国学者，专注于法国 20 世纪文学和电影，尤其是"新小说"。法国新小说成为美国大学里的时髦话题与他的大力推介很有关系。——译者注

② 载《批评》，第 100～101 期，1955 年 9—10 月。我们要补充的是，从这个时期开始，"新小说家"们就是这样认为的。幕后盛传的如下抱怨便可证明："巴尔特实求是地描绘布托尔，却按照理应如此的样子描绘罗布-格里耶。"（与罗布-格里耶的谈话）

③ 法语成语 Etre sous la férule de quelqu'un（在某人的戒尺之下），意即"受到严厉监控"。——译者注

第四部分　艾尔蓓

追剿是公开进行的，既针对"若隐若现的魅影"，也针对意义的巫婆，直到1963年才结束，以巴尔特给布鲁斯·莫利塞特的《罗布-格里耶的小说》一书作序为标志。这篇序言很奇怪，它把被介绍的书给否定了。在显示怀疑的标题《一个有关罗布-格里耶的观点吗？》之下，巴尔特认可这位评论家再现结构和叙事的努力，却抱怨这个可取的做法的后果，因为它造成一个"跟小说的传统目标握手言和的"作家的形象，从而"削弱了作品的革命性部分"（EC，202）。巴尔特肯定不希望多义性的解读，莫利塞特的恼人的不同"侧重点"对于他不是一种充实。相反地，它抹杀了罗布-格里耶的"技巧"的"偏激"的特点，因为沉浊性染上了色彩，"空灵的形式势不可挡地呼唤内容"，作品向最坏的"情绪的诱惑，原型的重返，零碎的象征"开放（EC，204-205）。意义于是蠢蠢欲动，可是，我们并不清楚，这个错误应当由被巴尔特分成"1号罗布-格里耶"和"2号罗布-格里耶"的小说家本人（因为巴尔特不大情愿地坦承"很明显，他的作品在变，他有这个权利"），还是由对作品侧目而视的批评家来承担……

总之，巴尔特的失望是显而易见的：这种文学原来并不那么哄骗人啊……据说贝多芬撕去《英雄交响曲》中写给拿破仑的献词时，愤然道："原来这家伙照样未能免俗！"同样，这篇写于1963年的序言也惋惜地悄声低语："这位小说家原来跟别人一样……"罗布-格里耶非但没有把枪换换肩，反而干脆把它"撂下了"——这是他的原话。这一撂就是好几年，直到《纽约革命计划》①问世。

这是批评的动作第一次为作品充当盛气凌人的侍应生，这部作品既在完成当中，又暂时体现出"现代色彩"。在巴尔特与文学的充满激情的关系史上，这个插曲有何意义？阿兰·罗布-格里耶在《重返的镜子》里有点挖苦地绘制了一幅巴尔特的肖像：巴尔特自相矛盾，甚至心存不良之念，他"晚上，走下（理论的和恐怖主义的）街垒，一回到家就悠闲地沉醉在左拉的作品里，黏糊糊的

---

① 《纽约革命计划》是罗布-格里耶1970年发表的一部小说。——译者注

散文，加了酱料的形容词，甚至接着批评我的《迷宫》有他所谓的'形容词癖'"①。不过，是否应当依其所说，认为在这位当年戴着散文家和理论家的面具前行的作家身上，这些毕竟只能证明其<u>永恒</u>的作家的素质的"小说家的矛盾"呢？巴尔特从罗布-格里耶身上<u>预见</u>到自己的一个写作的乌托邦的完成，后者此时却把镜子调转过来：他把巴尔特的困境说成与自己的相似，并且在这种两面性里看到了那种同样使他的小说战栗不已的张力，介于一个故意设置的纯净的物化世界和一个隐秘的鬼魂世界之间的张力，鬼魂的不断返归表明"传记主体"执意不愿被遗忘②。

这种解读符合罗布-格里耶在塞里榭描述的巴尔特的<u>形象</u>，因此能够自圆其说。他用一种近乎现象学的说法解释他对巴尔特的解读如何跟对一位"思想家"（C，246）的解读有着本质的不同。随后，他认为《恋人絮语》不是巴尔特完成的第一部小说，而是"第五部或第六部"（C，259）。

但是，巴尔特对"新小说"的居高临下的批评不止显示出一种双重性（理论的和小说艺术的），而且促成一种两面性的"晚间阅读"：左拉，乃至大仲马。就截至这个时期的作品而言，如果把1963年他对罗布-格里耶的分析反过来用于他本人，即区分"1号巴尔特"（高踞街垒之上的理论家巴尔特）和"2号巴尔特"（潜在的小说家，憧憬或亲自试写小说的巴尔特），这种一分为二的切割还会引出第三个身影。我们不妨把这个"3号巴尔特"干脆叫做"批评家"，他支配着前两个巴尔特之间的关系，而且在文学乌托邦和从参照学科（语言学、符

---

① 阿兰·罗布-格里耶：《重返的镜子》，69页。
② 《重返的镜子》里的一句名言被人到处引用："我从来只谈我自己。"1977年，在塞里榭研讨会上，在跟巴尔特的谈话（见该研讨会会刊）中，罗布-格里耶早就这样说过。而且他已经将其作为巴尔特和他自己的事业的共同标志："正如一切小说家那样，巴尔特只能谈论他自己；同样的道理，我也只能谈论我自己。"（C，258）我们要指出，罗布-格里耶有意提到《重返的镜子》的片段的出版时间：1977年。这就是它开头的一句话。因此，我们可以把一种"细说"的欲望算作两个人（和两套作品）之间的互动之一。看来塞里榭的巴尔特研讨会又一次成为它的"托辞"。

号学和历史唯物主义）借用方法论元素方面也享有权威。不过，说到底，批评工作的严肃性能够说明《重返的镜子》里的这几页解读并非虚妄，它好像一种欲望的背面。巴尔特企图驾驭"新小说"的举动的基础是一种受挫的爱情，其对象正是"理想的"、"纯洁的"和最终被视为"绝无可能的"文学。

不过，这个插曲反映的不只是被公开"捍卫"的文本与私下阅读的小说之间的不同，它还透露了巴尔特对于文学本身的深刻的矛盾态度，暴露出一种不信任，它比娜塔莉·萨洛特1956年所说的"猜疑"的文学时代更偏激，也更隐秘。为"猜疑"寻找政治和伦理方面的理由都无法触及这个根源，它既缺乏信任，也没有什么理由，因为巴尔特太爱这个"优美而空虚的符号"了。这个他既崇羡又厌恶的对象已经在人类学意义的敬畏（sacer）中被神化，畏惧和敬重兼有，它就是文学。巴尔特的全部理论活动似乎就是为了论证这种神灵附体的状态，即《明室》里所说的"为心态作出论证"。

此时敬畏之心还不是最重要的。实际上，批评家巴尔特之所以苛求"新小说"，是想借助它达到一个文学的终极目标：一个奇特的隐喻的网络，它促使我们"洗净"、"揩拭"文学，乃至给它"消消毒"。

总之，巴尔特开创了清污式的主题批评。我们可以化用《神话集》里那几页有关奥妙牌洗衣粉和宝莹牌肥皂液的出名的文字，进一步说，这种批评的本领是在"一种既深邃又轻灵的质料的美妙形象"之下，"懂得如何掩盖其损伤的功能"（*My*, 40）。这是突发奇想吗？无论如何，这是有治疗作用的隐喻的威力，因为它引出政治判断（以保证分析不失之于肤浅），旁涉历史文化（以保证貌似"轻灵"）。这就使得"意识形态的"论点时常呈现为起净化作用的幻象的纯粹延伸，一个延伸了的隐喻。例如，在《窥视者》的书评末尾，巴尔特突如其来地肯定"结构反动的文学的当前地位"（*EC*, 70），而且认为，要挽救文学，除了尽力"把叙事本身的形式消消毒"以外，别无他途。此时一切都表明，一种内涵丰富的想象力的激情完全支配了意识形态的分析，而不是相反。〔几年以后，当《如是》请巴尔特澄清这个说法时，他只是稍微发挥了一下这个隐喻来充当解释："从结构上说，文学只是言语行为的一个寄生物罢了。"（EC，263）] 有关巴尔特强调这个幻象的文献，我们还可以通过研究词汇进一步充实。只需举出最后一例，一个十分偏激的说法：巴尔特用一个骄奢的形象来说明"事件"和潜藏的"寓言"如何再次被引进《窥视者》，这个巴洛克风格的形象（因为拿来比较的事物相差太远）很能说明一个把文学视为腐朽的迷醉的想象域。在这部小说里，他看到了<u>叙事</u>的萌生，好似一个斑点，一道霉斑。他提到<u>一些反复出现</u>的对象，由此而生这种预感或者预见："小说家的视觉系统中的第一个熟透了的斑点。"（EC，66）**文学**似乎不断受到显示机体腐朽的斑点的威胁，似乎<u>出了毛病</u>——如同一位果农在谈论遭虫害的水果……

清污式批评严格按照这个形象看待蒙受损害的写作：文学事业必然出现了某种腐败，不仅作家的手不干净，文本也必须清污去垢。

我们看到，在给"客观的文学"下达的指示里，巴尔特不知不觉地重复他在《神话集》里风趣地描述涤污荡垢的可行性。这种做法引人入胜，也有其真实性——既然他乐于让隐喻的展开过程显露真实性。他向新小说作家建议的两个选项跟神话研究者津津乐道的两个处理**脏东西**的办法一模一样。一个是老式的，"液体火焰"或漂白液导致的死亡，这个办法号称能够"灭杀"腌臜；另一个是现代的，即"起分离作用的"粉末，它能够"使对象摆脱时下的缺陷"（My，38）。

这是他向《窥视者》的作者建议的两条道路，别无他途。要么置身于"必死无疑的边缘地带"，那里有巴尔特所说的"当今硕果仅存的作品"（EC，70），要么至少努力救治病入膏肓的**文学**，以增进光洁度的肥皂粉为榜样，撵走藏身于最新颖的小说腹地的"又黑又瘦的小股敌人"（敌人有一大群，名曰<u>意义、叙事、人物、象征</u>，等等）。

第一条建议没有什么令人惊奇之处。它建议**文学**立下生死状（devotio），犹

第四部分 艾尔蓓

如古罗马时期的千夫长,在胜负难料的战役中,为确保己方取胜而把自己交给鬼魂,文学于是被置于"一种经常处于自杀前夕的状态"(*EC*, 70)。这种状态正是《写作的零度》所说的马拉美式的**现代性**。

新提出来的第二条建议倒是能够说明巴尔特对待"新小说"的特殊态度。这个动作不限于清除文本里残留的脏东西,它更为严正地要求作家和文学本身加入这场大扫除,乖乖地重复这场由批评界发起的清洁运动。注视之处权归属批评界,小说家的义务则是追随这道目光。

这就是巴尔特精心安排的追求规范的批评的原创性。不断重申的"注视"不仅支配着他对罗布-格里耶的解读,也表明批评家打算对阅读过的作品行使什么样的权威。批评话语把注视说成《橡皮》和《窥视者》里唯一的积极意义(罗布-格里耶后来说这个肯定缺少理由),从而提出了一条不仅是解读的,也是写作的规矩,小说家本人必须服从它的制约。这条共同的规矩(然而是单方面拟定的)即视觉的单一性。作为第一步,承担"对于形式的责任"的"技巧"被降格为要求"严谨性";可是,这种严谨性随即被等同于叙事"手段"的精简节约的单一选择。这倒不是因为各部作品里缺乏可利用的大量手段,而且,连伊夫·魏朗[①]笔下的牧师的那个心神不宁的"我"也得到了批评家的首肯[②],理由跟为新小说开宗立派的"注视"一样。在两种情形下,最要紧的都是一种技巧必须"专制"。不过,批评家要求选择一种统摄作品的"技巧"并不局限于小说艺术。为了圆满完成批评对于**文学**的关注,巴尔特在最后一通评论里提出了无论选择何种技巧都必须遵循的两条标准:"别致"和"反思性"。例如,《橡

[①] 伊夫·魏朗(Yves Vélan, 1925—)是法国出生的瑞士小说家,《我》是他的第一部小说,1959年由法国瑟伊出版社出版。小说里有一个一位新教牧师参加工人政治集会的情节。在此处提到的书评里,巴尔特说这"不是一部'社会主义的'小说,而是'政治小说,一个狂热的主体的言语行为'"。——译者注

[②] 巴尔特对伊夫·魏朗的小说《我》的评论刊于《批评》第153期(1960年3月)。书评题目是《我不是别人》。收入《批评论文集》时改名为《工人和牧师》。

皮》"专横地运用视觉"（EC，32）和穿插一个"典范地描写人与新环境的关系"（EC，34）的场景，这两种技巧都得到了巴尔特的夸赞。[巴尔特在赞扬伊夫·魏朗的小说技巧时完全根据同一个概念程式：一方面，因为牧师的独白使小说具有"单一性"，尽管往往出现某种"尴尬"，即变动不居的**阶级**的符号；另一方面，因为在这部小说里，他认为这些独白显示了"有关张皇失措的生存的理论"的一个"雏形"（EC，135）。]

这就是巴尔特在1955年前后的分析所描绘的"行得通的文学"的全新地位。尽管它与《写作的零度》里的描绘（马拉美式的"自杀前夕"）相比显得相差很远，可是并非全无联系，二者最大的不同可以归结为延迟的自我毁灭与提前自我否定之别。在更深刻的意义上，这两个留给小说家的选项其实是一个整体：取消传统小说的可能性。实际上，这两条路线定义相反，策略上却是互补的，二者分属于两种建构幻象的方式：一个以**诗学话语**为本，一个以**批评文本**的自身机制为本。在二者之间，严格意义上的**小说**是没有地位的，即便是"新"小说。那些巴尔特称之为"前小说"或者"问题小说"①的作品，顾名思义，反倒终归有点地位。

青睐罗布-格里耶的小说表明对第二个选项的捍卫和有例可援。值得注意的是，在第一篇文章里，巴尔特对罗布-格里耶的写作的最初定义强调了刚才提到的二元论，他一上来就提醒我们："它跟一种诗情的写作正好相反。"（EC，30）归根结底，在罗布-格里耶的小说的（经他重构的）运行当中，他赞同的是一种跟他自己作为批评家类似的**行事方式**。

巴尔特要求此类小说"严谨"和"反思"（按照有关小说的形式的"理论"的缩影构想），本意是要求它们紧跟他当时从事的批评的步调，这种批评不受对与错的规定，但是受"有效性"的规定，其标志是能否形成"一个缜密的符号

---

① 《前小说》，载《法兰西观察家》，1954-06-24。

体系"(EC, 255)。正如巴尔特针对《嫉妒》和《变动》①所说的:"作品的品质是由视觉的品质的严谨性构成的",小说被狡诈地、不可避免地置于"以营造一种言语行为为唯一职能"的批评的表述情境里,这种言语行为受"其缜密性、逻辑性,一言以蔽之,自身的系统性"(EC, 255)的规定。

因此,在这段时间里,文学似乎被贬低为使唤丫头——这个角色后来由"理论"不止一次地充当。在工头的眼皮底下,即在批评界的目光下,小说艺术全赖小心翼翼地工作才有幸逃过劫数,还得忍受外来的针对文学及其失败的厉声呵斥。作家仍旧充当俄耳甫斯的习惯角色,批评家反而享有上帝般的地位,紧盯着作家把一具"僵尸"翻过来掉过去。巴尔特直到1961年还对这种外部性和监视大加肯定,他答复《如是》杂志说:"此外,也许只有置身于文学以外的人才会有这种把文学视为失败的感受。"(EC, 158)他甚至把批评跟濒临危境的文学截然对立,视批评为不朽,从不懈怠,因为"不再谈论拉辛或莎士比亚的日子绝无出现的道理",人们反而有上千条理由谴责小说艺术,把"现代杰作"视为"绝无可能",就像我们已经看到的那样……

这段插曲在好几个方面十分重要,巴尔特对新小说的忧心忡忡的"支持"足以恢复他在批评方面的抱负的全部地位(如今被大大缩小和低估),这在他的著述里是一个完整的方面,一度居于至尊之位。在"理论"、"批评"和他最终称之为<u>小说艺术</u>的东西之间,"<u>专制者的幻影</u>"无疑不断出现:"当作家",不当写手。②可是,在巴尔特看来,规定作家这种品质的,从来不是某一<u>体裁</u>的实践,而只能通过把握运用与滥用语言的自由度。巴尔特补充道,社会学家或历史学家如果放弃雨果式的反衬手法,不屑于运用隐喻,就会像一个"写手",等

---

① 《嫉妒》是罗布-格里耶1959年发表的小说。《变动》是米歇尔·布托尔的成名小说。——译者注

② 1970年,巴尔特在回答"您自己是作家还是写手呢"的问题时说:"我想成为作家。任何有关意义的问题先放一边,我这么说并不是就我所做之事的结果而言,而是针对我的计划。"(载《快报周刊》,1970-05-31,102页)

等。批评家巴尔特可不属此列，这些专谈为"新小说""清污除垢"的文章的最令人回味的讽刺是其恣意妄为，这跟他企图强加给小说家的消毒的理念正好相悖。因为，尽管他做出那么多指摘，却毫不检束自己的自由。他任意使用隐喻[特别是他在评论罗布-格里耶的写作时喜用的词："延展"（élongement）]。他尽情运用反衬手法，甚至滥用（无疑是雨果式的）形象："此时言语行为不是在强奸深渊①。"（*EC*，30）。批评家巴尔特厉声教诲别人的小说要遵约守道，逼迫它们恪守连他自己也难以忍受的规矩，但他本人对**风格**的任何诱惑却从不回避。身兼批评家和作家的巴尔特威风凛凛地褫夺了小说的传统特权，自己却独占了一个大便宜：文采斐然的写作。

时尚和前卫 6

购买时兴的意大利皮鞋，或者新款的英格兰粗呢外套，显然都是极粗俗的举动，因为那是赶时髦。

——巴尔特，《纨绔之风与时尚》，载《美洲航线
巴黎评论》，1962

20世纪60年代初，巴尔特"疏远"了他原本指望能够通过关注予以修复的文学，因为按照他1955年的描绘，"文学性"似乎已经破碎。从有"形容词癖"的《在迷宫里》（1959）到打破一切象征手法的《马利昂巴德》（1961），罗布-格里耶的小说写作一再违背巴尔特的批评——当庭记录下来的严苛规矩。巴尔特

---

① "强奸深渊"（viol d'un abîme）是巴尔特的反唇相讥的话，针对诗学话语鼓吹的"升华的暴力"。——译者注

口气阴沉地写道："这不，意义又回来了。"（EC，205）

这种退步最要紧的恐怕是它的形式，或者说，是巴尔特强加给它的形式。因为它显示了一种生存方式，一种有关文本和理念的特殊的伦理道德（ethos）。他的举动丝毫没有影响一次突然发生的断裂。布鲁斯·莫利塞特的批评取向与巴尔特有交集，观点却大异其趣。通过为莫利塞特的书作序，巴尔特避开了思想界把先锋派逐出教门的戏剧场面。他无疑十分清楚当时正在收场的东西：不是对罗布-格里耶工作的真谛的某种令人遗憾的轻视，而是一种要操控其作品的自身冲动。一旦放弃了这个东西，他就开始总是在自己的话语的实质性内容上闪烁其词。他后来甚至标榜和宣扬这个极为特殊的做法。这是一段格外含糊暧昧的时期。他因一种规范性的失落而疏远了罗布-格里耶，可是这种疏远在形式上宣示了一种"非占有欲"，给傲慢的话语放个假，巴尔特后来在写作中一直提炼这方面的技巧，评论其伦理含义。事情和词语都回来得正好，因为对于巴尔特的言论的核心部分——法兰西公学就职讲演为其最具讽刺性的重要例子——现在轮到罗布-格里耶来评说和捍卫了。罗布-格里耶写道："巴尔特从自己说的话撤退了，一步一步地。"[1]

总之，事关伦理。放弃炮制法规以后，巴尔特接着便在批评中阐发容忍的意义。这是他在塞里榭提出应当重新评价的一个概念，而且在一个时期内专谈它。此后的数年论战当中，巴尔特对心安理得于"本意"（sens droit）表示愤慨，认为它属于"旧式批评"，可是他大概失去了那种我们熟知的力度，也许因为他已经意识到（也克服了）鼓吹规范引起的晕眩。

一种宽待作品的态度随着这个插曲出现了。它抛弃了关门政策，即使其基于最强大的教义原则。从此以后，巴尔特尽量避免把意义强加于人，无论这种强加采取"引经据典"的生硬形式（他自己却断然利用"历史唯物主义"结束

---

[1] 《重返的镜子》，64 页。

了1955年与加缪的论战,未曾有过半点犹豫),还是利用严密的全面概括来装饰令人生畏的威望,借批评给作品盖棺论定。这种批评的一个绝佳的例子和榜样是《让·热奈:喜剧演员和殉道者》①。这后一种用智慧的魅力加以装点的施加影响的形式,巴尔特使用了很久才彻底放弃。他深受萨特的批评的影响,醒目地把他十分着迷的书简称为"卓绝的热奈",而且在1963年将其置于哲人萨特的批评著作之首。这种迷恋既延续日久,也不无歧义。1975年,热奈的身影在《罗兰·巴尔特自述》里再次出现:"萨特笔下的热奈,力求造成一种人们据以登记存档的存在。"(RB,107)这是一种存在主义的说法,或者一个批评所使用的比喻,意在用阅读卡片取代警方登记卡,而且会把窃贼变成遭窃者。② 不过,20世纪60年代初期,巴尔特打消了这个念头,不再对新小说指手画脚。如果说一个巴尔特笔下的罗布-格里耶毫无疑问地存在过,那他仍然是不明确的,此时脱离接触使两个人都免于一种依存关系之累,那是一种险恶的关系,正如对热奈的批评使一位创造者变成一件批评家的产品……

这个被躲了过去的危险并非虚幻。塞里榭的讨论结束时,巴尔特和罗布-格里耶有过一次简短的交谈,两人对此都心知肚明。这场对话开始于罗布-格里耶对一个现象的强调:"任何学术话语,即使是现代派的,都会把试图摆脱现成秩序的作品赶回这种构思活动的秩序当中。"不消说,这不是一场聋子的对话,它在纠缠不清的热奈的评价问题上卡了壳。

罗布-格里耶:显然,我能提出的一个最棒的例子是萨特笔下的热奈,其中热奈变 成了这么一个人:他行事按照……

巴尔特:我个人倒是认为那是萨特最美妙的一本书……我深深地赞赏

---

① 萨特1952年为加里马出版社的六卷本《让·热奈全集》撰写的长篇序言。——译者注
② 让·热奈少年时期曾有因偷窃入狱的记录。——译者注

第四部分　艾尔蓓

这本书……

罗布-格里耶：可是，热奈的那种霸气已经不复存在……（C，272）

小说家的怀疑与批评家的暗自欣赏正相呼应，前者合情合理，后者羞答答而执着。可是，借萨特和热奈之助，二人却在心照不宣地交流他俩之间没有发生过的事。<u>故事说的正是咱俩</u>（de nobis fabula narratur）：这是一场没有结尾的对话，在话里话外和欲言又止的背后，有着对于15年前终被搁置的那场指手画脚的回忆……

正是在这个时期，随着《如是》杂志于1960年创办，出现了另一个具有"现代色彩"的新的形象，它给巴尔特注入了另一笔"当代资本"：菲利普·索莱尔斯。他在不同的先锋派之间换来换去。由于巴尔特对陆续兴起的新潮的兴趣，他经常——然而是徒劳地——被说成是一个不知悔改地忙于追逐新潮的"先锋派的收藏家"[①]。因为害怕落伍，所以他总是把<u>最前沿的东西</u>（nec plus ultra）抓在手里。

时尚确实是巴尔特的终极追求吗？这个说法，连同其往往带有的消极含义，已经被人重复了多遍（至今仍有人乐此不疲）。所以，此处稍作停留似不无益处。

毋庸置疑，对于这种"现象"和这方面的一系列行为，巴尔特很感兴趣，甚至为了给它们建立一个"体系"而"工作"了很久。这种兴趣是否来自某个内心的或许是萦绕不去的顽念呢？在1977年塞里榭研讨会上，这一点基本上已经被雅克-阿兰·米勒的犀利发言点明。他认为巴尔特的确有这种牵挂以及担心掉队的恐惧感："落伍让他恐惧，让他深恶痛绝。"（C，207）不过，这个命题也

[①] 这个说法取自《自私者》创刊号（1977年5月），巴尔特用它来说明把意象说成"炸薯条"的比喻（C，305）。参见本书第二部分第4节。

可以轻易地颠倒过来：在巴尔特身上，落伍既能造成煎熬，也能带来快乐，而且远远早于把宝公开押在假装过气的魅力之上的他的最后那些文本。他不无惬意地评论《恋人絮语》，宣称："我那时感到是在从事一种过时的写作行为。"（CV, 272）《罗兰·巴尔特自述》里有一个题为"过时"的片段，它已经在自嘲的幌子下，悄悄地为违背时宜的价值观开脱。巴尔特在文中把他的生活本身和最可靠的生命价值都置于这个名目之下："脱离了书本，他始终过着过气人物的日子：恋爱时如此，爱母亲时如此，充当民主派时也是如此。"（RB, 129）

不过，巴尔特对于时尚的批评有一个更深远的源头，它开始于《时尚体系》。这个书名奇怪地造成了**传闻**的效果：批评界习用的换喻法却把研究对象变成了专门用在巴尔特身上的特殊符号。社会形象确实有把专有名词与时尚的概念结为一体的功效，使之成为从某种交换作用中产生的基本上可以互换的词项，个中原因应当首先到这部 1967 年问世的巨著里去寻找。时代精神似乎接受了这个颇有滋味的丑闻：一桩用于描写轻浮事物的学术苦差事。

这里的矛盾之处既不是"狂热的兴趣"被定见变成了病态，也不是过于匆忙地承认迷恋某个对象——通过巴尔特的研究和系统化的阐述，这个对象得到了双重界定。《时尚体系》连同几篇相关文章一起削弱了时尚现象，剥去了它的美好声誉，使之龟缩为一种没有光环的功能主义。的确，巴尔特力求"把一切无关紧要的意义从这个词（时尚）中拿掉"（EC, 262）；但是，这绝不是要硬塞给它什么"价值"，而是为了摆脱一切道德成见，使之与功能分离。[我们甚至可以补充说，巴尔特其实经常利用方法论规则掩盖内心的敌意。在更深的层次上，巴尔特的欲望所采取的形式本身把他跟时尚区分开来，这一点在他对艾尔蓓的看法里有微妙的暗示："与人们希望我信奉的正相反（除非对此只有一种不加苛求的想法），时尚不是色情的，它追求明晰性，不追求感官享受。"[1]]

---

[1] 《就事论事》，见 F. M. 利奇：《艾尔蓓》，巴黎，1973；《显义与晦义》，108 页。

第四部分 艾尔蓓

看来，时尚的重叠形象利用两个诱饵把巴尔特变成了一个写作的世俗的形象，害怕<u>社会形象</u>（他一再重申这一点）也降格为害怕"过时"，怕"跟不上趟"，等等。我们已经看到，对<u>社会形象</u>的恐惧也在别处游荡：青年巴尔特十分敏感于纪德的"担心"。1942 年，他在有关《纪德日记》的文章里写道："他（纪德）总是让形象迁就公众的懒惰和不友好的看法：'他们想把我变成一个忧心忡忡的人。除了担心我的思想被误解以外，我没有别的担心'（《纪德日记》，864 页，时在 1927 年）。"① 至于 35 年以后，他在塞里榭提出了阴森森的"烹炸"说，那不过是利用厨艺使圣伊莱尔疗养院的年轻人同情地揭示的担忧更为形象化。

对于巴尔特来说，"过时"从来不是**形象**带来的恐惧的真正对象，时尚更没有被当成一种价值，甚至没有雅克-阿兰·米勒②所说的"它的唯一价值"③，因为巴尔特给它指派的地位把它赶出了<u>断言</u>的领域。他从来只说时尚是一种建制或者机制。

的确，时尚在"现代民主社会"里形成"建制"，这是《时尚体系》的全部社会学基础、前提和出发点。其后果巴尔特在一篇题为《纨绔之风与时尚》的短文里进行了比他的《综述》一文更挥洒自如的阐述。文章被适时地交给了《美洲航线巴黎评论》——一份有关美国大西洋航线的令人难以信其有的期刊④。这篇论述是对《时尚体系》里的符号学描写的有趣补充。巴尔特根据已经阐发的论点（"时尚扼杀纨绔风气"），花了不少笔墨强调时尚的特点："应时"、"群

---

① 《关于安德烈·纪德及其〈日记〉的笔记》，载《生存》，9 页，1942，第 27 期。
② 雅克-阿兰·米勒（Jacques-Alain Miller, 1944— ）法国拉康派心理学家，他在塞里榭 1977 年的巴尔特研讨会上的发言里，认为人们心目中的巴尔特"无所不知"，接近古希腊智者的"地道的人工论者"（artificialiste absolu）。——译者注
③ "时尚也许是'从不上当的伟人'的唯一价值"，参见《假巴尔特》一文（见《托辞：罗兰·巴尔特》，207 页）。
④ 1962 年 7 月号。

体性"和"粗俗"。他说:"购买时兴的意大利皮鞋或者新款的英格兰粗呢外套,显然都是极粗俗的举动,因为那是赶时髦。"时尚通过一种趋同的、平均的和使人愚蠢的参照起作用,它"灭绝有关衣饰的一切经过思考的差异性"。它代表"健美、道德规范",跟例如尼采的"道德观"的堕落南辕北辙,巴尔特却是利用后者给各种"价值"设置圈套的。仍然是这篇1962年的短文(远早于所谓"滞后的"文本),从社会学和历史角度批评"时尚"的建制合乎逻辑地导致赞扬被人们跟"病态和堕落"联系起来的"过时"——正如文学那样。时尚因为被确定和描写为一种建制而丧失了资格:"时尚是一种建制,而且当今无人相信它能够作出区分,唯有过时才是一个区别性概念。"

问题虽然只涉及服装时尚,可是在巴尔特的思想里,体现时尚的价值的庸俗化显然跟一种体系的限制有关,一切以时尚为转移的机制里都有这种限制。如果说服装时尚只是一种"分摊机制",多少调节着这种矛盾,"在要求差异性和人人皆有的满足它的权利之间建立一种自动的平衡",那么,总而言之,抽象地说,时尚只能是一个附属机制,一根平衡大幅度摇摆的杠杆,简陋的机器,粗制滥造的文化发电机。

这是次年(1963年)发表在《如是》上的一篇文章的分析方向,文章后来以《文学和意指作用》为题被收入《批评论文集》。这份杂志请巴尔特评论文学形式的演变,他于是提议根据一个有明显的等级之分的概念程式去思考文学运动:时尚在下,历史居上。按照这种理解,时尚自然成为"历史演变的引擎"(*EC*, 262),因为它让一种形式接着一种反形式,让创新接着"逆向"的回潮;可是,这种运动是一种从来没有历史维度的次一等的时钟运动。时尚是一种完全不包含历史的机制,没有决定性意义,因为历史永远介入和打破它的效能,在一个时间和因果关系的更高层次上阻断时尚所缓慢和愚钝地造成的"形式的区别性的定向演化"。启动危机和规定临界点是由历史完成的,弱小的时尚则只能"运转",以一种二元论的、有限的格局单调地运行,"当一种言语发生枯竭,向相反的言语过渡的时候"。因此，时尚无论时空还是思想影响都同样很有限。巴尔特的结论是："交替"一词足以表达"可能性周而复始，这个恰恰规定着时尚的纯形式现象"（EC，262）的全部含义。

所以，迫使巴尔特作出"迁移"的不是他对于过时的执着，这些迁移的逻辑应当去那些仍可利用的写作空间寻找，即沃尔特·本雅明谈到波德莱尔时所说的清点起来更复杂的空间。提到波德莱尔"安放他的诗歌"的"空地"① 时，本雅明的这幅写作的拓扑图不仅暗示"必须使人快乐"的格言——雅克-阿兰·米勒很有道理地认为那是"时尚必不可缺的"——也喻指"必须从中自得其乐"的格言，即从写作当中获得快乐。（面对写作把我们引向的谜似的陌生地点，一个地道的巴尔特式的问题是人们赴外地度假之前自问的问题：我在那儿会玩得好吗？）

至于巴尔特与先锋派的联系，一个不错的做法是不问他是否喜欢这种联系，而问他是否自得其乐，是否感到惬意。此处最好先不谈下文将提到的他与先锋派《如是》杂志的长期伙伴关系，而是针对一些成见唱唱反调。因为，正如巴尔特评说的那样，这种联系并不表明一种自命不凡，也不表明一种迷恋（时尚作用的主观效果），反而证明一种持久的热情，一种心甘情愿。我们甚至想说，恰逢"文本"时代的前夜，当他的名字不可避免地开始被人们跟好几种先锋派联系起来的时候，巴尔特对先锋派是不满的：既不满这个概念，也不满它的实践。

巴尔特对先锋派的"观念方面"的不信任为时已久，远非一种迟来的调整，从20世纪50年代起他就有所表露，而且找到了理由。事实上，尤其明显的是，他的侧重点发生了变化：从多为政治性的批评变成内心情感越来越浓重的保留。

《写作的零度》没有提到先锋派的问题，这是人们强调得很少的一点。不提

---

① 本雅明：《波德莱尔的几个主题》，见《本雅明选集》，247页，巴黎，朱丽亚书局，1959。

的理由可以从超现实主义被等同于这种实践的做法里看出；另一条理由是青年巴尔特对这场运动及其提倡的写作态度含糊，在另一个先锋派的名字甚至渗透到日常用语的领域里，巴尔特选择了展开他对先锋派的初步的批判思考：戏剧创作。巴尔特把它当作一个现象，一种意识形态。我们说过，他对舞台和演员一直情有独钟，少年时代就经常光顾马杜翰戏院。对于这个既热爱表演文本，又醉心于"美仪容"的 1935 年时的少年，1963 年时的成熟男人是这样描绘的："我那时喜欢毕托埃夫①的保留剧目，欣赏演员杜兰。"② 人们也许不十分了解，第二次世界大战以前，从雅克·韦伊成立索邦大学古典戏剧团开始，直到 1954 年惊喜地发现"柏林人剧社"，巴尔特曾经为戏剧付出了许多时间和辛劳。正如贝尔纳·多尔的一篇出色的文章③所指出的，戏剧体验和冲击始终影响着巴尔特的著述，即使在他停止"紧跟"其动向以后仍然如此。多尔的佳作回顾了巴尔特的思想历程，从布莱希特直到日本文乐木偶戏，后者在远离东亚之邦的国度里实现了"布莱希特所说的距离效果"（*EC*，70）。这些即使仅从数量看也十分重要的"干预"从未能得到很好的把握，也许是因为从未汇集成书。这一点巴尔特本人 1971 年指出过，口气似乎不无遗憾。④ 不过，1953 年前后，这股付之行动的激情以一种名副其实的社会活动的面貌出现。仅就规模而言，巴尔特贡献给戏剧的产品令人吃惊：多达 70 余篇文章（从 1953 年到 1960 年），其中一半以上发表在《人民戏剧》上。因此，这是他的精神生活的一个重要的方面，有关戏剧的文本和"神话"研究一样丰产，它们主要围绕着场景、演出文本和舞

---

① 毕托埃夫（George Pitoëff，1884—1939）是俄裔法国戏剧家，他在巴黎创建的剧团经常演绎伯纳萧、契诃夫和尤金·奥尼尔等人的剧目。杜兰（Charles Dullin，1885—1949）是法国话剧演员、舞台总监和导演。——译者注

② 《我们的戏剧、现代戏剧和普通观众》，载《精神》，834 页，1965 年 5 月。

③ 参见《戏剧的陷阱》：载《批评》，1982 年 8—9 月，第 423～424 期。

④ 参见《答复》，载《如是》，1971，第 47 期。当被问到何以尚未发表戏剧评论时，他说："没人向我要求过。"

台艺术组织起来，对演员的演技谈得比较少。

1956年，正是这种气候促使巴尔特在一场有关先锋派的公开辩论中确定自己如何站队。显然，"为什么样的戏剧打先锋？"[①] 这句话应当从他觉得自己有声援戏剧实践的义务去解读。不过，这篇文章虽然题目有所特指，内容却超出了关于"年轻的戏剧"的辩论的具体范围，它讨论的是"先锋"的概念本身。

巴尔特一开篇就把一条看法放在历史的维度里，而且不乏激情。他的看法基于一种其实相当含糊的社会学主义的分析，他认为先锋派是对"因循守旧的艺术"的必要补充，只是"一种额外的净化现象，一支疫苗，用来在资产阶级价值观的表皮下注射一点主观性、一点自由"（EC，81）。不难看出，这种描写没有丝毫恭维的意思。"主观性"一词在1956年的巴尔特那里并不吃香，"自由"一词在整个《神话集》里也被说成一道掺了假的食品。这通批评显然是借政治的名义展开的。按照巴尔特的说法，先锋派最根本的欠缺，是满足于成为一种"审美暴力"，充其量不过是一种"伦理暴力"（针对超现实主义而言），但从来不是"政治暴力"。因此，它不妨碍任何人，也无人对它造成威胁；即使有威胁，无论人们怎么想，它的唯一对手也不是永恒的资产阶级，而恰恰是"唯一的一股力量，它不是资产阶级的，而是政治意识"。

这个文本不仅带有刊登它的杂志的印记，更重要的是其发表的时间（此时距上文提到过的伴随加缪之争出现的"思想的跳跃"已满一年）。不过，文章结尾小心翼翼地为先锋派恢复了部分名誉。基于"政治意识"，巴尔特在中规中矩地作出揭露之后，承认先锋派有一条功绩：它对顽固延续"资产阶级戏剧使用的陈旧形式"可能构成一种反制，这种延续依赖一种政治上的畏首畏尾，总担心"陷入形式主义"（EC，82）的戏剧得以维持。这条结论虽然很简短，可是我们将看到，其反响在他与《如是》杂志的多年好邻居的关系中会逐步扩大。从此以后，在富

---

① 载《人民戏剧》，1956，第18期；《批评论文集》，80页。

于斗争精神的严谨分析中出现了一条双重路线，它继续清楚地显示巴尔特与"文学"先锋派的关系。巴尔特不仅赞扬后者对摆脱"形式主义"的幼稚的恐惧有贡献，而且要求它同时尽力把政治元素引入写作（随着他逐渐对这个领域失去兴趣，这个要求日益含糊）。他似乎越来越想让写作活动承担这个任务。

《如是》阵营：是团结一致还是"虚情假意"？ 7

无论是敌是友，他都让我们充满活力。
——《局面》，1973；《作家索莱尔斯》，1979

"那倒不错，可是您干吗不如法炮制呢？也许是因为我的身体跟他们的不一样吧……"
——《如是》；《罗兰·巴尔特自述》，177 页

菲利普·索莱尔斯于1965年发表了《戏剧》，巴尔特在《批评》上为它撰写了书评，这是两件可以认为具有划时代意义的事。一次新的结盟，一场延续日久的同谋开始了。只提出二人有一些共同的理论立场说不清其中的复杂性，我们甚至可以怀疑，共同的参照掩盖了更主要的东西。

对于巴尔特来说，《如是》或者"如是主义"意味着远比一个阶段、一段插曲或一次反弹更多的东西。也许，在着手分析之前，应当谈谈机缘、友谊、"反响"——亲和力。总之，这样的回顾可以减少把这个团体与巴尔特相提并论可能会引起的惊讶，因为我们刚才谈到，巴尔特如何<u>先入为主地</u>厌恶先锋派的概

念,如何在 20 世纪 60 年代初期不露声色地拉开了他与此类实践的距离。不过,这不是改宗换派。他在 50 年代责备戏剧先锋派(主要从政治方面),同一时期开始与大体属于如是派运动及其影响范围的"文本先锋派""结伴同行",二者之间的连续性并没有化解。他在《人民戏剧》上用政治意识筛析先锋派,同样的逻辑也支配着他不断评论这份新生的杂志的活动,而且可以解释他何以先表示保留,后又表示嘉许。1956 年的论文可以概括为怀疑单纯"形式化"的主张和鼎力支持所有在写作中和通过写作处理**政治元素**的新的尝试,而且这两个特点再次被用作评价《如是》提出的文本实践的标准。及至 1976 年,他仍然认为,"《如是》的朋友们"成功地把个别的身体①和政治元素结合起来,值得赞扬——甚至令人羡慕。

连续性还不限于此。除了"成功地"掺入政治以外,还有任何先锋派的做法都会有的"策略方面的"兴趣。我们已经看到,1956 年的严厉评价结束于向一种<u>策略性价值</u>致以敬意,因为它能使戏剧先锋派纠正或抵消"陈旧形式"的习惯性支配。巴尔特为了支持 1968 年已经加入法共的索莱尔斯,施展了相同的演讲和辩证的技巧。"一个《如是》派共产党人吗?如果是为了抵消养育(喂肥)左翼知识界的反共产主义,而且可以一举——不可忘记这一点——抵消共产党知识分子的传统的反形式主义,那又有何不可?"同一个思路,同样地最终参指**形式**的责任,基于同一个考虑,这两个老家伙都不得安生,取消了两笔遗产:"让它们彼此取消不是坏事,尤其因为二者都心安理得地不关心形式的责任。"(SE,48-49)

这是一条主线,尽管十分纤细,却贯穿于《人民戏剧》上的几篇战斗性的文章及其对先锋派的批评。此外,它也是以<u>政治策略</u>的名义对如是派写作的正面评价。不过,对于这条观察仍需补充两点看法,以便说明巴尔特好像只是单

---

① 巴尔特一直认为个别的身体(corps individual)是写作活动的根源。——译者注

纯地参加了一个运动的原委,这场运动的政治立场和文本研究似乎满足了一个为时已久的期待。

第一点看法表现为一条新的悖论,而且可能被先前那条悖论掩盖,我们可以把它概括如下:巴尔特对《如是》的支持即使在政治方面也绝非不言而喻,他的肯定显著地伴随着一种差异,始终存在于这份杂志的立场和不妨认为属于他本人的立场之间。巴尔特和如是派似乎在合跳一场奇怪的换步舞,彼此不断对调位置,交换政治话语。的确,1961年时的巴尔特深受严肃的萨特派马克思主义的影响,他(为了一次采访)面对的是一个因其"形式主义"而与众不同的团体——这种形式主义当年暗含强烈的"不介入"之意。[①] 这是第一次言语接触,巴尔特从中不断提醒对方和他之间的距离。首先,辈分不同。他使用了兄长的口气,还不时流露长辈之尊:"我对你们的计划略有所知,你们有不满意的地方。"[②](没错,《如是》的采访者首先发问,提了一个只有小弟弟才问的问题:"您对我们有什么忠告呢?")不过,更严肃的是观点分歧:在介入问题上,在筹办杂志方面。巴尔特对他们说:"依我看,你们所生产的对象是矛盾的。"何以见得?因为这份杂志不愿意用介入来自我界定:"那些被称为介入的杂志都是有根有据的;作为杂志,它们有反对你们的理由。"这个时期的巴尔特,讲话口气有时甚至更为严厉。1959年11月,他在《法兰西观察家》上发表了一篇奇文,目的是打破所谓戴高乐是作家和名副其实的"男主人"的神话。[③] 巴尔特对知识阶层的普遍的"讨好心理"大加鞭挞(他觉得,他们是为了摆脱对法西斯主义

[①] 关于他亲手拟订的一张如是派运动的(战略)历史大事表,可参阅《如是》1971年6月第47期。这场经历既是个人的,也是集体的"回忆录",可参阅朱丽娅·克里斯蒂娃的同名文章,刊于《无限》第1期,1983年冬季。

[②] 《今日文学?》,载《如是》,1961,第7期;《批评论文集》,160页。

[③] 载《法兰西观察家》,1959-11-12。

第四部分　艾尔蓓

的畏惧才宣称这位 5 月 13 日的人物①是个<u>文化人</u>），他还不失时机地专门挖苦《如是》的红卫兵们，说他们随声附和"法国精英阶层对戴高乐将军的作家<u>天赋</u>的一致赞赏（正如赞扬年轻的《如是》杂志那样）"。待到约 15 年以后，立场似乎颠倒了过来。我们已经看到，1968 年时的巴尔特对索莱尔斯的共产主义倾向很感兴趣，视其为一种撼动意识形态的策略，仅此而已。他对这种介入的回应只是一句话："那又有何不可？"（SE，48）他并未进一步介入。在《如是》杂志的接下去的演变阶段里，其精壮派在 1971 年六月运动②的推动下，热情洋溢地为"毛泽东思想"进行了辩护。对此，巴尔特的回应已经包含对享乐主义的初步认可。当然，他跟另外几位如是派人士一道访问了中国，可是并不觉得<u>中国很亲近</u>（la Cina é vicina），而是如同远游之后返家似的，写了一篇把中国之行说成"消极的幻觉"③的短文，"回应不少西方人根据僵硬的模式对人民中国产生的幻觉"。在巴尔特看来，中国并不亲切，索然无味。他在附言里写道："<u>无可奉告</u>。"中国又一次使他陷入对现代<u>文本</u>"在某种意义上，再也无话可说……"（SE，69）的境地吗？

如果说这几年巴尔特和如是派在政治上休戚与共，那就应当说明这种关系的性质和对象：它不是在一些"立场"上起作用，而是在一种<u>姿态</u>上起作用——这种姿态，他在索莱尔斯身上看到了典范。

第二点看法本来应该采取提问的形式：巴尔特何以坚持把他一再重申的"支持"如是派的写作说成"策略性的"和"政治上的"？④这样强调是否意味着这种支持实际上很有限？是否只为将其划归到一个与他追求的"至爱之书"不同的地带？总之，这种强调迫使我们提出两个问题：他与如是派的团结是否超

---

① 1958 年 5 月 13 日发生在阿尔及尔的政变导致戴高乐将军重返政坛，法兰西第四共和国结束，第五共和国开始。——译者注
② 这个时期《如是》杂志与法国共产党决裂，全面转向中国的"毛主义"。——译者注
③ 《那么中国如何呢？》，载《世界报》，1974-05-24。
④ 此处姑且不重提本书第二部分第 3 节提到的理论合谋或"盗版"。

295

出了一种本属"策略性"的肯定？无论如何，巴尔特为"索氏案卷"撰写了多篇文章，并于1979年以《作家索莱尔斯》为名结集出版，而其他一些有关先锋派的作品虽然带有如是派的痕迹，后来却屡遭巴尔特撇清，二者是否应当区别开来？

巴尔特虽然经常责难保皇派的做法，他自己的态度却并非毫不含糊，甚至有些诡谲。在从政治和策略上一贯赞扬先锋派的大背景之下，巴尔特同样时常表露个人的保留，内心的抗拒。他支持他们的这个或那个行动，可是并非出于一种无节制的狂热。他的激情产生于一种良好的意愿，然而似乎不断受到搅扰。他（在友谊方面、政治和理论方面）的热情"没有令他无法自持"，这就像《费尔迪杜凯》①里的那个小学生加基耶维奇，他对儒勒·斯洛瓦茨基②的诗歌怎么也爱不起来。

老师：这事只跟你有关，加基耶维奇。看来你的智力有点欠缺。别人都很兴奋。

加基耶维奇：我发誓，没人兴奋。那怎么会呢？除了您，谁都不念它呀……③

这种无力感，或者说略带苦涩的食欲不振，《罗兰·巴尔特自述》里的片段"希望之乡"可以解释。不过，使得这种兴趣难以处理的还有来自身体的内心信念。[我们在别处还会看到，使得他与"《如是》的朋友们"不同的仍然是身体："这也许是因为我的身体跟他们的不一样吧。"（RB, 177）]"希望之乡"的表白

---

① 《费尔迪杜凯》（*Ferdydurke*）是原籍波兰的小说家和剧作家维托尔德·贡布罗维奇（Witold Gombrowicz, 1904—1969）的小说，这部1937年发表的作品使贡布罗维奇被视为现代主义和荒诞文学的大师。中文有易丽君的译本（译林出版社，2003）。——译者注
② 斯洛瓦茨基（Jules Slowacki, 1809—1849）是波兰杰出的浪漫主义诗人。——译者注
③ 贡布罗维奇：《费尔迪杜凯》，巴黎，布尔古瓦书局，50页。本书由乔治·塞迪尔翻译。

第四部分 艾尔蓓

说明，对于先锋派表现的言之凿凿的赞扬没有令巴尔特兴奋。糟糕的是，热烈赞扬极限化的实验反而使赞扬者本人对极限本身有（痛苦的）体验；更糟糕的是，没有任何东西能够解释这种无法避免的距离感，这种对于按理说拥有一切迎合他的产品的令人羞耻的抗拒感。米什莱曾经有过"法兰西之痛"，因为他与之过度一致。巴尔特也有先锋派之痛，却是由于他自觉置身其外。希望之乡永远是别人的。巴尔特在别处说过：摩西没看见他。这个前景令他遗憾："他遗憾未能一下子拥抱所有先锋派，涉足一切边缘地带，遗憾自己受限制、退缩、过分乖顺，等等；而且这个遗憾没有任何可靠的分析能够说明他那时在抗拒什么。"（RB，178）

也许这是出于排斥对这种退缩的某种称谓方式，或者是"抱怨"（巴尔特用语："他抱怨的是，不是这儿就是那儿……"）。很明显，对于巴尔特来说，先锋派没有许诺任何福祉，它不能给保护它不受定见之害的人保障任何（**文本**的）快乐。

巴尔特遇到的不仅是从观念上界定先锋派的麻烦，也有其作品引起的困窘的情绪或感受。这个麻烦在如何对待作家索莱尔斯的问题上达到了顶点。在这个方面，最能说明他本人的写作欲望的，是他对《法》和《天堂》的作者所怀有和表达的有条件的赞赏。巴尔特对各种先锋派都重申效忠的老调既然已经避免，我们接下来就要描述这种新型的共谋关系。从罗布-格里耶到索莱尔斯，他与之建立的阅读关系发生了根本的变化，这种批评姿态的变化很能揭示巴尔特的写作计划本身的嬗变。实际上，除了策略性结盟、相同的参指、彼此声援和做点手脚以外，巴尔特与《如是》先锋派的最有力的联系是通过"拿出作品"（SE，47）的作家索莱尔斯完成的，这比理论变动，对一些政治思考的靠不住的类比，对《H》、《法》、《逻辑》、《数目》和《天堂》等一系列作品①的评价要有

---

① 这里提到的索莱尔斯的作品，除散文集《逻辑》（Logiques）以外都是小说。——译者注

力得多。这种新的<u>意趣</u>所采取的形式也完全不同于那种促使他对新小说进行规范性和前瞻性诠释的意趣。在晚年重新思考普鲁斯特、托尔斯泰和其他小说艺术的巨匠之前,这是他最后一次寻找<u>原创者</u>。巴尔特以一种简单而不无困难的方式结束了跟索莱尔斯的写作打的交道。赞扬声中隐藏着无声的保留,保留本身也屡遭否定,仿佛另有一个矜持谨慎的身体迟迟不联署合约的规定。邻里关系本身也罕见亲切感,是巴尔特所说的"同路人",而不是<u>战友</u>。

评论的字里行间经常可以看到这种根本性的模棱两可。甚至在塞里榭,在罗布-格里耶发言以后的断断续续的交谈里,我们也能听到它的回声。巴尔特在谈话中强调,他"很少就'现代色彩'写什么",而且接着说:"起初,我是为你而写的,关于索莱尔斯,我没有写他的必要,也许写了一两次,那已经是一段时间以前的事了。"(C,265)这种含糊其辞不只是外交辞令。如果说此前不久问世的《作家索莱尔斯》是一个明证,能够驱散小心地笼罩着记忆的雾霭,那么组成这部文集的零散文本却为破译工作提供了一幅图景,它显露出一种奇特的若隐若现的关系:既强烈(而矛盾地)显现出<u>原创者</u>索莱尔斯的身影和"举动",又有批评家从阅读当中悄悄撤返的迹象,他们抽身而退。于是出现了巴尔特的一个既肯定又含糊的适宜说法:他把自己对《H》的评论叫做"温情的批评",以及与之相配的形象——他阅读索莱尔斯时是<u>从后者</u>的<u>肩膀上看过去</u>的(SE,79)。

巴尔特不是不谈索莱尔斯的写作,实际上是只谈他的写作而已(除了那本书末尾收入的法兰西公学的课程节选)。不过,与别处阐发的批评教训相反,这篇评论(有关一种写作方式的写作练习,或者——这么说也许更准确——模仿另一种写作方式的写作练习)反复提示一个索莱尔斯的<u>形象</u>:重申人与作品不可分离,以之作为解读的中心论点。这是一个工巧的悖论:巴尔特仅仅在一种最厚颜无耻的"现代的"(至少公众这样认为)写作方式当中才承认了身世和文学性之间有连续性的古老说法,通过一种简单的颠倒<u>使之重返</u>。他解释说,在

第四部分　艾尔蓓

索莱尔斯的作品里，"生活是文本式的"（SE，78），其人生平与作品是相通的："至今很少有人能够令人感到，写作和日常话语在同一篇文本（织品）里盘根错节。"（SE，78）最后一个片段取自法兰西公学的"中性"课程，名为"波动"，它为这个"论点"添加了一种细腻的变化。

"显而易见，索莱尔斯践行一种'生活的写作'。"（SE，86）巴尔特写道。尽管提到巴赫金，并接着提到狂欢节，但这个词的意思从一套借自秘宗传统的说法出现后〔就在把索莱尔斯跟哈拉智（El Hallaj）相比的那几页里〕才变得清晰起来。"生活的写作"，"文本式的生活"：索莱尔斯（或"他的写作方式"，二者没什么区别）首先是一种美德，巴尔特还说，那是"让我们充满活力"的一种美德。

断言索莱尔斯不分生活与作品，这么说有一个诡谲的大概是故意设定的后果，因为巴尔特据此就可以悄悄地从描写文本（细致地，热情地——亢奋地：剧烈变化，然而从外部有距离地进行）转入列举他所说的"他的举动"——这种列举不光是"温情的"、"志同道合的"，而且是真实的、心机复杂的同谋关系。我们可以看到，假设生活与文本互为渗透为批评提供了很大的便利，因为巴尔特从中发现了一条可使赞扬不断变化的原则：总是在出乎人们预料之处提出赞扬。散文集《作家索莱尔斯》的体例很能说明这个问题。开头一场想象中的对话呼吁读者针对"社会形象"的（恶意的）恣意泛滥阅读索莱尔斯。面对诋毁者所说的"人们谈论的仅此一人"，巴尔特回答："人们从来不谈论他，人们再也不说这是一位曾经写作和仍在写的作家。"（SE，5）同时，最后一篇"波动"反而强调，"索莱尔斯丑闻"，即一种姿态，阻止"任何形象形成和趋于稳定"，从而必然"令知识界的舆论困惑和愤懑"（SE，86）。

然而，归根结底，这是一个巴尔特屡次表示深切同情的形象（二人都饱受社会形象的攻击之苦）；围绕它形成了一种特殊的共谋关系，而且被小心地区别于赋予《如是》小组的更为抽象的信任，因为后者记载政治因素的作用，能够

"运用一种共同的、一致的、无形的语言,即政治的语言,<u>然而每个人又运用自己的身体来说这种语言</u>"(*RB*,177)。甚至当他在赞扬索莱尔斯重提这个"政治"主题时,也不外乎强调其本身特有的迁移、"争议"、"包容"的价值(*SE*,88)。例如,《罗兰·巴尔特自述》里有一个题为"布莱希特责怪 R. B."的片段,其中第一次提到索莱尔斯的一本书。巴尔特说这本《法》汇集了可使政治话语免于被"重复所累"的"罕见的条件",《法》被说成是**文本**的楷模,因为"在某个晦涩和看似不真实的深度上,政治因素充实和改变了言语行为的主题本身"(*RB*,58)。

310 　　不过,通过索莱尔斯在形式方面的创新和试验,巴尔特最看重的一直是其人的<u>伦理举动</u>;这里有一种故意制造的矛盾性:反定见之道而行(索莱尔斯最<u>不必为其负责之人</u>),甚至故意与之作对。巴尔特本是审查制度的一贯挑战者,却扮演起审查官的角色,他明确地表明意图:他要把那些将索莱尔斯矮化为"只是个变卦者"的"社会形象"("就像吉瓦霍人制成的干瘪枯缩的人头")"提上日程"(*SE*,9)。在法兰西公学,索莱尔斯"搞乱"道路和立场的做法甚至被他说成是惊世骇俗:英雄般的("一种充满危险的、极端的行为"),令人赞叹。巴尔特拨乱反正,或者说,把走了样的形象纠正过来。巴尔特<u>独到</u>的这种举动通过波动打碎了知识分子的传统角色("正义事业的高贵的检察官"),巴尔特视之为道德观的一课,一场伦理学的创造。在政治、写作和"某种神秘主义"的交界处,索莱尔斯"搅乱"了知识界及其主要的行为方式。

　　因此,纠正索莱尔斯的**形象**远远不止策略性的声援。因为,巴尔特对于"形式的责任"的不懈热情与一种挂虑在此殊途同归了:为一种现代的(非柏拉图式的)游移不定(atopie)创造工作模式。这种出现较晚的挂虑把责任变成一道祈愿,因为它出自一种彻底的无权势(im-pouvoir)的心愿。

　　所以,巴尔特一直赞同的正是索莱尔斯的这个局面(巴尔特有关他的一篇文章诙谐地以萨特式的"局面"为题),他不断地捍卫它,甚至在赞扬他的写作时还在捍卫这种维护"即将来临的未来"（*SE*，84）的工作。但是，对于这种写作本身，而不是把它当作生活的一种<u>延续</u>或者一种姿态的文字调整，巴尔特的反应却复杂得多，也许也更为含糊。

在很大程度上，巴尔特在评论索莱尔斯时的特殊口吻来自作家文本的"现代性"；一种模仿被评论文本的节奏和语气的阅读方式"陪伴"（理解为音乐"伴奏"亦无不可）着评论。巴尔特似乎在护送一位"不重返言语行为的<u>侧后</u>"（*SE*，84）的作者的同时，力戒批评话语平时常用的那<u>些</u>分析和思考的游戏，颠倒和交错的手法。从索莱尔斯开始，巴尔特的写作一反常态地因循一种生硬的、不连贯的节奏，罗列修辞格的惯用做法不见了（只留下适合展示"二元对立"的修辞手法）。更重要的是，成套的隐喻似乎来自别处：索莱尔斯的文本。这些有关索莱尔斯的文章与其说绚丽多姿，不如说富于冲击力：不像烟花，倒是像连珠炮，迅疾而猛烈，完全根据<u>在行进中把握</u>的写作之需："虽然我陪伴它已经很久，可是我总是在行进中把握它的工作：这些片段就是行进的脚步"（*SE*，69）。我们说过，巴尔特不做分析，只记录冲击的效果，因为"一个文本一旦从某种意义上'生效'，就再没有什么可说的了"（*SE*，69）。必须行进——肩并肩地前行。同志们，<u>上前线</u>吧。"撤退"？那没有我们的份儿。塔尔曼旅的军歌不是唱道"后方不是给咱准备的"吗①？**文本**能有几个旅？比教皇的部队多还是少？② 巴尔特眼中的索莱尔斯正是一幅战场景象，用兵的场所，射击场，充满了"噼啪作响的念头"和"言语行为的碎片"（*SE*，59）。<u>剧情</u>的肉搏战，"再现世间一切斗争的缩影"（*SE*，44），《数目》是"火灾"（*SE*，54），《H》则是炸弹，

311

---

① 歌词原文是 und die Rückwarts gibt es für uns nicht. 西班牙内战中的塔尔曼旅得名于德共领导人恩斯特·塔尔曼（Ernst Thälmann，1886—1944），由来自德国、奥地利和北欧的志愿兵组成，以参加反对佛朗哥将军的马德里保卫战知名。——译者注

② 此语系化用斯大林的名言："教皇嘛，他能有几个旅？"（据说是 1935 年 5 月 13 日跟法国人皮埃尔·拉瓦尔谈到教皇庇护十一世时所说的话，意为教皇没什么了不起，人众枪多才是硬道理）；同时暗指索莱尔斯同年在《如是》上出人意料地发表了赞扬教廷的言论。——译者注

"瞬间再现的狂轰滥炸"（SE，63）。隐喻扩散了："同路人"投入了"<u>俯冲轰炸似的，掠地飞行般的</u>"阅读（SE，69），一通纷乱的阅读，宛如卷入了"语言的漩涡"……

巴尔特之所以在这几页里紧跟不舍，是为了尽量不使之从视线里消失。这种<u>按照</u>"仿佛我们在跟他同步写作"（SE，79）<u>方式作出的</u>解读彰显了写作方式的迥异。因为，一旦脱离可以称为原文改写的笔法——改写在这里绝无贬义——他就会被片段"如是"里的恶意的对话者所言中，"没有如法炮制"。他坚持远离火线，恪守本职工作：预备役，甚至是家乡自卫队①。

人们会怀疑他那些最强烈的宣称。他不是反对把他的工作跟"菲利普·索莱尔斯和朱丽娅·克里斯蒂娃"的工作分开吗？这种大呼阴谋的做法有矢口否认的强烈意味。而且，当他训示专栏作家，为他们的文章代拟提纲时——汝等必须先把"理论的一致性安置妥当（十分重要）"，然后才能谈论"策略方面的差异（并非对立关系）"（SE，74），这堂批评课也不免引起有趣的怀疑。

这个紧步索莱尔斯后尘的巴尔特，我们得追随他多远才能不失掉二人及其结伴冒险的意义？巴尔特的"至爱之书"，他的**形式**的乌托邦，与他本人认为处于"革命的**远景**"中的先锋派写作，二者的分别仅仅是单纯的**策略性**的吗？这很难使人采信。而且，进一步观察就会看到，连巴尔特本人也精心否认这一点。至少，巴尔特把读者的这种怀疑寄存了起来——即悄悄地让我们知道他有同感。

1973年，巴尔特把"先锋派有好坏之别"的划分归结于"报章杂志的小手段"，他对自己竟然被划归"良好的，不做任何直属政治的宣示，只按传统方式写作"（SE，73-74）的先锋派表示愤愤不平。这样的归类的确可恶。可是，

---

① 在上文已经引用过的《巴尔特与名字》一文里（见《主要场景》，里尔大学出版社，1981），作者A. 布兹尼出色地评论了巴尔特作品里的"法国味"、"外省"和"家庭美德"。

《罗兰·巴尔特自述》旋即以这些说法自命（"我的写作是传统式的"），更不用说《恋人絮语》。时隔不过两年，这种不久前还被归咎于报界的<u>定见</u>的划分，他照单全收了。"坏先锋派"确实存在，从要挟行为就不难看出来："对理论进行要挟"（RB，58），大批生产"混浊"的文本（而且"不发表"，他宽宏大量地补充道）；这些人不合时宜地乞求爱情和承认，不停地催促巴尔特："喜欢我吧，留下我吧，保护我吧，因为我符合您提倡的理论呀。"（RB，58）他不允许"记者们"使用"价值的刀子"，自己却拿在手中把玩，只当它是一柄大铡刀。至少，这个苦涩的讽刺是留给"现代性"的生不逢时的后辈们的，这种现代性"<u>超越</u>"了<u>可读的</u>和<u>可写的</u>，只"可接收"（RB，122），或者干脆<u>不宜饮用</u>。不过，这种厌恶虽然说明巴尔特不得不重返先锋派内部做出取舍，他对"现代性的工作"的支持却不容怀疑。直到 1977 年，在跟雅克·恩里克的谈话里，他仍然说这种支持是一种团结一致的关系，"毫不虚伪"（GV，264）。

只要比较一下狡黠的文字和口头的<u>虚假坦率</u>，便不难看出这个说法的深意。因为，《罗兰·巴尔特自述》对于这个干脆的答复所针对的问题有完全不同的处理。在《罗兰·巴尔特自述》里，那个题为"虚情假意？"的片段最短小，也无疑隐藏得最深。关于这个谜也似的片段，我们仍然必须强调，在虚假地按字母排序的背后，有一个战略性的立场，因为这不是一个随意配置各个部件的结构。"虚情假意？"位于插入全书中部的相当空幻的片段"忆往"之前，跟在片段"孤独的想象域"之后。"孤独的想象域"是全书的独立宣言（"今日，他自觉写作更加直抒胸臆"），而且高调表白"向'留给自己的'微末琐事，陈年旧事<u>倒退的隐痛</u>"。这个最小的片段的全文如下：

<u>虚情假意？</u>

谈论一个文本时，他把不迁就读者当成作者的优点。可是，他注意到自己也想方设法地迁就读者，而且总之从不放弃一门追求<u>效果</u>的艺术，此

时，他发现了这个恭维词。(*RB*，106)

一切都有了，而且足够了，只需文本互见就能够揭开谜底。的确，这个题为"虚情假意?"的片段提出的不只是一个问题，而且是一个谜：它说的是<u>谁</u>?这段含沙射影的话引人好奇：尤其因为《罗兰·巴尔特自述》极罕见地引用匿名的作品和人物，总是为被它重提、援引和评论的过去的文本提供出处（这是它的一条原则）。因此，这段只会令人困惑的话显然返指写作活动的某个插曲，可是隐而不发，不让读者看到。

读者大概能够猜到，巴尔特承认含糊恭维过的这位作者就是索莱尔斯。1973年，在一个题为"从肩头看过去"的片段里，巴尔特曾经这样写道："作者不等看到刚说的话的效果就接着往下写，不迁就读者，也不迁就他自己，<u>他不看守言语行为</u>。"(*SE*，64)

于是，我们很难避开这个片段狡猾地提出的问题。不断赞扬索莱尔斯的<u>写作经历</u>，一连串对从《法》到《天堂》的褒奖，难道都是虚情假意，都是杜撰的恭维话吗？否则，既然做出如此神秘的表白，巴尔特打算还要揭露什么？是否应当相信罗布-格里耶的解释？他说巴尔特对"现代色彩"的干预令人生疑，而且他对神像的亵渎惊得塞里榭的听众浑身兴奋地一颤："的确，有过一位索莱尔斯，可是那不无皇恩浩荡的意味，'从肩头看过去'接近于'俯出胯下'；就像对待让·丹尼尔①那样：都是琐屑小事吗？"②或许，此处这个问题应该重新表述。

罗布-格里耶很有道理地说，评论家巴尔特爱好那些很像"看上去很壮实的

---

① 让·丹尼尔（Jean Daniel），出生于阿尔及利亚的犹太裔法国记者和作家，左翼知识界周刊《新观察家》的创办人和主编。——译者注

② 罗布-格里耶是在影射巴尔特为丹尼尔的《避难所和源泉》一书所写的书评，书评刊于《新观察家》（1977年5月），题目是《童年的微粒》。

第四部分 艾尔蓓

身躯"（C, 264）的古典文本，因此极有可能（有肉欲）发生任何可以想象的"滑动"；至于现代文本，尤其是索莱尔斯的，本身就是一个"滑动的世界"，对于一个同处一个世界的头脑来说，它们缺乏魅力。甚至也许应从这个方向上解读上文提到的巴尔特的一条评论：这些文本"在某种意义上，就没什么可说的了"。现代文本挖了评论家的墙角，庇护它们无异于装出一副写过（或重新写过）现代文本的样子，合伙骗人，为它们所提倡的拒绝传承和遗产张目。罗布-格里耶形象地描绘了巴尔特与索莱尔斯的写作的关系："从'从肩头看过去'到'俯出胯下'，那么，我们应当追随这种自上而下地解剖似的批评吗？"

先不说这个题为"虚情假意？"的片段暗示何种程度的保留，它的意义首先在于有助于摆正上述关系：这不是一种传统的批评关系，而是一场你来我往的运动，<u>评价</u>另一种写作的目的是把握文本的各种可能性，与此同时，把一种对于寻找<u>形式</u>的<u>书</u>的向往所特有的、不可省约的东西"揭示"出来。巴尔特对待索莱尔斯与对待拉辛和巴尔扎克不同，他把叩问索莱尔斯当成一次摆脱当代写作死结的机会，尽管他关注他的<u>姿态</u>，援用他的<u>举动</u>，把它们当成反制僵化的形象和角色的伦理学迁移的可能性。因此，索莱尔斯从这两个方面<u>被试用</u>，唤来作证——经历测试。<u>生活与作品</u>虽然未混同，却都被当成试金石。

巴尔特总是说，他更喜欢根据行为，而不是趣味讲话[①]。在寻找"至爱之书"的大题目之下，这种转移问题的方式有助于说明"索莱尔斯一案"。与其断定他对索莱尔斯的写作有多大兴趣（反正他能够品味这种自己既写不出、也不打算实践的写作），倒不如在他的著述里找出索莱尔斯被认为理当承担的和必然的<u>行为</u>。其实这种行为不难找到：通过文学发掘<u>令人向往的事物</u>。在《罗兰·巴尔特自述》里，巴尔特描述了这种发掘所运用的思想技巧，这个片段题为

[①] "我很愿意根据行为，而不是根据趣味给事物下定义。"（《声音的微粒》，264 页）

"炮制"①：对立关系，成对概念的工艺品，它造成的冲击促进文本，促进思想（RB，75）。

在这个意义上，索莱尔斯的作家姿态与另一种姿态和写作之间的结合与对立证实了刚才所说的他的"必然性"。这正是纪德的那种最重要的、难以说清的必然性。巴尔特对索莱尔斯的评介是一股推动力，时而隐秘，时而公开：围绕着纪德和索莱尔斯的两套相反的修辞格都很引人入胜，一种有关写作的想象域的"二元论"建立起来了。这种二元论在巴尔特界定索莱尔斯的"波动"时大派用场，"波动"跟纪德的"犹豫不决"是相对的，他说："纪德的犹豫不决曾经被宽容，因为形象仍然稳定：假如可以说纪德制造运动之物的一个稳定的形象。索莱尔斯则相反，他要阻止形象的形成。"（SE，88）无论巴尔特多么接近这种躲闪的策略，如果以为他与索莱尔斯的形象完全吻合，那就错了。事实上，巴尔特离索莱尔斯的"事件"（happening）（SE，87）和纪德的稳定性——即不懈地寻找"道德之善"——同样遥远（或同样接近），在前者的波动和后者的"高贵的行进"当中，他都没有找到自己。他之所以认为自己可以继续寻找，是因为这两极之间出现了电弧现象。纪德的写作和索莱尔斯的写作有同样的张力，相同的电场。索莱尔斯这一头都是趋前、活跃和永不回头的形象，我们说过，索莱尔斯在巴尔特眼里是个不走回头路的人。纪德那一头正相反，巴尔特在吕戴斯酒馆所见和早年痴迷的阅读一直造成了一个往回走的形象，返回"初始文本"（RB，101）和"原始语言"（RB，103）。这篇1973年的文章重提我们已经知道的《罗兰·巴尔特自述》里的话，"恭维"从不迁就读者的索莱尔斯，接下去的几句话很有意思："他在语言内部创造一种新的语言，即一个基底（Grund）。一幅接通电流的活动屏幕，任何表象都没有从上面游离"（SE，65）。这个有关"现代"写作的譬喻里的怪词"基底"令人想起另一个词：Abgrund（深

---

① 原文为 forgerie。——译者注

渊），然而，这后一个词正是另一个有关纪德的片段的标题。《罗兰·巴尔特自述》里的这个片段把纪德当作成为作家的欲望的基础幻象。在巴尔特的想象里，索莱尔斯是纪德的反面。因此，《局面》一文末尾的论据应当从一个十分私密的意义上，而不是从一般的或"论战的"意义上去理解。同时，这个论据也是一个故意设置的反面论据，针对反证或者巴尔特叫做"置换的证据"。巴尔特对未被说服的读者说，试想一下，假如没有索莱尔斯，局面会是个什么样子："假如他不写作呢？我们就只能在循规蹈矩（右翼的，左翼的）和絮絮叨叨之间做出取舍，没有任何<u>进展</u>，那该是多么悲哀，多么郁闷，多么令人哈欠连连啊。"（SE，84）

让我们补充说：亦无从面对纪德，无从反制"原生汤"①，无从反制"日记的诱惑"、源头的诱惑，也无从反制深邃的魅力——深渊即无根据的基底的魅力。正如一句古老的民间笑话所说：没有任何东西能够使人<u>既反对又紧贴</u>纪德。

我们于是能够更好地理解，为什么巴尔特非得紧随索莱尔斯不可，哪怕是倒退着走……不是因为索莱尔斯的写作是进入"完美的书"（RB，176）之门，也不是因为它是一种模仿欲望的对象——巴尔特说过，他一边读《战争与和平》，一边"真有重写一遍的想法"（C，367）。这种接触恰恰相反，它<u>重新点燃</u>了对于一门"效果的艺术"的全部欲望，既指出"利用修辞格和运作启动文本的方式"——即修辞学本身的遗产（RB，96），又表明重视读者，使之负起责任，不放任自流和总是"被迁就"。巴尔特之所以必须"紧随"索莱尔斯，是为了更隐蔽地驱赶根源——他对"二元论"的屈从使这个根源<u>容易处理</u>。从此以后，正如巴尔特能够在伦理学中从<u>永恒不移之物的稳定形象</u>出发，寻找属于自己第三条道路，他的写作的乌托邦也有了远离<u>深渊</u>和《天堂》的"漩涡"的

---

① 德语 Ursuppe 的字面意义是"原生汤"，本为一部有关生命起源的自然哲学理论，它假设最原始的自动复制的遗传体系（核糖核酸，ARN）发展成为脂质的原始有机体，然后形成蛋白质。——译者注

机会。

因此，这种索莱尔斯的解读既连同又比照纪德，它可以用第三个解剖学比喻说明：总而言之，巴尔特阅读时让二人的作品背靠背。

山中，此地，彼处 8

> 您在哪一所寄宿学校长大？
> ——F……我不能什么都说出来。
> ——安德烈·纪德，《布瓦梯叶的私囚女》，（梅拉妮·巴斯蒂安审讯笔录）

> 我必须选择此生的最后一段，我的新生，Vita Nova……
> ——罗兰·巴尔特，法兰西公学课程，1978

1978年，法兰西公学，罗兰·巴尔特开讲"中性"一课。他把一份列有32部作品的参考书目发给了听众，他说，这些书籍都是他从于尔特村度假屋的藏书里挑选出来的。听众听了精神为之一振，为能够分享这个学术**超我**——参考文献所列书目——的叛逆的卖弄风情而兴奋不已。总之，以"文学符号学讲座"的名义提出的"互见文本"有趣地五色斑杂，讲稿里两两并举的做法后来被说成无可救药的纠缠主义：恩捷鲁斯·西里西乌斯与沃尔特·本雅明，德尼斯长老与约翰·凯奇，雅各布·博姆与托马斯·德昆西，艾克哈特大师与西格蒙·弗洛伊德。

实际情形略有不同，在乡下的文献库里，青年时代的阅读材料构成一个奇特的部分。谁会相信呢？这些弗拉芒神秘家、**教廷**神父和异见派（巧妙地掺进

第四部分　艾尔蓓

道家和禅宗佛教的内容）不是成为修正主义者并且感到厌倦的巴尔特后来的发现，而是重新发现过去。这件事反映出巴尔特有掩盖根源的考虑，不过并不因此就不重要：与其说通过这份书单承认，那些曾经占据他被"高挂起来"——在结核病疗养院——的岁月的作者和问题又回来了，不如说他更愿意为有关自己的雅趣的社会形象提供资料。

瓦莱里在谈到一个文学对手时说，应当攻击此人的偶像，因为攻击思考和写作之人的偶像比攻击本人更致命。巴尔特是瓦莱里的从不张扬的忠实读者，深谙隐藏自己的偶像之道。他对守护神和临时请来的宅神等二流神明从不吝惜恭维话，逢最要紧之处却很腼腆，怯生生的，这其实是隐藏他所虔信之物的好办法。这就使得——加上他主张鄙视竭力寻找"来源"和"影响"——《罗兰·巴尔特自述》提出纪德引起了某种轰动（很像卢梭在《新爱洛依丝》的序言里说的留给批评界去"啃的骨头"）。巴尔特总是说他不知何往，只用短短的一句"我已到此"标示他那些没完没了的展望的节奏。现在他好像交代了自己的秘密：原初的标记，祖屋的标牌。尽管只是令人怀疑的假设，他毕竟终于指出他的写作向何处"倒退"：朝向地窖，地窖，我的亲，家庭私密处，可爱的小地窖①，没错，正是纪德！咱们怎么早点没想到呢？

这通所谓的表白之后，半逗笑半气恼的巴尔特及时说明："至今无人猜出这一点"，还说"从来没有人说，我做的事里有任何纪德的影响"。反倒得由他本人引导人们"加以注意"，这种"仍嫌十分勉强的比较"② 才能使人们一下子信服。

先不去评论这种倒退很可能包含什么样的否定，我们不妨同意巴尔特所说，批评界确实没有发现纪德的这个地位：最初的主题（topos）和他的写作计划的

---

① 在纪德1930年的纪实小说《布瓦梯叶的私囚女》里，主人公梅拉妮·巴斯蒂安常常下意识地唠叨"亲爱的大深坑"，"可爱的小地窖"。——译者注
② 《与N. 毕洪的访谈录》，载《美学杂志》，106页，1981，第2期。

潜在目标（telos）。在一幅堪比《布瓦梯叶的私囚女》的画布上，用各个部件拼凑起这个源头的**故事**者正是巴尔特本人。这是一个被揭露时引起众人厌恶的源头。他为了向把梅拉妮·巴斯蒂安的话转告我们的纪德致敬，坚持展示自己的<u>玛朗匹亚的地窖</u>，同时也因为《恋人絮语》里有这样的话："这是一处可爱的结构，而且我为失去爱情而哭泣，但这不是哪一位男女的爱情（我想回到那儿去，就像布瓦梯叶的私囚女想回到她的<u>玛朗匹亚</u>的地窖去一样）。"①（FDA，39）这样称呼那间臭烘烘的陋室的正是她本人，那是个在母亲的监视下度过 26 年的地方（从 1865 年到 1901 年），她全靠一个偶然的机会才终于摆脱它。这件事被巴尔特用来说明题为"珍爱爱情"的片段，他对梅拉妮·巴斯蒂安跟纪德一样满怀同情。[纪德第一个懂得，令人无法理解的<u>玛朗匹亚</u>一词不是巴斯蒂安一家的乡下房产的名字，而是指囚禁她的房间，或者"至少是这间斗室在梅拉妮头脑里的不寻常的移位"②。不过，这个看法忽略了追究这个词的施指，它其实很说明问题，特别是考虑到方言变化："玛朗匹亚"（Malempia）就是"健康不佳"（mal-en-point）；不过，这样比拟不符合他的观点，即梅拉妮在地窖里的局面不算太糟糕。]

因此，巴尔特在《恋人絮语》里一面惋惜这种苟活的局面，一面绘声绘色地描述失掉的爱情。这种奇怪的做法不无道理，因为他接着说，一个想象域从而取代了他者的形象，以至于"我的欲望才是我之所欲，被爱的生命只是一种辅助而已"。那么，这个值得爱慕的东西是否可与"至爱之书"相提并论？辅助在这里没有丝毫怪异之处，这个词符合《拉鲁斯词典》的定义："一个实体的一部分，作用是为该实体服务。"（接下去是多条提示，下面这个例句大概会使巴尔特很高兴："旧时的印刷工和图书馆员均为大学的辅助人员……"）能否认为，

---

① 上海人民出版社 2009 年版《恋人絮语》（第 23 页）里未见这句话。——译者注
② 纪德：《布瓦梯叶的私囚女》，30 页，巴黎，加里马尔书局，1930。

第四部分 艾尔蓓

纪德本人也是**文学**的一种辅助呢？

围绕着《罗兰·巴尔特自述》里的一个题为"深渊"的片段，批评活动明确地把巴尔特的作品跟纪德混为一谈，这种混同往往掺和着一种巴尔特用一个比喻使之容易理解的反讽："纪德是我的原始语言，我的原生汤（Ursuppe），我的文学汤汁。"（RB, 103）打趣话放在托盘里端上了桌，这种营养不良的烹饪艺术真是奇怪。才华用来吃喝？灵感浇上了文字的汤汁？不过，这碗稀汤不那么清亮，锅底隐藏的哲学也比打趣话深刻得多：这是深海的海底（buthos），瓦朗提尼安父子①，还有谢林。更重要的是，德国神秘家的名字越来越频繁出现在巴尔特后期文稿的页边里，特别是艾克哈特大师和雅各布·博姆二人。看来，应当从这个方向上寻找"纪德的深渊"，寻找在"顽固地蜂拥而至"当中的"不变的纪德"的含义。

还有，基底/深渊（Grund/Abgrund）的对立（至少当二者对举之时，因为二者有时可以互换）在德国哲学传统中不大容易把握，在运用它的个别文本里也是如此：一方面，这组对立是神学家和宣道者提出来的，他们更倾向于通过比喻丰富而不是界定他们的"技术性"词汇。另一方面，它历经六个世纪，不断被重新诠释：艾克哈特、博姆、谢林、唐勒②、叔本华、海德格尔都这样做过，而且，在最初的定义的困难之外，这些重新阐述往往引起新的困惑③。

巴尔特从未把这一对盗版概念跟某个体系或作者联系起来，那么他在何种意义上使用它呢？首先，海德格尔的领域看来不应该是一个寻找的方向，因为

---

① 罗马帝国皇帝瓦朗提尼安（Valentinien）364—375年在位，其子瓦朗提尼安二世（Valentinien II）于公元375—392年在位。——译者注

② 约翰·唐勒（Johannes Tauler, 1300—1361），德国基督教神秘派教士。——译者注

③ 关于谢林和叔本华的"混淆"，可参阅A. 科耶雷：《雅各布·博姆的哲学》，281页注1，巴黎，维兰书局，1929。

他把"深渊"用于表达本体论的差异本身。① 巴尔特年轻时读过谢林和叔本华，对他们的著作更熟悉，这一点对于确定这对概念的意义会有帮助［可是，"基底"用于索莱尔斯的带电似的写作时，意思跟叔本华的解释并不相符，后者认为"基底"传译出<u>理性原则</u>（principium rationis）；谢林那里也有同样的难题，不过他更接近莱茵河地区的神秘学说，意思有些偏差，因为他把"深渊"描写成哲学的深壑和终结，并且视之为创造物所遵从的<u>原理</u>的两个"中心"或"本身的意志"之一］②。

毫无疑问，应该从最接近这些神秘家之处去理解这个词在巴尔特那里的用法，例如，他从亚历山大·科伊雷③的书里读到的博姆便认为："Abgrund，深渊，是指存在本身的虚无，存在随时会陷入这种要吞噬它的虚无，倾向于沉沦其中。"④ 可是，他同样谈到"大自然和第一原则下的世界的炽热的深渊"以及"凡人皆有的心中的地狱"⑤。至于艾克哈特（巴尔特最经常谈到1942年出版的译本，莫里斯·孔蒂亚克作序）则把"神性"，"荒漠"，"任何推理和区分都探不到底的深谷"⑥ 说成"深渊"。

这碗汤汁并不令人放心，艾克哈特说它"像深海般辽阔"⑦。唐勒把它比拟为"沸腾和动荡之水"⑧。巴尔特进一步搅动它，让它带上神秘派传统所接受的

---

① 在海德格尔那里，"存在可以叫做'ab-grund'，因为与'此在'不同，它没有基底（grund），没有'为什么'"（《哲学史词典》，5页）。读者可参阅他的《理性的原则》，以及 J. 伯弗莱对此书的介绍。参见《理性的原则》，巴黎，加里马尔书局，1962。

② 参见《对人类自由的实质及其相关问题的哲学研究》，110页，巴黎，雷伊德书局，1926。本书由 G. 伯利策翻译。

③ 亚历山大·科伊雷（Alexandre Koyré，1892—1964），俄裔法国科学哲学家和历史学家。——译者注

④ 科伊雷：《雅各布·博姆的哲学》，281页，巴黎，维兰书局，1971。

⑤ 同上。

⑥ 艾克哈特：《论文与宣道》，41页，巴黎，欧比耶书局，1942。

⑦ 同上书，154页。

⑧ 《圣若望·巴蒂斯特的降生》，见《宣道录》，卷2，253页，戴克莱书局，1927。

意义："不可测度的深渊，安然沉睡，无根底。"① 一个继承自自然哲学的扩散的意象，因为这道原生汤也是早于形式兴起的一锅文化的粥糜。粥在涌动，一切差异都将从中浮现。既有虫子，也有跳蚤：5月25号早9点，派出所警长着手查收下列物件：

  羽绒垫褥一床，已部分腐烂；女子所用枕头一具，已发臭；另有破衣烂衫，沾满排泄物和饭渣，间杂大量蛆虫……②

纪德声称被这些"物件的特殊的雄辩力"深深打动。可是这些已经不是物件了，而是基底本身，是**大自然**，是令人晕眩的深渊（梅拉妮·巴斯蒂安还说："别说这些了，这个家把什么都撵跑了，撵跑了"③）。**想象域**的威力：按照纪德的记载，1901年的新闻报道吓唬读者说："梅拉妮·巴斯蒂安的褥子上爬满各种各样的蛆虫，丑陋可怖"，证据是布瓦梯叶市医学院的细菌实验室采集和分析了这批虫子，证实绝对是普通的虫子，而且只限于一种：金龟子，也叫粉虫（ténébréon）。在它的甲壳之下——说不定也在解剖刀之下——人们找到的永远是施指④……

因此，片段"深渊"里的纪德正是写作欲的一种萌芽状态。早在格鲁克⑤的歌剧里，俄耳甫斯就哀求鬼魂们不要拦住他的去路："亡灵啊，阴影啊！……"文学在憧憧鬼影和污垢秽物之间前行。自青年时期的那篇有关《纪德日记》的

---

① 《圣若望·巴蒂斯特的降生》，见《宣道录》，卷2，253页，戴克莱书局，1927。
② 纪德：《布瓦梯叶的私囚女》，31页。
③ 同上书，65页。
④ 化用法国名医克洛德·贝尔纳（Claude Bernard, 1813—1878）的名言："我在手术刀下从来没有遇到过灵魂。"——译者注
⑤ 克里斯托夫·冯·格鲁克（Christoph W. R. von Gluck, 1714—787），德国作曲家。《俄耳甫斯与尤丽狄丝》是他1762年创作的歌剧。——译者注

文章起，巴尔特就认为文学在原则上与"自毁名声的性格"①互为联系，不过也跟日记这一肮脏的、可取的和令人向往的形式相联系："对调一下位置：16世纪，人们毫不厌恶地称之为日志（diaire），腹泻（diarrhée）加黏液（glaire）而已。"（RB，99）巴尔特的这个夸张的说法仅指已经被甩掉的诱惑，我们也许会像他那样惊讶缺乏影响的文学批评界陷入这个深渊，却没有注意到他说得毕竟有点过火：用一滩浑水冒充"源泉"。

巴尔特关于纪德的表白的讽刺意味显示一种试探性的评估，并没有解释出什么隐而不露的真相；在寻找形式的主体身上，它加载了主体自己的过去。抽身而退的巴尔特左右掂量，设法弄清自身文学之路的意义，并且加放到他对"现代色彩"的保留的秤盘里——当作这个"陈旧的"主体的配重物。

正是在这里，深渊这个谜似的参照的意义变得曲折隐晦。实际上，巴尔特在一篇更早的文章《符号的想象力》②里已经提出，这个词有"私密"的含义，超出了神秘主义的含义。这篇1962年的文章认为，在一种"深度的想象"当中，深渊对立于"表面的形式"。它因此是一种本属巴尔特所说的"象征意识"的二元论。"象征意识"是老掉牙的三种"意识"之一（第二种是"聚合关系意识"，第三种是"句段关系意识"），它"把世界感受为一种介于表面的形式与多样、厚重和强有力的深渊之间的关系……"；巴尔特建议把某些"创造"归入这个类型的"符号的想象力"。他提出的一连串名字倒是符合这种意识及其产品的"倒退的"性质，即"有关生平或历史的批评，有关'远见'的社会学，现实主义的或内省式的小说，以及在更普遍的意义上，'表现主义的'艺术或言语行为，它们都提出一个至高无上的所指，不是取自一种内在性，就是取自一部历史"

---

① 《关于安德烈·纪德及其〈日记〉的笔记》，载《生存》，1942，第27期。
② 《符号的想象力》，载《论点》，1963，第27～28期；《批评论文集》，206页。

(*EC*，211)。

因此，纪德的形象本身反而不如片段"深渊"所展示或再次展示的"思想的举动"那么重要。巴尔特重新启用这个属于"象征想象"的范畴（在1962年的文章里明显遭到贬斥，因为文中说到"象征意识的某种土崩瓦解"），是为了描写自己的写作欲的深层的基础，然而从两个方面与之保持着距离。他再次质疑方便凑手的三种意识之说，因为**现代性**要么被说成一种"形式的想象力"（"聚合关系"），即"例如罗布-格里耶的小说里的"那种"变动"、"置换"的想象力，要么被说成一种"功能性的想象力"（"句段关系"），因其"制造过程本身就构成景观：诗歌、史诗剧、12音列音乐和结构化构图，从孟德里安直到布托尔"。不过，如果说，一方面，"深渊"是一个提醒（人们摆脱不了"象征意识"），另一方面，象征（**叙事、小说**的超越**想象**域的基础**神话**①）的"自上而下"的回返只是把纪德的形象和日记的形式当作某种应当被超越的东西加以重提，其真正目的其实是纪德的形象背后的别的东西（另一个"互见文本"）：那个位于主体腹地的深渊，青年时期的读物，早年的文章（巴尔特罕见地举出两篇为例）——新生的计划必须重新加以新定位——另辟地点。这个"幻象的隐秘体系贯穿各个时期"，它开始于纪德，其背后是一个无名无姓的过去，我们照样可以认为它"多样、厚重、强有力"，此即在高处度过的学徒岁月。正因为如此，在N. 毕隆的访谈里，巴尔特才会对一个误解——他觉得如此——感到不快（在1977年同《新观察家》杂志的B. H. 雷维的谈话里，他表达了相似的保留②）。事实上，巴尔特最后几年的著作丝毫没有表明返归纪德，相反地，即使只从主题看（作家的孤独，中性，免于**死亡**），他的最后几本书却整段地重提往

324

325

---

① 参见本书第二部分第2节。
② 当被问到有"大量材料"能够证明他"对纪德发生兴趣"时，巴尔特变得话很少："他是新教徒，他爱弹钢琴，他谈论欲望，他写作。"（《声音的微粒》，246页）有意思的是，就在同一次访谈里，他破天荒花了很长时间谈他退居疗养院的日子。

日的山中岁月。

《寒山》出现在《恋人絮语》的参考文献里。然而巴尔特极少提到托马斯·曼，唯一的一次是在题为"淫秽的爱"的片段里："……他那时并不觉得这个词（爱情）值得人们如此频繁地重复。正相反，这两个音节到头来让他厌烦，使他联想到掺了水的牛奶，某种白里泛青、甜丝丝的东西……"（FDA，207）这个微妙的提示倒是符合巴尔特的含蓄态度，因为每当提及有关肺结核的切身经历时，他总是这样一笔带过。

在《罗兰·巴尔特自述》的末尾，一个"生平概述"的片段里有一张概略的时间表：住院，出院和复发。其中提到二进圣伊莱疗养院土圩分院。从各方面来说，最重要的都是："静养，侧身疗养"（RB，184）。可是，全书开头这样评论一份医疗记录单："别的病患都使人远离社会，肺结核却把你抛进一个小小的群体，好像一个部落、修道院，傅立叶所说的社会基层组织：它有自己的仪式、限制和保护措施。"（RB，39）

这就是全部，可是语焉不详，似乎这个"无尽无休的"时期只剩下某一天丢到窗外塞旺多尼大街上的那块"肋骨"了①。在肺结核仍然是绝症的十年里，虽然有过徒增折磨的人工气胸和其他机械疗法，可是这种病在1945年和应用链霉素疗法以前并不意味着等死而已。（圣伊莱疗养院土圩分院坐落在大沙特罗兹高地的山洼里，这个村庄当年集中了四所医疗和"后治疗"机构，病友对死亡一直保存着鲜活的集体记忆。来访者被告知，高地上"从前"每天都会响起丧钟。）最后，似乎圣伊莱疗养院土圩分院不仅是"一个小小的群体"，而且是一个思想的港湾，巴尔特的文学见解在此形成，而且令人惊讶地历久不变。

---

① 我们记得，为了施行气胸疗法，巴尔特被拿掉了一块肋骨。参见《罗兰·巴尔特自述》，65页。

第四部分 艾尔蓓

在疗养院的《生存》杂志上，病友们的笔下经常出现修道院的比喻。可是，巴尔特时断时续地经历的这种生活，最好从<u>退隐</u>说起，因为这个词跟托马斯·伯恩哈德①的叙事《地窖》的副标题<u>退避</u>（Entziehung）是一个意思。表面上，一个是巴黎味已经很浓的青年学生，另一个是给伯特拉哈先生当地窖搬货工的萨尔茨堡的辍学少年②，两人相差很远。如果不是病患的体验，还有什么能够说明两部作品的那种奇怪的和难以解释的共鸣呢？尽管二者以不同方式提到肺结核，伯恩哈德说是"恐怖感"，巴尔特说是"干干净净，无嗅无味，没有'那个东西'"（RB，39），可是肺结核为两人都提供了一次决定性的断裂，一段紧锣密鼓的<u>学徒期</u>。

巴尔特的学徒期开始于多种多样的"接触言语行为"：大量阅读，众多报告人（包括前来治病的学生），这使他能够维持与外界的联系，连德国占领时期也是如此。巴尔特后来对这些接触的评论不多，除非能够直接服务于文本的领域。他从一位托洛茨基派友人那里了解了马克思主义（在瑞士雷辛镇），米什莱是他"编了卡片"的作家，一边抄录他感兴趣的说法，一边按照"主题"立档归类——这是《米什莱》一书的起源，加缪和从阅读《局外人》产生的"有关中性的想法"就更不用说了。不过，在那些经过筛选的参考书的背后，浮现出一个完整的世界，最古老的东西和（当年）最现代的东西从中发生碰撞。当时的环境既封闭又开放：战争失利和管制，燃油匮乏，从圣伊莱疗养院土圩分院通往格勒诺布尔市的山路逢积雪覆盖更加难行。严重的封闭状况引起病友们在《生存》杂志上怨声不断，结果是学生们自发组织了一连串

---

① 托马斯·伯恩哈德（1931—1989），奥地利作家，作品以强烈的批判性知名。《地窖》是1976年发表的一部自传体叙事。——译者注

② 参见托马斯·伯恩哈德（Thoms Bernhard）：《地窖，一场退避》，29页，加里马尔书局，1976。本书由 A. 高恩译自德语。

的报告会，未几，文学小组建立，罗兰·巴尔特为首任组长①。由于法国战败和南北分治，这个地区（"自由地带"）来过一些不速之客。乌里亚日镇离此地只有几十公里，艾玛纽埃·穆尼耶②从1940年起就为学生们宣讲"天主教个人主义"③。1942年，疗养院迎来"乌里亚日行政学校"的勃夫-梅里④，宣讲"贝基⑤与20世纪的革命"⑥。从1940年12月起，驻扎在腊代哈斯镇的"法兰西伙伴"⑦就用强调革新的"热烈言论"⑧搅动了这里的冬季气氛。

除了这些邻居以外，还有一些"退居人士"：费尔迪南·洛普⑨把竞选总部迁到好客的格勒诺布尔市以后，来过山上的疗养院；而且带来了一些第三共和时期的民俗……查理·牟哈⑩于1941年7月13日和1944年1月23日来过两次。疗养院保留的照相册载录了战前的各种荣誉：长披风，软礼帽，蓄髭须，从报

---

① 文学小组成立于1942年。参见《生存》第29期（无日期，实为1943年3月）。巴尔特主持的时间似乎不长，后由同伴戴舒（Deschoux）和菲利朋（Philippon）接任。同样，在1942年7月间举行的病友大会期间，巴尔特似乎负责组织联欢活动（《生存》第28期，1942—1943年）。不过，他担任娱乐主任期间（7月至12月）却没有留下任何痕迹。需要补充的是，巴尔特似乎有意避开了疗养院经常举办的那些粗俗的娱乐，例如在那些娱乐活动（常穿戏服）的大量照片上，从未见到他的身影（圣伊莱疗养院土圩分院档案）。

② 艾玛纽埃·穆尼耶（Emmanuel Mounier，1905—1950），法国哲学家，创办《精神》杂志。——译者注

③ 载《生存》，1941，第22期。

④ 勃夫-梅里（Hubert Beuve-Méry，1902—1989），法国著名报人，《世界报》的创办者和长期主编。乌里亚日镇位于法国伊泽尔省，维希政权1940年在此地创办干部学校，但只存在了两年。——译者注

⑤ 查理·贝基（Charles Péguy，1873—1914），法国作家和出版人。长期倡导社会主义和民族主义，晚年转向天主教。——译者注

⑥ 载《生存》，1942—1943，第28期。

⑦ 1940年战败后，亨利·达维纳斯组建（1912—2009）的维希政权下的青年组织，标榜国家统一和效忠贝当元帅。1944年解散。——译者注

⑧ 载《生存》，1941，第21期。

⑨ 费尔迪南·洛普（Ferdinand Lop，1891—1974），教师出身的法国诗人和出版人，以不断参加总统竞选知名。——译者注

⑩ 查理·牟哈（Charles M.—P. Maurras，1868—1952），法国记者，散文作家和保守派理论家，1899年创立极右翼组织"法兰西行动"，1945年以支持贝当政权的罪名被判处终身监禁。——译者注

告人光净的下巴就能看出是教会人士。有一张面孔引人瞩目：小说家保罗·热拉迪①，此君的长相在1920年代人们的想象中当属英俊。《恋人絮语》讲述了一个与他有关的梦境："我在讲授一堂有关'爱情'的课，听众都是女性，成熟的那种，我就是保罗·热拉迪。"（FDA，207）我们照样可以幻想一下保罗·热拉迪的这次来访，《生存》是这样报道的："保罗·热拉迪的一场时断时续的谈话令我们入迷，他的讲座的题目是《这不是一场报告》……"②

最后再说说《生存》杂志，它起初只是疗养院学生会的一份简报，巴尔特加入以后变成了一份真正的杂志。1942年5月第26期标志着这个演变跨过一个新的门槛：版式变了，内容的表现方式也改进了。从编辑部起初宣布的计划来看，甚至可以说是一场大变："疗养院的活动报道显著减少，整个杂志被赋予一种文艺风格，尤其是面向院外公众。"③

所以，圣伊莱疗养院土圩分院是一块文化飞地；毫无疑问，它的小气候受到两种影响：诗歌和某种心甘情愿的宗教心灵主义，带有几分神秘主义的色彩。

《生存》上诗人众多，而且名列目录之首：吕克·艾斯唐，勒内-基·卡杜，皮埃尔·塞盖尔斯④是常客；瓦莱里的去世成为一篇题为《永别了》的庄重诔文的主题，也多少是一期专刊的主题。第36期尤其引人注意，这一期有满满三页来自外域的短诗，署名范文基，对于1945年的读者来说，此君的诗作技巧十分特别，标题也是如此：《俳句》……

第二个元素，宗教心灵主义或神秘主义从远处支配着报告会活动。也许，

---

① 保罗·热拉迪（Paul Géraldy，真名Paul Lefèvre，1885—1983），法国剧作家和诗人。——译者注
② 载《生存》，第30期，日期不详（应为1943年8月）。
③ 载《生存》，1942，第26期。
④ 吕克·艾斯唐（Luc Estang，真名Luc Bastard，1911—1992），法国作家，记者和诗人。勒内-基·卡杜（René Guy Cadou，1920—1951），法国诗人。皮埃尔·塞盖尔斯（Pierre Seghers，1906—1987），法国著名诗人。——译者注

在这种艰苦时期，宗教人士比其他各界人士更乐于助人，可是他们经常现身却跟一种心理文化的氛围有关。在这里的常客当中，本笃会教士多姆·伊莱尔（他主要来宣讲圣徒保罗），维斯特法尔牧师（专讲拜尔纳诺斯或者"撒旦重返文学"——按照《生存》的说法，那是一场"在浓厚的内省的气氛中"发表的演讲，另一场演讲题为《纪德和无用的自由》）；让·艾尔拜尔则以历史和东方宗教为题开讲（"印度教的圣母"和"瑜伽派的因果报应说"）。除了这些常客以外，还有不少临时安排的报告人：布涅牧师，皮埃尔·贝基讲的是"查理·贝基与法国"；聂利神父则以"人是宗教动物"为题演讲，丹尼尔·浩布斯讲法国的神秘派，来自巴黎圣玛丽修道院的多姆·勒姆瓦尼讲解本笃会的生活方式，来自圣阿尔班-雷伊斯修道院的米歇尔神父讲解耶利米，神父董格尔甚至介绍创立了一支撒哈拉教派的修女玛丽·德·耶稣。

这么多报告人蜂拥而至，这大概能够解释《作品》日报的忠实读者的儿子何以写出前文提到的那些讨伐"探访"和"见证"文学的长篇大论。不难设想，他也不会信服艾米尔·利贝尔在《生存》创刊十周年贺词里所说的赞扬的话："这些年轻的教友，他们投身于从精神上征服世界，走出这个病患的研修班，等等。"[1] 不过，我们将看到，这一点并不影响巴尔特愿意在某些阅读中揭示一种他当年沉浸其中的气氛，无论他曾经喜欢与否。这些阅读包括《纪德日记》：1975 年在《文学杂志》上重新发表的"笔记……"一文有四段文字"被删去"，其中三段涉及纪德的宗教观。巴尔特发现《纪德日记》里有一个"神秘主义元素"，它赋予了纪德从事的这种"新教"的体裁的"自身特点"。他在唯一一张他跟报告人在一起的档案照片里站在塞蒂朗日神父身旁[2]……如果说，接触这些言语行为既没有启发他的不可知论，也没有导致他敌视"心灵主义"，可是跟产

---

[1] 载《生存》，第 32 期，[日期不详]（1944 年第二季度）。
[2] 圣伊莱疗养院土圩分院档案照片。

生于这个时期的对于神秘主义传统——东西方都有——的兴趣却不无关系。我们后来看到,许多从这些话语盗走的概念和态度都被用于文学领域,"就像偷走一块面包似的……"

可是,对他来说,圣伊莱疗养院不仅是演说家和神父的聚会场所,不难想见,在这块与世隔绝的天地里,有过无数次长谈和没完没了的争论,巴尔特还把它变成了一个思想的游戏和交锋的场所。从1940年开始,即巴尔特入院之前,众病友努力自主地掌管饱受"演讲者少得可怜"之累的精神活动,"尽力自力更生"①。不过,这些努力收效甚微,六个月当中只有一次跟柏格森有关的学生报告会。主要原因之一是出身文学和哲学的学生很少,病友们大多是医学或法律专业的学生。1942年,以巴尔特为核心的文学小组成立时只有十多个人②,可是,这个小小的阵营的活动迅速加强:疗养院广播站10月份正式开始播音,当然还有杂志这个渠道。巴尔特的作用通过两件有趣的插曲得到凸显,而且出人意料地表明他那时的兴趣,因为这两个插曲表明他已经摆出论战者的姿态,不仅意义深远,而且选择的攻击路线更令人注意。

第一个"事件"是巴尔特为《汇流》杂志的小说专刊撰写的述评③。巴尔特声称,鉴于这家杂志的"主编勒内·达维涅④来疗养院做过报告",他"竭力搜寻能够大事化小的具体境况",可是他仍然相当猛烈地攻击"这些大段评论,其中三分之一本无必要"。年轻的批评家遗憾这本文集未能以其"贫瘠的实质"出现,抱怨"缺少享有文名的人士的介入〔尤其是普雷沃斯特、瓦莱里、高克多、

---

① 载《生存》,1941,第22期。
② 1942年5月的《生存》第26期提到了为"文学和哲学科系的学生"组织课程的难处,原因是他们人数太少,"在180个住院病友当中,仅有15人",而当时总图书室(不包括"各专科"的)共藏有10 375册图书;参阅1942年1月的《生存》第25期。
③ 《评〈汇流〉有关小说问题的专刊》,原载《生存》,1943,第31期;又载《文本性》,1984,第15期。
④ 勒内·达维涅(René Tavernier, 1932—1989),法国诗人。第二次世界大战期间主持《汇流》杂志,发表过路易·阿拉贡和保罗·爱吕亚尔的作品。——译者注

沙鲁、西默农（原文如此）"①]。这通攻击是毁灭性的，它的最为引人瞩目之处是巴尔特面对评论界的恶劣心情。他认为，评论跟直接接触文学杰作迥然不同："杰作让我们感到贴近，通透清澈，兄弟一般"，他把这部文集比拟为"技术顾问团的一份报告，深奥而居高临下"。最后，他认为这个评注的审判团似乎在重演"57位医生围绕莫里哀一个病人的争执"。这位深恶"元语言"的少年用一个无异于砸破批评界饭碗的提法结束了鞭笞："我担心，（正如《无病呻吟》里的露西尔那样）小说只会跟喜欢它而不过多评论的人讲话，首先是跟写小说的人，然后是跟读小说的人，沉醉其中，直至具备默默爱它的纯净智慧自得其乐的人。"

这个插曲的另一个有趣之处是受批判的杂志的主编接下去的动作。勒内·达维涅与安格莱斯的关系密切，他经常刊登其作品的小说作家和诗人也在《生存》上发表作品。他给疗养院学生杂志写了一篇答复。在很大程度上，他承认年轻的攻击者的指责有道理。答复的开场白是明白无误的："这些笔记产生于懊悔。"② 内容不算（达维涅同时也为小说的"求真"和"必然呼唤诗歌"做出了辩解），答复本身的意义已经十分重要。通过这篇1943年的牛刀小试的文章，巴尔特成了一个言论有人倾听和重视的人物。

根据《生存》杂志上的书评，我们能够重构第二个插曲，它也有论战的特点，不过涉及一个更出人意料，巴尔特的名字很少与之发生联系的领域：诗歌。这件事发端于艾米尔·利贝尔于1944年夏季举行的两场讲座，题目是《一种诗歌技巧的历史必要性》。《生存》杂志是这样总结的："对问题作出一番历史回顾以后，他强烈地揭露和谴责他所说的现代诗歌的两个污点：**神秘主义**和**无政府**

---

① 安东尼·普雷沃斯特（Antoine François Prévost，1697—1763），又称普雷沃斯特神甫，法国小说家。埃德蒙·沙鲁（Edmond Jaloux，1878—1949），法国作家的文学批评家，1836年入选法兰西学士院。乔治·西默农（Georges Simenon，1903—1989），比利时法语作家，一生中创作了数百部推理作品，尤以他塑造的马格雷探长的形象知名。——译者注

② 载《生存》，第32期，[日期不详]（1944年第二季度）。

第四部分 艾尔蓓

主义。"① 这位专栏作家接着说："看来确实如此"，在演说家看来，"神秘主义诗人都是骗子，欣赏者也都是赶时髦的不诚实的人"，而且他们的成功应被视为"一个丧失道德和社会价值感的清晰的症状"。这么说一些听众觉得有点过分。《生存》杂志每年的讲座评论都是一片赞扬之声，时而还有阿谀奉迎之嫌，这回是头一次甚至在读者当中出现了杂音。"这两场讲座本来是矛盾的。可是，一来鉴于演讲者的经验和能力，二来我们当中有些人迷恋这种受攻击的幼稚的诗歌，这些都要求简短和肤浅的讨论以外的东西……利贝尔先生的第一场讲座结束后，巴尔特同志提出一条便于做出集体的和协调一致的答复的原则，即一次'全体会议'，若干学生陆续上台，为他们看中的诗人做出辩护。这个计划委托给文学小组实施，由戴舒主持。"

这个决定造了制度的反，接着便是一系列学生讲座，从中我们只留取巴尔特在《生存》上简报的那一个。四大主题令人注目：第一个是被诗歌征服的各个"新星球"："童年、梦想、痴狂、毒品、魔力、幻觉，每一个都围绕着一个核心，这个核心看来正是<u>无意识</u>"；第二个是"宗教式地尊重<u>言语的偶然性</u>"引起的"语言问题"的新地位；第三个是"贞洁的"诗性，与"毁灭的修辞学时代"相对；最后一个主题关涉形而上学和诗歌必然的交错现象——现代的困惑的一个症状："前者是后者的本质"②。

不过，除了这种导致诗学的骚动的特殊情况以外，巴尔特扮演的决定性角色不过是他对诗歌的其他干预的一种延伸，《生存》杂志保留了这方面的一些印迹。从 1943 年开始，文学小组提议一系列"波德莱尔讲座"，提出"耗时数月予以实施"。巴尔特为四个报告人之一，他的讲座的主题是《波德莱尔作品中对水的怀恋》。侧重点明显是波德莱尔式的："水象征着获得满足的肉欲，对水的怀恋是对

---

① 载《生存》，1945，第 34 期。
② 同上，120~121 页。

前生往世的怀恋，或许是怀恋出生之前的生命。"① "我们的巴尔特同志"顺便谈到美国诗人瓦尔特·惠特曼，他告诉人们："惠特曼的自然法则是个性在物与人的世界里的张扬。人的身体，兄弟情谊和男性友谊都是最有代表性的作品主题。"

有意思的是，巴尔特在解说他喜欢的诗人（除了波德莱尔和惠特曼以外，他在 1944 年的"全体会议"上还举出瓦莱里和米肖的名字）时表现出了灵活性和论战性，这跟他对小说艺术的诠释者的极度蔑视很不相同。正如我们已经看到的，这种小说艺术据说只要求读者具备"默默地热爱它的纯净智慧"……不过，在热烈声援诗人的同时，还有一种对诗歌的地位的不确定感，同样令人印象深刻。暂且不说巴什拉的主题的新近影响（《水与梦》是前一年发表的），巴尔特对于诗歌的看法似乎既包含着超现实地崇信"言语的偶然性"，又包含着诗歌与形而上学同为一体的颇为海德格尔式的看法。这样一来，他提出的命题仅仅从反面才站得住脚——从打破<u>有异于</u>散文的诗歌的话语性和修辞性方面。诗歌是偶然性的，不是做出来的。有趣的是，巴尔特引用了两行有名的诗句来说明这个信念②：

耐心呵，耐心，

蔚蓝色的耐心……

坚定不渝的信念，因为 12 年之后，这个信念仍然指引着《写作的零度》里"是否存在着一种诗性的写作？"一章的分析。在这一章里，巴尔特将"现代诗学"规定为一种"言语的机缘，某种意指作用的成熟果实靠它才能坠落"，这不是"制造活动"，而是一个"妊娠期"，"'思想'依赖词语的偶然性逐渐成熟和

---

① 载《生存》，47 页，第 29 期，［日期不详］（1945 年 3 月）。
② 出自保罗·瓦莱里 1922 年发表的《幻美集》中的《棕榈》一诗。——译者注

第四部分 艾尔蓓

确立"（DZ，34）。

巴尔特满怀热情地增加对诗歌的干预，可是没有在《生存》上写出任何这方面的文章，既然如此，我们是否应当从中看到某种一以贯之的做法呢？它产生于一种"远见"：既然难以把握这个东西的实质，就应当避免说三道四。事实上，这一点不如另一个观察重要，即这种"远见"一直渗透到他对小说艺术的散文的思考的核心，这里不无矛盾，因为他对加缪等"古典派"的分析不断提倡修辞工作的重要性和至高无上的地位。

对于自己在《生存》上发表过的文章，巴尔特的态度很谨慎，对于在山上的其他活动也大致如此。他生前不大赞成旧事重提，只同意过把有关纪德的"笔记"稍加删削，重新刊行。在 1977 年与 B. H. 雷维的一次谈话里，他对这次再版故意轻描淡写。不管出于遗忘还是掩饰，他把这些笔记缩短为两个文本："我在那儿（疗养院）写得很少。两篇文章而已，一篇有关《纪德日记》，一篇有关加缪的《局外人》……"（GV，26）其实，《生存》总共发表过六篇他的文章①，除了他提到的两篇以外，还有一篇对布列松的电影《罪恶的仙女》的分析②，一篇音乐会评述，那场音乐会的演奏者是白道尼镇的女子疗养院的三个学生；《在希腊》是第三篇，他后来评论说其"写作方式明显地模仿《地粮》"（RB，103）；至于第四篇《喜读古典作家》，这个题目本身便是一个完整的系列，我们下文还要谈到。

---

① 巴尔特在坚持做记录的小本子里（以及《沟通》杂志的参考书目里）对 1942 年《生存》上发表的第一篇文章《文化与悲剧》有记载。可是，这份杂志的所有刊行版本里都没有出现这篇文章，似乎被认为丢失了。实际上，这篇文章确实刊出了，然而是在 1942 年春季的《大学生丛刊》上，题目是《论文化》。文章明显有尼采的影响，口气高傲地褒扬"绚丽璀璨、不容置疑的时代"即"悲剧时代"，而"悲剧"本身则是"一个民族的文化的最完美、难度最大"的"贵族的体裁"（44 页）。我们从中已经可以看到巴尔特对于颠覆的趣味，后来，《罗兰·巴尔特自述》里的一个题为"实际上……"的片段（参见《罗兰·巴尔特自述》，86 页）对此有所评论："悲剧并不仰赖生活；生活的悲剧情愫反而仰赖悲剧"（《罗兰·巴尔特自述》，45 页）。这第一篇文章的最令人惊奇之处，是巴尔特对"风格"（尼采说是一个"文化"的本质）的强调，它不可分割地既是集体的（"公众的集体灵魂"），又是生存的和形式的："并非所有民族，所有时代都与悲剧的体验般配。悲剧是用痛苦和艺术创造出来的"（46 页）。

② 载《生存》，1944，第 33 期；后载《文本性》，107~111 页，第 15 期。

这些文本总体上给人一种鱼龙混杂的印象,既有匀质性(底气十足、容易辨认的那一种),又有互不搭界的参考文献造成的张力,以至于几乎损伤文义。

这些参考书目的第一个令人惊奇之处大概是,读者从中可以看到巴尔特接下去要说什么的众多预示:纪德当然不在话下,还有加缪,米什莱,可是还有拉辛——"交织着极度焦虑的爱情的拉辛悲剧可以归结为若干修辞学问题,这么说绝无贬义"①,罗犹拉、拉罗什、福柯——他后来于1961年为之作序②,埃德加·爱伦·坡,《黎明和超越善恶》一文引述过的尼采亦在其列,以及跟蒙田相提并论的歌德③。这些文章里还出现了起穿针引线作用的神话,也可以说是神话的雏形:俄耳甫斯的神话便是其———不过谈的是他的神力,而不是失败;此外还有一些后来反复出现的形象,演员便是巴尔特喜用的形象之一:"他很熟悉自己戴的面具,而不是幼稚地攥在手里。"④ 连波德莱尔关于"手势在重要的生活场景里的强调力"⑤的说法也出现了——一个贯穿巴尔特的全部作品的说法,最终见于《明室》。

这些概念、形象和提法好像似曾相识的闪光,预示着整个未来的风景,然而它们的时代背景很不一样,那就是巴尔特当年所接受的奇怪的古典教义的**晦暗光芒**、**词语**至上、**沉默**是金、**修辞学**的威力从中熔为一炉。

的确,1944年的文章"喜读古典作家"令人惊奇地勾勒出一种普遍化的古典主义,描写了一个和睦相安的梦境,融汇了言语运用与词语的此在(l'être-là),话语艺术与沉默的"力量",意义的突现与悬置。这篇文章不仅澄清了《关于〈局外人〉的风格之思考》一文中针对加缪的"白色的写作"而发的拉辛式

---

① 《喜读古典作家》,载《生存》,第32期,[日期不详](1944年第2季)
② 指巴尔特1961年为拉罗什福科的《道德箴言录》(法国图书俱乐部出版社重刊本)所写的序言,该文1972年再次收入巴尔特的《新批评论文集》。——译者注
③ 参见《有关纪德的笔记》,载《生存》,1942,第27期。
④ 载《生存》,80页,1944,第33期。
⑤ 同上。

"古典主义"的论点，而且揭示出蛰伏在巴尔特作品里的一块完整的大陆。

这个宣言口气诙谐，布局很奇怪（这篇辩护词用引述"华美的语句"结束全文），处理手法也直截了当地是"耶稣会式的"（巴尔特情愿"借最便捷的途径点明古典主义的天堂在何处"）。不过，文中回荡着对于"这门古典艺术"的矜持的激情，因为这门艺术蕴藏"怪异的奥秘，浑然不知者众"。可是，这样参指古典主义没有任何历史主义的成分，巴尔特赞美的不是教科书所刻意截取的<u>古典主义时期</u>（他的引证不仅包括《危险的关系》和卢梭，也包括17世纪的作家），而是一种形式，一种超越时间的气质。与其说这是一篇分析，不如说是召唤一种"团结一致的关系"，而且，正像他在引述米什莱时所补充的，是在"最终成为他们的一员"的希望的指引下，召唤一场"与死而复生者的私下交易"。这篇诠注文字更多的是与一些堪比杰作的佳句的接触。在这篇文章里，批评界正如巴尔特在《汇流》专刊的抨击文章里被奉劝的那样销声匿迹，或者至少把它认为古典主义所具备的美德当成了模仿对象：简洁，含蓄。

重提这些品德看来也许平庸无奇，巴尔特却认为它们从修辞学上标志着古典作品的一种更重要的品质，或许可称之为古典作品的一种<u>令人炫目</u>的黑暗，或者按照巴尔特的说法，叫做<u>令人疲惫的晦涩</u>："借助明晰性之力，无论何处都没有比古典思想更令人疲惫的晦涩，更令人揪心的沉默。"因为，虽然"这些古典主义作品明白晓畅"，却有一种"可怕的清晰性"，它们"清晰得使人预感到这种透明度必有一些令人担心的空隙"。古典法则不在于"完整无缺"，更不是巨细靡遗，而是"比明白无误稍多一点；而且，（古典作品）说出这个陌生的额外的东西时，好像它是不言而喻似的"。巴尔特眼中的古典主义文学绚丽夺目，因为它把过度的明晰性支配的言语行为引入极致，它使人目不暇接，它绝无可能；古典主义的"作家各有耐人寻味的不可能性"，它蕴藏那些"有着地狱般的机械装置的精确性、不可预测性和危险的构造"的作品的全部"爆炸力"。

这样一来，"得体"的古典主义及其"无声的教诲"的效果是使<u>词语</u>的可怕的崛起大白于天下。这是一场"孤独的吟啸",高傲,"不屑于自辩",而且永不懈怠地自我惩罚;也是一出"高超的喜剧",不给言语的偶然性留下任何东西;这个世界完全是用"常规"和古典主义"赋予其地位和丰功伟绩"的修辞学建造的。

巴尔特1944年描绘的这些古典作家从来不<u>表现</u>,不<u>教训</u>,不<u>反思</u>自己和读者("他们从不谈论自己,也不谈论我们"),他们是最理想的楷模:作品皆简练短小,然而明亮剔透,迥然不同于令"笃信生活情趣的人大伤脑筋"的大部头作品(《飘》、《斯巴肯布劳克》、《泉》)①。若想成就这样的作品,只有调动一切语言艺术的手段,"拼命加工"**形式**才成。

在这几页文字里,这种幸运的结合也许只是一位文学青年的精巧的发现,他想方设法地扮演"文学的耶稣会士"的角色。在他发表的第一部著作《写作的零度》里,这个大胆的结构,这幢文学海市蜃楼或许将被彻底打破。诗歌被搁置一边,其"非人性的言语"和"布满孔隙和光亮的话语"(*DZ*, 38)被赶出了可能的散文以外,然而巴尔特很明白,他牺牲了<u>伦理</u>和<u>暴力</u>在同一种写作中结合之梦,因为前者被留给散文,后者被留给"绝对意义上的现代诗歌"(*DZ*, 40)。看来,伏尔泰并非唯一的最后一位幸运的作家②……

虽然付出了分离的代价,《写作的零度》却未能解决巴尔特内心的挣扎(此时暂时搁置,托付于一种无处可找的古典主义,或者一部仅仅被解读为"白色"的《局外人》):一方面对修辞学的作用怀有不懈的兴趣,一方面迷恋("饥饿")**词语**的无可否认的喷发。解决遥遥无期。这是因为,依照《明室》所阐发的"旨趣/刺点"的二元论,这个对立反而结合得更加紧密,特别是由于这部封笔

---

① 《飘》是美国女作家玛格丽特·米切尔(1900—1949)的著名长篇小说。《泉》(1932)和《斯巴肯布劳克》(1936)是英国小说家查尔斯·摩根(Charles Morgan, 1894—1958)的两部长篇小说。——译者注

② 指巴尔特的《最后一位幸运的作家》一文,是为伏尔泰的《小说与故事》(法国图书馆员俱乐部,巴黎,1958)一书撰写的序言,后收入巴尔特《批评论文集》(巴黎,瑟伊出版社,1964)等书。——译者注

第四部分 艾尔蓓

之作把它当作唯一的对象。它是巴尔特的全部作品的基础，甚至其螺旋式的发展也受它的支配。

这是一片丧失的陆地，一座亚特兰提斯城（巴尔特在别处正是这样称呼"文学话语"），它的"无边无际的华美的残留物"并没有沉入海底，它的"残存的碎片"仍然提醒着它曾经的辉煌：它在夏多布里昂的"宛如高悬的鲜美水果"的**词语**里（NEC，113），也在洛蒂[1]的句子中——他只需一笔简单的"降水记录"便"止熄了这道闪电，这道莎士比亚所说的意义的闪光"，然而并非为"打断"或者"摧毁"它，而是要把意义变成"罕见的、难以达成的东西——<u>被豁免的东西</u>"（NEC，175）；俳句也是如此，因为它能够破除那种穷思竭虑地"<u>寻不同于本名的别的名字</u>"（RB，154）的"意义癖"；最后，还有《罗兰·巴尔特自述》里的那些"病历"，因为只有它们才敢这本书里"把事实置于非意指状态之下"（RB，154）。

通过连续借用多种言语行为，巴尔特的文学追求围绕着对于<u>意义的激情</u>组织起来，其中贯穿着对<u>意义的豁免</u>的既痛苦又无法抑制的渴望，意义的豁免呼唤纯真的、清白无瑕的**"词语的纵向性"**。一方面，符号学，结构主义，热爱理念，迷恋于小说艺术的<u>专学</u>，效果的艺术，**句子**的光晕，**风格**，隐指。另一方面，总是若隐若现或者转瞬即逝：彻悟，特征，有关诗歌语言的完全是纵向的计划，爱情的扩散，"就是它！"[2]，爱森斯坦的摄影系列，禅宗大师的答非所问，俳句，实指——取自结构，为其"赋形剂"[3]，而且作为<u>标记重返</u>……

338

---

[1] 法国小说家皮埃尔·洛蒂（Pierre Loti，真名儒连·维欧，Julien Viaud，1850—1923）的半自传体小说《阿姬亚黛》里的主要人物。洛蒂于1891年当选为法兰西学士院院士。——译者注

[2] 原文"C'est ça!"巴尔特屡次使用的有象征意义的感叹语，见于《文本的快乐》和《萨德、傅立叶、罗犹拉》，在《恋人絮语》里是恋人发现爱恋对象时发出的惊喜和满足的叫喊。——译者注

[3] 从逻辑上说，《S/Z》使显义的"结构性"贬值达到最高点，因为显义"不是话语的实在性：显义并不在结构以外，它具有一种跟其他功能一样的结构性功能，也就是使结构变得洁净"（S/Z，34）。这种处理标志着显义在文本的螺旋形变动中最"心灰意冷"的时刻。

我的左边是几乎整个**文学**，甚至包括萨德、罗犹拉[①]；我的右边有不多几位诗人：一位"亚当式的"和"先于意义"的布朗肖[②]，胡斯布鲁克和恩捷鲁斯·西里西乌斯[③]，道家——乃至整个文学，因为正如巴尔特写到夏多布里昂时所说："在文学当中，一切都交给人们去理解，可是，跟我们的生活本身一样，到头来没有任何东西非得理解不可……"（NEC，113）

巴尔特的作品似乎一直在尽力弥合这个他不懈地探测的裂缝，他对小说艺术的追寻之所以能够保持渐近的势头，归根结底是另一种使之偏离这种运动的写作欲望，即一股分离的力量造成的。所以，巴尔特为了宣告小说"不可能"而逐个引证的理由看来都是拖延手段，目的是掩盖一个写作计划的无法调和的雄心；这个计划不是布朗肖的"先于意义"的写作，而是一番启示录式的生动揭示，它只能"后于意义"出现，即当这场寻觅结束之时——后者正是豁免意义的条件。

※　※　※

"晚期巴尔特"虽然重新发现了山居时期的问题，却没有返回原地。因为，我们知道，这段过去的岁月与他的作品一直如影随形，完全没有必要认为，这些青年时期的撰述，隐居年代的言论，这笔时间留下的沉重遗产——死亡的威

[①] 我们已经谈过，青年巴尔特在《生存》杂志上为倡导古典作品冒充耶稣会教士。也许，在他评论的作家当中，最能说明他在词语的"神秘主义"和修辞学传统之间的实质性摇摆者非罗犹拉莫属。通过罗犹拉，他发掘的其实是神秘主义与修辞学的对立，因此他认定这位修行者的工作"远不如修辞学神秘"，把语言缔造者说成颠倒的神秘主义，把罗犹拉跟胡斯布鲁克对立起来（参见《萨德、傅立叶、罗犹拉》，56 页），从另一个角度将其与黛莱兹·达维拉（Thérèse d'Ávila）和让·德拉克洛瓦（Jean de la Croix）也对立起来（参见《萨德、傅立叶、罗犹拉》，59、71 页）。此外，对罗犹拉的文学模式的发掘显示得很清楚，因为巴尔特把这位修行者跟小说家相提并论（参见《萨德、傅立叶、罗犹拉》，57 页），把《精神修炼》跟一部小说相提并论，同时把它跟黛莱兹的"看法"和波德莱尔的大麻吸食者对立起来（参见《萨德、傅立叶、罗犹拉》，60 页）。

[②] 《文学和意指作用》，载《如是》，1964，第 16 期；《批评论文集》，269 页。

[③] 恩捷鲁斯·西里西乌斯（Angelus Silesius，真名 Johann Scheffler，1624—1677），反对宗教改革的德国神秘论者。——译者注

第四部分　艾尔蓓

胁那时与温馨的享乐的冲动并存——具备一种特殊的真实性的效力。人们从中读到的密码后来在文本的螺旋形发展中不断重复。我们顶多能够更清楚地看到它的标记，因为这个标记勾勒得比较潦草。可是这只手后来变得善于用有模有样的阿拉伯花纹掩饰每个举动的致命的不完整性。我们顶多能够激赏那些谜也似的符号：这么早就有了！巴尔特固执地从不声言放弃对它们作出<u>解释</u>，在未来的作品里阐发，而且每次<u>展望</u>都如此预告。我们顶多能够欣赏一种贝内洛普式的重复不懈的工作，巴尔特固守实质上的半途而废，因为他看到了一个可使**文学**摆脱追求者的机会：是集大成者，还是絮絮叨叨？甚至不加区别地看待意图和命运亦无不可。另外，如果借用他喜用的与编织有关的隐喻，我们还可以对<u>山上</u>的那些发现<u>做出故事化</u>的推想，巴尔特的<u>职业</u>在那里已经确定：把讲话和思想的艺术当作织布梭，用一种**文学**神秘主义的"怒火与神秘"当布景。〔"神秘主义"是否言之过重？不过它跟在这里与之对举的修辞学并不抵触；巴尔特之于写作恰如艾克哈特①之于宗教：经由语法诠释去寻找<u>不可言说之名</u>（Nomen innomabile）；正如弗拉季米尔·洛斯基指出的②，艾克哈特既是"神秘论者"，也是"辨证论者"——这不矛盾，而且<u>必然如此</u>。〕

巴尔特的魔山不是源头，而是中间地带，介于《罗兰·巴尔特自述》声称明确区分的有关形象的想象域和有关写作的想象域之间。不过，这是在各幅照片之间标出的一个虚幻的位置，介于"无产品的青年时期"和"写写画画的手"之间，十分含糊：一份护理日志，病人和院方各填写一半，是既值得又不值得重视的那几年的特征和痕迹。1977年，巴尔特说这是一个"至今萦绕心头的令人不安的现象，我今年准备在法兰西公学的课上再谈谈它"（GV, 246），还说它留下"一种奇怪的感受，似乎我总是比实际年龄年轻五六岁"。跟山中的岁月一

340

---

① 艾克哈特大师（Meister Eckhart, 1260—1327），德国多明我会修道士。——译者注
② 参见弗拉季米尔·洛斯基：《神学：艾克哈特大师的反证神学和有关上帝的知识》，巴黎，维兰书局，1960。

样，圣伊莱疗养院土圩分院的写作活动，连同这段学徒期的所有积累，不属于他的不断自我清理的范围——也许因为清理的思路这时已经确立了。病友研讨会上的思想空间既不是源头（那是纪德的"姿态"），也不是开端（他认为那些《战斗报》上的文章才是开端，并且感谢莫里斯·纳多把这个开端"给了"他），而是写作的前奏，或者用一个更古雅更准确的字眼（既然他首先用希腊文称呼教师的<u>戒尺</u>），是写作的<u>前庭</u>（narthex）。这个特殊的空间既是**书**的一部分，又不是**书**本身。巴尔特的每一本书都站在这里，它比其他各处更靠近**大门**——跟寓言家卡夫卡的那道门一样①；这扇门是**为了他才出现的**：这就是《明室》。书中对象的缺席反而增强了理论思考的小说艺术性，这个对象就是读者看不见的摄影术，即这番**分析**的实质，它才是<u>专学</u>，一场寻觅的借口。缺少对象第一次使全书远离尘世的精明而无益的流言蜚语，迈向"难缠的现实"的一种<u>迷醉</u>状态。<u>无根据</u>的高谈阔论也能在写作完成后出现——出自这个工作本身，并且预告着**词**与**句**之间，寓言与回忆之间，**小说**与另一种**形式**之间的和解，因为小说生来就是"搜罗苦难并为之辩护"的（*BL*, 324），否则苦难就会失落在"**历史**的乌有"当中，而仅用俳句作为借口的另一种**形式**则"让我们想起从未遇见的东西"（*EC*, 106）。在螺旋形的顶点，**表现力**这个前嫌尽释的老冤家最终也回来了。《明室》令人印象强烈地**展望**的"至爱之书"已经浮现，这本没有写出的书变成了不朽的《明室》。

---

① 见卡夫卡的小说《审判》倒数第二章：在牧师对 K. 讲的寓言故事里，守门人告诉求见法律的乡下人："不能放乡下人进去。"最后又对垂死的乡下人吼道："这道门是专门为你设立的，现在我要把它关上。"乡下人此时终于明白，"法律的大门"可望而不可即。卡夫卡后来把这个寓言抽出，以《在法律的门口》为题，收进文集《乡村医生》。——译者注

幕　落

保罗·马宗去世后，巴尔特写道：人一走，一整套知识随之消失，一座希腊文的宝库无可取代地丧失了，除非另外有个人致力于"从 deiknumi 的动词变位入手，重启语法的无尽旅程……"巴尔特本人不具备任何一门如此全面的知识。这倒不是因为人们可能会上他辩称无知的当，无论那是卖弄还是有意为之，也不是因为人们可能误解与他的"意义之癖"相伴的求知欲（libido sciendi）。然而，确实跟他的老师马宗不同，巴尔特虽然热爱知识，却没有任何专科知识。然而，正因其如此，除了感情方面的原因以外，他的去世同样使我们感到茫然若失。失去了什么？答案也许在《就职演讲》里，在他对<u>文学的地位</u>的热情洋溢的肯定当中（干脆说，是文学的全部地位，因为"一切科学都出现在文学的丰碑上"）。莫里斯·纳多说过，巴尔特是"语言迷"，仿照这个口吻，我们不妨把巴尔特称为一位**文学**的"激进分子"。在文学饱受蔑视，什么都妥协的时代，幸亏有一位高贵的加斯科涅人[①]巴尔特挺身而出，为之唇枪舌剑，他拿起用符号科学打造的武器，捍卫文学，对抗科学性的流行神话。我们已经多次故意重申，

[①] 巴尔特在法国西南部加斯科涅地区度过童年时代。——译者注

这种举动也许不需要什么特别的社会勇气，也许，这种精神英雄主义的谦虚版只表明<u>个人品格</u>：弃实而务虚，欲望之虚（一出古老的独幕剧使我想到，这种英雄主义并非只有欣赏者。有位高师预科班的老师极为不满一份有关《费德尔》的报告明显沿袭《论拉辛》，喊道："这位巴尔特先生信口雌黄！巴尔特先生，<u>他可没考上高师啊</u>！"大吵大嚷的作用看来不逊于三段论逻辑……）。

艾兹拉·庞德说过，<u>一颗单纯的心包含世上一切有关文学的知识</u>："Everything anyone knows about writing（无人不晓的一切有关写作的东西）"。随着巴尔特的逝世，我们突然失去的是另一个东西，它也许就是欲求无知的完整知识，**文学**使我们沉浸其中。这是文学特有的知识，正如巴尔特1977年在《就职演讲》里所说："文学并不声言了解什么，而说它对某件事有所了解，一个更好的说法是：略有所知——它知人颇深。"

※　※　※

很久以前，我迷上了《丁丁历险记》，我凭着——也为了能够读懂——这套漫画集而学会了阅读。

甚至在自学阅读之前，这套漫画集就迫使着我做最典型的修辞学练习：锻炼记忆。那时我5岁左右，由于无法破译它们，而且急着给任何乐意倾听的人讲述其中的历险故事，我不得不背诵《"独角兽"号的秘密》里的所有问答，外加几个片段，都选自其他几个故事里最带劲的情节，我把其他吸引不了我的画页都跳了过去，还自认为干得挺漂亮。为了讲述这些情节，我把吟诵艺术跟扒手的机灵劲相结合。

我对这些全属虚构的画册（别的"插图书"我家统统不许我看）怀有一种激情，一种无法满足的欲望，因此，或许是两三回吧，我经常做这种有滋有味的梦：惊讶地发现另一本画册，我不了解的一本，大概全世界都蒙在鼓里。鲜艳的色彩（凡有必要，我做的梦都是彩色的），从人物口中冒出的"泡泡"，全都吸引着我。只有标题看不清楚。我不记得童年时代是否还有比早晨醒来时更深切的失望。

我15年前开始读巴尔特的书，总是像等待礼物一样盼着下一本问世，我知道如何重续这种快乐。他的死使我明白，为什么醒来时被文集结束惹恼的小孩会大失所望。

所以，在这一点上，让我感到茫然若失的不是希腊语词根的小花园，也不是百花齐放的古典修辞学，更不是别的什么客观知识的领域，而是另外那本画册，不是最后一本，而是额外的一本，最私密和最珍贵的那一本，"像梦一样用纺布织成的"那一本。

这就是全部吗？显然不是。（这么发问毕竟太多苏格拉底的味道，它暗示接近穷尽性，罄尽对象。）

※ ※ ※

雷伊奇既是沃尔特·本雅明的同乡、朋友，也是争夺阿斯娅·拉希丝的情敌，本雅明在《莫斯科日记》里讲到，在二人没完没了的讨论之一的最后，雷伊奇提出一条衡量"作家的鸿篇巨制"的量化的定义。（正值建构主义流行，苏联第二个五年计划也即将实行。）定义简单明确："在作家的鸿篇巨制里，句子总数与令人印象深刻的、感人的和定形的句子的比例差不多是30比1。"这位友人还认为，这个比例在本雅明的作品里"差不多是2比1"。对此，带着一种在莫斯科逗留期间的恐怖的三角关系培育起来的受虐色情狂的意味，本雅明评论说："这些都很正确……"按照这个说法，巴尔特的书没有一本称得上"作家的鸿篇巨制"，因为每一页都有太多的"提法"。

读到这些话以后，我接着就寻找我打算引用的巴尔特的一句话。由于厌烦盲目地逐页翻检，我就尽量回忆。记得这句话好像是在谈到傅立叶时，用来说明什么样的生平传记是可取的，可是记忆里只剩下一个词——"小肉丸"①，经过长时间搅拌揉捏，它产生的不是意义，而是节奏。这句话我没找到，无法道出，更无法概括；不过我似乎可以把这个节奏改写为四分音符、八分音符、休止符和小节线，我从巴尔特那里留取的是一些节律。意义没有了，只剩下**词语**和速度，或者如巴尔特1942年的那篇有关加缪的文章所说，**韵律**。他视之为"写作的归根结底的全部艺术；人们也许不在乎形象，不在乎貌似真理的思想，把它们归入有趣的手法，然而各有特色，运动才是最要紧的。凡是伟大的作品都有很好的节奏"。

如果用这个尺度（不亚于另一个）衡量，巴尔特的作品就是伟大的。我忽然觉得，那两位莫斯科友人的等式是轻率的实证主义，是马克思加日耳曼式的。

［后来我又发现，我不过是把《罗兰·巴尔特自述》已经描写和声称过的一种姿态重复了一遍："我满脑子都是刚刚读过的尼采。不过，我的欲望，我很想获取的，却是一支用意念和句子组成的曲调：尼采的影响完全是韵律的。"(*RB*, 111)］

※　※　※

抒情诗

　　他爱我—他不爱。

　　他爱我—他不爱。

　　他爱我—他不爱。

　　他爱我这脏兮兮的老疯汉。

---

① 指傅立叶嗜好的"小肉丸"。较之描写心理活动的和述事性的传记，巴尔特更重视此类他称之为"传记要素"的细节。参见巴尔特的《萨德、傅立叶、罗犹拉》一书的序言。——译者注

幕 落

狄兰·托马斯①的这首诗是在纽约市格林尼治村的一家阴暗的酒馆里写的，浪漫的抒情则是从麦芽酒精里蒸馏出来的。三十年过后，还是在这家酒馆里，巴尔特没有否认他有意写一部小说的传言（"流言蜚语的奇怪的延伸"）。

他在法兰西公学讲授的课程，不久前的研讨会发言，不都是为一部未来的虚构的故事做出铺垫吗？

是的，它们共同和分别做出了铺垫。

（忽然，背景变成都柏林市埃克莱斯街 7 号；布卢姆②刚刚闯入的一刻，虽然钥匙被他在表演马上杂技时丢失了：

他想出办法了吗？

尽管借助一份词汇表，反复地仔细阅读了若干古典段落，他从文本里仅得出一个不完善的信念，因为答案不能涵盖所有问题。）

既是符号学家、符号破解员、符号裁缝，又破除法度、破解神话、破解语言、猎杀叙事、让**主体**漂移、将**文本**星散，以及集这一切之大成者（tutti quandti），巴氏怎么能够摆出一副小说家的样子呢？

那就必须研究**伟大的楷模**，阅读普鲁斯特，回忆啃梨子的纪德，以及经由**艺术**的其他艰难道路。

可是，说到底，有**人物**吗？

对啊，**人物**。

※ ※ ※

当他对小说的构建嗤之以鼻的时候——其实他赞扬、欣赏和仰慕过小说的

---

① 狄兰·托马斯（Dylan Thomas，1914—1953），威尔士著名英语诗人。——译者注
② 利奥波德·布卢姆是詹姆斯·乔伊斯的著名小说《尤利西斯》中的主要人物，都柏林市埃克莱斯街 7 号是他在爱尔兰的住址。——译者注

结构（早就如此：不单在 1980 年对于司汤达的小说，也不单在 1978 年对于《追忆逝水年华》，遑论 1977 年对于《战争与和平》，甚至早在 1957 年，对于《巴黎圣母院》这栋"小说的宏大庙堂"也是如此……），是不是真的害怕构建，只因离不开定见、所指、某种低劣的形式？可是，即使如此，当从理论上和社会抗争等等方面合理化的做法彻底崩溃以后，他为什么仍然继续回避？大概这是巴尔特始终保留的一种趣味（或许是一种令他担心的不足），这位美工师承认："我对细节、片段、试拍（rush）有一种先入为主的（第一位的）爱好，可是缺乏把它引向'建构'的能力。"其实这更是一种矛盾性，一种他精心守护的写作的道德。因此，他才会在"幻想的和大概行不通的小说"与如"周匝的石子"般散碎的文本的开放性之间拖延不决。为捡西瓜而丢芝麻：这是一个哲学的两难命题吗？其实，这种回避更使人想起《恋人絮语》里的中国清朝官员。那位他心仪的烟花女子许诺，只要他在窗下等候 100 个通宵，她就属于他了，等了 99 个晚上之后，"官员站起身，把凳子往腋下一挟，走了"（这个举动的全部中性的含义都在带走的凳子里……）。

※　※　※

整个**文学**，他寄托于文学的全部撕心裂肺的爱情——而且任其驱使，以及不必出门便可实践的整个历险过程，是否都包含在两则神话当中？

俄耳甫斯的神话永远是悲壮的。他明白自己的劫数何在，可是仍然回头顾盼，以致失去了尤丽狄丝，也就是**文学**和尽善尽美的**真**。除非转入另一个情节。

阿耳戈船的神话是极为欢快的，这艘充满活力的大船用多多纳的栎木[①]

[①] 希腊伊庇鲁斯大区境内的多多纳地区有大批栎树林。阿耳戈大船传说用可以占卜的栎木制成。——译者注

幕 落

制成，有着预知未来的船首；意气风发，水手骁健，迎风破浪，踏上寻找金羊毛的航程。文字的勃勃生机，语句的高高帆樯——永不沉没（nec mergitur）！不过，有人说，阿耳戈大船船体太沉重，人们为了它能够出航曾经一再祈祷。幸运的是，船上有一位水手擅长竖琴，天生嗓音动听，他使船体终于浮了起来。又一个俄耳甫斯……（水手俄耳甫斯？我们倒是被瞒过了这一点。——的确如此，可是人总不会在**地狱**里过一辈子。再说，既然**文学**已死，难道就没有……）

不过，还有第三个更加隐秘的神话，隐藏在巴尔特读到的一句话里。这句话的令人错愕的错位构造使得夏多布里昂谈到雷兹时大谈橘子树（"萨拉格萨地方住着一位教士。他把一位死于鼠疫的本区教友埋葬了以后，独自漫步。在瓦朗斯，大路两旁的橘子树形成了树墙，雷兹呼吸着瓦诺奇亚曾经呼吸过的空气"①（NEC，113）。词语的橘子——荷斯贝丽德斯三姐妹的花园②？否。巴尔特在这两句话里**看到**的"其实是作家的梦"——是失而复得的亚特兰提斯城，因为"词语宛如在冷漠的叙事之树上高悬的鲜美水果"；而且，"文学话语于是呈现为一片无边无际的绚烂的残留物，一堆亚特兰提斯城的残片，在那里，词语的色彩、滋味、形式都过于浓重，总之为**性状**而非理念所充实；它们在那里闪闪发光，好像一个**无遮拦**的、未经思考的世界的碎片，任何逻辑都玷污和搅扰不了这个世界。"

（于是，我看到的这个巴尔特，他寻寻觅觅、想入非非，可是不骄不躁、毫不糊涂，他紧盯着这个闪闪发光的世界，很像一见金羊毛顿时失神的伊阿宋，正是霍桑给孩子们讲述的那副神态：

"这是什么？"伊阿宋问道。

---

① 萨拉格萨市是西班牙城市，瓦朗斯市在法国南部。——译者注
② 在希腊神话里，荷斯贝丽德斯三姐妹（Hespérides）看守着金苹果花园。——译者注

"真想不到,你不远千里而来,竟认不出这千辛万苦的酬报。这不,它正在你眼前闪闪发光呢!这就是金羊毛呀!"①)

纽约—巴黎

1983年11月—1985年9月

---

① 这段对话出自美国作家纳萨尼尔·霍桑的《坦格林故事集》(*Tanglewood Tales*,1852)中的第六篇"伊阿宋勇取金羊毛"。——译者注

参考文献

罗兰·巴尔特的文本数量可观（文章以上百篇计），因此，在本书的篇幅内把有关的一般性文献一个不漏地列出既不可能，也不可取。作者认为，更好的办法是随文和利用脚注注明本书援引或提到的文章、序言、采访录和发言稿。

如果希望有一份"一般性参考文献"可供检索，读者不妨查阅迪耶利·勒古埃（Thierry Leguay）先生拟定的文献目录。这份长达105页的资料十分有用，发表在《沟通》杂志1982年第36期"罗兰·巴尔特专号"上。它根据巴尔特本人拟就的书单，经过订正和增补而成。鉴于我经常参考这份参考文献，比较好的做法是在我的脚注里指出其中不准确之处（在圆括号里标出），不过我发现的不多。最后，我想提到一份英语的文献指南（并非周详完备）：Roland Barthes, *A Bibliographical Reader's Guide*, Sanford Freedman and Carole Anne Taylor, Garland Publishing Inc., New York & London。

无论巴尔特生前还是身后，研究他的专著很少。读者在这里可以看到一份匆促拟就的书单，其中包括一些杂志专号，这些高质量的刊物对当今"解读巴尔特"的贡献最大。

一、有关罗兰·巴尔特的书目

MALLAC（Guy de）et EBERBACH（Margaret），*Barthes*，Paris，Éd. universitaires，1971.

CALVET（Louis-Jean），*Roland Barthes：un regard politique sur le signe*，Paris，Payot，1973.

HEATH（Stephen），*Vertige du déplacement*，Paris，Fayard，1974.

PATRIZI（Giorgio），*Roland Barthes o le peripezie della semiologia*，Rome，Bibliotheca biographica，Istituto della enciclopedia italiana，1977.

THODY（Philip），*Roland Barthes：a Conservative Estimate*，London and Basingstoke，The Macmillan Press Ltd.，1977.

FAGES（Jean-Baptiste），*Comprendre Roland Barthes*，Paris，Privat，1979.

LUND（Steffen Nordahl），*L'Aventure du signifiant. Une lecture de Barthes*，Paris，P. U. F.，1981.

DELORD（Jean），*Roland Barthes et la photographie*，Créatis，1981.

WASSERMAN（George R.），*Roland Barthes*，Boston，Twayne，1981.

SONTAG（Susan），*L'Écriture même：à propos de Barthes*；trad. de l'anglais par Philippe Blanchard en coll. avec l'auteur，Paris，Bourgois，1982.

LAVERS（Annette），*Roland Barthes：Structuralism and After*，Cambridge，Massachusetts，Harvard University Press，1982.

CULLER（Jonathan），*Barthes*，New York，Oxford University Press，1983.

UNGAR（Steven），*Roland Barthes：the Professor of Desire*，Lincoln and London，University of Nebraska Press，1983.

二、专论罗兰·巴尔特的杂志

《如是》/*Tel Quel*,No. 47,4ᵉ tr. 1971.

《批评》/*Critique*,No. 302,juillet 1972;No. 423-424,août-septembre 1982.

《拱门》/*L'Arc*,No. 56,1974.

《文学杂志》/*Magazine littéraire*,No. 97,février 1975.

《阅读》/*Lectures*,No. 6,Dedalo libri,Bari,décembre 1980.

《诗学》/*Poétique*,No. 47,4ᵉ tr. 1981.

《创造精神》/ *L'Esprit créateur*,No. 22,printemps 1982.

《沟通》/ *Communications*,No. 36,4ᵉ tr. 1982.

《文本性》/*Textuel*,No. 15,octobre 1984.

如果加上塞里榭巴尔特研讨会的论文集:*Prétexte:Roland Barthes*,Antoine Compagnon éd.,UGE-10/18,1978,这两张清单就完整了。

译后记

在"中文版前言：与罗兰·巴尔特同行"里，作者已经交代了这本书的来历和写法，并且谈到了当前巴尔特研究的几个主要方向。相信这些都是中文读者关心的问题。这是一本别出心裁的传记：写法独特，分析细密，用典丰富，甚至体例编排也不落俗套。传奇者，因奇而传，无奇不传。译者认为，对于评论作为散文大家和批评家的巴尔特，这种立意和写法十分适切。当然，这也给翻译带来了较大难度。在原作者的帮助下，译者虽然已经尽力，舛误仍然难免，行文也有待改进。唯盼就正于方家识者。

另一本记叙体的巴尔特传记《结构与符号——罗兰·巴尔特传》（路易-让·卡尔韦著，车槿山译，北京大学出版社，1997），有兴趣的读者不妨对照阅读。

作者菲利普·罗歇（Philippe Roger）毕业于巴黎高等师范学校古典语文专业，现任法国社会科学研究院指导教授，兼任美国弗吉尼亚大学法语文学系教授。他还是法国思想界的重要刊物《批评》的现任主编。其主要著作包括《美利坚敌人：法国反美主义的来龙去脉》（2002）、《萨德：压榨机里的哲学》(1976) 和读者面前的这本书（1986, 1990）。另有合著多部。罗歇教授发表过几

译后记

十篇论文，大部分刊载于美国《斯坦福法语研究》和《耶鲁法语研究》等学术刊物上。

最后，译者愿向为这个中文版付出辛劳的刘汀和徐德霞等各位编辑表示衷心的谢意。

张祖建

2013 年 3 月于美国加利福尼亚寓所

Roland Barthes, roman by Philippe Roger

Copyright © 1986, Éitions Grasset & Fasquelle

Simplified Chinese version © 2013 by China Renmin University Press

All Rights Reserved.

图书在版编目（CIP）数据

罗兰·巴尔特传/（法）罗歇著；张祖建译.—北京：中国人民大学出版社，2013.7
（明德书系·大师传记馆）
ISBN 978-7-300-17413-6

Ⅰ.①罗… Ⅱ.①罗… ②张… Ⅲ.①巴尔特，R.（1915—1980）-传记 Ⅳ.①B565.59

中国版本图书馆 CIP 数据核字（2013）第 152204 号

明德书系·大师传记馆
罗兰·巴尔特传
——一个传奇
［法］菲利普·罗歇　著
张祖建　译
Luolan Baerte Zhuan

出版发行	中国人民大学出版社		
社　　址	北京中关村大街 31 号	邮政编码	100080
电　　话	010-62511242（总编室）	010-62511398（质管部）	
	010-82501766（邮购部）	010-62514148（门市部）	
	010-62515195（发行公司）	010-62515275（盗版举报）	
网　　址	http://www.crup.com.cn		
	http://www.ttrnet.com（人大教研网）		
经　　销	新华书店		
印　　刷	北京市易丰印刷有限责任公司		
规　　格	170 mm×240 mm　16 开本	版　次	2013 年 9 月第 1 版
印　　张	22.75　插页 2	印　次	2013 年 9 月第 1 次印刷
字　　数	298 000	定　价	58.00 元

版权所有　侵权必究　　印装差错　负责调换